Die
Preußische Gesetzgebung
über das
mündliche und öffentliche
Verfahren in Untersuchungssachen
und über die
Geschworenen-Gerichte.

Ergänzt und erläutert
durch
Ministerial-Verfügungen
und
Entscheidungen des Königlichen Ober-Tribunals.

Von
C. Hahn,
Königl. Staatsanwalt.

Berlin.
Verlag von J. Guttentag.
1857.

Inhalt.

Verordnung vom 3. Januar 1849

über die Einführung des mündlichen und öffentlichen Verfahrens mit Geschworenen in Untersuchungssachen
(Gesetz-Sammlung 1849, S. 14—47),

und

Gesetz vom 3. Mai 1852,

betr. die Zusätze zu der Verordnung vom 3. Januar 1849
(Gesetz-Sammlung 1852, S. 209—244).

Wir Friedrich Wilhelm, von Gottes Gnaden König von Preußen rc. rc. verordnen in Ausführung der Artikel 92 und 93 und auf Grund des Artikels 105 der Verfassungs-Urkunde*) für den ganzen Umfang Unserer Monarchie**) mit Ausschluß des Bezirks des Appellationsgerichtshofes zu Cöln auf den Antrag Unseres Staatsministeriums, was folgt:***)

Abschnitt I.

Allgemeine Vorschriften über das Verfahren bei Untersuchungen.

§. 1. Die Gerichte sollen bei Einleitung und Führung der Untersuchungen wegen einer Gesetzesübertretung nicht ferner von Amtswegen, sondern nur auf erhobene Anklage einschreiten. Anklage-Prozeß.

---

*) Die Kammern haben der Verordnung ihre Genehmigung ertheilt. Bekanntmachung des Staats-Min. v. 2. Mai 1852 (G. S. S. 208).

**) Für die Hohenzollernschen Fürstenthümer ist die Verordnung v. 3. Jan. 1849 nebst den dieselbe ergänzenden, erläuternden und abändernden Vorschriften mit dem 1. Januar 1852 in Kraft getreten. §. 1 des Gesetzes vom 30. April 1851 (G. S. S. 188).

***) Die Publikationsformel zu dem Gesetz lautet: Wir Friedrich Wilhelm, von Gottes Gnaden König von Preussen etc. Nachdem beide Kammern die von Uns auf Grund des Art. 105 der Verfassungs-Urkunde vom 5. Dezember 1848 erlassene Verordnung vom 3. Januar 1849, über die Einführung des mündlichen und öffentlichen Verfahrens mit Geschworenen in Untersuchungssachen, nachträglich genehmigt, zugleich aber mehrere, diese Verordnung theils ergänzende, theils abändernde zusätzliche Bestimmungen vorgeschlagen haben, so ertheilen Wir diesen Vorschlägen Unsere Zustimmung, und verordnen demgemäss, was folgt:

Zu §. 1. 1. Ueber den Anklageprozeß im Allgemeinen und die öffentliche

Staatsanwaltschaft. I. Organisation derselben.

§. 2. Bei jedem Appellationsgericht soll ein Ober-Staatsanwalt und für jedes Kreis- oder Stadtgericht ein Staatsanwalt

---

und Privat-Anklage insbesondere," s. die Abhandl. des Ober-Staatsanwalts v. Tippelskirch in Goltdammer's Arch. II. S. 26—39 (besonders de lege ferenda zu beachten) und über die Frage: „Anklage- oder Untersuchungs-Prozeß?" die Abh. des Staatsanw. Dieterici a. a. O. II. S. 501—512.

2. Mit der Ermittelung der Todesursache in den Fällen der §§. 149 ff. der Crim.-Ordn. haben die Gerichte, wie bei anderen in das Gebiet des Strafrechts gehörenden Ereignissen nur auf den Antrag des Staatsanwalts vorzuschreiten, es sei denn, daß Gefahr im Verzuge obwaltet, in welchem Falle den Gerichten nach §. 5 der Verordn. v. 3. Januar 1849 obliegt, auch ohne Antrag des Staatsanwalts die vorläufige Feststellung des Thatbestandes zu veranlassen. Die Verhandlungen sind sodann dem Staatsanw. mitzutheilen, welcher zu prüfen hat, ob ein weiteres Verfahren zu beantragen ist, oder ob die Akten reponirt werden sollen. War von dem Gerichte auf Antrag des Staatsanwalts bereits eine förmliche Voruntersuchung eröffnet, so steht nach §. 47 der Verordn. v. 3. Jan. 1849 auch dem Gericht die Bestimmung über die Fortsetzung des Verfahrens zu. §. 16 der allg. Verf. des Just.-Min. v. 13. Nov. 1849 (J. M. Bl. S. 460—469 und unten im Anhange). — Der Staatsanwalt ist zur selbstständigen Feststellung der Todesursachen nur im Falle der Gefahr im Verzuge befugt. Rescr. des Just.-Min. v. 31. Oct. 1851 (Arch. I. 556—557). Vergl. d. Anm. zu §. 7.

3. Sobald die Versetzung des Beschuldigten in den Anklagestand definitiv ausgesprochen und die Sache vor das Schwurgericht verwiesen worden ist, steht es weder dem Staatsanwalt zu, die Anklage fallen zu lassen, noch kann die Verhandlung vom Gerichte eingestellt werden. Allg. Verf. des Just.-Min. v. 7. Nov. 1849 (J. M. Bl. S. 451—452) u. Ob.-Tr. 3. Nov. 1853 (Lanz, Präjudizien, S. 1).

4. Die bei einem Verbrechen Betheiligten haben nicht das Recht, darüber, daß der Antrag auf Einleitung der Untersuchung von dem betreffenden Gericht zurückgewiesen worden, bei dem vorgesetzten Appellationsgerichte Beschwerde zu führen; auf Beschwerde solcher Betheiligten kann daher das Appellationsgericht die Eröffnung der Untersuchung nicht veranlassen. Ob.-Tr. 26. Sept. 1849 (Grundsätze, S. 4).

5. In Betreff der bei Erhebung der Anklage und Prüfung derselben in Betracht kommenden gesetzlichen Vorschriften über die Zulässigkeit eines gerichtlichen Strafverfahrens, vergl. die Noten zu §. 181 und Art. 147.

6. Die Grenzen des Civil-Prozesses und des Straf-Prozesses geben zu wenig Kontroversen Veranlassung. Die Einleitung des letzteren ist in den Fällen der §§. 102, 103, 152 bis 156. u. 189 des Strafgesetzbuchs dem Ermessen der Staatsanwaltschaft überlassen, während die einfache Beleidigung nur im Wege des Civil-Prozesses verfolgt werden kann. Art. XVI. des Einführ.-Ges. v. 14. April 1851. — In Bezug auf die Nothwendigkeit des Antrages einer Privatperson, vergl. §. 9 und die Noten zu demselben.

Die früher streitige Frage, ob gegen ausgewanderte Militairpflichtige und gegen beurlaubte Landwehrmänner, welche ohne Erlaubniß auswandern, im Wege des Civil-Prozesses oder im Untersuchungsverfahren einzuschreiten sei, ist jetzt nach der letzteren Alternative entschieden. Gesetz v. 10. März 1856 (G. S. S. 133—136).

Der Anspruch auf die im Reglement vom 15. Sept. 1798. §. 2. litt. b. Nr. 4 und in den verschiedenen Forst-Ordnungen bestimmte Strafe der anschlagswidrigen Verwendung freien Bauholzes ist — wo nicht in einzelnen Forst-Ordnungen ein Anderes angeordnet ist — nicht Gegenstand des öffentlichen Strafverfahrens, sondern als Civil-Anspruch im Civil-Prozesse geltend zu machen. Ob.-Tr. (Präj. 20) 9. März 1853 (Entsch. 24. S. 496).

Der § 52 Nr. 4 u. 5, Tit. 23 in Verbindung mit §. 40, Tit. 24 Th. I. der Allg. G.-O. enthält Prozeßstrafen, auf welche nur vom Civilrichter zu erkennen ist. Ob.-Tr. (Pr. 102) 12. Juli 1854 (Entsch. 28. S. 196—198).

aus der Zahl der zum höheren Richteramte befähigten Beamten bestellt werden, dessen amtlicher Beruf es ist, bei Verbrechen die Ermittelung der Thäter herbeizuführen, und dieselben vor Gericht zu verfolgen.

Jedem Staatsanwalte sind, so weit das Bedürfniß es erfordert, vom Justizminister Gehülfen beizuordnen, welche unter seiner Aufsicht stehen und seinen Anweisungen Folge leisten müssen, überall aber, wo sie für ihn auftreten, zu allen Verrichtungen desselben berechtigt sind.

§. 3. Die Ober-Staatsanwalte, Staatsanwalte und deren Gehülfen gehören nicht zu den richterlichen Beamten. Sie sind in ihrer Amtsführung nicht der Aufsicht der Gerichte, sondern die Staatsanwalte der Aufsicht des Ober-Staatsanwalts und dieser mit ihnen der des Justizministers unterworfen, dessen Anweisungen sie nachzukommen haben. Die definitive Ernennung der Ober-Staatsanwalte und Staatsanwalte erfolgt durch Uns auf den Antrag des Justizministers.

Zusatz 1. Die Verrichtungen der Staatsanwaltschaft bei dem Ober-Tribunale werden durch einen General-Staatsanwalt und eine dem Bedürfnisse entsprechende Zahl von Vertretern desselben wahrgenommen. Die letzteren führen den Titel „Ober-Staatsanwalt". §. 6 des Gesetzes, betreffend die Vereinigung der beiden obersten Gerichtshöfe, v. 17. März 1852 (G. S. S. 74).

Zu §. 2. 1. Ueber die Staatsanwaltschaft (und Polizeianwaltschaft) vergl. die Abh. von v. Tippelskirch im Archiv II, S. 447—464, auch dessen Abh. im Archiv I. S. 315—321, welche bei Gelegenheit der Frage, ob der Staatsanwalt ein Zugeständniß abgeben oder als Zeuge vernommen werden könne, sich über die Stellung der Staatsanwaltschaft überhaupt ausläßt.

2. Die zahlreichen Verordnungen, welche den Geschäftsbetrieb der Staatsanwaltschaft und ihre amtlichen Verhältnisse regeln, sind der leichteren Uebersicht wegen im Anhange besonders zusammengestellt.

3. Die einzelnen Staatsanwalte sind verpflichtet und berechtigt, auch in solchen Sachen mitzuwirken, die nicht zur Kompetenz derjenigen Gerichte, bei welchen sie fungiren, gehören und dem allgemeinen amtlichen Berufe der Staatsanwaltschaft (§. 2 der Verordn.) innerhalb ihres Sprengels zu genügen. Die Verjährung wird daher auch durch Handlungen eines inkompetenten Staats-Anwalts unterbrochen. Ob.-Tr. 24. Jan. 1855 (Archiv III. S. 259) und (Pr. 158) 9. Juni 1855 (Entsch. 31. S. 284—288. J. M. Bl. 1855. S. 348. Archiv III. S. 561). Dem Angekl. steht, wenn der Schwurgerichtshof einen anderen Staats-Anwalt, als den bei demselben amtlich angestellten, zur Verhandlung einmal zugelassen hat, nach ergangenem Urtel eine Beschwerde darüber nicht zu, da die Staatsanwalten berechtigt sind, sich gegenseitig zu vertreten. Ob.-Tr. 14. Nov. 1849 (Entsch. 18, S. 498—506. J. M. Bl. S. 503—505).

4. Die Bestimmung des §. 2, daß jedem Staatsanwalte vom Justiz-Minister Gehülfen beizuordnen seien, macht es nicht unzuläſſig, daß in einzelnen Behinderungsfällen der Staatsanwalt durch einen vom Ob.-Staatsanwalte zu solcher Vertretung autorisirten Referendarius vertreten werde. Ob.-Tr. (Pr. 135) 8. Febr. 1855 (Entsch. 29. S. 451—454. Arch. III. S. 402 u. 675).

Ueber die Vertretung behinderter Staats- und Polizeianwalte, vergl. die allg. Verf. des Just.-Min. v. 14. April 1849 u. §. 6 der allg. Verf. v. 13. November 1849 (J. M. Bl. S. 228, 462 u. hinten im Anhange).

Ueber den Rang des General-Staatsanwalts und der Ober-Staatsanwalte bei dem Ober-Tribunal s. den Allerh. Erlaß v. 7. November 1853 (G. S. S. 907 u. im Anhange).

Zusatz 2. Die definitive Ernennung der Ober-Staatsanwalte und der Staatsanwalte erfolgt durch den König auf den Antrag des Justizministers. Art. XIV. des Ges. v. 26. April 1851 (G. S. S. 186).

Zur Bekleidung jeder Staatsanwalts-Stelle ist die Ablegung der dritten Prüfung erforderlich. Die Referendariats-Prüfung qualifizirt nur — zur Funktion eines Gehülfen der Staatsanwaltschaft —. Art. XV. Nr. 1 des Ges. v. 26. April 1851 (G. S. S. 186).

Ueber Anstellung, Rang u. s. w. der Beamten der Staatsanwaltschaft s. den Allerh. Erlaß vom 19. März 1850 (G. S. S. 274) sub. Nr. 7 u. 8 unten im Anhange.

2. Verhältniß derselben zu anderen Behörden.

§. 4. Den Polizeibehörden und anderen Sicherheitsbeamten verbleibt die ihnen gesetzlich obliegende Verpflichtung, Verbrechen nachzuforschen und alle keinen Aufschub gestattenden vorbereitenden Anordnungen zur Aufklärung der Sache und vorläufigen Haftnahme des Thäters mit Beobachtung der Vorschriften des Gesetzes vom 24. September 1848. (G. S. S. 257—259), zu treffen. Sie haben jedoch die von ihnen aufgenommenen Verhandlungen dem betreffenden Staatsanwalte zur weiteren Ver-

Zu §. 3. 1. Die Vorschriften über die Rekusation richterlicher Beamten finden auf die Beamten der Staatsanwaltschaft keine Anwendung; über die Frage der persönlichen Verhinderung eines Staatsanwaltes, im einzelnen Falle seine Funktionen auszuüben, hat nur die vorgesetzte Behörde, nicht das Gericht zu befinden. Ob.-Tr. 22. Sept. 1854 (Arch. II. S. 812).

2. In Bezug auf die Kompetenz-Konflikte sind die Staatsanwalte als Verwaltungs-Behörden angesehen und es ist angenommen, daß die nach §. 3 des Gesetzes vom 8. April 1847 der Provinzial-Behörde des Ressorts zustehende Erhebung des Kompetenz-Konflikts dem Ober-Staatsanwalt zusteht, wenn ein Staats- oder Polizeianwalt wegen einer der gerichtlichen Kognition entzogenen Amtshandlung in Anspruch genommen wird. Reskr. des Just.-Min. v. 5. März 1853 (Arch. I. 369) u. Erk. des Gerichtshofes z. Entsch. der Kompetenz-Konflikte v. 26. Nov. 1853 (J. M. Bl. 1854, S. 16). Vergl. auch §. 7, Nr. 2 des Ges. v. 13. Febr. 1854 (G. S. S. 88).

3. Was das Verhältniß des Vorsitzenden zu den Beamten der Staatsanwaltschaft betrifft, so kann demselben die Befugniß nicht zugestanden werden, auch die Letzteren in gleicher Art, wie die Vertheidiger, wenn sie die Befugnisse ihres Amtes überschreiten, zur Ordnung zu rufen. Diese Auffassung würde vielmehr dem Geiste und dem Wortlaute der Verordnung vom 3. Januar 1849 vollständig widersprechen. Nach §. 3 daselbst sind die Beamten der Staatsanwaltschaft der Aufsicht und Direktion der Gerichte nicht unterworfen. In ihren Amtsbefugnissen koordinirt, haben Staatsanwaltschaft und Gericht insbesondere in der mündlichen Verhandlung die gemeinsame Verpflichtung, durch ein verständiges Zusammenwirken das ihnen Beiden gesteckte Ziel — die Ermittelung der Wahrheit — auf die bestmögliche Art zu erreichen. Sollte der Vorsitzende oder der Staatsanwalt in dieser Thätigkeit von dem richtigen Wege abweichen, so liegt es in dem Beruf Beider, die etwanigen Verstöße zur Kenntniß der vorgesetzten Behörde zu bringen. R. des Just.-Min. v. 19. Mai 1853 (Arch. II. S. 799).

anlassung zu übersenden, auch den Requisitionen desselben wegen Einleitung oder Vervollständigung solcher polizeilicher Voruntersuchungen Folge zu leisten.

Zusatz. 3. Das im §. 3 allegirte Ges. v. 24. Sept. 1848 ist aufgehoben durch das Gesetz zum Schutze der persönlichen Freiheit, vom 12. Februar 1850 (G. S. S. 45—48).

Wir Friedrich Wilhelm, von Gottes Gnaden König von Preußen ꝛc. ꝛc. verordnen mit Zustimmung beider Kammern, unter Aufhebung des Gesetzes vom 24. September 1848, was folgt:

§. 1. Die Verhaftung einer Person darf nur Kraft eines schriftlichen, die Beschuldigung und den Beschuldigten bestimmt bezeichnenden richterlichen Befehls bewirkt werden.

Dieser Befehl muß bei der Verhaftung oder spätestens im Laufe des folgenden Tages dem Beschuldigten zugestellt werden.

§. 2. Die vorläufige Ergreifung und Festnahme einer Person kann ohne richterlichen Befehl erfolgen:

1) wenn die Person bei Ausführung einer strafbaren Handlung oder gleich nach derselben betroffen oder verfolgt wird;
2) wenn sich, selbst später, Umstände ergeben, welche die Person als Urheber oder Theilnehmer einer strafbaren Handlung und zugleich der Flucht dringend verdächtig machen.

§. 3. Zu der vorläufigen Ergreifung und Festnahme (§. 2) sind die Polizeibehörden und andere Beamte, welchen nach den bestehenden Gesetzen die Pflicht obliegt, Verbrechen und Vergehen nachzuforschen, so wie die Wachtmannschaften berechtigt, letztere jedoch nur in dem Falle des §. 2 Nr. 1.

Wenn in dem Falle des §. 2 Nr. 1 der Thäter flieht, oder der Flucht dringend verdächtig ist, oder Grund zu der Besorgniß vorliegt, daß die Identität der Person sonst nicht festzustellen sein werde, so ist jede Privatperson ermächtigt, den Thäter zu ergreifen.

Der Ergriffene muß sofort einem der oben bezeichneten Beamten, Behufs Bestimmung über die vorläufige Festnahme, oder einer Wachtmannschaft zugeführt werden.

§. 4. Bei jeder Verhaftung ist sofort das Erforderliche zu veranlassen, um den Beschuldigten dem Richter vorzuführen, welcher den Befehl dazu erlassen hat. — Jeder vorläufig Festgenommene muß spätestens im Laufe des folgenden Tages entweder in Freiheit gesetzt oder es muß in dieser Zeit das Erforderliche veranlaßt werden, um ihn dem Staatsanwalte bei dem zuständigen Gerichte vorzuführen. Der Staatsanwalt muß entweder die sofortige Freilassung verfügen, oder unverzüglich bei dem Gerichte den Antrag stellen, daß über die Verhaftung Beschluß gefaßt werde. — Ist Jemand außerhalb des Bezirks des zuständigen Gerichts vorläufig festgenommen worden, so kann er verlangen, zunächst vor den Staatsanwalt des Bezirks, in welchem er ergriffen worden, geführt zu werden. Dieser ist nur dann befugt, den Festgenommenen in Freiheit zu setzen, wenn derselbe nachweist, daß der Festnahme ein Mißverständniß zum

Grunde lag. Anderenfalls hat er die Vorführung vor den Staatsanwalt des zuständigen Gerichts zu veranlassen.

§. 5. Jeder Verhaftete oder vorläufig Festgenommene muß spätestens im Laufe des folgenden Tages nach seiner Vorführung vor den zuständigen Richter so vernommen werden, daß ihm der Gegenstand der Anschuldigung mitgetheilt und ihm die Möglichkeit zur Aufklärung eines Mißverständnisses gegeben werde.

§. 6. Die im §. 3 genannten Behörden, Beamten und Wachtmannschaften sind befugt, Personen in polizeiliche Verwahrung zu nehmen, wenn der eigene Schutz dieser Personen, oder die Aufrechthaltung der öffentlichen Sicherheit und Ruhe diese Maaßregel dringend erfordern. Die polizeilich in Verwahrung genommenen Personen müssen jedoch spätestens im Laufe des folgenden Tages in Freiheit gesetzt, oder es muß in dieser Zeit das Erforderliche veranlaßt werden, um sie der zuständigen Behörde zu überweisen.

§. 7. In eine Wohnung darf wider den Willen des Inhabers Niemand eindringen, außer auf Grund einer aus amtlicher Eigenschaft folgenden Befugniß, oder eines von einer gesetzlich dazu ermächtigten Behörde ertheilten Auftrages.

§. 8. Das Eindringen in die Wohnung während der Nachtzeit ist verboten. Die Nachtzeit umfaßt für dit Zeit vom 1. Oktober bis 31. März die Stunden von 6 Uhr Abends bis 6 Uhr Morgens, und für die Zeit vom 1. April bis 30. September die Stunden von 9 Uhr Abends bis 4 Uhr Morgens.

§. 9. Das Verbot, in eine Wohnung zur Nachtzeit einzudringen, begreift nicht die Fälle einer Feuer- oder Wassersnoth, einer Lebensgefahr oder eines aus dem Innern der Wohnung hervorgegangenen Ansuchens; es bezieht sich nicht auf die Orte, in welchen während der Nachtzeit das Publikum ohne Unterschied zugelassen wird, so lange diese Orte dem Publikum zum ferneren Eintritt oder dem eingetretenen Publikum zum ferneren Verweilen geöffnet sind.

§. 10. Zum Zweck der vorläufigen Ergreifung und Festnahme einer Person, welche bei Ausführung einer strafbaren Handlung oder gleich nach derselben verfolgt worden, sowie zum Zwecke der Wiederergreifung eines entsprungenen Gefangenen, darf der verfolgende oder zugezogene Beamte, ingleichen die verfolgende oder zugezogene Wachtmannschaft, auch zur Nachtzeit in eine Wohnung eindringen. Außerdem darf zum Zwecke der Verhaftung oder vorläufigen Festnahme der verfolgende Beamte nur dann zur Nachtzeit in eine Wohnung eindringen, wenn dringende Gründe dafür sprechen, daß bei längerer Verzögerung der Verfolgte sich der Festnahme ganz entziehen werde. Der Zutritt zu den von Militairpersonen benutzten Wohnungen darf den Militair-Vorgesetzten oder Beauftragten, Behufs Vollziehung dienstlicher Befehle, auch zur Nachtzeit nicht versagt werden. Das Verbot, in eine Wohnung bei Nachtzeit einzudringen, bezieht sich nicht auf diejenigen Räume, welche die Zoll- und Steuerbeamten zur Vollziehung der ihnen obliegenden Revisionen zu betreten berechtigt sind, ohne durch die Bestimmungen der Zoll- und Steuergesetze auf die Tageszeit beschränkt zu sein.

§. 11. Haussuchungen dürfen nur in den Fällen und nach den Formen des Gesetzes unter Mitwirkung des Richters oder der gerichtlichen Polizei und, wo diese nicht eingeführt ist, der Polizei-Kommissarien oder der Kommunal- oder der Orts-Polizeibehörde geschehen. Sie müssen, so weit dies geschehen kann, unter Zuziehung des Angeschuldigten oder der Hausgenossen erfolgen.

§. 12. Das Verbot, Haussuchungen bei Nachtzeit vorzunehmen (§. 8), findet keine Anwendung:

1) auf die Wohnungen der Personen, welche durch ein Straferkenntniß unter Polizeiaufsicht gestellt sind;
2) auf Orte, welche der Polizei als Schlupfwinkel des Hazardspiels, als Herbergen und Versammlungsorte von Verbrechern, als Niederlagen verbrecherisch erworbener Sachen oder als Aufenthaltsorte lüderlicher Frauenzimmer bekannt sind;
3) wenn dringende Gründe dafür sprechen, daß bei längerer Zögerung die in einer Wohnung befindlichen Gegenstände, in Bezug auf welche eine strafbare Handlung begangen worden, oder die daselbst vorhandenen Beweismittel abhanden gebracht oder gefährdet werden möchten.

§. 13. In den Landestheilen, in welchen bisher die Stellung unter Polizeiaufsicht durch ein Straferkenntniß nicht stattgefunden hat, sind Haussuchungen bei Nachtzeit in den Wohnungen derjenigen Personen zulässig, welche vor dem Eintritt der Gesetzeskraft des Gesetzes, die Stellung unter Polizeiaufsicht betreffend, vom 12. Februar d. J. wegen Diebstahls, Raubes, Hehlerei oder wegen Kontrebande oder Zolldefraudation in den Fällen §§. 3, 4, 11 Nr. 2, §§. 13, 14, 15, 24 des Zollstrafgesetzes vom 23. Januar 1838 zu einer sechswöchentlichen oder längeren zeitigen Freiheitsstrafe von einem Kollegialgerichte verurtheilt sind.

Die Befugniß zu nächtlichen Haussuchungen in den Wohnungen dieser Personen dauert von dem Tage, an welchem die Freiheitsstrafe verbüßt worden ist, mindestens Ein Jahr, in denjenigen Fällen, in welchen auf eine längere als einjährige Freiheitsstrafe erkannt worden, jedoch während eines der erkannten Freiheitsstrafe gleichkommenden Zeitraums.

Den Personen, welche in den vorstehend bezeichneten Fällen wegen Kontrebande oder Zolldefraudation verurtheilt sind, kann von der Polizeibehörde auch untersagt werden, bei Vermeidung einer Polizeistrafe von 2 bis 5 Rthlr. oder Gefängnißstrafe bis zu acht Tagen, während der von der Polizeibehörde zu bestimmenden Stunden der Nachtzeit (§. 8) ihre Wohnungen zu verlassen.

Die vorstehenden Bestimmungen finden, so weit dieselben die wegen Kontrebande oder Zolldefraudation verurtheilten Personen betreffen, auch auf den Bezirk des Appellationsgerichtshofes zu Cöln Anwendung.

Urkundlich unter Unserer Höchsteigenhändigen Unterschrift und beigedrucktem Königl. Insiegel. Gegeben Charlottenburg, den 12. Februar 1850. Friedrich Wilhelm.

Zu §. 4. 1. Die Pflicht des ersten Angriffs Seiten der Polizeibehörden iist schon in den §§. 10 ff., Tit. 17, Th. II. Allg. Landr. ausgesprochen.

§. 5. Die Gerichte sind verpflichtet, von Verbrechen, welche amtlich zu ihrer Kenntniß kommen, dem Staatsanwalte sogleich

---

2. Ueber die Vieldeutigkeit des Begriffs von „keinen Aufschub gestattenden vorbereitenden Anordnungen, s. Schwark in Goltd. Arch. I, S. 669.

3. In Bezug auf die verläufige Haftnahme gilt jetzt an Stelle des im §. 4 citirten Gesetzes vom 24. September 1848 das oben abgedruckte Gesetz zum Schutze der persönlichen Freiheit, vom 12. Februar 1850 (G. S. S. 45—48). Vergl. ferner Verf.-Urk. v. 31. Januar 1850 Art. 5. (G. S. S. 18) u. Crim.-O. §§. 206 ff.

Die durch Allerhöchste Ordre vom 8. August 1850 genehmigte Instruktion für die Wachen in Hinsicht der von ihnen vorzunehmenden vorläufigen Ergreifungen und förmlichen Verhaftungen, vom 27. Juli 1850, ist den Gerichtsbehörden zur Nachricht und Nachachtung bekannt gemacht durch Verf. des Just.-Min. v. 24. Sept. 1850 (J. M. Bl. 1850, S. 358—361).

Der Just.-Min. empfiehlt bei den Anträgen und Beschlüssen über die Festnehmung und Verhaftung besondere Aufmerksamkeit, um unnöthige, durch die Lage der Sache und das muthmaßliche Strafmaß nicht gebotene Verhaftungen, selbst bei Diebstahl und Betrug, möglichst zu vermeiden. Allg. Verf. v. 4. April 1854. Nr. VII. (J. M. Bl. S. 147) und allg. Verf. v. 26. Juni 1854 (J. M. Bl. S. 287).

Ueber das Verfahren bei vorläufigen Festnehmungen nach dem Ges. vom 12. Febr. 1850 hat der Justiz-Minister auf Folgendes aufmerksam gemacht: „1. Es sind in dem §. 4 des Gesetzes zwei Fälle vorgesehen: der erste, wenn die Polizeibehörde bei einer vorläuf. Festnahme die Ueberzeugung gewinnt, daß es einer ferneren Belassung des Festgenommenen in der Haft nicht bedarf. Sie ist sodann verpflichtet, den Ergriffenen spätestens im Laufe des folgenden Tages wieder in Freiheit zu setzen, und demnächst die Verhandlungen dem Staatsanwalte zur Prüfung und etwanigen weiteren Veranlassung zu übersenden; — der zweite Fall, wenn die Polizeibehörde der Ansicht ist, daß die fernere Belassung des Festgenommenen in der Haft nothwendig sei. In diesem Falle soll sie „das Erforderliche veranlassen, daß der Festgenommene spätestens im Laufe des folgenden Tages dem Staatsanwalte bei dem zuständigen Gerichte vorgeführt werde." Wollte man diese zum Schutze des vorläufig Festgenommenen gegebene Bestimmung nach ihrem Wortlaute dahin auslegen, und in der That ausführen, daß der Ergriffene jedesmal in Person dem zuständigen Staatsanwalte vorgeführt werden müsse, so würde diese Vorschrift, statt zum Schutze des Festgenommenen zu gereichen, in vielen Fällen zur großen Beschwerniß des Ergriffenen, ja zu Härten führen, die der wohlthatigen Absicht des Gesetzes geradezu entgegen wären. Der Ergriffene würde nämlich, wenn er an einem vom Wohnsitze des Staatsanwalts entfernten Orte festgenommen worden, oft Meilen weit transportirt werden müssen, blos damit dem Buchstaben des Gesetzes genügt werde, ohne daß dem Ergriffenen selbst irgend ein Vortheil daraus entstände. Denn die Absicht des Gesetzgebers bei der Bestimmung geht unzweideutig dahin: dem vorläufig Festgenommenen die Gewähr zu geben, daß er nicht länger, als bis zum folgenden Tage der Verfügung der Polizeibehörde überlassen bleiben, daß vielmehr in dieser Frist der zuständige Staatsanwalt mit seiner Angelegenheit befaßt werden solle. Der Staatsanwalt soll in der Lage und verpflichtet sein, im Laufe des nächsten Tages über die Fortdauer oder Aufhebung der Festnahme Beschluß zu fassen, resp. die Beschlußnahme des Gerichts herbeizuführen. Hierzu ist aber der Staatsanwalt in der Regel schon im Stande, sobald ihm die über die Ergreifung und über das dem Ergriffenen zur Last gelegte Verbrechen oder Vergehen aufgenommenen Verhandlungen zugegangen sind, und es wird somit dem Zwecke und der Absicht des Gesetzes genügt, wenn diese Verhandlungen in der im §. 4 bezeichneten Frist dem Staatsanwalt, oder im Falle eines Vergehens (einer Uebertretung) dem Polizeianwalte übersandt werden. Aus dem Angeführten folgt zugleich, daß in dem Falle, wenn Jemand außerhalb des Bezirks des zuständigen Gerichts vorläufig festge-

Mittheilung zu machen, auch den von demselben an sie gerichteten Anträgen wegen Feststellung des Thatbestandes und wegen sonst

---

nommen worden ist, und nach §. 4 des G. v. 12. Febr. 1850 verlangt, zunächst vor den Staatsanwalt des Bezirks, in welchem er ergriffen worden, geführt zu werden, in gleicher Weise mit Uebersendung der Verhandlungen zu verfahren sei, und nicht unter allen Umständen für nothwendig erachtet werden könne, daß der Festgenommene in Person dem Staatsanwalt vorgeführt werde. Dagegen muß die persönliche Vorführung allemal erfolgen, wenn sie von dem Festgenommenen ausdrücklich verlangt oder durch besondere Umstände gerechtfertigt wird. 2. Während der Zwischenzeit, von der Uebersendung der Verhandlungen bis zu dem Zeitpunkte, wo die Verfügung des Beamten der Staatsanwaltschaft über die Freilassung, oder der Beschluß des Gerichts über die Fortdauer oder Aufhebung der Festnahme ergangen ist, muß der vorläufig Festgenommene der Regel nach in polizeilicher Verwahrung behalten werden. An solchen Orten, wo die polizeilichen Gefängnisse nicht ausreichen oder nicht hinlänglich sicher sind, wird jedoch der vorläufig Festgenommene auch in das gerichtliche Gefängniß gebracht werden können. In einem solchem Falle hat dann das Gericht nach Maaßgabe des §. 5 der V. v. 3. Januar 1849 auch ohne Antrag des Staatsanwalts alle diejenigen Ermittelungen und sonstigen Anordnungen vorzunehmen, welche nothwendig sind, um die Verdunkelung der Sache zu verhüten, und diese Verhandlungen sind sodann ungesäumt dem Staatsanwalt zu übersenden. Der Staatsanwalt hat sowohl in diesem Falle, als überhaupt jedesmal, wenn ihm Verhandlungen über eine vorläufige Festnehmung zugehen, nach §. 4 des Ges. v. 12. Febr. 1850 entweder die sofortige Freilassung zu verfügen, oder unverzüglich bei dem Gerichte den Antrag zu stellen, daß über die Verhaftung Beschluß gefaßt werde. 3. Der Haftbefehl — §. 1 a. a. O. — muß, wie sich aus §. 13 der V. v. 3. Jan. 1849 ergiebt, der Regel nach von dem Gerichte erlassen werden. Bei größeren Gerichten, wo eine besondere Abtheilung für Untersuchungen gebildet ist, wird der Haftbefehl von dieser Abtheilung erlassen werden können, und in schleunigen Fällen wird Nichts entgegenstehen, daß der Haftbefehl von dem ein für allemal bestellten oder in vorliegender Sache ernannten Untersuchungsrichter ausgehe, beziehungsweise von den Kreisgerichts-Kommissarien, welche nach §. 22 der V. v. 2. Jan. 1849 in ihrem Bezirke die Stelle des Untersuchungsrichters zu versehen haben, erlassen werden. 4. Ist der Haftbefehl ausgefertigt, so ist jederzeit, wenn es nicht aus dem unter Nr. 2 angeführten Grunde schon früher geschehen ist, die Uebernahme des zu Verhaftenden in das gerichtliche Gefängniß zu bewirken. Schließlich wird 5. bemerkt, daß die Freilassung eines vorläufig Festgenommenen Seitens des Gerichts auf Grund des §. 4 des Ges. v. 12. Febr. 1850 nicht ohne vorgängige Anhörung des Staats- oder Polizeianwalts verfügt werden kann, indem das Gericht erst durch die Anträge des Staatsanwalts von der vorläufigen Festnahme in Kenntniß gesetzt und mit der Beschlußnahme über die Verhaftung oder Freilassung befaßt wird, weshalb dann die vorgängige Anhörung der Staatsanwaltschaft auch in dem unter Nr. 4 erwähnten Falle nothwendig die Regel bilden muß. Die Gerichtsbehörden und die Beamten der Staatsanwaltschaft werden veranlaßt, hiernach zu verfahren." Allg. Verf. des Just.-Min. v. 7. Dec. 1850 (J. M. Bl. S. 415—417).

Ueber das Verfahren bei Feststellung von Zoll- und Steuervergehen durch Nachsuchungen, Haussuchungen und Verhaftungen, s. C.-R. des Fin.-Min. vom 14. August 1850 (Verw.-Min. Bl. S. 299).

4. Ueber Haussuchungen s. §§. 125—131 Crim.-O., Art. 6 der Verf.-Urk. v. 31. Jan. 1850 (G. S. S. 18), das Ges. zum Schutze der persönlichen Freiheit, vom 12. Febr. 1850 (G. S. S. 45—48 und oben Zusatz 3), §. 8 des Ges., betreffend die Stellung unter Polizei-Aufsicht, v. 12. Febr. 1850 (G. S. S. 50) und den damit übereinstimmenden §. 27 Nr. 2 des Strafgesetzbuchs.

Nach §. 6 des Ges. v. 24. Sept. 1848 (jetzt §. 11 des Ges. v. 12. Febr. 1850 zum Schutze der persönlichen Freiheit, G. S. S. 45—48) und §§. 2—5

erforderlicher Ermittelungen zu genügen, und, wenn es nöthig ist, einen Untersuchungsrichter zu ernennen.

---

und 7 der V. v. 3. Jan. 1849 haben die Polizeibehörden in denjenigen Fällen, in denen bei einer vorliegenden Strafgesetzübertretung und beim Vorhandensein der in den §§. 125 u. 126 der Crim.-Ordn. aufgeführten Voraussetzungen der Zulässigkeit einer Haussuchung, die Ausführung dieser Maaßregel ohne Gefährdung der Aufklärung der Sache bis zur Mitwirkung des Gerichts oder der Staatsanwaltschaft aufgeschoben werden kann, Haussuchungen nicht eigenmächtig und ohne solche Mitwirkung vorzunehmen, vielmehr dem Staatsanwalt von der betreffenden Strafgesetzübertretung und den die Vornahme einer Haussuchung rechtfertigenden Umständen Anzeige zu machen und ihm die weiteren gerichtspolizeilichen Maaßregeln zu überlassen. In allen denjenigen Fällen aber, wo beim Vorhandensein einer Strafgesetzübertretung und der gesetzlichen Voraussetzungen der Zulässigkeit einer Haussuchung durch die mit der vorgängigen Antretung der Staatsanwaltschaft oder des Gerichts verbundene Verzögerung, die Erreichung des Zweckes der Haussuchung — die Aufklärung der Sache — muthmaßlich verfehlt werden würde, haben die Polizeibehörden kraft der ihnen ausnahmsweise im §. 4 der V. v. 3. Jan. 1849 beigelegten Eigenschaft als gerichtliche Polizei, selbstständig ohne vorgängige Antretung und ohne Zuziehung jener Behörden Haussuchung vorzunehmen, dabei aber den Angeschuldigten oder, Falls dies nicht möglich, dessen Hausgenossen zuzuziehen, die Vorschriften der §§. 127 und 128 der Crim.-Ordn. zu beobachten und die Verhandlungen demnächst ungesäumt dem Staatsanwalt zu übersenden. Cirk.-R. des Min. des Innern v. 13. Juni 1849 (Verw.-Min. Bl. S. 132).

Der §. 11 des Ges. v. 12. Febr. 1850 untersagt nicht eine Vertretung der Polizeibehörde bei Haussuchungen, schreibt auch nicht vor, daß dieselbe nur durch einen Polizei-Kommissarius geschehen könne; das Gesetz ist vielmehr, wenn es die Polizei-Kommissarien als solche bezeichnet, welche bei einer Haussuchung mitzuwirken haben, dahin aufzufassen, daß dieselben selbstständig, ohne jedesmaligen Auftrag ihrer vorgesetzten Behörde, auf die an sie ergangene Requisition der Steuerbehörde mitzuwirken befugt sind, und also in dieser Beziehung der Orts-Polizeibehörde gleich stehen. Es ist daher dem Gesetze genügt, wenn ein Polizei-Sergeant von der Orts-Polizeibehörde abgeordnet wird, um bei einer von der Steuerbehörde veranlaßten Hausvisitation mitzuwirken. Ob.-Tr. 29. Oktober 1852 (Arch. I. S. 376–377).

5. Die Frage, ob auch die Polizeibehörden (oder nur die Staatsanwaltschaften) befugt sind, Briefe auf der Post mit Beschlag zu belegen? ist bejaht von Stieber in Goltd. Arch. III. S. 86—90, wird aber nach dessen Mittheilung von der Praxis, in Uebereinstimmung mit den Ministerien für Handel und Gewerbe und der Justiz, verneint. — Vergl. ferner Note 2 zu §. 7.

6. Ueber die Gesetzmäßigkeit und Nothwendigkeit einer polizeilichen Beschlagnahme ist der Rechtsweg unzulässig. Erk. des Kompet.-Gerichtshofes v. 20. Nov. 1853 (J. M. Bl. 1854, S. 16). Insbesondere kann gegen einen Polizeibeamten, welcher bei einer der Hehlerei verdächtigen Person Waaren &c. in Beschlag genommen hat, aus dem Grunde, weil durch die Untersuchung eine strafbare Handlung des Besitzers nicht festgestellt ist, von Seiten des Letzteren eine Klage auf Entschädigung nicht erhoben werden. Erk. des Kompet.-Gerichtshofes vom 27. Sept. 1856. (J. M. Bl. S. 354—356).

7. Die Beamten der Staatsanwaltschaft mit Einschluß der Polizeianwalte haben in den Fällen, wo sie auf Grund der ihnen mitgetheilten polizeilichen Verhandlungen eine Anklage zu erheben sich nicht veranlaßt finden, und ein besonderes Interesse zur Zurückbehaltung derselben nicht obwaltet, den betreffenden Polizeibehörden, die Verhandlungen wieder zurückzusenden. Allg. Verf. v. 16. Sept. 1850 (J. M. Bl. S. 336).

8. Bei jeder Feuersbrunst haben die Polizeibehörden nach wie vor sofort die Entstehung derselben zu untersuchen; ergeben sich hierbei Anzeichen einer Strafgesetz-Uebertretung, so sind die Polizeibehörden verpflichtet, lediglich nach

Waltet Gefahr im Verzuge ob, so hat das Gericht auch ohne Antrag des Staatsanwalts alle diejenigen Ermittelungen, Verhaftungen oder sonstigen Anordnungen vorzunehmen, welche nothwendig sind, um die Verdunkelung der Sache zu verhüten. Die Verhandlungen hierüber sind demnächst dem Staatsanwalte mitzutheilen.

---

§. 4 der V. v. 3. Jan. 1849 zu verfahren. Dagegen liegt eine unbedingte Nothwendigkeit dafür, daß die Verhandlungen der Staatsanwaltschaft mitgetheilt werden, in solchen Fällen nicht vor, in denen die Entstehungsart des Feuers dergestalt mit Zuverlässigkeit festgestellt wird, daß jedes gerichtliche oder polizeiliche Strafverfahren ausgeschlossen bleibt. Es erscheint jedoch mindestens zweckmäßig, daß der Staatsanwaltschaft in allen Fällen entweder die Verhandlungen selbst zugesendet oder doch die Ergebnisse derselben bei der Anzeige der stattgehabten Feuersbrunst im Wesentlichen kurz mitgetheilt werden. Cirk.-Verf. des Min. des Innern v. 31. Juli 1850 (Verw.-Min. Bl. S. 252, J. M. Bl. S. 300). Vergl. auch Cirk.-Verf. des Min. des Innern v. 25. Juni 1849 (Verw.-Min. Bl. S. 132). Die Staatsanwalte haben die Prüfung der vorgedachten an sie gelangenden Verhandlungen vorzugsweise zu beschleunigen. Allg. Verf. vom 26. August 1850 (J. M. Bl. S. 301).

9. Die Requisitionen der Staatsanwaltschaft an die Polizeibehörden müssen in der Regel schriftlich ergehen, jedoch sind hiervon in den geeigneten Fällen auch Ausnahmen zulässig, indem die §§. 4 u. 7 der V. v. 3. Januar 1849 schriftliche Requisitionen nicht unbedingt verlangen, vielmehr aus der Fassung des §. 7 a. a. O. sich ergiebt, daß überhaupt Anträge genügen. Die Form solcher Requisitionen ist insofern nicht von entscheidender Bedeutung, als es vorzugsweise darauf ankommt, daß dieselben nur stets nachweislich sind. Dies würden sie am sichersten sein, wenn sie schriftlich erfolgen. Da indessen in vielen Fällen der Zweck der Requisition verfehlt werden würde, wenn erst die zeitraubende schriftliche Form beobachtet werden müßte, so dürfen die Polizeibehörden sich nicht weigern, auch dem mündlichen Verlangen der Staatsanwalte und deren Gehülfen Folge zu geben, wobei jedoch darauf zu halten ist, daß in dergleichen Fällen entweder Seitens der Staatsanwaltschaft oder der betreffenden Polizeibehörde sobald als möglich, Behufs des Nachweises darüber, daß und was verlangt worden, eine schriftliche Erklärung abgegeben werde. Eine allgemeine und bestimmte Anweisung, wie diesem Erforderniſſe zu genügen, läßt sich nicht ertheilen; beispielsweise würde die Staatsanwaltschaft ihre Requisition zu den Akten zu vermerken oder die Polizeibehörde dies zu thun oder wenigstens in den Bericht resp. die Verhandlung über die Ausführung eines mündlichen Verlangens aufzunehmen haben, daß ein solches Statt gefunden habe, und worauf es gerichtet gewesen sei. In welchen einzelnen Requisitionsfällen die Beamten der Staatsanwaltschaft sich der mündlichen Form bedienen wollen, muß ihrem Ermessen — nach der jedesmaligen Beschaffenheit der Sache — überlassen bleiben, wobei ihnen nicht entgehen wird, wie es wünschenswerth bleibt, daß ihre Requisitionen an die Polizeibehörden, wenn es irgend möglich ist, schriftlich geschehen, und daß namentlich bei allen Verhaftungen, sofern sie nicht auf frischer That stattfinden, von der Form der schriftlichen Requisition nicht abgewichen werden darf, damit über die Person Desjenigen, welcher für eine solche Maaßregel verantwortlich zu machen, kein Zweifel obwalte. Verf. der Min. des Inn. u. der Justiz v. 24. Juli 1849 (I. 2748).

Zu §. 5. 1. Privatpersonen haben die Pflicht zur Anzeige strafbarer Handlungen nur in den Fällen des §. 39 des Str.-G.-B.; der §. 10 der Crim.-Ordn. ist, insofern derselbe eine Ausdehnung dieser Pflicht bezüglich auf gestohlene Sachen in sich schließt, aufgehoben. Erk. d. Ob.-Tr. v. 17. Novbr. 1854 (Arch. III. S. 130—131). Außer dem Falle des §. 39 ist auch im §. 112 die Pflicht zur Anzeige eines beabsichtigten Vergehens auferlegt. Vergl. ferner §§. 172, 211 Str.-G.-B. u. Arch. IV. S. 63—68.

3. Rechte und Pflichten der Staatsanwaltschaft.

§. 6. Dem Staatsanwalte legt sein Amt die Pflicht auf, darüber zu wachen, daß bei dem Strafverfahren den gesetzlichen Vorschriften überall genügt werde. Er hat daher nicht blos darauf zu achten, daß kein Schuldiger der Strafe entgehe, sondern auch darauf, daß Niemand schuldlos verfolgt werde.

Die Nennung des Angebers, auf dessen Veranlassung eine Haussuchung gehalten worden, kann der Denunciat nicht verlangen. Ob.=Tr. 25. Sept. 1854 (Arch. II. S. 679—680).

2. Die Verpflichtung der Gerichte, den von dem Staatsanwalt an sie gerichteten Anträgen zu genügen, ist nicht auf solche Vernehmungen beschränkt, welche mit anderen Personen als dem Angeklagten abzuhalten sind. Die Anträge können sich vielmehr auch auf die Vernehmung Desjenigen, gegen welchen eine Anklage beabsichtigt wird, beziehen, um dem Staatsanwalt das zur Begründung der Anklage erforderliche Material zugänglich zu machen, insbesondere die früheren Lebensverhältnisse des Anzuklagenden, insoweit diese auf das Strafverfahren von Einfluß sind, festzustellen. Die Verpflichtung der Gerichte, den Anträgen des Staatsanwalts zu genügen, bezieht sich indessen nur auf begründete Anträge; die Prüfung darüber, ob die Anträge begründet sind, bleibt daher den Gerichten vorbehalten. Insbesondere kann die Einwirkung der Gerichte, so wie überhaupt, so insbesondere durch Vernehmung bestimmter Personen erst dann in Anspruch genommen werden, wenn es gewiß, mindestens wahrscheinlich ist, daß überhaupt ein Verbrechen verübt worden. Beschl. des Ob.=Tr. v. 17. Juli 1850 (Grundsätze, I. Fortsetz. S. 3).

Neuerdings ist die Berechtigung der Gerichte zur Zurückweisung der Anträge des Staatsanwalts auf Vernehmung von Zeugen u. s. w. nur für den Fall einer Voruntersuchung angenommen, während im Falle des §. 5, d. i. bei solchen Ermittelungen, welche der Bestellung eines Untersuchungsrichters vorhergehen, eine Prüfung der Requisitionen der Staatsanwaltschaft Seitens der Gerichte nicht für zulässig erachtet ist. Ob.=Tr. v. 17. März 1854 (Arch. II. 410 u. 411) u. 17. Oktober 1856 (J.=M.=Bl. S. 353 u. 354). Der General=Staatsanwalt ist der Ansicht, daß auch während einer Voruntersuchung die beantragten Ermittelungen nicht wegen vermeintlicher Unerheblichkeit abgelehnt werden dürfen. (Arch. II. 409 u. 410).

Die Vernehmung der angeschuldigten oder anzuschuldigenden Personen im Skrutinial=Verfahren ist unbedingt statthaft. Ob.=Tr. v. 17. Okt. 1856 (J.=M.=Bl. S. 353 u. 354).

3. Mit der Ermittelung der Todesursache in den Fällen der §§. 149 ff. der Crim.=Ordn. haben die Gerichte, wie bei anderen in das Gebiet des Strafrechts gehörigen Ereignisse nur bei Gefahr im Verzuge ohne Antrag des Staatsanwaltes einzuschreiten. §. 16 der allg. Verf. v. 13. Nov. 1849 (J.=M.=Bl. S. 465) vergl. auch unten zu §. 7.

Zu §. 6. 1. Vergl. Art. 1. des Gesetzes v. 3. Mai 1852 und die Anm. zu demselben.

2. Ueber die Bedeutung des §. 6 s. die Bemerkungen von v. Tippelskirch im Arch. I. S. 315—321 u. II. S. 452 ff. u. von Schwarck im Arch. I. S. 665 ff.

Bei Verfolgung geringfügiger Gesetzesverletzungen, insbesondere aber der Ehrverletzungen und leichten Mißhandlungen hat der Staatsanwalt stets den Gesichtspunkt festzuhalten, ob der Fall die Erhebung der Anklage im öffentlichen Interesse bedingt. Allg. Verf. des Just.=Min. v. 4. April 1854 sub I. (J.=M.=Bl. S. 147).

3. Die Frage, ob der Staatsanwalt gemäß der Pflicht, darauf zu achten, daß Niemand schuldlos verfolgt werde, bei dem Nachweis der Nothwehr in der Voruntersuchung zur Einstellung des Verfahrens verpflichtet sei, ist bejaht von Wilde im Arch. II. S. 40—43.

Ueber den Einfluß der gesetzlichen Stellung des Staatsanwalts auf die

§. 7. Untersuchungsverhandlungen, Verhaftungen oder Beschlagnahmen hat der Staatsanwalt, wenn nicht Gefahr im Verzuge obwaltet und der Fall der Ergreifung auf frischer That vorliegt, nicht selbst vorzunehmen, sondern solche nach den Umständen entweder bei der Polizeibehörde, oder bei dem betreffenden Gerichte zu beantragen. Er ist jedoch befugt, allen polizeilichen und gerichtlichen Verhandlungen, welche Gegenstände seines Geschäftskreises betreffen, beizuwohnen, mit dem Beamten, welcher die Verhandlung zu führen hat, in unmittelbare Verbindung zu treten, und seine Anträge und Mittheilungen zur Förderung des Zweckes der Untersuchung an diesen Beamten zu richten.

Beweislast im Strafprozeß, vergl. die Abh. von Dr. Kueßner im Arch. III. S. 32—48, besonders S. 35, und die Bemerkungen zu dieser Abh. a. a. O. S. 49—57.

4. Das von dem Staatsanwalt nicht im Interesse des Angeklagten, sondern mit dem Antrage auf höhere Bestrafung eingelegte Rechtsmittel kann gleichwohl eine Herabsetzung der in einem Erkenntnisse, bei welchem der Angeklagte sich beruhigt hat, erkannten Strafe zur Folge haben. Erk. des Ob.-Tr. vom 18. Juni 1852 (Entsch. Bd. 23, S. 277—284. Arch. I. S. 60—61 u. S. 64) u. v. 29. März 1855 (Arch. III. S. 700—701). Deßhalb muß auch eine von dem Staatsanwalt gegen den Angeklagten eingelegte — an und für sich unzulässige — Nichtigkeits-Beschwerde gegen das auf Appellation des Angeklagten das erste Erkenntniß bestätigende Appellations-Urtel, formell zugelassen und es muß näher geprüft werden, ob materiell eine günstigere Entscheidung für den Angeklagten begründet sei. Ob.-Tr. v. 8. Nov. 1852 (Arch. I. S. 62—63). Dieser Grundsatz findet auch in den Fällen Anwendung, wo der Staatsanwaltschaft ein bestimmter Angeklagter nicht gegenübersteht, und wo daher von der Einlegung eines Rechtsmittels so wenig im Interesse eines Angeklagten, als gegen einen solchen die Rede sein kann (z. B. bei Beschlagnahme einer im Auslande erschienenen Druckschrift). Ob.-Tr. v. 30. Nov. 1854 (Arch. III. S. 116—117). — Vergl. ferner Ulrich's Archiv XVI. S. 438—444.

Gegen Gerichtsbeschlüsse, durch welche eine Untersuchung eröffnet oder Versetzung in Anklagestand ausgesprochen worden, steht dem Staatsanwalt eine Beschwerde zu dem Behufe, um solche Beschlüsse im Interesse oder sonst zu Gunsten des Angeklagten rückgängig zu machen, nicht zu. Ob.-Tr. v. 18. Okt. 1852 (Arch. I. S. 64).

Zu §. 7. 1. Ueber die Frage, ob die Besichtigung der Leiche eines Menschen, dessen Tod nicht unter den Augen seiner Hausgenossen oder anderer unbescholtener Personen natürlicherweise erfolgt ist, (§§. 149 ff. der Crim.-Ordn.) der Regel nach von dem Staatsanwalt vorzunehmen sei, oder von der Gerichtsbehörde, hat sich der Herr Justiz-Minister in einem (ungedr.) R. aus dem J. 1854 dahin ausgesprochen: „Der Staatsanwalt hat zwar beim Eingange der Anzeige eines solchen Vorfalls nach eigenem verständigem Ermessen zu prüfen, ob Jemandem ein strafbares Verschulden an dem Tode des leblos gefundenen Menschen zur Last falle und, insofern er diese Frage sofort verneinen zu können glaubt, auch die schriftliche Erlaubniß zur Beerdigung des Leichnams zu ertheilen, ohne daß eine Mitwirkung des Gerichts eintritt. Wenn der Staatsanwalt aber jene Ueberzeugung aus den ihm vorgelegten polizeilichen Verhandlungen nicht erlangt und die Besichtigung der Leiche für nothwendig erachtet, um dadurch die Todesursache näher festzustellen, so hat er, da diese Besichtigung in den Kreis der im §. 7 der Verordnung v. 3. Januar 1849 erwähnten Handlungen fällt, um Vornahme derselben, den Untersuchungsrichter des betreffenden Bezirks zu requiriren und nur in dem Ausnahmefalle, wo Gefahr im Verzuge obwaltet, sich der Besichtigung selbst zu unterziehen."

§. 8. Dem Staatsanwalte steht die Einsicht aller polizeilichen und gerichtlichen Akten, welche sich auf einen zu seinem

---

Ein (nicht bezeichneter) Ober-Staatsanwalt äußert über diese Frage: „An und für sich kann die Ansicht Geltung gewinnen, daß, da die Crim.-Ordn. die Nothwendigkeit der Ermittelung der Todesart nicht von der bereits vorhandenen Wahrscheinlichkeit eines begangenen Verbrechens abhängig macht und die vorläufige informatorische Besichtigung (§§. 151, 152 der Crim.-Ordn.) von dem Beweisakte der förmlichen Leichenöffnung unterscheidet, jener erste kriminalpolizeiliche Akt nunmehr der Staatsanwaltschaft ausschließlich anheimgefallen und von ihr die gerichtliche Mitwirkung nur dann nachzusuchen sei, wenn es sich um ein auch nur wahrscheinliches Verbrechen, also um Untersuchungs-Verhandlungen im Sinne des §. 7 der V. v. 3. Januar 1849 und weiterhin um Beweisakte, handle. Indeß erscheint eine solche Auffassung der staatsanwaltschaftlichen Befugnisse, insbesondere die Annahme, daß die Vorschrift des §. 7 sich bei den Geschäften der hier gedachten Art beseitige, nicht zulässig, nachdem der Herr Just.-Min. durch die Instr. v. 13. November 1849 die hierbei an sich zweifelhaften Grenzen der staatsanwaltschaftlichen Befugnisse näher bestimmt hat. Der §. 16 der Instr. schreibt vor, daß bei den Todesermittelungen die Gerichte auf den Antrag des Staatsanwalts einschreiten sollen, und es kann hierbei die Ansicht, daß dem Staatsanwalt gleichwohl vorbehalten sei, seinem Antrage die eigene örtliche Information vorausgehen und je nach dem Ergebnisse derselben, die an sich gesetzlich nothwendigen Formen der Leichenschau als erfüllt gelten zu lassen, nicht Raum finden, indem die Instr. durch die Allegation der „§§. 149 u. ff." alle gesetzlichen Vorschriften über die Leichenschau umfaßt, ohne diejenigen Fälle auszusondern, in welchen der Verdacht eines begangenen Verbrechens entweder gar nicht vorliegt, oder von Haus aus (wie bei augenscheinlichem Selbstmorde) geradehin als beseitigt erscheint. Also auch in solchen Fällen muß, dem §. 16 der Instr. gemäß, alsdann, wenn es nach dem §. 149 der Crim.-Ordn. überhaupt der Ermittelung der Todesursache bedarf, diese Ermittelung — in der Regel jedoch nur auf den Antrag des Staatsanwalts — vom Gerichte ausgehen." Mit diesen Grundsätzen hat sich der Herr Just.-Min. in dem R. vom 31. Oktbr. 1851 einverstanden erklärt (Arch. I. S. 556—557).

2. So lange nicht auf Grund des Art. 33 der Verf.-Urk. neue, die Beschränkung des Briefgeheimnisses regulirende Gesetze ergehen, bleiben die früheren hierauf bezüglichen Vorschriften in Kraft. — Die Criminal-Ordnung, welche in den §§. 123 ff. den Untersuchungsrichter ermächtigt, die Beschlagnahme der zum Zwecke der Untersuchung brauchbaren Gegenstände zu veranlassen, nimmt hiervon versiegelte Briefe nicht aus. Verf. des Ob.-Tr. v. 17. Febr. 1854. (J. M. Bl. 1854, S. 138 und 139, Arch. II, S. 247). S. f. Note 5 zu §. 4.

3. Ueber die Aufbringung der durch die Feststellung verübter Vergehen und Verbrechen, so wie durch die Verfolgung und Verhaftung der Thäter entstehenden uneinziehbaren Kosten ist angeordnet: „Bei Beantwortung der Frage, welcher Behörde resp. Kasse jene Verpflichtung obliege, ist im Allgemeinen davon auszugehen, daß jede Behörde die innerhalb ihres Amtsbereichs erwachsenen Auslagen zu übernehmen hat. Demgemäß sind von den vorgedachten Kosten die Haft- und Transportkosten mit dem Augenblicke der Ueberweisung der Verdächtigen von der Polizei an die Gerichtsbehörde, sei es Behufs der Voruntersuchung oder der förmlichen Untersuchung von dem Kriminalfond, beziehungsweise den noch zur Uebertragung der Kriminalkosten subsidiarisch verhafteten städtischen Gemeinden zu tragen. Haft- und Transportkosten, welche bis zu solcher Ueberweisung, oder, ohne daß es zu dieser überhaupt gekommen, erwachsen, fallen, wenn sie innerhalb des Bereichs einer Polizeibehörde, deren Kosten eine städtische Gemeinde zu tragen hat, entstanden sind, dieser zur Last; in allen andern Fällen hat sie der fiskalische Polizeifond zu tragen.

Reise- und Zehrungskosten der Zeugen, solche Reisekosten der Staatsanwalte, welche in Fällen entstanden sind, wo dieselben nach §. 7 der Verordnung vom 3. Jan. v. J. verfahren, Kosten der Erhebung des Thatbestandes, der Einnahme des

Geschäftskreise gehörenden Gegenstand beziehen, jederzeit frei. Auch gehört es zum Berufe desselben, den Unvollständigkeiten, Verzögerungen oder sonstigen Unregelmäßigkeiten, welche er in den Untersuchungen wahrnimmt, durch Anträge bei der vorgesetzten Behörde des die Untersuchung führenden Beamten Abhülfe zu schaffen.

§. 9. Verbrechen, deren Bestrafung die Gesetze von dem Antrage einer Privatperson abhängig machen, darf der Staatsanwalt nur dann vor Gericht verfolgen, wenn hierauf von jener Person angetragen worden ist. Doch ist er sowohl in diesen Fällen, als auch dann, wenn bei Verbrechen anderer Art die Betheiligten sich an ihn wenden, befugt, die gerichtliche Verfolgung zu verweigern, sofern er dieselbe für gesetzlich begründet nicht erachtet.

Ueber Beschwerden wegen solcher Weigerungen hat der Ober-Staatsanwalt zu entscheiden.

Zusatz 4. Ist auf eine von der Staatsanwaltschaft wegen

Augenscheins, der Haussuchungen ꝛc. fallen dem Kriminalfond, oder den noch für die Kriminalkosten subsidiär verhafteten städtischen Gemeinden alsdann zur Last, wenn die Maaßregeln, durch oder für welche die Kosten entstanden, von der Gerichtsbehörde vorgenommen sind, und zwar ohne Unterschied, ob eine Untersuchung eingeleitet worden, oder nicht, da in beiden Fällen diese Maaßregeln lediglich Handlungen der strafgerichtlichen Amtsthätigkeit sind. Wären dieselben aber auch nicht durch die Gerichtsbehörde vorgenommen, so fallen doch die dadurch entstehenden Kosten, wenn die Maaßregeln, für welche sie erwachsen sind, als Theile der Verhandlungen einer gerichtlichen Untersuchung oder Voruntersuchung, oder auch vor derselben auf Verlangen des Staatsanwalts von der Polizeibehörde vorgenommen worden, ebenfalls dem Kriminalfond, oder den zur Uebertragung der Kriminalkosten subsidiär verpflichteten städtischen Gemeinden zur Last, wogegen die fraglichen Maaßregeln. wenn sie nicht als Theile der Verhandlung einer gerichtlichen Untersuchung oder Voruntersuchung, oder auch vor derselben nicht auf Verlangen des Staatsanwalts vorgenommen werden, lediglich im Bereiche der Polizeiverwaltung vorgenommen sind, und deshalb auch die dadurch entstehenden Kosten, falls diese Maaßregeln innerhalb des Bereichs einer Polizeibehörde, deren Kosten eine städtische Gemeinde zu tragen hat, ausgeführt sind, dieser Gemeinde, anderen Falls aber dem fiskalischen Polizeifond zur Last fallen." Allg. Verf. der Min. der Fin., der Just. und des Inn. v. 6. Mai 1850, (J. M. Bl. S. 188).

Zu §. 8. 1. Ueber den Geschäftsverkehr der Staatsanwalte mit den Gerichten, welcher so zu ordnen ist, daß so viel als möglich durch mündliche Rücksprache erledigt und unnöthige Schreiberei vermieden wird, s. §. 8 der allg. Verf. v. 13. Nov. 1849 (J. M. Bl. S. 462, und unten im Anhange).

2. Das Kammergericht hat sich damit einverstanden erklärt, daß den Staatsanwalten in denjenigen Untersuchungen, welche noch nicht an die Gerichte abgegeben sind, die Befugniß zustehe, die Asservatoren und Depositarien der Gerichte, bei welchen sie fungiren, unmittelbar, jedoch der Geschäfts-Ordnung wegen unter der Adresse des Vorstandes des betreffenden Gerichts, zu requiriren, die zur Asservation, resp. Deposition geeigneten Gegenstände zum Asservatorium resp. Depositorium anzunehmen und aus demselben herauszugeben. Der Herr Just.-Min. hat diese Anordnung, da sich dieselbe durch ihre Zweckmäßigkeit empfiehlt, den Gerichten und Beamten der Staatsanwaltschaft zur geeigneten Berücksichtigung bekannt gemacht. Allg. Verf. des Just.-Min. v. 15. Dec. 1850 (J. M. Bl. Seite 433).

Ehrverletzung oder leichter Mißhandlung erhobene Anklage eine gerichtliche Untersuchung eröffnet, so wird deren Fortgang, sowie die Erlassung und Vollstreckung des Urtheils weder durch die Zurücknahme der Ermächtigung oder des Antrages, noch durch die Verzichtleistung auf Bestrafung gehemmt. Art. XVII. des Einführungs-Gesetzes zum Strafgesetzbuch.

Nach Eröffnung der gerichtlichen Untersuchung kann der Antrag auf Bestrafung nicht wieder zurückgenommen werden, so weit nicht in einzelnen Fällen ausdrücklich ein Anderes bestimmt ist. §. 25 des Str.-G.-B.

Zu §. 9. 1. Ueber den Antrag der Privatpersonen auf Bestrafung von Verbrechen oder Vergehen, s. die §§. 50—54, 149, 160, 189 des Str.-G.-B. und Art. XVII. des Einführungs-Gesetzes vom 14. April 1851.

Nur auf Antrag tritt Verfolgung ein: bei Beleidigungen des Oberhauptes eines anderen Deutschen oder befreundeten Staates §§. 81. 79. Str.-G.-B., bei Beleidigungen fremder Gesandten u. Geschäftsträger §§. 160—162 Str.-G.-B. und bei Beleid. der Landtags-Mitglieder §. 103, bei Ehrverletzungen §§. 160—162 Str.-G.-B. u. Art. XVII Einführ. Ges., bei fahrlässigen Körperverletzungen §. 198 Str.-G.-B., bei Verführung junger Mädchen zum Beischlaf §. 149, bei Entführung §. 209, bei Entwendungen und Unterschlagungen gegen Eltern und Kinder, Geschwister u. s. w. §§. 229, 271 Str.-G.-B., bei Nachdruck §§. 15, 16. G. v. 11. Juni 1837 (G.-S. S. 165 ff.)

Dagegen ist ein Strafantrag bei Körperverletzung und Mißhandlung nicht erforderlich. Ob.-Tr. (Pr. 39. Plen.) 27. Juni 1853 (Entsch. 26. S. 143. J. M. Bl. S. 245). Vergl. Stumpe im Arch. I. S. 141 ff.

2. In Betreff der Verfolgung der durch die Presse verübten Vergehen gegen §§. 79 u. 80 Str.-G.-B. hat der Herr Min. des Inn. in dem Reser. v. 9. Nov. 1854 — II. 11829 — sich dahin ausgesprochen: „Bisher ist, so viel hier bekannt, in den Fällen der §§. 79 u. 80 des Str.-G.-B. die Praxis geübt worden, daß nicht nur die gerichtliche Verfolgung der betreffenden Person, sondern auch, wenn das fragliche Vergehen durch die Presse begangen worden, die Beschlagnahme der incriminirten Schrift von dem nach §. 81. l. c. erforderlichen Antrag der betreffenden auswärtigen Regierung abhängig gemacht worden ist. — Neuerlich ist jedoch durch ein gerichtliches Erkenntniß die Beschlagnahme einer Zeitung wegen Beleidigung des Oberhaupts eines fremden Staates aufrecht erhalten und die Vernichtung der betreffenden Exemplare angeordnet worden, obgleich ein Antrag auf Verfolgung Seitens des beleidigten auswärtigen Gouvernements nicht vorlag. Zur Begründung dieses Erkenntnisses wird in den Motiven desselben auf den Inhalt des §. 29 des Preßgesetzes, welches ganz allgemein die Beschlagnahme aller derjenigen Druckschriften verordne, welche „den Thatbestand einer strafbaren Handlung" enthalten, Bezug genommen.

Diese Ansicht halte ich für richtig. Mit dem §. 29 cit. ist nämlich zur Unterstützung derselben noch der §. 50 Alin. 3 des Preßgesetzes in Verbindung zu bringen, der ausdrücklich auch für die Falle die Vernichtung der Schrift, welche den Thatbestand einer strafbaren Handlung enthält, anordnet, wo „eine gerichtliche Verfolgung," weil es „an einer verantwortlichen Person fehlt," nicht hat eingeleitet werden können. Diese Bestimmung paßt nicht nur ihrem Wortlaute nach auch auf diejenigen Fälle der §§. 79 u. 80 des Strafgesetzbuches, in denen der im §. 81 daselbst vorgesehene Antrag nicht, oder noch nicht gestellt worden ist, sondern sie trifft auch ihrem Geiste nach hier zu, da ihr die Erwägung zum Grunde liegt, daß eine ihrem Inhalte nach strafwürdige Schrift durch sich selbst schädliche Wirkungen erzeugt, resp. forterzeugt, mögen die für die Schrift und deren Verbreitung persönlich verantwortlichen Individuen dafür bestraft werden, oder nicht. Es folgt hieraus, daß der § 81 des Strafgesetzbuches nicht als eine die betreffenden Vorschriften des Preßgesetzes beschränkende

§. 10. Dem Ober-Staatsanwalte steht die Befugniß zu, die

---

lex specialis angesehen werden kann, daß vielmehr, wie oben angeführt, die Verfolgung, von welcher der §. 81 l. c. spricht, nur auf die strafgerichtliche Verfolgung der Person zu beziehen ist."

3. In Bezug auf die dem Staats-Ministerium oder einzelnen Staats-Ministern zugefügten Beleidigungen sind zwar die Beamten der Staatsanwaltschaft jetzt (nach §. 103 Str.-G.-B.) den Gerichten gegenüber von der Vorlegung eines auf die Verfolgung gerichteten Beschlusses entbunden. Dieselben haben jedoch in derartigen Fällen auch in Zukunft nicht ohne Weiteres einzuschreiten, sondern die nähere Anweisung des Just.-Ministers einzuholen und deßhalb an den vorgesetzten Ober-Staatsanwalt zu berichten, welcher letztere diese Berichte vermittelst Marginal-Anfrage, in welcher derselbe seine Ansicht auszusprechen hat, dem Just.-Min. einreicht. Allg. Verf. v. 23. Juni 1851 (J. M. Bl. S. 228) und v. 14. August 1849. (J. M. Bl. S. 376). S. auch §. 19 der allg. Verf. v. 13. Nov. 1849 (J. M. Bl. 1849. S. 465).

4. Die bei einem Verbrechen Betheiligten haben nicht das Recht darüber, daß der Antrag auf Einleitung der Untersuchung von dem betreffenden Gericht zurückgewiesen worden, bei dem vorgesetzten Appellationsgericht Beschwerde zu führen; auf Beschwerden solcher Betheiligten kann daher das Appellationsgericht die Eröffnung der Untersuchung nicht veranlassen. Ob.-Tr. 26. September 1849 (Grunds. S. 4). Auch diejenigen Personen, welche als Denuncianten aufgetreten sind oder denen das Gesetz den Strafantrag beilegt, haben nicht das Recht der Beschwerde über die Beschlüsse des Gerichts, es ist ihnen daher, wenn sie ein Interesse bei der Eröffnung der Untersuchung haben, nur zu überlassen, den Staatsanwalt auf dem geeigneten Wege zur Erhebung der Beschwerde zu veranlassen. Ob.-Tr. 21. März 1855 (Arch. III. S. 402).

5. Inwieweit die Verfolgung von Beamten wegen der durch Ueberschreitung ihrer Amtsbefugnisse verübten Rechtsverletzungen durch Erhebung des Kompetenz-Konflikts gehemmt werden kann, bestimmt das Gesetz v. 13. Febr. 1854 (G. S. S. 86—88). Dies Gesetz findet auch Anwendung auf die Inhaber der polizeiobrigkeitlichen Gewalt und deren Stellvertreter. §. 20 Ges. v. 14. April 1856, betreffend die ländl. Ortsobrigkeiten. (G. S. S. 358).

Eine vorgängige Genehmigung der vorgesetzten Dienstbehörde zur Verfolgung eines Beamten darf nicht verlangt werden. Art. 97 Verf.-Urk. v. 31. Januar 1850 (G. S. S. 31.)

Mit Bezug auf das Gesetz v. 13. Februar 1854 ist unter Abänderung der Minist.-Verf. v. 7. Juli 1852 (I. 3068) angeordnet, daß es zur Verfolgung von Beamten der Berichterstattung an den Justiz-Minister nicht mehr bedarf. „Damit jedoch die Dienstbehörden Gelegenheit erhalten, von der ihnen in diesem Gesetze ertheilten Befugniß zur Einlegung der Konflicte Gebrauch zu machen und damit auch der Gerichtshof zur Entscheidung der Komp.-Konfl. nicht mit einer übermäßigen Anzahl derartiger Sachen belastet werde, wird unter Aufhebung der V. v. 7. Juli 1852 Folgendes angeordnet: Wenn ein Staatsanwalt der Ansicht ist, daß gegen einen Beamten, auf welchen die Bestimmungen des Gesetzes v. 13. Februar 1854 anzuwenden sind, wegen einer in Ausübung oder in Veranlassung der Ausübung seines Amts vorgenommenen Handlung, dieselbe sei als Amtsverbrechen oder Amtsvergehen in den gem. Strafgesetzen vorgesehen oder nicht, Anklage zu erheben oder eine gerichtliche Voruntersuchung herbeizuführen sei, so hat er, Falls ein hierauf gerichteter Antrag der dem Beamten vorgesetzten Dienstbehörde nicht vorliegt, die Verhandlungen dem Ober-Staatsanwalt zur Einsicht vorzulegen. Ist der Ober-Staatsanwalt nicht der Meinung, daß von der Verfolgung abzusehen sei, so hat er die Aeußerung der dem Beamten vorgesetzten Provinzial-Behörde oder wenn der Beamte einer solchen nicht untergeordnet ist, der Central-Behörde einzuholen. Erhebt diese Behörde gegen die gerichtliche Verfolgung Widerspruch, so hat er denselben sorgfältig zu prüfen, demnächst aber, wenn nach seiner Ansicht das gerichtliche Verfahren gleichwohl einzuleiten sein würde, das Geeignete in der Sache zu veranlassen und der be-

Funktionen der Staatsanwaltschaft auch bei den Gerichten erster

---

treffende Staatsanwalt ist demnächst verpflichtet, sofort nach eingeleiteter Untersuchung resp. Voruntersuchung der Behörde von der Sachlage Mittheilung zu machen. — Die vorstehenden Bestimmungen schließen solche vorläufige Ermittelungen, welche ohne gerichtliche Voruntersuchung stattfinden können, so wie die Ergreifung derjenigen Maaßregeln, welche durch eine obwaltende Gefahr im Verzuge geboten werden, nicht aus." Allg. Verf. des Just.-Min. v. 12. Mai 1854 (I. 1255).

6. Der §. 9 des Ges. v. 29. März 1844 („Gegen Geistliche findet die gerichtliche Untersuchung nur wegen solcher Amtsvergehen statt, welche das bürgerliche Gesetz mit Strafe bedroht, wegen dieser Vergehen aber, sofern sie nicht bloß zu einer Ordnungsstrafe sich eignen, ohne Unterschied, ob das Vergehen mit der Amtsentsetzung bedroht ist oder nicht. — — Zu dem Antrage auf gerichtliche Untersuchung ist nur der Min. der geistl. Ang. berechtigt") hat, abgesehen von den gegen die andauernde Anwendbarkeit dieses Gesetzes erhobenen Zweifeln, offenbar nur wegen der im bürgerlichen Gesetze mit Strafe bedrohten Amtsvergehen und keineswegs wegen aller Verbrechen und Vergehen der Geistlichen, dem Min. der geistl. Ang. das Recht zur Beantragung einer gerichtlichen Untersuchung ertheilt und bezüglich vorbehalten. Unter einem Amtsvergehen im Sinne des §. 9 kann nur die mit besonderer Strafe bedrohte Verletzung einer durch das Amt auferlegten Pflicht und nicht jedes im Amte oder bei Gelegenheit desselben ausgeübte Vergehen verstanden werden, am wenigsten solche gemeine Verbrechen oder Vergehen, die nur in Beziehung auf das Amt stehen oder aus Anlaß einer amtlichen Stellung verübt sind. Ob.-Tr. 15. Oktober 1856 wider Gillet.

Der evangelische Ober-Kirchenrath nimmt an, daß zwar §. 9 des Ges. v. 29. März 1844 durch kein späteres Spezial-Gesetz aufgehoben sei, daß aber dem Schlußsatz des Art. 97 der Verf.-Urk. (s. Nr. 5) auch die Anwendung auf Geistliche, obwohl dieselben nicht eigentlich in der Kategorie von Civilbeamten sich befinden, nicht versagt werden könne, sobald es sich um die gerichtliche Verfolgung von Vergehen handelt, welche sie bei Verrichtung ihrer mit bürgerlicher Wirkung und bürgerlichem Glauben bekleideten geistlichen Amtshandlungen sich haben zu Schulden kommen lassen. Erlaß des evang. Ober-Kirchenraths v. 14. Novbr. 1850 (Verw. Min. Bl. S. 323. J. M. Bl. 1851, S. 3 und 4) und Allg. Verf. des Just.-Min. v. 24. Dezbr. 1850 (J. M. Bl. 1851, S. 3).

Der Herr Just. Min. hat sich in dieser Beziehung geäußert, wie folgt: „Nach der Bestimmung des §. 9 des Gesetzes v. 29. März 1844, betreffend das gerichtliche und Disziplinar-Strafverfahren gegen Beamte (G. S. S. 77 ff.) ist die Einleitung einer gerichtlichen Untersuchung gegen Geistliche wegen Amtsvergehen von dem Antrage des Herrn Ministers der geistl. Angel. abhängig. Da in der Praxis über die fortdauernde Gültigkeit dieser Vorschriften Zweifel entstanden sind, es aber jedenfalls eben so wünschenswerth als nothwendig erscheint, daß der Chef des geistlichen Departements von den gegen Geistliche wegen derartiger strafbarer Handlungen einzuleitenden Untersuchungen Kenntniß und zur Aeußerung darüber Gelegenheit erhalte, so wird hierdurch im Einverständniß mit dem Herrn Minister der geistl. Angel. Folgendes angeordnet: Wenn ein Staatsanwalt der Ansicht ist, daß gegen einen Geistlichen wegen einer in Ausübung oder in Veranlassung der Ausübung seines Amts vorgenommenen Handlung, dieselbe sei als Amtsverbrechen oder Amtsvergehen in den gem. Strafgesetzen vorgesehen oder nicht, Anklage zu erheben oder eine gerichtliche Voruntersuchung herbeizuführen sei, so hat er, Falls ein hierauf gerichteter Antrag des Herrn Min. der geistl. Angel. nicht vorliegt, die Verhandlungen dem Ober-Staatsanwalt zur Einsicht vorzulegen.

Ist der Ober-Staatsanwalt nicht der Meinung, daß von der Verfolgung abzusehen sei, so hat er unter Beifügung der Acten an den Just.-Min. zu berichten und dessen Ermächtigung zur Verfolgung des Denunciaten abzuwarten. Die vorstehenden Bestimmungen schließen solche vorläufige Ermittelungen, welche

Instanz seines Amtsbezirks selbst oder durch einen seiner Gehülfen zu übernehmen, wenn er dies für zweckmäßig erachtet.

§. 11. Die Eröffnung einer Untersuchung muß durch förmlichen Beschluß des Gerichts erfolgen. Eröffnung der Untersuchung.

Zu §§. 1 bis 11 der Verordnung.

Art. 1. Die Staatsanwaltschaft ist befugt, alle ihr erforderlich scheinenden Anträge zu stellen, welche auf die Vorbereitung, die Einleitung und Führung der Untersuchung, auf die gerichtlichen Verfügungen und Beschlüsse in derselben, sowie auf die Strafvollstreckung Bezug haben. Nähere Bestimmungen über die Befugnisse der Staatsanwaltschaft.

Handelt es sich um eine erhobene Beschwerde, so muss die Staatsanwaltschaft bei dem Gerichte, welches über die Beschwerde zu beschliessen hat, auf ihr Verlangen mit ihrem schriftlichen oder mündlichen Antrage gehört werden; das Gericht kann auch der Staatsanwaltschaft die Beschwerde zur Stellung eines schriftlichen Antrages von Amtswegen vorlegen lassen.

Vor Erlassung eines Beschlusses über die Freilassung eines Verhafteten in den Fällen des §. 13 der Verordnung muss die Staatsanwaltschaft mit ihrem Antrage gehört werden.

Die Staatsanwaltschaft hat das Recht, auch im Interesse des Angeklagten Rechtsmittel einzulegen.

---

ohne gerichtliche Voruntersuchung stattfinden können, sowie die Ergreifung derjenigen Maaßregeln, welche durch eine obwaltende Gefahr im Verzuge geboten werden, nicht aus. R. des Just.-Min. v. 16. August 1854 (I. 2415).

7. Kein Mitglied der Kammer kann ohne deren Genehmigung während der Sitzungsperiode wegen einer mit Strafe bedrohten Handlung zur Untersuchung gezogen oder verhaftet werden, außer wenn es bei Ausübung der That oder im Laufe des nächstfolgenden Tages nach derselben ergriffen wird. — — Jedes Strafverfahren gegen ein Mitglied der Kammer und eine jede Untersuchungs- oder Civilhaft wird für die Dauer der Sitzungsperiode aufgehoben, wenn die betreffende Kammer es verlangt. Art. 84 der Verf.-Urk. v. 31. Januar 1850 (G. S. S. 29—30).

Zu §. 10. 1. Der Ober-Staatsanwalt ist auch befugt, gemeinschaftlich mit dem Staatsanwalte die Funktionen der Staatsanwaltschaft in einer und derselben Sache zu übernehmen. Ob.-Tr. 30. Novbr. 1849 (J. M. Bl. S. 497).

2. Die Ansichten des Staatsanwalts über Einleitung der Untersuchung unterliegen der Abänderung durch den Ober-Staatsanwalt. Daraus folgt, daß die Staatsanwaltschaft nicht in dem Sinne eine Identität der Personen voraussetzt, daß sie an eine einmal abgegebene Erklärung bleibend gebunden ist; der an sich abänderliche Beschluß eines Gerichts kann daher dadurch, daß er mit dem ebenfalls abänderlichen Antrage des Staatsanwalts übereinstimmt, nicht die Eigenschaft der Unabänderlichkeit erhalten. Ob.-Tr. 9. Febr. 1850 (Grunds. S. 4—5).

Zu Art. 1. 1. Vgl. §. 6 und die Noten zu demselben, insbesondere Note 4.

2. Wenn der Angeklagte bei dem ihn zur Strafe verurtheilenden Erkenntnisse sich beruhigt, der St.-Anw. aber in seinem Interesse die Appellation eingelegt hat, so ist die Sache auch zu Gunsten des Angeklagten rechtshängig geblieben und derselbe befugt, gegen das, das

Kompetenz der Gerichte ratione loci.

Art. 2. Der Gerichtsstand ist gleichmässig begründet:

1) bei dem Gerichte des Sprengels, in welchem die strafbare Handlung begangen ist, und wenn sie im Auslande begangen ist, bei demjenigen inländischen Gerichte, welches dem Orte der That zunächst belegen ist. Gehören mehrere Handlungen zum Thatbestande, und sind dieselben in verschiedenen Sprengeln begangen, so ist das Gericht eines jeden dieser Sprengel kompetent;

2) bei dem Gerichte des Sprengels, in welchem der Beschuldigte wohnt, oder sich gewöhnlich aufhält, und wenn derselbe im Inlande keinen Wohnsitz oder gewöhnlichen Aufenthaltsort hat, bei dem Gerichte, in dessen Sprengel er sich auch nur vorübergehend aufhält;

3) bei dem Gerichte des Sprengels, in welchem der Beschuldigte ergriffen wird.

Zusatz 5. In Betreff des Gerichtsstandes der Häupter und der Mitglieder der (im §. 1 der Verordn. v. 12. Nov. 1855 gedachten) vormals reichsständischen Familien in peinlichen Sachen kommen hinsichtlich der Erstern zunächst die Bestimmungen des §. 17 der Instruktion v. 30. Mai 1820 zur Anwendung.

Wählt der Angeschuldigte diesen Bestimmungen zufolge, statt des Austrägalgerichts den Gerichtsstand vor dem Obergerichte, oder handelt es sich um ein im königlichen Dienste begangenes Vergehen oder Verbrechen, oder gehört der Angeschuldigte nicht zu den Häuptern, sondern zu den Mitgliedern einer vormals reichsständischen Familie, so ist der Gerichtsstand in peinlichen Sachen — Militairverbrechen ausgenommen — vor demjenigen Obergerichte begründet, zu dessen Bezirke das Gericht gehört, welches zur Führung der Untersuchung, abgesehen von den Bestimmungen dieser

---

erste Erkenntniss bestätigende Appellations-Erkenntniss die Nichtigkeits-Beschwerde einzulegen. Ob.-Tr. (Pr. 118) 15. Nov. 1854 (Entsch. 29, S. 280—282).

3. Wenn auch nur der Angeklagte, nicht der Staatsanwalt, gegen das Erkenntniss erster Instanz appellirt hat, so kann gleichwohl der St.-Anw. gegen das bestätigende Appellations-Urtel im Interesse des Angeklagten die Nichtigkeits-Beschwerde einlegen, da alsdann die Sache zu Gunsten des Angeklagten rechtshängig geblieben ist. Ob.-Tr. 8. Nov. 1852 (J. M. Bl. 1853, S. 188, Arch. I, S. 63). Früher war das Ob.-Tr. anderer Meinung, Erk. v. 6. Octbr. 1852 wider Kallinich. — Es kann jedoch in einem solchen Falle die Einlegung der Nichtigkeits-Beschwerde zu Gunsten des Angeklagten nicht zu dem Behufe geschehen, um eine Bestrafung herbeizuführen, die der Angeklagte selbst für eine härtere erachtet, was anzunehmen, wenn derselbe die Zurückweisung der Nichtigkeits-Beschwerde beantragt. Erk. des Ob.-Tr. v. 11. Novbr. 1853 wider Lindenthal.

Verordnung, nach den allgemeinen gesetzlichen Vorschriften kompetent sein würde.

Das Verfahren beim Obergerichte erfolgt nach den Bestimmungen der Verordnung vom 3. Januar 1849 (Ges.-S. S. 14) und den diese Verordnung ergänzenden Vorschriften, jedoch mit der Maassgabe, dass für das der Hauptverhandlung vorausgehende Verfahren und diese Hauptverhandlung selbst die, für das Verfahren wegen Vergehen bestehenden Vorschriften zur Anwendung kommen, ohne Unterschied, ob es sich um ein Vergehen oder ein Verbrechen handelt.

Die Entscheidung erster Instanz erfolgt von einer aus fünf, die der zweiten Instanz von einer aus sieben Mitgliedern bestehenden Abtheilung des Obergerichts.

Die im §. 17 litt. b. und c. der Instruktion vom 30. Mai 1820 hinsichtlich der Häupter der vormals reichsständischen Häuser getroffenen Anordnungen kommen auch in peinlichen Sachen der Mitglieder dieser Familien zur Anwendung. §. 3 der Verordnung v. 12. Nov. 1855 (G.-S. S. 686—687).

Zu Art. 9. 1. Rücksichtlich der durch das Holzdiebstahlsgesetz vorgesehenen strafbaren Handlungen, mit Ausnahme der in dem §. 16 daselbst vorgesehenen Holzdiebstähle, ist der Gerichtsstand nur bei den Gerichten des Sprengels, in dessen Bezirke der Diebstahl verübt worden ist, begründet. §§. 24, 25. Gesetz vom 2. Juni 1852 (G. S. S. 310).

2. Bei Versendung beleidigender Schriften ist sowohl an dem Orte der Absendung als an dem Orte des Eintreffens das forum delicti commissi begründet. Ob.-Tr. 4. Mai 1853 (Arch. I, 369). Vgl. Ob.-Tr. 24. Febr. 1853 (Arch. I, 226), Ob.-Tr. 10. März 1853 (das. S. 235) und Ob.-Tr. 27. Febr. 1856 (Arch. IV, S. 393—394).

3. Für Press-Vergehen oder -Verbrechen, welche durch Herausgabe einer Zeitung an einem Orte innerhalb Landes begangen worden sind, begründet die an einem anderen Orte bewirkte Beschlagnahme der Zeitung, ausser dem besonderen Falle des §. 50 des Gesetzes über die Presse vom 12. Mai 1851, keinen Gerichtsstand. Ob.-Tr. (Pr. 165) 6. Septbr. 1855 (Entsch. 31, S. 341—344. Arch. III, S. 825—827.

4. In Bezug auf Art. 2, Nr. 2 vergl. die Bestimmungen der V. v. 2. Januar 1849 und des Ges. vom 26. April 1851 über die Aufhebung des eximirten Gerichtsstandes. Ueber die Aufrechthaltung des Militairgerichtsstandes und der sonstigen besonderen Gerichtsstände, s. unten Art. 147.

In Betreff des privilegirten Gerichtsstandes für die mittelbar gewordenen Deutschen Reichsfürsten und Grafen, s. §. 3 des Ges. vom 12. Novbr. 1855 (G. S. S. 686 und Zusatz 5 zum Text); dazu die allg. Verf. des Just.-Min. v. 17. Decbr. 1855 (J. M. Bl. S. 414—415).

5. Konsuln sind im Allgemeinen der Gerichtsbarkeit des Staates, in welchem sie ihren Aufenthalt haben, nicht entzogen. Der §. 252 der Crim.-O. erkennt nur den in persönlichen Diensten auswärtiger Gesandten stehenden Personen, nicht aber solchen, welche nur in geschäftlichen Beziehungen zu Gesandtschaften stehen, die Befreiung von dem inländischen Gerichtsstande zu. — Der Einwand, ein Konsul habe eine inkriminirte Handlung nur im Namen und in Ausführung der Befehle seiner Regierung vorgenommen, kann keine Inkompetenz des inländischen Gerichts begründen, sondern nur eine vor diesem geltend zu machende Vertheidigung zur Sache selbst darstellen. Ob.-Tr. 13. Septbr. 1855 (J. M. Bl. S. 320—322).

Art. 3. **Konnexe strafbare Handlungen (Art. XXII.** des Einführungsgesetzes zum Strafgesetzbuche) **können zur gleichzeitigen Untersuchung und Entscheidung vor das Gericht gebracht werden, bei welchem der Gerichtsstand in Ansehung einer derselben begründet ist, unbeschadet der Bestimmungen des Art. XXI. des Einführungsgesetzes zum Strafgesetzbuche.**

Zusatz 6. (Art. XXI. und XXII. des Einführ.-Gesetzes v. 14. April 1851. G. S. S. 98).

Artikel XXI. Konnexe strafbare Handlungen können zur gleichzeitigen Untersuchung und Entscheidung vor das Gericht gebracht werden, welches kompetent ist, die schwerste der für jene Handlungen angedrohten Strafen auszusprechen.

(Vergehen, welche zur Kompetenz der Schwurgerichtshöfe gehören, können jedoch nicht auf Grund der Konnexität vor ein anderes Gericht als den Schwurgerichtshof gelangen).

Artikel XXII. Konnexität ist insbesondere vorhanden:

1) wenn die nämliche Person verschiedener strafbarer Handlungen beschuldigt wird,
2) wenn verschiedene Personen als Urheber, Theilnehmer oder Begünstiger einer strafbaren Handlung oder als Hehler beschuldigt werden.

Zusatz 7. Andere, als die im Artikel I. §. 1 des Gesetzes vom 22. Mai 1852 benannten Verbrechen können auch auf Grund der Konnexität nicht vor die Gerichtsabtheilungen gebracht werden. Art. I. §. 3 des Gesetzes v. 22. Mai 1852 (G. S. S. 250).

Zusatz 8. (§§. 1 u. 2 des Gesetzes v. 25. April 1853 G. S. S. 162).

§. 1. Die Untersuchung und Entscheidung wegen der in dem ersten Titel des zweiten Theils und in den §§. 74, 76 und 78 des Strafgesetzbuchs vorgesehenen Verbrechen, mit Einschluss des Versuchs und der Theilnahme, erfolgt für den ganzen Umfang der Monarchie durch das Kammergericht.

§. 2. Strafbare Handlungen, welche mit den im §. 1 bezeichneten Verbrechen konnex sind, können mit diesen zur gleichzeitigen Untersuchung und Entscheidung vor das Kammergericht gebracht werden.

Zu Art. 3. 1. Der zweite Absatz des im Art. 3 allegirten Art. XXI ist veraltet, da die Entscheidung über Vergehen nach dem Ges. vom 6. März 1854 (G. S. S. 96) den Schwurgerichten jetzt ganz entzogen ist.

2. Dass der Gerichtsstand der Konnexität nicht ein nothwendiger ist, wurde schon vor Erlass des Art. XXI und Art. 3 anerkannt. Ob.-Tr. 22. Mai 1850 und 10. April 1850 (Grunds. I, Forts. S. 7–9, Nr. 132 und 133. Entsch. 19, S. 453–459). — Neuerdings ist ebenfalls ausgesprochen, dass die ganze Bestimmung nur facultativ, getrennte Verhandlung daher — auch abgesehen von dem Falle des Art. XXIII des Einführ.-Ges. — keineswegs ausgeschlossen und es daher zulässig ist, bei Verfolgung von Verbrechen und Vergehen gegen denselben Angeklagten die Verbrechen vor das Schwurgericht, die Ver-

Art. 4. Sind mehrere Gerichtsstände begründet, so erfolgt die Untersuchung und Entscheidung durch dasjenige Ge-

---

geben vor die Gerichts-Abtheilung zu verweisen. Ob.-Tr. 8. Septbr. 1852 (Arch. I, 186).

3. Ebenso ist es in das Ermessen der Gerichte gestellt, ob sie einem Antrage auf Vertagung einer zur Verhandlung anstehenden Sache bis zur gleichzeitigen Verhandlung über eine andere Anklage stattgeben wollen; umgekehrt kann auch dann, wenn die gleichzeitige Verhandlung verfügt, und selbst, nachdem dieselbe begonnen worden ist, das erkennende Gericht nach eigenem Ermessen nachträglich eine Trennung anordnen, und zu diesem Zwecke die eine der Sachen vertagen und dagegen mit der anderen verfahren. Ob.-Tr. 27. Febr. 1856 (Oppenhoff, S. 29, Nr. 3 u. 5). Vgl. die Mittheilungen im Archiv I, S. 42–43, S. 185–186.

Wie zu verfahren, wenn Vergehen, welche lediglich der Konnexität wegen in Verbindung mit Verbrechen vor das Schwurgericht gediehen sind, im Schwurgerichts-Termine (z. B. wegen Ausbleibens des Angeklagten) nicht zur Entscheidung kommen, während über das Verbrechen entschieden und demnach die Konnexität gelöst wird, darüber haben sich verschiedene Ansichten geltend gemacht. Von einer Seite wird es für genügend erachtet, wenn das Appell.-Gericht seinen Verweisungs-Beschluss formell wieder aufhebt und die Sache vor die Abtheilung verweist (Arch. I, S. 42, Nr. 1), während von anderer Seite diese Befugniss nur dem Ober-Tribunal zugesprochen wird (Arch. I, S. 682). Die laxeste Ansicht endlich gestattet dem Schwurgericht selbst die Verweisung vor die Abtheilung (Arch. I, S. 682). Vgl. auch Arch. II, S. 395, wo die erste Ansicht gebilligt und zugleich mitgetheilt wird, dass von einem Schwurgerichts-Vorsitzenden sogar die völlige Unabänderlichkeit des Verweisungs-Beschlusses behauptet werde. Die Unhaltbarkeit der letzteren Ansicht hat das Ob.-Tr. bereits ausgesprochen, indem es annimmt, dass, wenn ein Vergehen nur wegen Konnexität vor das Schwurgericht gelangt ist und demnächst nur die über dieses Vergehen ergangene Entscheidung nebst dem vorhergegangenen Verfahren vernichtet wird, alsdann die Zurückverweisung der Sache zur nochmaligen Verhandlung nicht vor einen Schwurgerichtshof, sondern vor eine Gerichtsabtheilung erfolgen muss. Ob.-Tr. 23. März 1853 (Oppenhoff, S. 29, Note 6).

4. Die Ansicht, dass zur Verweisung einer Anklage wegen Vergehens vor das Schwurgericht, wenn der Angeklagte vor der Aburtelung wegen eines zur schwurgerichtlichen Kompetenz gehörigen Verbrechens in Anklagestand versetzt worden, der Beschluss des Kreisgerichts genüge und eine Mitwirkung des Appell.-Ger. nicht erforderlich sei (Arch. I, S. 43, Nr. 3 u. II, 7, 796) wird von Oppenhoff als unbegründet bezeichnet (Opp., S. 30, Note 8).

5. Ob im Falle der Konnexität mehrere Untersuchungen zu vereinigen seien, hat keinesweges ausschliesslich die Staatsanwaltschaft zu bestimmen, vielmehr sind sowohl die Staatsanwaltschaft innerhalb ihres Wirkungskreises, als auch die Gerichte, sobald sie in den bei ihnen anhängig gemachten Sachen ihr Ermessen eintreten zu lassen berufen sind, ermächtigt, hierüber gleichmässig zu befinden. Es ist hierbei auch nicht entscheidend, ob in allen Sachen Voruntersuchung geschwebt hat, oder nicht, Ob.-Tr. 28. März 1856 (Arch. IV, S. 384 bis 385). Vgl. Note 3.

6. Kommt ein Vergehen wegen Konnexität gleichzeitig mit einem Verbrechen zur Beschlussnahme des Appell.-Ger. über die definitive Versetzung in Anklagestand, so hat das Appell.-Ger., wenn es auch

richt, bei welchem die Staatsanwaltschaft zu diesem Behufe den ersten, wenn auch nur auf vorläufige Ermittelungen gerichteten Antrag gestellt hat.

So lange jedoch ein Erkenntniss erster Instanz nicht ergangen ist, kann das zunächst höhere Gericht, dessen Gerichtsbarkeit sich über die verschiedenen an sich kompetenten Gerichte erstreckt, die Sache an dasjenige derselben zur Untersuchung und Entscheidung verweisen, welches wegen der überwiegenden Wichtigkeit oder der Zahl der in dessen Sprengel begangenen strafbaren Handlungen, oder wegen der über dieselben zu vernehmenden Zeugen, oder sonst zur Erleichterung des Verfahrens als das geeignetste erscheint.

Art. 5. Die Einrede der Inkompetenz, welche auf die örtliche Begrenzung des Gerichtsbezirks gegründet ist (Art. 2 bis 4), muss bei Verlust derselben von dem Beschuldigten bei seiner ersten Vernehmung über die Beschuldigung und, falls die Vernehmung erst bei der Hauptverhandlung erfolgt, vor dem Beginne des Beweisverfahrens geltend gemacht werden.

In der Voruntersuchung wird darüber im Beschwerdewege definitiv entschieden. Die Frist zur Einlegung der Beschwerde ist die im §. 12 der Verordnung bestimmte. Dasselbe gilt, wenn die Einrede in der Hauptverhandlung vorgebracht und für gerechtfertigt erachtet wird. Wird sie verworfen, so kann dieser Beschluss nur zugleich mit der Entscheidung in der Hauptsache angefochten werden.

Von Amtswegen kann eine Inkompetenz-Erklärung dieser Art (Art. 2—4) nicht mehr ausgesprochen werden, nachdem über die Eröffnung der Untersuchung Beschluss gefasst ist.

Zusatz 9. Das Gesetz, betreffend einige Bestimmungen zur Beseitigung von Kompetenz-Streitigkeiten unter verschiedenen Gerichten, vom 2. Mai 1853 (G. S. S. 169—170) bestimmt:

§. 1. Die Insinuation einer Vorladung vor ein Königliches Gericht, so wie die Vollstreckung eines von einem Kgl. Gericht erlassenen Urtheils, darf von andern Kgl. Gerichten nicht aus dem Grunde verweigert werden, weil jenes Gericht nicht das kompetente sei.

§. 2. Wenn zwischen einem Gerichte im Gebiete des Rheinischen Rechtsverfahrens und einem andern Königl. Gerichte ein positiver oder negativer Kompetenz-Konflikt

---

den des Verbrechens Beschuldigten ausser Verfolgung setzt, sich gleichwohl der Beschlussfassung über das Vergehen zu unterziehen, weil, wenn auch die Konnexität aufgehoben worden, damit doch die Wirkung derselben, vermöge deren die Beschlussfassung über alle Beschuldigte, an den Anklagesenat gediehen ist, nicht wiederum rückgängig werden kann. Ob.-Tr. 4 Jan. 1854 (J. M. Bl. S. 115, Arch. II, Seite 15).

vorhanden ist, imgleichen, wenn nach den gesetzl. Bestimmgen die Nothwendigkeit eintritt, eine Sache von einem Gebiete des Rhein. Rechtsverfahrens an ein anderes Königl. Gericht ausserhalb dieses Gebiets, oder umgekehrt, zu verweisen, oder wenn es sich darum handelt, für Personen in beiden Rechtsgebieten einen gemeinschaftl. Gerichtsstand zu bestimmen (Allg. Ger.-O. Th. I. Tit. 2. §§. 136 ff.), so steht die erforderliche Bestimmung dem Ober-Tribunale zu.

In Civilsachen treten dabei der Rheinische Senat und einer der übrigen Senate, in Strafsachen die Abtheilungen des Senats für Strafsachen zusammen.

Diese letztere Vorschrift findet auch alsdann Anwendung, wenn die Frage: ob ein Gericht im Gebiete des Rhein. Rechts oder ein anderes Königl. Gericht kompetent sei, durch die Nichtigkeits-Beschwerde, den Kassations-Rekurs oder in einem sonstigen gesetzlichen Wege zur Entscheidung des Ober-Tribunals gelangt.

§. 5. Die gegenseitigen Verhältnisse zwischen den Militair- und Civilgerichten werden durch die Bestimmungen des gegenwärtigen Gesetzes nicht berührt.

(Vergl. hierzu Art. V. Ges. v. 26. April 1851. G. S. S. 183).

Art. 6. Nach eröffneter Untersuchung darf eine Inkompetenz-Erklärung nicht aus dem Grunde erfolgen, weil die That eine Gesetzes-Uebertretung geringerer Art enthalte, als derjenigen, welche der Kompetenz des Gerichts zunächst überwiesen ist. Verfahren bei Kompetenzfragen ratione materiae.

Zu Art. 5. 1. Nach §. 22 der Crim.-O. soll es niemals Nullität der Verhandlung bewirken, wenn die Gerichtsbarkeit des die Untersuchung führenden Gerichts in dem vorliegenden Falle nicht begründet gewesen. Diese Bestimmung und die des Art. 5 stehen nicht in Widerspruch mit Art. 7 der Verfass.-Urk.: „Niemand darf seinem gesetzlichen Richter entzogen werden. Ausnahmegerichte und ausserordentliche Kommissionen sind unstatthaft.“ (G. S. 1850, S 18).

2. Wäre die Vernehmung in der Voruntersuchung unterblieben, so würde der Einwand der Inkompetenz ratione loci mit Rücksicht auf Art. 59 des Ges. v. 3. Mai 1852, freilich nur insoweit behauptet wird, die Sache sei in einem anderen Appellationsgerichts-Bezirke zu verhandeln, oder der Angeklagte habe (z. B. als pensionirter Offizier) einen Militairgerichtsstand, von dem Angeklagten noch bei Mittheilung der Anklage vor dem Beginn der Geschworenen-Gerichts-Sitzung erhoben werden können und dann darüber noch zu entscheiden sein. v. Tippelskirch im Arch. III, S. 780.

3. Die Bestimmung des Art. 5, Alin. 1 bezieht sich nicht auf den Fall, dass nach internationalen Verträgen die Untersuchung vor ein fremdländisches Gericht gehört. Dieser Einwand darf noch in der Nichtigkeits-Beschwerde gemacht, hier jedoch nur auf die von dem Instanzrichter festgestellten Thatsachen gegründet werden. Ob.-Tr. 21. Septbr. 1854 (Lanz, S. 30).

Zu Art. 6. Ueber die Ausschliessung der Kompetenz des Staatsgerichtshofes in Bezug auf strafbare Handlungen, welche nicht vor sein Forum gehören, s. Gen.-St.-Anw. u. Ob.-Tr. 16. Juni 1854 (Arch. II, S. 809—810) und v. Tippelskirch im Arch. III, S. 780. S. unten Note 3 zu dem Ges. v. 25. Apr. 1853 (Zusatz zu §. 60).

Art. 7. Findet das Gericht dagegen, dass die That, welche den Gegenstand der Verhandlung bildet, eine seine Kompetenz überschreitende strafbare Handlung darstellt, so muss es seine Inkompetenz durch Erkenntniss aussprechen.

In den Gründen desselben müssen die Thatsachen, welche den Gegenstand der Verhandlung bilden, so wie das Ergebniss der in der betreffenden Sitzung vorgebrachten Beweismittel in soweit aufgenommen werden, als sie auf die Kompetenz von Einfluss sind.

Art. 8. Gegen das Erkenntniss sind die gewöhnlichen Rechtsmittel zulässig.

Art. 9. Wenn die Inkompetenz des Polizeirichters rechtskräftig ausgesprochen ist, so kann die Eröffnung der Untersuchung von der Gerichtsabtheilung nicht aus dem Grunde verweigert werden, weil die That eine Uebertretung enthalte.

Ist durch ein rechtskräftiges Erkenntniss die Inkompetenz der Gerichtsabtheilung deshalb ausgesprochen, weil die That ein Verbrechen darstelle, so vertritt dieses Erkenntniss die Stelle der vorläufigen Versetzung in den Anklagestand. (Verordnung §. 78).

Liegt ein rechtskräftiges Erkenntniss über die Inkompetenz der Gerichtsabtheilung vor, und ist der Anklagesenat der Ansicht, dass die Sache nicht vor das Schwurgericht gehöre, so ist der negative Kompetenzkonflikt durch das Ober-Tribunal zu erledigen.

Zu Art. 7 u. 8. 1. Vgl. Art. 102, Alin. 3 und Voitus im Arch. II, S. 635.

2. Eine Inkompetenz-Erklärung ist, wenn der Einzelrichter findet, dass die als Uebertretung der §§. 41, 42 u. 43 der Feld-Pol.-Ordnung oder des §. 349, Nr. 3 des Str.-G.-B. zur Anklage gestellte That unter die §§. 216 oder 217 des Str.-G.-B. fällt, nicht mehr unter allen Umständen erforderlich. S. Art. I, §. 3 des Ges. v. 14. April 1856 (G. S. S. 209) unten zu §. 27.

Zu Art. 9. 1. Ein Kompetenz-Konflikt im Sinne des Art. 9 ist nicht vorhanden, wenn die Gerichtsabtheilung sich für inkompetent erklärt hat und demnächst der Anklagesenat den Beschuldigten deshalb ausser Verfolgung setzt, weil hinreichende Anzeigen wegen einer strafbaren Handlung überhaupt nicht vorliegen. Ob.-Tr. 2. u. 7. März 1855 (J. M. Bl. S. 143, 144, Arch. III, S. 402).

2. Der Anklagesenat darf sich nicht darauf beschränken, die Versetzung in den Anklagestand abzulehnen; er muss vielmehr die That nach allen Richtungen hin seiner Prüfung unterwerfen, und Falls er den Beschuldigten nicht gänzlich ausser Verfolgung setzt, darüber Beschluss fassen, wegen welcher strafbaren Handlung hinreichende Anzeigen vorliegen. Ob.-Tr. 2. März 1855 (J. M. Bl. 1855, S. 143) und 25. April 1855 (J. M. Bl. S. 246—247).

3. Auch wenn die Gerichts-Abth. sich für inkompetent erklärt und die zur Anklage gestellte That für ein Verbrechen erachtet hat, muss der Anklagesenat, wenn er dieser Ansicht nicht beipflichtet und die That für ein Vergehen oder eine Uebertretung hält, den

Art. 10. In allen Fällen, wo die Kompetenz von der rechtlichen Beurtheilung der That abhängt, ist die von dem Ober-Tribunale über die Rechtsfrage erlassene Entscheidung auch wenn sie im Beschwerdewege ergangen ist, für die fernere Verhandlung und Entscheidung der Sache in der Art maassgebend, dass die That, welche den Gegenstand der Beschuldigung bildet, als innerhalb der Kompetenz desjenigen Gerichts liegend betrachtet werden muss, welchem die Sache zugewiesen ist.

---

förmlichen, die Eröffnung der Untersuchung aussprechenden Beschluss selbst erlassen. Eine in anderer Form geschehene Aeusserung darüber, dass die Ansicht des Appell.-Gerichts mit der der Gerichts-Abth. im Widerspruch stehe, genügt nicht. Ob.-Tr. 25. April 1855 (J. M. Bl. S. 246—247). Vgl. die Anm. zu diesem Erk. im J. M. Bl. 1855, S. 247, wonach das Ob.-Tr. es gemissbilligt hat, wenn die Gerichte sich darauf beschränken, ihre abweichende „Ansicht" in einem an das Ob.-Tr. erstatteten Berichte auszusprechen und zu begründen, oder wenn sie Beschlüsse fassen, welche dahin lauten, „dass die Sache nicht vor das Schwurgericht gehöre," oder „dass die definitive Versetzung in den Anklagestand nicht auszusprechen sei," oder „dass ein negativer Kompetenz-Konflikt vorliege," oder „dass der negative Kompetenz-Konflikt zu erheben sei." Diesen Verfahrungsweisen gegenüber ist der im Art. 63 vorgeschriebene Gang für den allein richtigen erklärt. Bei Fassung des Beschlusses über die Eröffnung der Untersuchung aber hat das Appellations-Gericht nicht gleichzeitig die Zurückverweisung der Sache vor die Gerichts-Abtheilung auszusprechen. Dies zu thun steht vielmehr nur dem Ober-Tribunal zu, wie der Gen.-St.-A. a. a. O. ausführt.

4. Wenn der erste Richter durch ein rechtskräftiges Inkompetenz-Urtel ausgesprochen hat, dass eine zur Anklage gestellte Handlung ein zur schwurgerichtlichen Kompetenz gehörendes Verbrechen darstellt, und dass ein anderer Anklagepunkt auf Grund der Konnexität auch vor das Schwurgericht zu verweisen sei, so darf der Appellations-Richter, wenn er bei Prüfung der Sache die Kompetenz des Schwurgerichts rücksichtlich des ersteren Anklagepunktes (das angebliche Verbrechen betreffend) für nicht begründet annimmt, sich einer weiteren Prüfung resp. Abänderung des rechtskräftigen Inkompetenz-Urtels über den anderen Anklagepunkt nicht unterziehen, namentlich nicht beschliessen, dass hinsichtlich dieses anderen Anklagepunktes der Beschuldigte ausser Verfolgung zu setzen sei. In einem solchen Falle bleibt vielmehr die Erledigung des negativen Kompetenz-Konfliktes über beide Anklagepunkte dem Ober-Tribunal überlassen. Ob.-Tr. 15. Juli 1854 (Lanz, S. 30).

5. Ueber die Frage, ob das Ober-Tribunal sich in Fällen negativer Kompetenz-Konflikte mit der Thatfrage zu beschäftigen habe, s. Voitus im Arch. III, S. 433—441, woselbst die Frage, abweichend von einem (S. 434) mitgetheilten Beschl. des Ob.-Tr. verneint und zugleich eine gesetzliche Declaration des Art. 9 für nothwendig erachtet wird.

Eine Abhandlung im Arch. III, S. 799—802 führt aus, dass auch der Anklagesenat im Falle des Art. 9 ein freies Urtheil über die Thatfrage nicht habe, sich vielmehr auf die Rechtsfrage beschränken müsse. Auch diese Ansicht wird, wie a. a. O. mitgetheilt wird und aus den vorhergehenden Noten sich ergiebt, von dem Ob.-Tr. nicht getheilt.

Beschwerden der Staatsanwaltschaft. §. 12. Gegen den Beschluß eines Gerichts, durch welchen der Antrag auf Eröffnung einer Untersuchung zurückgewiesen wird, steht dem Staatsanwalte innerhalb einer zehntägigen präklusivischen Frist, welche mit dem Ablaufe des Tages beginnt, an dem die Mittheilung des Bescheides erfolgt ist, die Beschwerde an das Appellationsgericht offen. Bei der Entscheidung dieses Gerichts muß es verbleiben.

Beschlußnahme über Verhaftung oder Freilassung des Angeklagten. §. 13. Sowohl während der Voruntersuchung, als während des ganzen Laufes der gerichtlichen Untersuchung steht dem Gerichte die Beschlußnahme über die Verhaftung oder Freilassung des Angeklagten zu.

Beschwerden über den Beschluß des Gerichts gehören vor das zuständige Appellationsgericht, bei dessen Entscheidung es bewendet.

Zu §. 12. 1. Nur dem Staatsanwalte, nicht aber betheiligten Privatpersonen steht das Recht der Beschwerde zu. Ob.-Tr. 26. Sept. 1849 (Grundſ. S. 4) und 21. März 1855 (Arch. III, S. 402), oben zu §. 9 Note 4.

2. Wenn der Staatsanwalt auf Einstellung des Verfahrens angetragen hat und diese beschlossen worden ist, so kann derselbe, wenn er gleichwohl gegen diesen Einstellungsbeschluß Beschwerde erheben will, dies nur innerhalb einer 10 tägigen präklusivischen Frist thun. Ob.-Tr. v. 3. Jan. 1855 (Arch. III, S. 676).

3. Die im §. 12 angeordnete präklusivische Frist von 10 Tagen bezieht sich nicht auf den Fall, wenn die Beschwerde des Staatsanwalts darüber geführt wird, daß das betreffende Kreis- oder Stadtgericht die Einleitung der Untersuchung darüber abgelehnt hat, weil diese nicht vor das Kreis- oder Stadtgericht, sondern vor den Einzelnrichter oder das Schwurgericht gehöre. Die Verhandlungen über die Kompetenz und Beschwerden, welche hierüber geführt werden, sind an keine Fristen gebunden. Ob.-Tr. v. 17. April 1850 (Grundſ. I, Forts. S. 4).

4. Auch zur Beschwerde über die Zurückweisung einer Anklage wegen Uebertretungen ist die zur Einlegung von Nichtigkeits-Beschwerden erforderliche Ermächtigung des Justiz-Ministers (Art. 129) beizubringen. Ob.-Tr. v. 3. Nov. 1852 (Arch. II, S. 103).

5. Ueber das Verfahren bei Beschwerden des Staatsanwalts wegen Zurückweisung einer Anklage ist Folgendes bestimmt: Der Staatsanwalt bei einem Gerichte erster Instanz hat, wenn er gegen den, seinen Antrag auf Eröffnung einer Untersuchung zurückweisenden Beschluß desselben Beschwerde erheben will, bei Absendung der Beschwerde an das Appellationsgericht gleichzeitig seine Bureauakten und die gerichtlichen Akten dem Ober-Staatsanwalt einzureichen. Von diesem werden die letzteren unter Mittheilung der seinerseits auf die Beschwerden etwa zu machenden Bemerkungen an das Appellationsgericht befördert. Wird die erfolgte Zurückweisung des Antrags auf Eröffnung der Untersuchung demnächst für gerechtfertigt erklärt, so hat das Appellationsgericht die Akten mit dem Beschlusse dem Ober-Staatsanwalt zu übersenden, der, wenn er weitere Beschwerde dagegen bei dem Ob.-Tr. einzulegen, sich veranlaßt findet, dabei ebenso zu verfahren hat, wie dies nach vorstehender Anordnung von dem Staatsanwalt des Gerichts erster Instanz bei Einlegung der Beschwerde gegen einen Beschluß des letzteren geschehen muß. — In den Fällen, wo die Beschwerde des Staatsanwalts von dem Appellationsgerichte, beziehungsweise vom Ob.-Tr. für begründet erachtet wird, haben dieselben die erforderliche Verfügung unmittelbar an das betreffende Gericht zu erlassen und Abschrift des Beschlusses dem bei ihnen angestellten Ober-Staatsanwalt mitzutheilen. Allg. Verf. des Just.-Min. v. 7. Febr. 1851 (J. M. Bl. S. 42 und 43).

Zu §. 13. Ueber die Anhörung der Staatsanwaltschaft in den Fällen

Zu §§. 12 u. 13 der Verordnung.

Art. 11. Die Beschwerde findet gegen alle gerichtlichen Verfügungen und Beschlüsse Statt, insofern sie nicht ausdrücklich ausgeschlossen ist. Nähere Bestimmungen über Beschwerden.

Art. 12. Die Beschwerde folgt dem Instanzenzuge der gegen Erkenntnisse in den betreffenden Sachen zulässigen Rechtsmittel, wenn nicht ein Anderes ausdrücklich bestimmt ist.

Gegen Verfügungen und Beschlüsse, welche in den zur Kompetenz der Schwurgerichtshöfe gehörigen Sachen ausserhalb der Hauptverhandlung erlassen werden, geht die Beschwerde zunächst an das Appellationsgericht.

Art. 13. Die Beschwerde an das Ober-Tribunal ist nur dann zulässig, wenn die Verfügung oder der Beschluss aus **Rechtsgründen** angefochten wird.

Mit dieser Beschränkung findet sie auch in den Fällen der §§. 12, 13, 72, 78, 131, 154 der Verordnung statt.

---

des §. 13, s. Art. 1, Alin. 3. Vergl. ferner §§. 1—6 und 10 des Ges. zum Schutz der persönlichen Freiheit v. 12. Febr. 1850 (G. S. S. 45—48), oben Zusatz 3 zu §. 4, wie auch §§. 205—219, 223 Crim.-Ordn. und die allg. Verf. v. 5. April 1854 Nr. VII u. v. 26. Juni 1854 (J. M. Bl. S. 147 u. 287 u. oben Note 3 zu §. 4).

Zu Art. 11. 1. Der Ausdruck „ausdrücklich" ist insofern nicht ganz genau, als die Beschwerde auch durch die Natur der Sache, durch Zulassung eines Rechtsmittels oder Anordnung eines anderen Verfahrens indirekt ausgeschlossen sein kann (conf. A. G. O II, 1, §. 63). So ist die Beschwerde unzweifelhaft nicht zulässig gegen den Beschluss des Gerichts, welcher ein Rechtsmittel zulässt, gegen das polizeirichterliche Mandat u. s. w. Gutachtlicher Bericht der Ober-Staatsanwaltschaft beim Ober-Tribunal (Arch. I, S. 64—65). Aus diesem Grunde steht auch der Art. 11 der Annahme nicht entgegen, dass der St.-Anw. nicht befugt ist, gegen Beschlüsse, durch welche eine Untersuchung eröffnet oder die Versetzung in Anklagestand ausgesprochen worden, eine Beschwerde zu erheben, um solche Beschlüsse im Interesse oder sonst zu Gunsten des Angeklagten rückgängig zu machen. Ob.-Tr. 18. Oktbr. 1852 (Arch. I, S. 64).

2. Gegen Beschlüsse, durch welche die Fortdauer der vorläufigen Beschlagnahme einer Druckschrift angeordnet wird (§. 29 des Pressgesetzes vom 12. Mai 1851), findet, wie gegen jede andere gerichtliche Verfügung, die Beschwerde statt. Ob.-Tr. 18. Juni 1852 (Archiv II, Seite 103).

Zu Art. 13. 1. Das Ob.-Tr. hat angenommen, dass zur Beschwerdeführung über die Verf. eines Appellationsgerichts nicht der St.-Anw. bei dem Gerichte erster Instanz, sondern nur der bei dem Appellationsgerichte fungirende Ober-Staatsanwalt befugt sei. S. die allgem. Verf. vom 7. Febr. 1851 (J. M. Bl. S. 42—43). Vgl. auch Ob.-Tr. 1. Juni 1850 (Grundsätze, I, Fortsetzung, S 23), Ob.-Tr. (Pr. 94) 11. Mai 1854 (Entsch. 28, S. 385—387, Arch. II, S. 810) und 27. Mai 1854 (J. M. Bl. S. 294—295). Ueber das Verfahren s. Note 5 zu §. 12.

2. Zur Beschwerde über Zurückweisung von Anklagen wegen Uebertretungen ist die Ermächtigung des Justiz-Ministers beizubringen. Ob.-Tr. 3. Novbr. 1852 (Arch. II, S. 103). S. Note 4 zu §. 12.

Art. 14. Die Beschwerde ist ausser den im Gesetze ausdrücklich bezeichneten Fällen an keine Frist gebunden. Ist eine Frist bestimmt, so gilt dieselbe auch für die Beschwerde an das Ober-Tribunal.

Art. 15. Gegen den Beschluss, durch welchen eine Untersuchung eröffnet wird, steht dem Angeklagten keine Beschwerde zu.

Art. 16. Wenn die Beschwerde gegen einen Beschluss, durch welchen der Antrag auf Eröffnung der Untersuchung zurückgewiesen ist, für begründet erachtet wird, so ist der förmliche Beschluss auf Eröffnung der Untersuchung von dem Gerichte zu erlassen, welches über die Beschwerde entscheidet.

Art. 17. Hinsichtlich der Beschwerden, welche die Disziplin, den Geschäftsbetrieb oder Verzögerungen betreffen, wird an den Bestimmungen des dritten Absatzes im §. 35 der Verordnung vom 2. Januar 1849 nichts geändert.

Mündlichkeit und Oeffentlichkeit der Hauptverhandlung.

§. 14. Der Fällung des Urtheils soll bei Strafe der Nichtigkeit ein öffentliches Verfahren vor dem erkennenden Gericht vorhergehen, bei welchem der Staatsanwalt und der Angeklagte zu

---

3. Beschwerden an das Ob.-Tr. sind auch in Civil-Prozessen wegen Ehrverletzungen nur dann zulässig, wenn eine Verfügung oder ein Beschluss aus Rechtsgründen angefochten wird. Ob.-Tr. (Pr. 127) 5. Jan. 1855 (Entsch. 29, S. 337–339).

4. Wenn der Antrag auf Versetzung in den Anklagestand von dem Appellations-Gericht aus Rechtsgründen zurückgewiesen worden, ohne dass der Antrag nach seiner thatsächlichen Grundlage geprüft ist, so tritt das Ob.-Tr., wenn es auf geführte Beschwerde des St.-Anw. befindet, dass der zurückweisende Beschluss auf einem Rechtsirrthum beruht, in Beziehung auf die Thatfrage in die Stelle des Appellations-Gerichts und unterzieht sich deren Prüfung und Feststellung. Ob.-Tr. 27. April 1850 (Grundsätze, I. Forts. S. 4—5).

Zu Art. 14. Vgl. Note 3 zu §. 12.

Zu Art. 15. 1. Vgl. Beschl. des Ob.-Tr. vom 18. Oktbr. 1852 (Arch. I, S. 64) in Note 4 zu §. 6 und Note 1 zu Art. 11, wonach die im Art. 15 dem Angeklagten versagte Beschwerde auch nicht dem St.-Anw. zu Gunsten des Angeklagten zusteht.

2. Den Beschlüssen, durch welche eine Untersuchung eröffnet wird und gegen welche dem Angeklagten keine Beschwerde zusteht, stehen Beschlüsse, durch welche die Fortdauer der vorläufigen Beschlagnahme einer Druckschrift angeordnet wird (§. 29 des Pressgesetzes vom 12. Mai 1851) nicht gleich; es findet vielmehr gegen letztere, wie gegen jede andere gerichtliche Verfügung, die Beschwerde statt (Art. 11). Ob.-Tr. 18. Juni 1852 (Arch. II, S. 103).

Zu Art. 16. S. Note 4 zu §. 9.

Zu Art. 17. Alin. 3, §. 35 der Verordn. vom 2. Januar 1849 (G. S. S. 11) bestimmt: „Nur solche Beschwerden, welche die Disziplin, den Geschäftsbetrieb oder Verzögerungen betreffen, sind hinsichtlich aller Rechtsangelegenheiten im Aufsichtswege, demnach schliesslich durch den Justizminister zu erledigen.“

hören, die Beweisaufnahme vorzunehmen und die Vertheidigung des Angeklagten mündlich zu führen ist.

Zu §. 14. 1. Die Oeffentlichkeit des Verfahrens mit den im Art. 18, des Ges. v. 3. Mai 1852 enthaltenen Modifikationen beruht auf Art. 93 der Verf.-Urk. v. 31. Jan. 1850 (G. S. S. 31). — Die Richter, die Beamten der Staatsanwaltschaft, die Rechtsanwalte und die Gerichtsschreiber sollen bei allen öffentlichen kollegialischen Verhandlungen in schwarzem Frack und angemessenen Beinkleidern erscheinen. Von den Unterbeamten soll der Dienst in den Gerichtssitzungen in der für sie vorgeschriebenen Uniform geleistet werden. Cirk.-Reskr. v. 23. April 1850. I. 1515. (Schering, Verordn. v. 2. Jan. 1849. Berlin 1849. 8. S. 103). — Rheinische Advokaten dürfen, wenn sie außerhalb der Rheinprovinz als Vertheidiger auftreten, sich dabei der Amtskleidung der Rheinischen Advokaten nicht bedienen. R. des Just.-Min. v. 13. April 1853 (Arch. II. S. 674).

2. Die angedrohte Nichtigkeit bezieht sich lediglich auf das vorgeschriebene mündliche und öffentliche Verfahren, nicht auf die Verhandlungen, welche bei diesem Verfahren vorzunehmen sind. Inwiefern in Beziehung auf letztere eine Nichtigkeit vorhanden ist, muß daher nach anderen Rücksichten beurtheilt und aus anderweitigen Bestimmungen der Verordnung entschieden werden. Ob.-Tr. 15. Apr. 1850 (Grunds., I. Forts. S. 5).

3. Wenn bei dem Beginn der Schwurgerichts-Sitzung die nur zu verlesende Anklageschrift den Geschworenen in Abschriften oder lithographirten Copien behändigt und hiervon auf den Widerspruch der Vertheidigung nicht Abstand genommen worden, so enthält dies die Verletzung einer Vorschrift des Verfahrens, welche die Nichtigkeit der hierauf vor den Geschworenen stattgefundenen Verhandlung der Sache und des sich hierauf gründenden Erkenntnisses des Schwurgerichtshofes zur Folge hat. Ob.-Tr. (Pr. 80) 16. Febr. 1854 (Entsch. 27. S. 424—427. J. M. Bl. S. 177—178. Arch. II. S. 397). Vergl. die Bemerk. im Arch. I. S. 38.

4. Die Anordnung des Gerichts, daß für die Zuhörer zu der Schwurgerichtssitzung Einlaßkarten vertheilt werden, ist nur eine Maaßregel, durch welche die Oeffentlichkeit geordnet wird; die Oeffentlichkeit selbst wird dadurch nicht ausgeschlossen. Ob.-Tr. 8. Dez. 1849 (Grunds. S. 6).

5. Eine Verhandlung darf in Abwesenheit des Staatsanwalts nicht stattfinden, selbst wenn derselbe sich willkürlich der Theilnahme an der Verhandlung entzogen hätte. Erk. d. Ob.-Tr. v. 1851 (J. M. Bl. 1851, S. 31—32).

Ueber die zweckmäßige Ansetzung der Termine im Interesse des Staatsanwalts s. allg. Verf. v. 3. Sept. 1849 sub. 6 (J. M. Bl. S. 388), über die Vertretung behinderter Staats- und Polizeianwalte die allg. Verf. des Just.-M. v. 14. Apr. 1849 und v. 13. Nov. 1849 §. 6. (J. M. Bl. S. 228, 462 und im Anhange).

Wenn der Staatsanwalt bei der Verhandlung und namentlich bei dem Vortrage des Angekl. gegenwärtig gewesen ist, und derselbe sich zur Stellung eines ausdrücklichen Antrages nicht veranlaßt gefunden hat, so muß angenommen werden, daß derselbe die Entscheidung über den Antrag des Angeklagten dem Gerichte überlasse und es kann also daraus, daß er zu einem Antrage nicht ausdrücklich aufgefordert worden, nicht eine Verletzung des §. 14 gefolgert werden. Ob.-Tr. 5. Juni 1850 (Grundsätze, I. Forts. S. 6).

Die Staatsanwaltschaft kann, wenn in derselben Sache mehrere Termine, selbst solche, wo Zeugenvernehmungen stattfinden, abgehalten werden, durch verschiedene Beamte vertreten werden. — Wenn die nämlichen Richter beisitzen, so hängt es, falls eine Fortsetzung der Beweisaufnahme in einem ferneren Termine stattfindet, von ihrem Ermessen ab, ob die in dem ersten Termine erfolgte Beweisaufnahme zu wiederholen sei. Erk. d. Ob.-Tr. v. 27. Jan. 1854. (J. M. Bl. 1854. S. 129—130. Arch. II. S. 245—246). Dies ist selbst in Fällen angenommen worden, in denen bereits erkannt, aber das Urtel vernichtet worden war und nun die Verh. vor den früheren Richtern wiederholt wurde. Ob.-Tr. 19. Sept. 1855 (Arch. III. S. 678—679).

§. 15. (Aufgehoben durch Art. 147; vergl. Art. 18. 19).

Statt §. 15. der Verordnung.

Art. 18. Ausgeschlossen von dem Zutritte zu den öffentlichen Verhandlungen sind unbetheiligte Personen, welche unerwachsen sind, oder welche sich nicht im Vollgenusse der bürgerlichen Ehre befinden.

Die Oeffentlichkeit kann für die ganze Hauptverhandlung oder für einen Theil derselben ausgeschlossen werden, wenn sie der Ordnung oder den guten Sitten Gefahr droht.

Bei Münzverbrechen und Münzvergehen ist die Oeffentlichkeit stets ausgeschlossen.

Sind aber in verschiedenen Terminen verschiedene Richter anwesend, so ist Wiederholung der gesammten Beweisverhandlungen erforderlich. Ob.-Tr. 28. Mai 1856 (Arch. IV. S. 677 – 678).

7. Nach §§. 52 u. 55 der V. (und Art. 15 des G.) muß, wenn der Beweis durch Zeugen geführt werden soll, die mündliche Abhörung der Zeugen in dem nach §. 14 zu veranlassenden mündlichen und öffentlichen Verfahren bewirkt werden; die Vorlesung des Vernehmungs-Protokolls ist nur ausnahmsweise im §. 21 gestattet. Von dieser Regel ist eine weitere Ausnahme auch dann nicht zulässig, wenn wegen Ausbleibens des Angekl. in contumaciam verfahren wird. Es ist daher ein Verstoß gegen diese Vorschrift, wenn der erkennende Richter mit bloßer Erwähnung der in der Voruntersuchung stattgehabten Beweis-Aufnahme das Urtel ausspricht. Ob.-Tr. 25. Mai 1850 (Grundsätze, I. Fortf., S. 5—6). Die Verlesung von Zeugen-Aussagen muß durch dies im §. 21 angegebenen Gründe speziell motivirt werden. Ob.-Tr. 9. u. 18. Nov. 1853 (Arch. II. S. 103).

8. Im Falle des Kontumazial-Verfahrens vor der Gerichtsabtheilung darf der erkennende Richter auch auf Grund eines von dem Angekl. in der Voruntersuchung abgelegten Geständnisses nach Vorlesung des darüber aufgenommenen Protokolls das Schuldig oder Nichtschuldig aussprechen, indem dann die Vorlesung des Protokolls als Urkundenbeweis anzusehen ist. Diese Befugniß entbindet indessen den Richter nicht von der Pflicht, im Falle einer in Antrag gebrachten Beweis-Aufnahme durch Zeugen-Vernehmung bei Erheblichkeit der von den Zeugen zu bekundenden Thatsachen die Zeugen persönlich zu hören. Ob.-Tr. 7. Dez. 1854 (Lanz, S. 8).

Zu Art. 18. 1. Der Justizminister empfiehlt zur Verhütung von Missbrauch der Oeffentlichkeit der Gerichts-Verhandlungen strenge Ausführung des §. 180 der Verordn. vom 3. Jan. 1849 und des Art. 18 des Ges. vom 3. Mai 1852. Die Vorsitzenden haben mit Ernst und Strenge auf Ruhe und gesittetes Betragen in den Sitzungen zu halten. Aeusserungen des Beifalls oder Missfallens sind nicht bloss mit Strafe zu bedrohen, sondern in Gemässheit des §. 180 a. a. O. sofort energisch dadurch zu ahnden, dass die betreffenden Personen aus dem Sitzungssaale entfernt und nach Befinden bestraft werden, und ist die Strafe in diesem Falle sofort zu vollstrecken. Genügt dies nicht oder ist der Störer nicht zu ermitteln, so ist die Räumung des Saales, geeignetenfalls die Ausschliessung der Oeffentlichkeit nach Art. 18 zu veranlassen. Die Beamten der Staatsanwaltschaft sollen bei jeder Störung die geeigneten Anträge stellen. R. v. 19. Mai 1853, I. (1578).

2. Die Ausschliessung der Oeffentlichkeit bei Münzverbrechen ist auch auf die Bildung des Schwurgerichts auszudehnen, da auch diese zur „Hauptverhandlung" gehört. Ob.-Tr. 25. Febr. 1853 (Arch. I, Seite 189).

Art. 19. Der Beschluss über die Ausschliessung der Oeffentlichkeit wird, nachdem die Staatsanwaltschaft und der Angeklagte in nicht öffentlicher Sitzung gehört worden sind, von dem erkennenden Gerichte erlassen und öffentlich verkündet.

Der Vorsitzende ist gleichwohl befugt, einzelnen unbetheiligten Personen den Zutritt zu gewähren.

§. 16. Der Angeklagte kann in allen Fällen, jedoch wenn eine Voruntersuchung Statt findet (§. 42 ff. 75 ff.), erst nach Abschluß derselben, sich des Beistandes eines Vertheidigers bedienen. Vertheidigung und Vertretung.

Bei schweren Verbrechen (§. 60.) muß dem Angeklagten ein Vertheidiger, falls er einen solchen nicht erwählt hat, von Amtswegen bestellt werden.

Zu §. 16 der Verordnung.

Art. 20. Als Vertheidiger können nur auftreten:

1) Rechtsanwalte, welche zur Praxis bei Preussischen Gerichtshöfen berechtigt sind;
2) die an Preussischen Universitäten habilitirten Doktoren der Rechte;
3) Referendarien und Auskultatoren mit Genehmigung des Vorstandes des Gerichts, bei welchem sie beschäftigt sind;
4) andere Personen nur mit besonderer Genehmigung des Gerichts, Staatsbeamte ausserdem nur mit Bewilligung ihrer vorgesetzten Dienstbehörde.

Als Vertreter können ausser denjenigen, welche als Ver-

Zu Art. 19. Die Bestimmung des Art. 19 ist eine wesentliche Vorschrift des Verfahrens; es tritt daher Nichtigkeit ein, wenn nicht ein förmlicher gerichtlicher Beschluss über die Ausschliessung der Oeffentlichkeit vorliegt, oder wenn nicht aus den Akten zu ersehen ist, dass Staatsanwaltschaft und Angeklagter über die Ausschliessung gehört, so wie dass der betreffende Beschluss vom erkennenden Gericht in öffentlicher Sitzung verkündet worden ist. Ob.-Tr. 25. Septbr. 1856 (J. M. Bl. S. 322).

Zu §. 16. 1. Zur Kritik des §. 16 vergl. v. Tippelskirch im Arch. II. S. 330—333.

2. Die Vertheidigung ist außer dem Falle des Absatz 2, des §. 16 und des Art. 21 dem eigenen Ermessen des Angeklagten auch im Falle der Verhaftung desselben anheimgegeben, und auch im Falle des §. 134 der Verordn. v. 3. Jan. 1849 von dem Antrage des Angeklagten abhängig gemacht, kann also vom Gesetze nicht als nothwendig erachtet sein. Ob.-Trib. 2. März 1850 (J. M. Bl. S. 122—124).

3. Die Vorschrift des §. 16, Absatz 2 ist durch die neuere Gesetzgebung — Art. XIII des Einführ.-G. v. 14. April 1851, Art. 21, Ges. v. 3. Mai 1852, Art. I, §§. 1 u. 2, Ges. v. 22. Mai 1852 — dergestalt modifizirt, resp. beschränkt, daß sie nur unter der, durch Art. 21 des Ges. v. 3. Mai 1852 ausgesprochenen Modifikation und Beschränkung zur Anwendung kommen kann. Ob.-Tr. 14. Septbr. 1853 (Arch. I. S. 550—551). Vergl. zu Art. 21.

theidiger auftreten können, auch noch diejenigen grossjährigen Männer auftreten, welche nach den Gesetzen vermuthete Vollmacht haben, insofern sie sich im Vollgenusse der bürgerlichen Ehre befinden.

Zu Art. 20. 1. Ueber die Befugniss der Rechtsanwalte, die ihnen von dem Angeschuldigten angetragene Vertheidigung abzulehnen, hat der Justizminister Folgendes verfügt: „Der §. 433 der Crim.-O. legt zwar dem Angeschuldigten das Recht bei, sich einen Vertheidiger zu wählen, und der §. 463 ebendaselbst bestimmt, dass die Justiz-Kommissarien hauptsächlich verpflichtet seien, sich als Vertheidiger der Angeschuldigten ohne Unterschied des Standes oder Vermögens derselben gebrauchen zu lassen. Diese Vorschriften sind jedoch nur im Zusammenhange mit denjenigen Bestimmungen aufzufassen, welche im Tit. 7, Th. III der Allgem. Ger.-O. über die Pflichten der Justiz-Kommissarien bei Verwaltung ihres Amts gegeben sind. Wenn dort am Schlusse des §. 44 gesagt ist, dass ihnen die Uebernehmung der Defensionen für unvermögende Inquisiten nach näherer Bestimmung der Crim.-O. obliege, so lässt sich daraus nicht folgern, dass ein zum Vertheidiger gewählter Rechtsanwalt die Defension unbedingt übernehmen müsse. Denn nirgends spricht die Crim.-O. eine so ausgedehnte Verpflichtung für die Rechtsanwalte aus, und wenn sie dem Angeschuldigten das Recht beilegt, sich einen Vertheidiger zu wählen, so ist damit nach Fassung der betreffenden §§. 433 u. 463 noch immer die Befugniss des Gewählten, die Wahl abzulehnen, vereinbar. Letzteres darf, wenn der Angeschuldigte vermögend ist, allerdings nur unter solchen Umständen geschehen, welche nach §§. 25 ff., Tit. 7, Th. III der Allgem. Ger.-O. die Zurückweisung von Aufträgen rechtfertigen würden; der Rechtsanwalt muss in solchen Fällen dem Angeschuldigten dieselbe Bereitwilligkeit zeigen, zu welcher er nach dem allegirten §. 25 überhaupt verpflichtet ist. Besitzt aber der Angeschuldigte kein Vermögen, so stellt sich die Defension als eine Offizial-Arbeit dar, bei welcher Gattung von Geschäften eine billige Ausgleichung gefordert werden kann. Wollte man den Rechtsanwalten zur Pflicht machen, auch für unvermögende Angeklagte Defensionen zu übernehmen, sobald sie zu Vertheidigern gewählt sind, so würde dies namentlich mit Rücksicht auf §. 462 der Crim.-O. eine grosse Ueberbürdung einzelner Rechtsanwalte zur Folge haben können, zumal gerade diejenigen am meisten zu Defensoren gewählt werden würden, welche sich in solchen Arbeiten durch Tüchtigkeit, Gewandtheit und Sorgfalt auszeichnen. Deshalb ist es in allen Fällen dieser Art den Rechtsanwalten zu gestatten, die auf sie gefallene Wahl eines Angeklagten zum Vertheidiger abzulehnen. Das betreffende Gericht wird alsdann die Zuordnung eines Vertheidigers, insofern solche nöthig, von Amtswegen vorzunehmen haben. R. vom 5. Mai 1851 (J. M. Bl. S. 215, 216). Vgl. Note 7 zu Art. 21.

Bei der Bestellung der Vertheidiger von Amtswegen ist ein angemessener Turnus unter den Rechtsanwalten am Sitze des Schwurgerichts zu beobachten. Damit keine Verlegenheiten entstehen, hat sich das Gericht vor dem Termine zu vergewissern, ob der erwählte Vertheidiger die Führung der Vertheidigung übernehmen will und eventuell einen Vertheidiger von Amtswegen zu ernennen. R. vom 18. Mai 1850, I, 1952.

2. Die rheinischen Advokaten dürfen auch bei nicht rheinischen Gerichten als Vertheidiger auftreten, aber nicht in Amtstracht. R. vom 13. April 1853 (Arch. II, S. 674).

3. Ueber die Gebühren der Rechtsanwalte in Untersuchungssachen, s. Ges. vom 3. Mai 1853 (G. S. S. 170—176).

Art. 21. Zur Verhandlung vor dem Schwurgerichte muss dem wegen Verbrechens Angeklagten ein Vertheidiger von Amtswegen zugeordnet werden. Jedoch bleibt dem Angeklagten vorbehalten, sich demnächst des Beistandes eines anderen zulässigen Vertheidigers zu bedienen.

In anderen Fällen hat der Angeklagte kein Recht, die Zuordnung eines Vertheidigers zu verlangen. Das Gericht kann aber einem darauf gerichteten Antrage Statt geben.

---

4. Ob für Referendarien und Auskultatoren eine spezielle Genehmigung für den einzelnen Fall erforderlich ist, oder eine allgemeine Genehmigung genügt? darüber herrschen in der Praxis verschiedene Ansichten. S. Arch. I, S. 226.

5. Vermuthete Vollmacht haben nach §§. 119—122, Tit. 13, Th. I, A. L. R.: Anverwandte in auf- und absteigender Linie; Eheleute; Geschwister und Geschwister-Kinder ersten Grades; Schwiegereltern und Schwiegerkinder; Schwäger, Miteigenthümer und Prozessgenossen in der gemeinschaftlichen Angelegenheit; Verwalter, Buchhalter und Hausoffizianten in Ansehung der von den Prinzipalen oder Dienstherrschaften ihnen anvertrauten Geschäfte.

Zu Art. 21. 1. Zur Verhandlung vor der Gerichtsabtheilung muss dem wegen Verbrechens Angeklagten nicht nothwendig ein Vertheidiger bestellt werden. Ob.-Tr. v. 14. Sept. 1853 (Arch. I, S. 550—551). Vergl. Note 3 zu §. 16.

2. Wenn die Verhandlung wegen der im Art. I, §. 1 des Ges. v. 22. Mai 1852 bezeichneten Verbrechen auf Grund der Konnexität vor dem Schwurgericht erfolgt, müssen den betreffenden Angeklagten Vertheidiger von Amtswegen zugeordnet werden. Ob. - Tr. (Pr. 26) 15. April 1853 (Entsch. 24, S. 497, 25, S. 278—279. Arch. I. S. 348).

3. Bei kollidirenden Interessen verschiedener Angeklagten muss nach §. 467 der Crim-Ordn., welche Bestimmung noch jetzt Geltung hat, Jedem ein besonderer Vertheidiger bestellt werden und zwar selbst dann, wenn der Widerstreit erst in der mündlichen Verhandlung hervortritt und desshalb eine Vertagung nothwendig wird. Ob-Tr. v. 3. Nov. 1854 (Arch. III, S. 123—124). Vergl. die Mitth. im Arch. II, S. 83.

4. Die Zuordnung eines Vertheidigers von Amtswegen muss nicht auch dann, wenn der Angeklagte selbst einen Vertheidiger gewählt hat, erfolgen, vielmehr ist der Sinn des Art. 21 in Verbindung mit Art. 22 dahin aufzufassen, dass der Gerichtshof durch die Unterlassung der Zuordnung eines Vertheidigers von Amtswegen die Verantwortung trägt, wenn die Verhandlung wegen Ausbleibens des Vertheidigers nicht stattfinden kann. Ob. - Tr. v. 22. April 1855 (Arch III, S. 391).

5. Der Umstand, dass der Angeklagte verhaftet ist, macht für sich allein die Zuordnung eines Vertheidigers nicht nothwendig. Ob.-Tr. v. 2. März 1850 (J. M. Bl. S. 122).

6. Wenn der Antrag des Angeklagten auf Zuordnung eines Vertheidigers im Falle des Alinea 2 Art. 21, desshalb abgelehnt wird, weil ein solcher Antrag überhaupt unzulässig sei, so liegt eine Verletzung jener Bestimmung vor. Ob. - Tr. v. 17. Nov. 1854. (Arch. III, Seite 249).

7. Der Herr Just. - Min. hat in mehreren Fällen den Grundsatz ausgesprochen, dass auch in denjenigen Fällen, in welchen der Angeklagte kein Recht hat, die Zuordnung eines Vertheidigers zu fordern, ein Rechtsanwalt der Vertheidigung unvermögender Angeklagten

Art. 22. Die Gültigkeit der Hauptverhandlung ist in keinem Falle dadurch bedingt, dass die Vertheidigung des Angeklagten durch den gewählten oder zugeordneten Vertheidiger wirklich geführt werde, wenn nur in dieser Beziehung von Gerichtswegen den gesetzlichen Vorschriften genügt worden ist.

Erachtet das Gericht die Vertagung der Hauptverhandlung in Folge einer dem Vertheidiger zur Last fallenden Verschuldung für nothwendig, so kann demselben auch der Ersatz der durch die Erneuerung des Verfahrens erwachsenen Kosten im Disziplinarwege auferlegt werden.

Art. 23. Die Vertretung eines nicht erschienenen Angeklagten findet, selbst zur Ausführung des Rechtspunktes, nur in Untersuchungen wegen Uebertretungen und wegen solcher Vergehen Statt, die blos mit Geldbusse bedroht sind.

Das Gericht hat stets die Befugniss, das persönliche Erscheinen des Angeklagten zu verordnen und denselben zu diesem Zwecke nöthigenfalls zwangsweise vorführen zu lassen.

An den Vorschriften der §§. 134, 145 und 147 der Verordnung wird durch die Bestimmung dieses Artikels und des Artikels 21 nichts geändert.

---

sich nicht entziehen könne, falls das betreffende Gericht die Bestellung eines Vertheidigers für erforderlich erachtet und ihn dazu erwählt, indem die den Rechtsanwalten im §. 463 der Crim.-Ordn. auferlegte Pflicht zur Uebernahme von Vertheidigungen auch in unzahlbaren Sachen durch die neuere Gesetzgebung nirgends aufgehoben sei. (Arch. II, S. 675). Vgl. Note 1 zu Art. 20.

8. Ueber die Befugniss des zugeordneten Vertheidigers zur Einlegung der Nichtigkeits-Beschwerde, s. die Noten zu Art. 109.

9. Ueber Geheimnisse, welche in einer Untersuchungssache ein Angeklagter einem Rechtsanwalt als seinem Vertheidiger anvertraut hat, ein Zeugniss abzulegen, darf der Rechtsanwalt wider seinen Willen auch nach Beendigung der Untersuchung und auch soweit die anvertrauten Geheimnisse nur einen Dritten betreffen, nicht angehalten werden. Ob.-Tr. v. 17. März 1853 (Entsch. 25, S. 290. J. M. Bl. S. 353, Arch. I, S. 230), 13. Jan. u. 29. Sept. 1854, (Arch. II, S. 247 u. 813). — Vergl. §. 155 Str.-G.-B.

Zu Art. 22. 1. Die Abwesenheit des zugeordneten Vertheidigers bei einzelnen Verhandlungen zieht keine Nichtigkeit nach sich. Ob.-Tr. v. 24. Febr. 1853 (Arch. I, S. 223).

2. Wenn bei Verhinderung des zugeordneten Anwalts sein zum Richteramt qualifizirter Stellvertreter zugelassen wird, so wird dadurch nicht eine Prozessvorschrift verletzt oder die Vertheidigung beschränkt. Ob.-Tr. v. 13. Sept. 1854 wider Benkner.

Zu Art. 23. Die Majorität der Schwurgerichts-Vorsitzenden des Departements Frankfurt hat angenommen, dass der Gerichtshof nicht berechtigt ist, in contumaciam zu verhandeln, falls der verhaftete Angeklagte erklären sollte, nicht in der Sitzung erscheinen zu wollen, und dass der Vorsitzende nicht berechtigt und verpflichtet sei, ohne Konkurrenz des Gerichtshofes die Vorführung des verhafteten Angeklagten zu verordnen, Falls derselbe erklären sollte, nicht in der Sitzung erscheinen zu wollen. (Arch. I, S. 56).

§. 17. Dem Vertheidiger, der Angeklagte möge verhaftet sein oder nicht, müssen die Untersuchungsakten auf Verlangen in der Gerichtsregistratur zur Einsicht vorgelegt werden. Eine Verabfolgung derselben an den Vertheidiger ist nicht gestattet.

§. 18. Zwangsmittel jeder Art, durch welche der Angeklagte zu irgend einer Erklärung genöthigt werden soll, sind unzulässig. Unzulässigkeit von Zwangsmitteln gegen den Angeklagten.

§. 19. Hat eine Beweisaufnahme durch Einnehmung des Augenscheins an Ort und Stelle Statt gefunden, so muß das darüber aufgenommene Protokoll bei dem mündlichen Verfahren vorgelesen werden. Beweisverfahren.

§. 20. Zeugen, welche nicht vorgeladen worden, jedoch in der Nähe befindlich sind, kann der Richter sogleich durch den Gerichtsdiener gestellen lassen, im aktiven Dienste stehende Militärpersonen jedoch nur mit Genehmigung ihrer Vorgesetzten.

Dasselbe gilt von gehörig vorgeladenen, aber ausgebliebenen Zeugen. Hat ein solcher Zeuge sein Ausbleiben nicht im Voraus entschuldigt, so kann gegen ihn von dem Gericht ohne weiteres Verfahren eine Geldbuße bis zu 20 Rthlrn. oder eine Gefängnißstrafe bis zu acht Tagen, und die Verpflichtung zur Tragung aller Kosten festgesetzt werden, welche durch die von ihm verursachte Ansetzung eines neuen Termins entstehen. Die Niederschlagung dieser Strafe und die Entbindung von der Kostentragung ist von dem Gericht nur dann zu bewilligen, wenn der Zeuge binnen

---

Zu §. 18. 1. Vergl. §. 319 des St.-G.-B. und zu demselben, rücksichtlich der Anwendung von Zwangsmitteln gegen Zeugen, den Beschl. des Ob.-Tr. v. 18. Oktober 1854 (Arch. II. S. 838—839) unten zu §. 22.

2. Der §. 18 ist nicht auf den Fall zu beschränken, wenn die zu vernehmende Person von der gegenwärtig vorliegenden Anklage betroffen wird, sondern er findet auch auf Zeugen Anwendung, welche eidlich oder uneidlich Thatsachen bekunden sollen, die sie selbst als Urheber oder Theilnehmer an einer strafbaren Handlung erscheinen lassen würden. Es ist daher Zeugen gestattet, ihre Erklärung auf solche Fragen abzulehnen, welche auf ein ihnen zur Last fallendes Vergehen (z. B. auf einen Ehebruch) hinzielen. Ob.-Tr. v. 28. März 1856 (Arch. IV, S. 377). Vergl. Arch. II. S. 414—415.

3. Die Behauptung, daß ein Geständniß durch Zwangsmittel herbeigeführt sei, ist, wenn über diese Behauptung vor den Geschworenen verhandelt worden, kein Nichtigkeits-Grund. Ob.-Tr. v. 21. April 1854 (Arch. II. S. 537).

Zu §. 19. 1. Der §. 19 ist nur auf eigentliche Lokalbesichtigungen, d. h. auf solche Besichtigungen zu beziehen, wo die Einnahme des Augenscheins an Ort und Stelle zur Feststellung der bei dem verübten Verbrechen oder Vergehen besonders in Betracht kommenden Lokalitäten stattgefunden hat. Zu dieser Kategorie gehört aber die Besichtigung einer Leiche nicht: deshalb läßt sich das im §. 162 Crim.-O. gedachte Obduktions-Protokoll unter die Bestimmung des §. 19 nicht subsummiren. Ob.-Tr. v. 26. April 1855 (Arch. III. S. 554).

2. Der Antrag auf Vorladung eines Zeugen zur mündlichen Verhandlung kann nicht ohne nähere Begründung durch bloße Hinweisung auf §. 19 und auf Art. 25 des Ges. v. 3. Mai 1852 beseitigt werden. Ob.-Tr. v. 21. Septbr. und 9. Novbr. 1853 (J. M. Bl. S. 429—432).

14 Tagen nach Zustellung der Strafverfügung sein Ausbleiben genügend entschuldigt.

Zu §. 20. 1. Vergl. Art. 24—28, §§. 30, 31, 52, 54; Art. 76, 77, 78, §§. 134, 136; Art. 101.

2. In denjenigen Fällen, wo Gensd'armen zu ihrer Vernehmung als Zeugen vorgeladen werden sollen und nicht besondere Umstände eine Ausnahme nothwendig machen, ist die Vorladung nicht unmittelbar an sie zu richten, sondern durch Vermittelung der Landraths-Aemter, resp. der Polizei-Präsidien oder Polizei-Direktionen zu bewirken. Allg. Verf. des Just.-Min. v. 21. Dezbr. 1850 (J. M. Bl. 1851, S. 2 u. 3).

Die Vorladungen an Unteroffiziere und gemeine Soldaten sind dem Chef der Compagnie oder Escadron und, wenn dieser abwesend ist, dem Commandeur derselben einzuhändigen. Cab.-O. v. 22. März 1827 (G. S. S. 31).

Die nicht dem Offizierstande angehörigen Personen müssen, ohne Unterschied, ob sie an dem Orte, wo die Gerichtssitzung gehalten wird, oder auswärts ihren Wohnsitz haben, zur Vernehmung als Zeugen in der mündlichen Verhandlung vor dem Civilgerichte sich einfinden. Von dieser Regel kann nur dann eine Ausnahme eintreten, wenn besondere Verhältnisse die Beurlaubung der vorgeladenen Militairpersonen im Interesse des Dienstes nicht gestatten und liegt es in solchen Fällen der Militairbehörde ob, mit dem requirirenden Gericht, unter Mittheilung der Gründe, welche die Gestellung des Vorgeladenen zur Zeit unmöglich machen, wegen Anordnung der etwa sonst erforderlichen Maaßregeln in Einvernehmen zu treten. Verf. des Kriegs-Min. vom 23. September 1853 (Arch. II. S. 809).

In Betreff der Frage, ob aktiven Offizieren, welche in Untersuchungssachen gegen Civilpersonen als Zeugen zu vernehmen sind, die Verpflichtung obliegt, in der öffentlichen Sitzung des erkennenden Gerichts zur Vernehmung sich zu gestellen, hat das Kriegs-Ministerium unter Hinweisung auf §. 352 Crim.-O. und die auch für den Bezirk des Appell.-Gerichts zu Köln geltende Allerhöchste Ordre v. 2. August 1822, welche durch die Verordn. vom 3. Januar 1849 ungeändert geblieben (vergl. §. 22 dieser Verordn.), die Ansicht ausgesprochen: daß nach den bestehenden Gesetzen die im aktiven Dienste befindlichen Offiziere nicht verpflichtet seien, in den öffentlichen Gerichtssitzungen Behufs ihrer Vernehmung als Zeugen in Untersuchungen gegen Civilpersonen sich einzufinden, sondern ihre Vernehmung als Zeugen in der Weise zu erwirken sei, wie die erwähnten gesetzlichen Bestimmungen, die jedoch keinesweges als ein Privilegium des Offizierstandes, sondern lediglich als eine durch die nöthige Rücksicht auf die Dienstverhältnisse der Offiziere gebotene Ausnahme von der Regel zu betrachten seien, es vorschreiben; daß jedoch, wenn in einzelnen Fällen das betreffende Civilgericht die Vernehmung der Offiziere als Zeugen in öffentlicher Gerichtssitzung für besonders wünschenswerth erachte, diese nirgends untersagte Vernehmung, insofern sie ohne wesentliche Störung des Dienstes erfolgen könne, unbedenklich nachgegeben werden könne, wobei jedoch immer festzuhalten, daß nicht die Civilgerichte, sondern die Militairbefehlshaber über die Abkömmlichkeit des als Zeugen zu vernehmenden Offiziers zu entscheiden haben. Cirk.-Verf. des Kriegs-Min. v. 21. Oktober 1850 (Arch. II. S. 808). Der Just.-Min. nimmt an, daß diese Ansicht des Kriegs-Min. durch die angegebenen gesetzlichen Bestimmungen ihre Begründung finde, die Art. 24 u. 25 des Ges. v. 3. Mai 1852 eine Aenderung nicht getroffen haben und dem praktischen Bedürfnisse dadurch genügt werde, daß die Militairbehörden in den Fällen, wo die Vernehmung eines Offiziers in der öffentlichen Sitzung besonders wünschenswerth erscheint, den betreffenden Requisitionen, so weit angänglich, bereitwillig entsprechen würden. R. des J.-M. v. 14. Dezbr. 1853 (Arch. II. S. 809). Dagegen führt das Ob.-Tr. aus, daß durch §. 22 der Verordn. v. 3. Januar 1849 der §. 352 der Crim.-O. nicht aufrecht erhalten, die Bestimmung des §. 352 vielmehr durch §§. 20 u. 21 der Verordn. v. 3. Januar 1849 und Art. 25 des Ges. v. 3. Mai 1852 aufgehoben worden,

§. 21. Kann bei dem mündlichen Verfahren die Vernehmung eines Zeugen wegen Krankheit, Alterschwäche, großer Entfernung, oder wegen anderer unabwendbaren Hindernisse nicht erfolgen, so ist solche anderweit zu bewirken, und in diesen Fällen, sowie alsdann, wenn ein schon zuvor gerichtlich vernommener Zeuge inzwischen verstorben ist, das Vernehmungsprotokoll bei dem mündlichen Verfahren vorzulesen.

---

so daß jetzt alle Militairpersonen, also auch Offiziere, wenn keine besonderen Hindernisse obwalten, in der Audienz vor dem Civilgericht persönlich zu vernehmen sind. Ob.=Tr. v. 25. Januar 1856 (Arch. IV. S. 223).

Bei diesem Konflikt der Ansichten werden sich die Instanzgerichte in Verlegenheit gesetzt sehen, wie sie der Anforderung des Ob.=Tr. genügen sollen. Der Ausweg wird darin zu finden sein, daß bei fortgesetzter Weigerung der Militairbehörden und bei etwaiger Unmöglichkeit, sie im administrativen Wege zur Gestellung zu vermögen, diese Weigerung als eine durch Zwang nicht zu beseitigende und demnach als ein „unabwendbares Hinderniß" ausdrücklich festgestellt wird. In solchem Falle wird das Verfahren nach §. 21 der Anfechtung nicht unterliegen.

3. Es besteht gegenwärtig der Grund zu derjenigen Anordnung nicht mehr, welche in den Reskr. vom 4. u. 15. August und v. 21. Septbr. 1832 (Jahrb. Bd. 40, S. 295. Rhein. Samml. Bd. III, S. 511) in Betreff des Verfahrens bei Bestrafung ausgebliebener Zeugen aus den älteren Provinzen bei den Rhein. Gerichten und umgekehrt, getroffen ist. Es entspricht vielmehr den jetzigen gesetzlichen Bestimmungen (§. 20 der V. v. 3. Januar 1849, Art. 80 der Rhein. Straf=Proz.=O. und §. 1 des Gesetzes v. 2. Mai 1853. G. S. S. 169), daß sowohl die Gerichte in den Provinzen, in welchen die Verordn. v. 3. Januar 1849 gilt, die Bewohner der Rheinprovinz, als auch umgekehrt, daß die Rhein. Gerichte die Bewohner der älteren Provinzen unmittelbar zur Strafe verurtheilen, wenn dieselben der Ladung, vor ihnen als Zeugen zu erscheinen, nicht Folge geleistet haben. Die erwähnten Reskripte werden daher insoweit abgeändert, als in denselben ein anderes Verfahren zur Herbeiführung der Bestrafung ausgebliebener Zeugen vorgeschrieben ist. Im Uebrigen sind diese Reskripte, insbesondere hinsichtlich der Bestimmungen, daß die beiderseitigen Zeugen die Wahl haben, nach welcher Zeugentaxe sie entschädigt sein wollen, und daß die Requisition der Vorladung der einem anderen Rechtsgebiete angehörigen Zeugen nur im Falle dringender Nothwendigkeit erfolgen soll, auch fernerhin zu befolgen. Allg. Verf. des Just.=Min. v. 30. Septbr. 1855 (J. M. Bl. S. 326).

Zu §. 21. 1. Eine Ausnahme von der Regel des §. 21 s. Art. 24. In Betreff der Militairpersonen vergl. Note 2 zu §. 20. — Die Bestimmung des §. 315 der Crim.=O. ist als antiquirt anzusehen.

Der Antrag auf Vorladung eines Zeugen zur mündlichen Verhandlung kann nicht ohne nähere Begründung durch die bloße Hinweisung auf §. 19 V. und auf Art. 25 Ges. beseitigt werden. Ob.=Tr. v. 21. Septbr. und 9. Novbr. 1853 (J. M. Bl. S. 429—432). Vergl. Note 7 zu §. 14.

Die Entscheidung der Frage, ob in einem besonderen Falle die schriftliche Vernehmung von Zeugen u. s. w. erfolgen solle, ist dem Ermessen der Instanzrichter insoweit überlassen, als der Gebrauch dieses Ermessens nicht zur Vereitelung des mündlichen Verfahrens überhaupt führt. Ob.=Tr. v. 2. März 1854 (Lanz, S. 9).

Die Aufnahme des Beweises muß der Regel nach bei dem mündlichen Verfahren erfolgen. Es ist dies dergestalt wesentlich, daß, wenn der Richter, ohne die Abweichung von der Regel gesetzlich zu motiviren, die ganze von ihm erheblich erachtete Beweisaufnahme durch einen Kommissar bewirken läßt, das Verfahren der Vernichtung unterliegt. Ob.=Tr. v. 4. März 1853 (Entsch. 24, S. 446 bis 449).

Beweis und Urtel.

§. 22. Die bestehenden gesetzlichen Vorschriften über das Verfahren bei Aufnahme der Beweise, insbesondere auch darüber, welche

---

2. Wenn das erkennende Gericht eine kommissarische Zeugenvernehmung anordnet, so muß dem Angeklagten von dem Termine Nachricht gegeben werden. Hat er jedoch die nicht geschehene Bekanntmachung in dem Hauptverfahren demnächst nicht gerügt, so kann er eine dadurch erfolgte Beschränkung der Vertheidigung nicht geltend machen. Ob.-Tr. (Pr. 176, Plen.) v. 15. Octbr. 1855 (Entsch. 31, S. 322—326, J. M. Bl. S. 391—392, Arch. III. S. 751—752). Vergl. hierzu die Erörterungen „über das Verhältniß der kommissarischen Beweisaufnahme zur Hauptverhandlung“ im Arch. III. S. 740—752, insbesondere die Ausführung des Gen.-Staatsanwalts a. a. O. S. 748—751, ferner die — mit dem Plen.-Beschl. übereinstimmenden — Erk. des Ob.-Tr. v. 6. Oktober 1854 (J. M. Bl. S. 404, Arch. II. S. 674) und 17. November 1854 (Arch. III. S. 249). S. auch die Bemerkungen von v. Tippelskirch im Arch. II. S. 330.

3. Wenn der Gerichtshof eine nur kommissarische Vernehmung der Zeugen und demnächst die Verlesung ihrer Aussagen in der Audienz angeordnet hat, ohne hierbei speziell diese Ausnahme von der Regel des §. 14 durch einen der im §. 21 angegebenen Gründe zu motiviren, gleichwohl aber ein Widerspruch des Staatsanwalts gegen diesen Beschluß des Gerichtshofes nicht erfolgt ist, so kann der Staatsanwalt nicht auf die Verletzung der §§. 14 u. 21 die Nichtigkeits-Beschwerde gründen. Ob.-Tr. v. 29. Juni 1853 und 28. Septbr. 1855 (Arch. III. S. 676).

4. Es ist nicht als ein Verstoß gegen das Gesetz anzusehen, wenn der Appellationsrichter Zeugen zunächst nur vorläufig zu dem Behufe vernehmen läßt, um zu ermitteln, ob sie etwas zur Sache Erhebliches würden bekunden können und wenn er demnächst, nach Prüfung dieser vorläufigen Vernehmungen und Zusammenstellung derselben mit den vom ersten Richter für seine Feststellungen angegebenen Gründen, befunden hat, daß die förmliche Vernehmung dieser Personen nicht geeignet erscheine, die vom ersten Richter als bewiesen angenommenen erheblich erachteten Thatsachen als unrichtig darzustellen, deshalb die Vorladung und Vernehmung derselben unterläßt und die Feststellung des ersten Richters seiner Entscheidung zum Grunde legt. Ob.-Tr. v. 4. Mai 1854 (Arch. II. S. 676 u. 677). — Vergl. hierzu die allg. Verf. des Just. Min. v. 25. Novbr. 1850 ad 5 (J. M. Bl. S 399) und v. 4. April 1854 (J. M. Bl. S. 147), in welchen dies Verfahren empfohlen wird.

5. Huettemann erachtet die Verlesung von Aussagen im Falle des §. 21 nur dann als gesetzlich genügend, wenn die im Protokolle enthaltene Aussage des Zeugen unter der gesetzlichen Form darin aufgenommen und gehörig beschworen ist. (Arch. I. S. 619—620).

6. Ueber die Anwendung des §. 21 auf Sachverständige vergleiche Mittermaier im Arch. I. S. 1—24, 107—137, 279—306, insbesondere S. 23 u. 113, ferner Paschke a. a. O. S 480—484.

Die Vorschriften der Crim.-O. über das Verfahren bei Aufnahme der Beweise, namentlich auch in Bezug auf die durch gutachtliche Vernehmung von Sachverständigen zu bewirkende Beweisaufnahme, sind zwar, soweit als jene Vorschriften mit den Bestimmungen der Verordn. v. 3. Januar 1849 und des Ges. v. 3. Mai 1852 nicht unvereinbar sind (§. 183 V.), für den, die Untersuchung führenden Richter maaßgebend geblieben (§. 22 a. a. O.). Dem erkennenden Richter aber muß auch die durch ein solches Gutachten von Sachverständigen zu bewirkende Beweisaufnahme der Regel nach in der durch die Mündlichkeit des Verfahrens bedingten Form (§§. 14, 21 a. a. O., Art. 25, 26, Ges. v. 3. Mai 1852) bei der mündlichen Hauptverhandlung vorgeführt werden. Demgemäß und nach dem Zwecke der Voruntersuchung — welcher kein anderer ist, als nur als Mittel zur Vorbereitung für das mündliche Hauptverfahren zu dienen, durch welches letztere das wahre Sachverhältniß vollständig nach allen Richtungen hin ermittelt und festgestellt werden soll — enthält das bei der münd-

Personen als Zeugen vernommen und vereidet werden dürfen, bleiben ferner maaßgebend.

Dagegen treten die bisherigen positiven Regeln über die Wirkungen der Beweise außer Anwendung. Der erkennende Richter hat fortan unter genauer Prüfung aller Beweise für die Anklage und Vertheidigung nach seiner freien, aus dem Inbegriffe der vor ihm erfolgten Verhandlungen geschöpften Ueberzeugung zu entscheiden, ob der Angeklagte schuldig oder nichtschuldig sei. Er ist aber verpflichtet, die Gründe, welche ihn dabei geleitet haben, in dem Urtheile anzugeben.

Auf vorläufige Lossprechung (Freisprechung von der Instanz) soll nicht mehr erkannt werden.

---

lichen Hauptverhandlung, nicht aber das in der Voruntersuchung abgegebene Gutachten der Sachverständigen wesentlich die Beweisaufnahme, soweit sie durch sachverständiges Gutachten zu bewirken ist. Wenn daher das von ärztlichen Sachverständigen bei der mündlichen Hauptverhandlung, namentlich mit Rücksicht auf Ergebnisse der letzteren, abgegebene Gutachten seinem Resultate nach von dem in der Voruntersuchung abgegebenen abweicht, so kann dies zwar dem Gerichte Veranlassung geben, nach seinem durch §§. 173, 174 Crim.-O. geleiteten Ermessen die Verhandlung der Sache Behufs Beschaffung eines Superarbitriums zu vertagen; es wird aber eine wesentliche Vorschrift oder ein wesentlicher Grundsatz des Verfahrens nicht verletzt, namentlich auch nicht unzulässigerweise die Vertheidigung abgeschnitten, wenn der Gerichtshof hierzu die Sachlage nicht geeignet erachtet und gleichwohl die Geschworenen als Richter der Thatfrage den Inbegriff der vor ihnen erfolgten Verhandlungen zur Bestimmung ihrer Ueberzeugung ausreichend befinden, vielmehr ist — da thatsächliche Erörterungen überhaupt, mithin auch darüber, ob die Sachlage zur Erforderung eines Superarbitriums geeignet gewesen sei, in die Nichtigkeits-Instanz nicht gehören — der Angriff, welcher aus der unterbliebenen Einholung eines Gutachtens des Medizinal-Kollegiums entnommen wird, der Sache nach nur als unzulässige Anfechtung der durch den Ausspruch der Geschworenen erfolgten thatsächlichen Feststellung anzusehen. Ob.-Tr. v. 17. Juni und 15. September 1853 (Arch. I. S. 535—537 und 689) und 22. März 1855 (J. M. Bl. S. 152—155). Requisitionen wegen Abfassung der von der Königl. wissenschaftlichen Deputation für das Medizinalwesen zu erstattenden Gutachten sind nicht an diese Deputation, sondern an den Min. der geistlichen, Unterrichts- und Medizinal-Angelegenheiten zu richten. Allg. Verf. des Just.-Min. v. 13. Dezbr. 1852 (J. M. Bl. S. 406). Ueber die Stellung der Mitglieder der wissenschaftlichen Deputation für das Medizinalwesen zu dem von dieser Deputation schriftlich abgegebenen Gutachten, vergl. die Verf. des Min. der geistlichen, Unterrichts- und Medizinal-Angelegenheiten v. 22. Septbr. 1852 (Arch. I. S. 482—483), in welcher angenommen ist, daß ein zur mündlichen Verhandlung als Sachverständiger vorgeladenes Mitglied der Deputation nicht den Beruf habe, jenes Gutachten zu vertheidigen, vielmehr selbstständig seine Ansicht über die streitige Frage auszusprechen und zu motiviren habe.

Ueber die Form der ärztlichen Atteste in gerichtlichen Angelegenheiten, s. die Cirk.-Verf. des Min. der geistlichen u. s. w. Angelegenheiten v. 20. Januar 1853 und v. 11. Febr. 1856 und die allg. Verf. des Just.-Min. v. 3. Febr. 1853 und v. 21. Febr. 1856 (J. M. Bl. 1853, S. 65—67, J. M. Bl. 1856, S. 58); über die Gebühren der Medizinalbeamten in Untersuchungssachen: die allg. Verf. des Just.-Min. v. 28. August 1856 (J. M. Bl. S. 246) und v. 2. Mai 1854 (J. M. Bl. S. 191—193).

Zu §. 22. 1. Ueber Beweislast und Präsumtionen im Preuß. Strafverfahren, s. die Abhandlung von Dr. Kueßner im Arch. III. S. 32—48, dazu die Abh. „zur Frage über die Beweislast im Strafprozeß" a. a. O. S. 49—57.

Zu §§. 19—22 der Verordnung.

Nähere Bestimmungen

Art. 24. Mitglieder des Königlichen Hauses und der beiden Hohenzollernschen Fürstenhäuser werden in ihrer Wohnung vernommen.

---

2. Die gesetzlichen Vorschriften über das Verfahren bei Aufnahme der Beweise und darüber, welche Personen als Zeugen vernommen und vereidet werden dürfen, sind enthalten in den §§. 305—360, 361—367, 384 Crim.-Ordn.

3. Die Abhörung einzelner Zeugen in Gegenwart anderer noch nicht vernommener läßt sich nicht so auffassen, als sei dadurch ein wesentlicher Grundsatz des Verfahrens verletzt, da die Vorschrift des §. 318 der Crim.-Ordn. als solche, zumal für die Verhandlung im Audienztermin, als eine im Falle der Nichtbeobachtung unbedingt die Nichtigkeit des Verfahrens begründende Prozeßvorschrift nicht zu erachten ist, wenn auch die Nichtbeobachtung unter besonderen Umständen möglicherweise aus dem Gesichtspunkt der beeinträchtigten Vertheidigung des Angeklagten als formeller Nichtigkeitsgrund würde geltend gemacht werden können. Ob.-Tr. v. 25. Jan. u. 15. Febr. 1855 (Arch. III. S. 405—406). — Die Unterlassung der getrennten Vernehmung von Sachverständigen in der Hauptverhandlung ist keine Verletzung des Verfahrens, da bei den Sachverständigen eine andere Rücksicht als bei Zeugen obwaltet, jene nicht bloß eine durch die Sinne wahrgenommene Thatsache bekunden, sondern nach den Regeln der Kunst oder der Wissenschaft ein Urtheil abgeben, bei welchem eine Berichtigung und Aufklärung durch die Ansichten der anderen Sachverständigen nur angemessen erscheinen kann. Ob.-Tr. v. 19. Sept. 1855 (Arch. III. S. 680).

4. Die Vereidigung von Zeugen darf nicht wegen vermeintlicher Unerheblichkeit der Aussage ausgesetzt werden, da die Unerheblichkeit einer Zeugenaussage erst dann als festgestellt erachtet werden kann, wenn das gesetzliche Mittel zur Erforschung der Wahrheit durch die Aussage des Zeugen, nämlich die Beidung derselben, angewendet worden ist. Ob.-Tr. 6. Sept. 1854 (Arch. II. S. 680—681). Personen, denen religiöse Begriffe mangeln, sind den verstandesschwachen Personen gleichzustellen, in Bezug auf welche §. 356 der Crim.-Ordn. unter Nr. 1 u. am Schlusse nachgelassen hat, dieselben über Gegenstände, die das Maaß ihrer Verstandeskräfte nicht übersteigen, nicht eidlich zur Entdeckung der Wahrheit zu vernehmen. Im System des jetzigen Strafprozeßrechts ist der Richter nicht verhindert, aus dem Gesammt-Ergebniß der Verhandlungen seine Ueberzeugung zu bilden, folglich auch den Erklärungen solcher Personen vollen Glauben nach Befinden beizumessen. Ob.-Tr. v. 11. Juli 1855 (Arch. III. S. 880).

Sachverständige dürfen die eidliche Bekräftigung ihrer Aussage, eben so wie Zeugen die Ablegung eines Zeugnisses, nur in den gesetzlichen Ausnahmefällen verweigern. Ob.-Tr. v. 7. Sept. 1853 (J. M. Bl. S. 437).

Die irrthümliche Vereidigung eines evangelischen Zeugen nach kathol. Ritus ist kein Nichtigkeitsgrund, weil die Eingangsworte und der Text der Norm des Zeugeneides für beide Konfessionen dieselben sind und die bei evangel. Konfessionsverwandten gebräuchlichen Schlußworte mit den für die Katholiken vorgeschriebenen im Wesentlichen übereinstimmen. Ob.-Tr. v. 15. Sept. 1853 (Arch. I. S. 697—698). Vergl. hierzu Arch. IV. S. 317—327 und das daselbst mitgetheilte Erk. d. Ob.-Tr. v. 2. Mai 1856, wonach die Uebereinstimmung der Eidesformel mit dem religiösen Bekenntnisse des Schwörenden nicht als Erforderniß der Strafbarkeit des Meineides angesehen ist.

Die Frage, ob der Staatsanwalt oder der Vertheidiger Zeugeneide mit der Wirkung, daß die Vereidigung nunmehr unbedingt unterbleiben könne, zu erlassen berechtigt sei? wird nach Arch. II. S. 409 in der Regel verneint. Vergl. auch die Abh. von v. Tippelskirch: „Kann der Staatsanwalt ein Zugeständniß abgeben oder als Zeuge vernommen werden?" im Arch. I. S. 315—321, in welcher die Frage ebenfalls verneint wird.

5. Die Anwendung von Zwangsmitteln gegen Zeugen zur Erpressung von Aussagen ist nach §. 319 des Str.-G.-B. zu bestrafen, wie der Wortlaut und

Die Eidesformel wird ihnen von dem mit der Vernehmung a. über das Beweisverfahren.

---

die Entstehungsgeschichte dieses §. zeigen. Ob.-Tr. v. 18. Okt. 1854 (Arch. II. S. 838—839).

6. Bei Münzverbrechen ist es mindestens für angemessen zu achten, auch in den Fällen, leichter und überzeugender Erkennbarkeit der Fälschung doch schon in der Voruntersuchung nach wie vor der General-Münzdirektion die betreffenden Münzen zur Bescheinigung der Unechtheit vorlegen zu lassen. R. des Just.-Min. v. 19. Mai 1853 (Arch. I. S. 374). Die Requisitionen sind unmittelbar an die Königl. General-Münzdirektion zu richten; dagegen sind nach rechtskräftiger Entscheidung alle in Beschlag genommene falsche Münzen an die betreffende Königl. Regierung zur Weiterbeförderung an die Münzverwaltung abzuliefern. Allg. Verf. des Just.-Min. v. 22. Sept. 1855 (J. M. Bl. S. 310).

7. Ueber Geheimnisse, welche in einer Untersuchungssache ein Angekl. einem Rechtsanwalt als seinem Vertheidiger anvertraut hat, ein Zeugniß abzulegen, darf der Rechtsanwalt wider seinen Willen auch nach Beendigung der Untersuchung und auch soweit die anvertrauten Geheimnisse nur einen Dritten betreffen, nicht angehalten werden. Ob.-Tr. v. 17. März 1853 (Entsch. 25. S. 290. J. M. Bl. S. 353. Arch. I. S. 230) und 13. Jan. und 29. Sept. 1854 (Arch. II. S. 247 u. 813). Geistliche können nicht gezwungen werden, über das, was ihnen auch außer der Beichte als Amtsgeheimniß mitgetheilt worden, Zeugniß abzulegen. Ob.-Tr. v. 19. Mai 1853 (J. M. Bl. S. 356. Arch. I. S. 375).

Die Weigerung des Geistlichen kann sich aber nur auf ein abzulegendes Zeugniß erstrecken, niemals aber rückwirkende Kraft in soweit haben, daß sie sich auch auf früher bereits abgelegte Zeugnisse oder denselben gleichstehende, zu den Akten gegebene schriftliche Auslassungen erstreckt, also die Kraft derselben als Urkunden des verhandelten Prozesses, welche der freien Disposition des Gerichtshofes unterworfen sind, wiederum rückgängig machen kann, vielmehr ist die Verlesung solcher Urkunden dem Ermessen des Gerichtshofes anheimgestellt. Ob.-Tr. v. 31. Mai 1854 (Arch. II. S. 675—676).

Auf Redakteure sind die vorgedachten Ausnahmen nicht auszudehnen. Ob.-Tr. v. 14. Dez. 1854 (J. M. Bl. 1855, S. 70).

8. Ueber die Zulässigkeit der Verweigerung des Zeugnisses, soweit dasselbe das Bekenntniß einer strafbaren Handlung (z. B. des Ehebruchs) enthalten würde, s. Ob.-Tr. v. 28. März 1856 (Arch. IV. S. 377) und Arch. II. S. 414—415 oben Note 2 zu §. 18. — Nach den Grundsätzen des gemeinen Strafprozesses ist es zulässig, das Zeugniß in Strafprozessen zu verweigern, wenn der Zeuge die eigene Schande, d. i. nicht bloß ein strafbares, sondern auch ein in der öffentlichen Meinung der bürgerlichen Gesellschaft für unsittlich angesehenes Verhalten, bekunden soll. Ob.-Tr. v. 16. Juli 1856 (Arch. IV. S. 681).

9. Die eidliche Zeugenvernehmung solcher Personen, gegen welche das die Untersagung der Ehrenrechte aussprechende Urtel zur Zeit der Vernehmung noch nicht die Rechtskraft beschritten hatte, ist zulässig. Ob.-Tr. v. 14. Dez. 1854 (Arch. III. S. 128). Dagegen begründet die eidliche Vernehmung von Zeugen, denen die Ausübung der Ehrenrechte bereits rechtskräftig untersagt war, Nichtigkeit. Ob.-Tr. v. 11. Juli 1855 (Arch. III. S. 677).

10. Spezielle, von der Bestimmung des §. 22 Alinea 2 zum Theil abweichende Regeln über die Wirkungen der Beweise finden sich rücksichtlich der Holzdiebstähle in den §§. 31 ff. des Ges. v. 2. Juni 1852 (G. S. S. 312 ff.), und in dem §. 49 das. (G. S. S. 317) allegirten Gesetze über das Verfahren in Wald-, Feld- und Jagdfrevelsachen bei Civileinreden vom 31. Januar 1845 (G. S. S. 95). Durch Art. II. des Ges. v. 14. April 1856, betr. die Abänderung und Ergänzung einiger Bestimmungen des Strafgesetzbuchs, (G. S. S. 209) ist das letztere Gesetz für den ganzen Umfang der Monarchie eingeführt. — Für das Verfahren gegen ausgewanderte Militairpflichtige und gegen beurlaubte Landwehrmänner, welche ohne Erlaubniß auswandern, ist im §. 8 des Ges. v. 10. März 1856 (G. S. S. 135) eine besondere Beweisführung vorgeschrieben.

Diese Gesetze sind im Anhang abgedruckt.

beauftragten Richter vorgelesen und zur eigenhändigen Unterschrift vorgelegt.

---

11. Ueber die Behandlung civilrechtlicher Vorfragen im Criminalprozeß, s. die Abh. von Dr. Kueßner im Arch. III. S. 516—521. Das Ob.-Tr. führt in dieser Beziehung aus: So streitig die unbedingte präjudizielle Kraft civilrechtlicher Entscheidungen für den Strafrichter auch ist, so ist dennoch alsdann, wenn diese Entscheidung eine rechtskräftige, dem Einschreiten des Strafrichters bereits vorangegangene, innerhalb der Kompetenz des Civilrichters ergangene ist, ihre bindende Kraft für den Strafrichter anzuerkennen. Dies ist insbesondere alsdann außer allem Zweifel, wenn diese Entscheidung eine Frage des status betrifft, weil die Vorschriften §§. 1 folg. u. 592 folg. Tit. 1 Th. II A. L. R. genau diejenigen Mittel bezeichnen, durch welche die durch eheliche Zeugung resp. durch nachfolgende Ehe oder Legitimation begründeten Familienrechte mit der Wirkung ihrer öffentlichen Anerkennung vor dem Civilrichter allein festzustellen sind. Der Einwand, daß die Civilentscheidung zwischen anderen Parteien ergangen sei, ist unhaltbar, weil Erkenntnisse über den status einer Person auch dritten Personen gegenüber wirksam sind, sodann weil das Verhältniß des Angeklagten dem Staatsanwalt gegenüber nicht aus dem Gesichtspunkte einer Civilpartei, gegen welche solche Entscheidungen als Beweismittel nicht anzurufen wären, betrachtet werden kann. Ob.-Tr. v. 8. Februar 1856 (J. M. Bl. S. 96—97).

Ein Urtel des Ob.-Tr. v. 9. Juni 1855 (Lanz, S. 37) nimmt an, daß der Strafrichter — abgesehen von den durch das Ges. v. 2. Juni 1852, §. 49 vorgesehenen besonderen Fällen — auch Präjudizialfragen, selbst wenn dieselben ein privatrechtliches Rechtsverhältniß betreffen, der Regel nach zu seiner Kognition zu ziehen habe, so lange über dieselben ein Civilprozeßverfahren noch nicht anhängig ist.

12. Bei Feststellung des auswärtigen Rechts (§. 4, Nr. 3 Str.-G.-B.) kann der Richter sich auch auf die Notorietät berufen. Ob.-Tr. v. 10. April 1856 (Arch. IV. S. 538—539).

13. Die Vorschriften der Crim.-O. über die Erhebung des objektiven Thatbestandes auch neben dem Geständnisse bestehen für den die Voruntersuchung leitenden Richter noch fort. Für den erkennenden Richter aber besteht kein Hinderniß, gleichwohl seine Ueberzeugung lediglich aus dem Geständnisse zu schöpfen. Ob.-Tr. v. 21. Juni 1854 (Arch. II. S. 769) und 23. Februar 1855 (Arch. III. S. 403—404, J. M. Bl. S. 113). S. dagegen Gutschmidt im Arch. II. S. 766—769. — Ueber die Zulässigkeit der Verlesung der in der Voruntersuchung abgelegten Geständnisse, s. Note 4 u. 5 zu Art. 25.

14. Ueber die Stellung und Wirksamkeit der Sachverständigen im Strafverfahren, s. oben Note 6 zu §. 21.

Die Vergleichung von Handschriften zum Zwecke einer Untersuchung ist sowohl über die Unterschrift allein, als auch über den Inhalt allein an und für sich zulässig. Ob.-Tr. v. 20. April 1855 (Arch. III. S. 555—556).

15. Auch rücksichtlich der von Beamten bei Wahrnehmung ihres Amtes gemachten Wahrnehmungen und darauf bezügliche Anzeigen hat der Richter über die beweisende Kraft zu befinden. Ob.-Tr. v. 6. April 1850 (Grunds. I. Forts. Seite 7).

16. Ueber die Abfassung der Erkenntnißgründe s. allg. Verf. v. 29. März 1853 (J. M. Bl. S. 134—138 und unten im Anhange), die Naumburger Instruktion im J. M. Bl. 1853, S. 154—156 und die Frankfurter Instruktion a. a. O. S. 383—392, ferner die Noten zu §. 126 und Art. 101.

Bei Verwerfung von Beweisanträgen muß erhellen, ob die Zurückweisung aus thatsächlichen oder aus Rechtsgründen erfolgt, damit, wenn auch die Beurtheilung des Sachverhältnisses durch die Instanzrichter der Kritik des Nichtigkeitsrichters nicht unterliegt, dem Angeklagten doch die Möglichkeit gewährt wird, wegen etwaniger unrichtiger Rechtsgrundsätze die Entscheidung anzugreifen. Ob.-Tr. v. 27. Oktbr. und 17. Novbr 1852 (Arch. I. S. 228).

Zur Hauptverhandlung werden sie nicht vorgeladen, sondern es soll statt dessen ihre protokollarische Aussage verlesen werden.

Art. 25. Ueber die Thatsachen, welche für die Entscheidung von Erheblichkeit sind, müssen die Personen, welche darüber Auskunft geben können, der Regel nach mündlich vernommen werden. Insoweit es jedoch auch ausser den Fällen der §§. 19. und 21. der Verordnung und des Art. 24. zur Aufklärung der Sache als nothwendig oder dienlich erscheint, ist das Gericht befugt, auf den Antrag der Staatsanwaltschaft, des Angeklagten oder von Amtswegen die Vorlesung eines jeden Schriftstückes anzuordnen.

---

17. Wenn der Angeklagte nicht des in der Anklage bezeichneten, sondern eines anderen Verbrechens oder Vergehens schuldig befunden wird, so bedarf es nicht der ausdrücklichen Freisprechung von dem ersteren. Ob.-Tr. v. 28. Febr. 1856 (Arch. IV. S. 377—379).

18. Die nach dem früheren Verfahren oder auch im Auslande nach den dort geltenden Prozeßgesetzen erkannte vorläufige Freisprechung hindert nicht die neue Verfolgung auf Grund neuer Beweise. Ob.-Tr. v. 8. März und 18. Okt. 1854 (Arch. II. S. 790—791).

Zu Art. 24. Der General-Staatsanwalt führt aus, dass der Angeklagte kein Recht habe, bei der Vernehmung der im Art. 24 bezeichneten Zeugen gegenwärtig zu sein. (Arch. III, S. 749).

Zu Art. 25. 1. Der Art. 25 lässt nicht die Auslegung zu, dass die Vernehmung der Zeugen im Audienz-Termine entbehrlich sei und durch Vorlesung ihrer Aussagen ersetzt werden könne. Ob.-Tr. v. 21. Sept. und 9. Nov. 1853 (J.-M. Bl. 1853, S. 429—432. Arch. II, S. 103). Vergl. Note 7 zu §. 14 und die Noten zu §. 21.

2. Ueber die Frage, inwieweit die Verlesung von Verhandlungen aus dem Skrutininalverfahren, insbesondere von Aussagen solcher Zeugen, welche bei der Hauptverhandlung mündlich vernommen werden, zu gestatten sei, äussert der Just.-Min: „Es ist darauf aufmerksam zu machen, dass bei Ertheilung einer solchen Erlaubniss (der Verlesung) mit grosser Vorsicht verfahren werden müsse, damit die Bestimmung des Gesetzes, nach welcher alle Aussagen von Zeugen und Sachverständigen in der Regel mündlich abzugeben sind, nicht ohne dringende Veranlassung unbefolgt bleibt und die Ermittellung der Wahrheit nicht auf solchem Wege gefährdet wird." (Arch. I, S. 682 u. 683).

3. In Bezug auf die Zulässigkeit der Verlesung von schriftlichen Anzeigen über den Inhalt des Beichtgeheimnisses, wenn das Zeugniss selbst über diesen Inhalt verweigert wird, führt das Ob.-Tr. aus: Die auf §. 313, Nr. 1 der Crim.-Ordn. und §. 82 Tit. 2, Th. II. A. L. R. gegründete Weigerung des Geistlichen zum Zeugnisse über die Beichte kann sich immer nur auf ein erst abzulegendes Zeugniss erstrecken, niemals aber eine rückwirkende Kraft insoweit haben, dass sie sich auch auf früher bereits abgelegte Zeugnisse oder denselben gleichstehende zu den Akten gegebene schriftliche Auslassungen erstreckt, also die Kraft derselben als Urkunden des vorhandenen Prozesses, welche der freien Disposition des Gerichtshofes unterworfen sind, wiederum rückgängig machen kann. Der Art. 25 des Ges. v. 3. Mai 1852 stellt zwar die anzuordnende Verlesung von Urkunden lediglich dem Ermessen des Gerichtshofes anheim; die Verweigerung eines diesfälligen Antrages unterliegt jedoch dann, wenn der Gerichtshof

Art. 26. Wenn über einen und denselben Umstand von dem Angeklagten mehrere Zeugen vorgeschlagen sind, so unterliegt der Prüfung und Bestimmung des Gerichts auch die Zahl der davon vorzuladenden Zeugen.

Welche Zeugen vorgeladen sind, ist dem Angeklagten bekannt zu machen. Demselben bleibt unbenommen, auf seine Kosten andere Zeugen in der Sitzung zu gestellen. Die §§. 31 und 52. der Verordnung werden hiernach abgeändert.

Art. 27. Wenn ein Angeklagter, ein Zeuge oder ein Geschworener der deutschen Sprache nicht mächtig ist, so muss bei der Verhandlung ein von dem Gericht oder dessen Vorsitzenden von Amtswegen ernannter vereidigter oder zu vereidigender Dolmetscher zugezogen werden. Derselbe darf nicht aus der Zahl der Zeugen oder der bei dem Gerichte mitwirkenden Personen genommen werden.

In Untersuchungen wegen Uebertretungen bedarf es der Zuziehung eines Dolmetschers nicht, wenn der Richter oder der Gerichtsschreiber der fremden Sprache mächtig ist.

---

aus Rechtsgründen seine Befugniss dazu verneinen zu müssen glaubt, mithin sein allein durch die Sachlage geleitetes Ermessen nicht eintreten lassen will, der Kritik in der Nichtigkeits-Instanz. Ob.-Tr. v. 31. Mai 1854 (Arch. II, S. 675—676).

4. Die Verlesung von Geständnissen und anderen Auslassungen des der deutschen Sprache nicht mächtigen Angeklagten in der Voruntersuchung, welche ohne das im §. 59 der Crim.-Ordn. vorgeschriebene Nebenprotokoll aufgenommen worden, ist kein Nichtigkeitsgrund, wenn der Angeklagte bei Vorlesung und Verdolmetschung der Auslassungen in der Hauptverhandlung dieselben als von ihm abgegeben anerkannt hat, Ob.-Tr. v. 1854 (Arch III, S. 98), oder wenn die Geschworenen durch Belehrung über die formellen Mängel der Verhandlungen u. s. w. in den Stand gesetzt werden, den Werth der Verhandlungen als Beweismittel zu prüfen. Ob.-Tr. v. 15. Dec. 1854 (Arch. III, S. 98—99). In anderen Fällen ist die Verlesung der mit Vernachlässigung der Dolmetscher-Förmlichkeiten aufgenommenen Protokolle der Anfechtung im Wege der Nichtigkeits-Beschwerde unterworfen. Ob.-Tr. v. 31. Mai 1854 (Arch. II, S. 538 u. 539).

5. Ueber die Zulässigkeit der Verlesung des in der Voruntersuchung abgelegten Geständnisses beim Kontumazialverfahren, s. Erk. d. Ob.-Tr. v. 7. Dec. 1854 oben Note 8 zu §. 14.

Zu Art. 26. 1. Vgl. die Noten zu §. 52.

2. Die Nichtbeobachtung der Vorschrift des zweiten Alinea des Art. 26 des Ges. vom 3. Mai 1852, wonach dem Angeklagten vor der Sitzung bekannt zu machen ist, welche Zeugen zur Verhandlung seiner Sache vorgeladen sind, ist für eine im Sinne des Art. 108, Nr. 5 des Gesetzes unzulässige Beschränkung der Vertheidigung zu erachten. Ob.-Tr. (Pr. 92) 20. April 1854 (Entsch. 28, S. 383—385. Arch. II, S. 537) und 9. Novbr. 1853 (Arch. II, 246).

3. Ueber die Nothwendigkeit der Benachrichtigung des Angeklagten von der kommissarisch angeordneten Zeugenvernehmung, s. Ob.-Tr. 6. Octbr. 1854 (Arch. II, S. 674) oben Note 2 zu §. 21.

Zu Art. 27. 1. Die Frage, ob durch die Vorschrift des Art.27

Art. 28. Das Gericht kann den Angeklagten im Laufe der Verhandlung bei der Vernehmung einzelner Zeugen oder

---

die Bestimmungen der §§. 58 ff. der Crim.-O. über die Zuziehung von Dolmetschern und über die Führung des Nebenprotokolles bei Verhandlungen mit Angeklagten, welche der deutschen Sprache nicht mächtig sind, ausser Wirksamkeit gesetzt worden? wird verneint in Goltd. Arch. II, S. 104, wo ausgeführt ist, dass Art. 27 nur insofern eine Ausnahme begründe, als er für die Hauptverhandlung immer nur die Zuziehung eines Dolmetschers anordnet, in Untersuchungen wegen Uebertretungen die Zuziehung in dem dort angegebenen Falle erlässt und die Führung eines Nebenprotokolls nicht verlangt, dass dagegen für die Führung der Voruntersuchung jene Vorschriften der Crim.-Ordn. maassgebend bleiben. Ferner ist dort angenommen, dass in Fällen, in denen jene Vorschriften in der Voruntersuchung ausser Acht geblieben sind, dieser Mangel rücksichtlich der Vernehmung von Zeugen zwar durch die nach Art. 27 erfolgte Vernehmung in der Hauptverhandlung sanirt werde und nur bei der blossen Vorlesung der Aussage nach §. 21 der V. eine Ausnahme eintrete, dass dagegen rücksichtlich der Vernehmung von Angeklagten, wo diese in der Voruntersuchung erfolgen muss, d. i. in Schwurgerichtssachen, ein Gleiches nicht anzunehmen. Ein Schwurgerichtshof ging so weit, in diesem Falle die Vernehmung des Angeklagten als noch gar nicht geschehen anzusehen und die nochmalige Voruntersuchung anzuordnen. Diese Ansicht hat jedoch nicht die Billigung des Ob.-Tr., welches in dem Erk. vom 31. Mai 1854 (Arch. II, S. 539) annimmt, dass die Vernehmung nur als mangelhaft erfolgt zu erachten und es Sache der Hauptverhandlung sei, diesen Mangel so viel als möglich zu ergänzen, und zwar dadurch, dass die Gerichtspersonen, welche bei der Aufnahme der Verhandlungen mitgewirkt haben, als Zeugen über deren Inhalt zu vernehmen seien. Vgl. Arch. II, S. 538—539 und die in der Note 4 zu Art. 25 mitgetheilten Erk. des Ober-Tribunals.

In dem Erk. des Ob.-Tr. v. 4. Jan. 1856 (Arch. IV, S. 222—223) ist ausgeführt, dass, wenn auch die Vorschriften der §§. 59 ff. und §. 329 der Crim.-O. wegen Zuziehung zweier vereideten Dolmetscher und Führung des Nebenprotokolls für die Voruntersuchung noch maassgebend und durch Art. 27 nicht aufgehoben sein sollten, doch, wenn nur ein Dolmetscher in der Voruntersuchung adhibirt worden, dieser Mangel im Verfahren die Nichtigkeit der Hauptverhandlung nur dann herbeiführen könnte, wenn die in der Voruntersuchung formell ungenügend aufgenommenen Aussagen der Angeklagten und Zeugen als Beweismittel in der Hauptverhandlung vor den Geschworenen geltend gemacht worden sind.

2. Die ununterbrochene Anwesenheit des Dolmetschers in der Hauptverhandlung muss aus dem Protokoll erhellen. Ob.-Tr. v. 8. Juni 1853 (Arch. II, S. 104). Ebenso die nach §. 104 der V. vom 3. Jan. 1849 vorgeschriebene Verlesung der Fragen auch in der Sprache des Angeklagten. Ob.-Tr. v. 8. Juni 1853 und 7. April 1852 (Archiv II, Seite 104, 105).

Ist die Anwesenheit des Dolmetschers konstatirt, so bedarf es ausser der allgemeinen Registratur über dessen Anwesenheit überhaupt nicht noch eines speziellen Vermerks über die Verdolmetschung der Aussagen der Zeugen, sofern nur nicht aus dem Protokoll hervorgeht, dass dem Angeklagten irgendwie versagt worden, sich nach seinem Verlangen durch den anwesenden Dolmetscher über die Aussage der Zeugen Kenntniss zu verschaffen. Ob.-Tr. v. 3. Novbr. 1852 (Arch. II, S. 104 bis 105).

etwaiger Mitangeklagten einstweilen aus dem Sitzungssaale abtreten lassen; es muss aber die Vernehmung, und zwar die der Zeugen vor ihrer Vereidung, in Gegenwart des Angeklagten wiederholt werden.

---

3. Der Gerichtsschreiber darf nicht zugleich als Dolmetscher fungiren. Ob.-Tr. v. 4. Jan. 1856 (Arch. IV, S. 222—223).

4. Die gesetzlichen Förmlichkeiten wegen Zuziehung der Dolmetscher sind nur in Betreff solcher Personen vorgeschrieben, welche der deutschen Sprache nicht mächtig sind. In den Fällen, in welchen sich der Richter nur wegen der Verschiedenheit der deutschen Dialekte selbst genöthigt sieht, zur Verständigung mit dem Angeklagten dritter Personen sich zu bedienen, ist es daher dem pflichtmässigen Ermessen des Richters, resp. des Gerichtshofes überlassen, welche Mittel er zu diesem Zwecke anwenden will und die Nichtbeobachtung der bei gänzlicher Unkunde des Angeklagten in der deutschen Sprache vorgeschriebenen Förmlichkeiten kann in diesem Falle die Nichtigkeit des Verfahrens niemals begründen. Ob.-Tr. v. 14. Juni 1854 (Arch. II, Seite 540).

5. Schwerhörigkeit des Angeklagten beeinträchtigt an sich noch keineswegs die Gesetzlichkeit des gewöhnlichen Verfahrens, sobald der Angeklagte überhaupt anwesend und ihm durch die in seiner Gegenwart erfolgte Beweisaufnahme nur Gelegenheit gegeben ist, das Resultat der Verhandlungen zu verfolgen. Ob.-Tr. v. 21. April 1853 (Lanz, S. 33).

6. Ueber die Verhandlung mit taubstummen Angeklagten vor dem Schwurgericht im Bereiche der allgemeinen Criminal-Ordnung, s. die Bemerk. von Hartmann im Arch. I, S. 612—618 und den Rechtsfall im Arch. III, S. 524—529. — Die Zuziehung von Personen, welche mit dem taubstummen Angeklagten bekannt sind, Behufs besserer Verständigung mit demselben ist im §. 268 der Crim.-Ordn. nicht unbedingt vorgeschrieben, ebenso ist ein öffentlicher Aufruf zur Ermittelung solcher Personen, wie zu dem im §. 132 der Crim.-Ordn. angegebenen Zwecke, nicht vorgeschrieben, daher in das Ermessen der Richter gestellt. Ob.-Tr. v. 23. Februar 1855 (Archiv III, S. 528—529).

Zu Art. 28. 1. Die Bestimmung des Art 28 — dass das Gericht, wenn es den Angeklagten im Laufe der Verhandlung bei der Vernehmung einzelner Zeugen oder etwaiger Mitangeklagten einstweilen aus dem Sitzungssaale abtreten lässt, die Vernehmung, und zwar die der Zeugen vor ihrer Vereidung, in Gegenwart des Angeklagten wiederholen lassen muss — ist eine wesentliche Vorschrift des Verfahrens, dergestalt, dass eine Verletzung derselben die Vernichtung des Verfahrens zur Folge hat. Ob.-Tr. v. 14. Juli 1854 (J. M. Bl. S. 359, Arch. II, S. 666) und 28. März 1855 (J. M. Bl. S. 160, Archiv III, S. 819). — Vgl. die Mittheilungen im Archiv I, S. 664—667 und I, 227.

2. Es ist nicht für genügend zu halten, wenn der Angeklagte nach seinem Wiedereintritt in den Sitzungssaal nur von dem Inhalte der Aussagen der inzwischen während seiner Entfernung aus dem Sitzungssaale vernommenen Zeugen oder Mitangeklagten in Kenntniss gesetzt wird. Vielmehr ist es im Interesse des Angeklagten für erforderlich zu erachten, dass die Vernehmung der Zeugen oder Mitangeklagten in seiner Gegenwart wiederholt wird. Ob.-Tr. v. 23. März 1854 (Arch. II, S. 540—541). Früher war das Ob.-Tr. anderer Meinung; s. Erk. vom 1. Dec. 1853 (Arch. II, S. 105).

3. Durch die unterlassene Wiederholung des Verhörs der in Ab-

Art. 29. Kein erheblicher Umstand und kein Beweismittel darf blos aus dem Grunde unberücksichtigt bleiben, weil dem Angeklagten oder der Staatsanwaltschaft davon nicht vor der Verhandlung oder nicht frühzeitig genug Kenntniss gegeben sei; vorbehaltlich der Befugniss des Gerichts, eine Vertagung zu verordnen, wenn dieselbe zur besseren Vorbereitung der Vertheidigung oder der Ueberführung als nothwendig erscheint.

b. über den Gegenstand der Hauptverhandlung und Entscheidung mit Rücksicht auf den Inhalt der Anklage.

Art. 30. Gegenstand der Hauptverhandlung und Entscheidung sind nicht blos die Thatsachen, welche in der Anklage erwähnt sind, sondern auch die näheren Umstände, von welchen dieselben begleitet waren, und zwar selbst dann, wenn sie, verbunden oder vereinzelt, von einem Gesichtspunkte aus als strafbar erscheinen, unter welchen sie die Anklage nicht gebracht hat. Fälle, wo die That sich als eine Gesetzesverletzung einer anderen, selbst schwereren Gattung darstellt, sind nicht ausgeschlossen.

Das Gericht hat jedoch, wenn es mit Rücksicht auf die veränderte Sachlage eine bessere Vorbereitung der Anklage oder der Vertheidigung nothwendig findet, auf den Antrag

---

wesenheit eines Angeklagten vernommenen Mitangeklagten wird Artikel 28 auch dann verletzt, wenn die verschiedenen Angeklagten nicht in dem Verhältnisse von Thätern und Theilnehmern zu einander stehen. Ob.-Tr. 14. Juli 1854 (Arch. II, S. 666).

Zu Art. 29. 1. Die Vorschrift des Art. 29 findet für den Schwurgerichtsprozess ihre natürliche Grenze durch das Verdikt der Geschworenen und dessen Eröffnung an den Angeklagten, weil dasselbe nach Art. 99 nur dann das Urtel des Gerichtshofes aufhalten darf und nur dann einer die neue Verhandlung begründenden Einwirkung des Gerichtshofes unterliegt, wenn dieser, abgesehen von formellen, sofort zu erledigenden Mängeln, findet, dass sich die Geschworenen zum Nachtheile des Angeklagten geirrt haben, wenn also der Thatbestand so, wie er zur Zeit des Verdikts den Geschworenen bereits vorlag, ein solches Einschreiten des Gerichtshofes zu begründen vermag, dieses Einschreiten selbst überdies lediglich dem Ermessen des Gerichtshofes anheimgestellt ist, seine Verweigerung mithin einer Kritik durch den Richter der Nichtigkeitsinstanz niemals unterworfen sein kann. Ob.-Tr. v. 24. März 1852 (Arch. I, S. 187).

2. Wenn erst nach geschlossener Beweisaufnahme und selbst erst während der Ausführung über die Thatfrage neue Beweismittel beigebracht werden, so dürfen dieselben nicht wegen Verspätung als formell unzulässig zurückgewiesen werden. Der Schwurgerichtshof muss vielmehr eine materielle Prüfung eintreten lassen, ob dem Beweisantrage stattzugeben sei. Ob.-Tr. v. 1. März 1854 (J. M. Bl S. 195 bis 196. Arch. II, S. 400). In dem Erk. des Ob.-Tr. v. 14. Juni 1855 (J. M. Bl. S. 298—299) ist der gleiche Grundsatz in einem Falle ausgesprochen, in welchem der Angeklagte „vor der Fragestellung" einen Entlastungsbeweis angetreten hatte. — Vgl. Arch. II, S. 531.

Ueber die Anwendung des Grundsatzes auf die in der mündlichen Verhandlung zweiter Instanz neu angebrachten Thatsachen s. die Noten zu Art. 104.

der Staatsanwaltschaft oder des Angeklagten eine Vertagung anzuordnen, oder geeignetenfalls die betreffenden Anschuldigungspunkte einem neuen Verfahren vorzubehalten

---

Zu Art. 30. 1. Vergl. §. 126, Art. 86, so wie Art. XXV. des Einführ.-Ges. und die Noten zu diesen Gesetzen.

2. Der Art. 30 hat den Fall im Auge, dass zwar die materielle That, deren die Anklage gedenkt, in der Hauptsache unverändert bleibt, jedoch ihre einzelnen Elemente sich dergestalt durch die Beweisaufnahme als verändert darstellen, dass nunmehr die Beurtheilung nach einem abweichenden rechtlichen Gesichtspunkt erforderlich ist. (Bei einer auf Unterschlagung einer anvertrauten, an den Eigenthümer zurückzuliefernden Sache gerichteten Anklage bleibt die materielle That in der Hauptsache unverändert, wenn sich hinterher findet, dass zwar die Handlung selbst und die verletzte Person, so wie das Rechtsverhältniss des Thäters zu der letzteren dieselben bleiben, dass jedoch das Objekt der Unterschlagung ein anderes, als das in der Anklage gemeinte ist). Ob.-Tr. v. 14. März 1856 (Arch. IV, S 394—396).

3. Die Vorschriften der Art. 30, 84, 85, 86, legen zwar dem Richter die Befugniss bei, die vorliegende strafbare Handlung, abweichend von der Anklage und dem Anklagebeschlusse, zu qualifiziren, auch selbige mit einer gelinderen oder schwereren Strafe zu belegen, als die zum Grunde liegende Qualifikation erfordert; sie ermächtigen aber den Richter keinesweges, aus den vorliegenden Verhandlungen neben der unter Anklage gestellten strafbaren Handlung noch eine zweite zu konstruiren, auf welche weder Anklage noch Anklagebeschluss gerichtet sind, indem eine solche Ueberschreitung des Antrages der Staatsanwaltschaft ausserhalb der Grenzen des Untersuchungs-Verfahrens, welche durch die Anklage und den Anklagebeschluss gebildet werden, liegen, und den Angeklagten in seiner Vertheidigung, welche er lediglich auf die unter Anklage gestellte strafbare Handlung zu richten Veranlassung hatte, beeinträchtigen, mithin gegen das Wesen des Anklageprozesses verstossen würden. Ob.-Tr. v. 6. April 1853 (Entsch. 25, S. 286—290. Arch. I, S. 370) u. 12. Oktober 1855 (Arch. III, S. 820).

4. Der Appellationsrichter kann auf die Appellation des Angeklagten, sobald sich findet, dass zwar nicht das zur Anklage gestellte, wohl aber ein schwereres Vergehen vorliegt, nicht in pejus erkennen, sondern er muss den Angeklagten freisprechen. Er hat aber die Befugniss, dem Staatsanwalt die Verfolgung wegen des in der That vorliegenden schwereren Vergehens im Erkenntniss vorzubehalten und zwar selbst dann, wenn der thatsächliche Hergang derselbe ist, auf Grund dessen die Freisprechung wegen des zur Anklage gebrachten geringeren Vergehens erfolgt. Ob.-Tr. v. 14. Sept. 1854 (Lanz, S. 37).

5. Ausdrückliche Freisprechung von dem in der Anklage benannten Verbrechen und Vergehen ist, wenn der Richter auf Grund des Art. 30 wegen eines anderen Verbrechens oder Vergehens straft, nicht erforderlich. Ob.-Tr. v. 25. Febr. 1856 (Arch. IV, S. 377 u. 378).

6. Anschuldigungspunkte, welche die Anklage und der Eröffnungsbeschluss selbst schon aufgestellt und zum Gegenstande des Verfahrens gemacht hatte, können nicht nach Art. 30 einem neuen Verfahren vorbehalten werden, da es zu den wesentlichen Grundsätzen des Strafverfahrens gehört, dass durch die Verhandlung und Entscheidung die Anklage zu erledigen ist. Ob.-Tr. v. 14. Febr. 1856 (J. M. Bl. S. 77 u. 78, Arch. IV, S. 220).

7. Das Ges. hat, indem es in den Art. 29, 30, 86 eine Ausdehnung der Untersuchung auf neue Umstände und auf einen neuen strafrechtlichen Gesichtspunkt, auch der Staatsbehörde die Einlegung von Rechtsmitteln

Art. 31. Das Urtheil muss hervorheben, welche derjenigen Thatsachen, die zu den wesentlichen Merkmalen der den Gegenstand der Entscheidung bildenden strafbaren Handlung gehören, für erwiesen, oder für nicht erwiesen zu erachten seien. Dieses gilt insbesondere auch von solchen Umständen, welche nach Vorschrift des Gesetzes die Strafe ausschliessen, mildern oder erschweren, wenn ein Antrag der Staatsanwaltschaft oder des Angeklagten die Berücksichtigung derselben verlangt hat. c. über den Inhalt des Urtheils und dessen Verkündung.

Die Thatsachen und Beweismittel, auf Grund deren jener Beweis als geführt oder als nicht geführt angenommen worden ist, sind in den Entscheidungsgründen anzugeben.

Art. 32. Wenn ausnahmsweise die Entscheidungsgründe des Urtheils vor dessen Verkündung nicht schriftlich abgefasst worden, so ist dieses auf die Gültigkeit des Urtheils und den Lauf der Fristen von keinem Einfluss.

Eine Vertagung zum Zwecke der Verkündung des Urtheils soll nur Statt finden, wenn das Urtheil mit den Gründen nach geschlossener Verhandlung auch nicht mündlich verkündet werden kann.

Jedem Angeklagten ist auf sein Verlangen eine Abschrift des Urtheils mit den Gründen zu ertheilen.

---

gestattet, eine vollständige Erschöpfung des einer Anklage zum Grunde liegenden thatsächlichen und rechtlichen Thatbestandes bezweckt, zu dem Ende auch gestattet, unter gewissen Voraussetzungen der Staatsanwaltschaft eine anderweite Verfolgung ausdrücklich vorzubehalten; es gestattet übrigens aber nicht die Wiederholung einer Anklage auf Grund von Thatsachen, über welche bereits eine richterliche Entscheidung verkündet worden ist. Ob.-Tr. v. 22. Febr. 1856 (Arch. IV, S. 374 u. 375).

Vergl. übrigens über den Satz: „ne bis in idem!“ die Noten zu §. 151.

Zu Art. 31. 1. Vergl. die Art. 74, 75, 78 und die Noten dazu; über die Fassung der Urtelsgründe s. die allg. Verf. des Just.-Min. v. 29. März 1853 (J. M. Bl. S. 134–138) im Anhange, ferner Voitus im Arch. II, S. 622 ff.

2. Ueber die Aufnahme des Geständnisses des Angeklagten in das Audienz-Protokoll s. Erk. d. Ob.-Tr. v. 18. Febr. 1853 (J. M. Bl. S. 366) unten zu Art. 75.

3. Eine Anklage, welche auf Begehung eines Vergehens gegen eine bestimmte Person lautet, ist nicht erschöpft, wenn der Instanzrichter nur feststellt, dass das Vergehen zum Nachtheil dieser oder einer anderen Person verübt worden. Ob.-Tr. v. 4. Oktober 1855 (J. M. Bl. S. 369–370). Vergl. Note 2 zu Art. 30.

4. Abgesehen von dem Thatbestande der strafbaren Handlung, setzt die Strafanwendung auch die Feststellung voraus, dass die That zu einer Zeit verübt sei, welche die Verjährung ausschliesst. Ob.-Tr. (Pr. 97) v. 17. Juni 1854 (Entsch. 28, S. 368–370).

Zu Art. 32. 1. Die im §. 127 der Verordnung vom 3. Jan. 1849 und im Art. 110 des Ges. v. 3. Mai 1852 vorgeschriebenen präklusivischen Fristen laufen von der im Art. 32 zugelassenen Verkündung eines noch nicht mit Gründen schriftlich abgefassten Erkennt-

§. 23. Der für **schuldig** Erklärte ist zur vollen gesetzlichen Strafe zu verurtheilen.

§. 24. Einer Belehrung des Verurtheilten über die ihm zustehenden Rechtsmittel bedarf es nicht.

§. 25. (Aufgehoben durch Art. 147; vergl. Art. 34—50).

Statt §. 25 der Verordnung.

Insinuation der Verfügungen, Erkenntnisse etc.

Art. 33. Hinsichtlich der Insinuation von Verfügungen, Beschlüssen und Erkenntnissen sind die für das Verfahren in Civilsachen bestehenden Vorschriften mit den in diesem Gesetze enthaltenen Aenderungen und näheren Bestimmungen maassgebend.

---

nisses nur dann, wenn aus dem Sitzungsprotokolle ersichtlich ist, dass die Verkündung unter mündlicher Mittheilung der Gründe stattgefunden hat Ob.-Tr. (Pr. 78) v. 9. Febr. 1854 (Entsch. 27, S. 147—151. J. M. Bl. 1854, S. 175 u. 176. Arch. II, S. 247).

Siehe auch Erk. des Ob.-Tr. vom 19. Mai 1853 (J. M. Bl. 1853, Seite 432).

2. Auf den Lauf der Appellationsfrist ist es ohne allen Einfluss, ob Angeklagter um eine Abschrift des Urtels mit Gründen bittet oder nicht, oder ob ihm diese Abschrift innerhalb der gewöhnlichen Appellationsfrist zugestellt wird oder nicht, sofern ihm nur überhaupt das Urtel mit Gründen, wenn auch nur mündlich, in der Audienz verkündet worden ist. Ob.-Tr. 20. Septbr. 1855 (Lanz, S. 283).

Dagegen ist in einem Falle, in welchem dem Angeklagten Abschrift des Urtels erster Instanz desshalb verweigert worden, weil dasselbe in dem Audienztermine mit den Gründen vollständig publicirt worden sei, das Verfahren vernichtet worden, weil der Angeklagte in allen Fällen das Recht habe, Abschrift des Urtels mit den Gründen zu fordern. Ob.-Tr. 21. März 1855 (Arch. III, S. 554).

Zu §. 23. 1. Die Untersuchungshaft darf, auch wenn sie ohne Verschulden des Angeklagten unverhältnißmäßig verlängert worden ist, niemals dergestalt angerechnet werden, daß die noch zu verbüßende Strafe den niedrigsten gesetzlichen Strafgrad nicht erreicht. Ob.-Tr. 8. Febr. 1854 (J. M. Bl. S. 163), 26. April u. 12. Mai 1854 J. M. Bl. 1855, S. 95). Dadurch sind die früheren rücksichtlich der Zulässigkeit der Anrechnung auf eine Gefängnißstrafe ergangenen Erk. d. Ob.-Tr. v. 12. Juli 1852 (Entsch. 23, S. 460), 27. Okt. 1852 (Arch. I, S. 69) u. s. w. antiquirt. Vergl. Oppenhoff, Strafgesetzbuch S. 46 Note 2 und S. 50 Note 1.

2. Ueber die Vollstreckung der Strafen s. die Noten zu §§. 158 u. 159.

Zu §. 24. 1. Trotz der Vorschrift des §. 24 hatte das Ob.-Tr. in dem Erk. v. 28. März 1855 (J. M. Bl. S. 159—160) angenommen, daß dem Verurtheilten, welcher das Urtel bereits in Ausfertigung behändigt erhalten hat und die Nichtigkeits-Beschwerde zu Protokoll anmeldet, ohne zugleich die Beschwerdepunkte anzugeben, zu Protokoll eröffnet werden müsse, daß zur Wahrung des Rechtsmittels auch die Angabe der Beschwerdepunkte erforderlich sei. Neuerdings ist das Ob.-Tr. in dem Plen.-Beschl. v. 14. Febr. 1856 (Arch. IV, S. 359—360) in Bezug auf nicht verhaftete Angeklagte von dieser Ansicht abgegangen.

2. Der §. 94 der Steuer-Ordnung vom 8. Febr. 1819 über die Verwarnung vor dem Rückfalle in Steuerdefraudationssachen ist durch §. 24 der V. v. 3. Jan. 1849 nicht aufgehoben. Ob.-Tr. 27. Okt. 1854 (Arch. III, S. 125—126).

Zu Art. 33. 1. Im Strafverfahren findet auf mehrere Ange-

Art. 34. Eine öffentliche Vorladung abwesender oder flüchtiger Beschuldigten findet in der Voruntersuchung nicht Statt. Das Gericht kann auf den Antrag der Staatsanwaltschaft verordnen, dass das Verfahren einstweilen ruhen bleibt, bis die Vernehmung erfolgen kann. Verfahren gegen abwesende od. flüchtige Beschuldigte.

Art. 35. Wenn dem Angeklagten die Vorladung zur Hauptverhandlung entweder gar nicht, oder an seinem bekannten Aufenthaltsorte im Auslande nicht ohne erhebliche Schwierigkeiten auf die gesetzlich vorgeschriebene Weise zugestellt, oder wenn ihm die Anklageschrift und der Beschluss über die Eröffnung der Untersuchung oder über die definitive Versetzung in den Anklagestand nicht nach §. 49 der Verordnung bekannt gemacht werden kann, auch seine Verhaftung oder Wiederverhaftung nicht angemessen oder nicht ausführbar erscheint, so ist in der Regel mit dem ferneren Verfahren inne zu halten.

Trägt jedoch die Staatsanwaltschaft aus besonderen Gründen, deren Würdigung ihrem Ermessen anheimgegeben bleibt, auf Einleitung des Kontumazialverfahrens an, so muss dasselbe von dem für die Hauptverhandlung zuständigen Gerichte an-

---

klagte die Bestimmung der Verordnung vom 5. Mai 1838, §. 3, litt. a (G. S. S. 273) — nach welcher beim Vorhandensein von Litisconsorten nur Einem derselben Ausfertigung des Erkenntnisses zuzustellen ist, und die übrigen Theilnehmer hiervon, unter Beifügung einer Abschrift des Tenors der Entscheidung, zu benachrichtigen sind — keine Anwendung. Ob.-Tr. (Pr. 153) 3. Mai 1855 (Entsch. 30, S. 472 und 32, S. 292—294. Arch. III, S. 677—678).

2. Die Vorschrift des §. 3 b der Verordnung vom 5. Mai 1838, dass, wenn der Aufenthaltsort einer Partei unbekannt ist, die Publikation des Urtels durch einen öffentlichen Aushang während vierzehn Tagen erfolgen soll, ist auch in Untersuchungssachen maasgebend. Ob.-Tr. 27. Juni 1855 (Arch. III, S. 678).

3. In Strafsachen müssen unmündige Kinder nicht nothwendig durch eine an ihren Vormund oder Vater gerichtete Vorladung, sondern selbst vorgeladen werden, weil es wesentlich auf die persönliche Verhandlung mit ihnen ankommt, auf deren Grund auch festzustellen ist, ob sie mit Unterscheidungsvermögen gehandelt haben. Aus der Bestimmung des Art. 20, dass Männer, welche nach den Gesetzen vermuthete Vollmacht haben, einen Angeklagten vertreten können, ist auch nicht zu folgern, dass eine Vorladung eines vierzehnjährigen Sohnes an dessen Vater ergehen müsse. Ob.-Tr. 3. November 1853 (Arch. II, S. 675).

4. Ueber die postamtliche Insinuation gerichtlicher Verfügungen s. die allgemeine Verf. vom 30. Novbr. 1852 nebst dem Verzeichniss der im Auslande gelegenen Preussischen Postanstalten mit Preussischer Briefbestellung (J. M. Bl. S. 398-404), die allgemeinen Verfügungen v. 16. Jan. u. 3. Juni 1854 (J. M. Bl. S. 18 u. 282) u. v. 15. April 1854 (J. M. Bl. S. 170).

Zu Art. 34. Ueber das Untersuchungsverfahren gegen abwesende und flüchtige Verbrecher, vgl. die — zur Zeit der Geltung des §. 25 der Verordnung geschriebene — Abhandlung im J. M. Bl. 1851, S. 162—164.

geordnet und die öffentliche Vorladung des Angeklagten verfügt werden.

Art. 36. Gegen anwesende Mitangeklagte findet in allen Fällen das gewöhnliche Verfahren Statt. Die Befugniss des Gerichts zu einer Vertagung der Verhandlung ist jedoch nicht ausgeschlossen, wenn besondere Gründe dieselbe als angemessen erscheinen lassen.

a. bei Schwurgerichtssachen.

Art. 37. Ist die Sache vor dem Schwurgerichte zu verhandeln, so muss die öffentliche Vorladung enthalten:

a) Vor- und Zunamen, Alter, Wohnort, Stand oder Gewerbe des Angeklagten, soweit sie bekannt sind;
b) die Bezeichnung der strafbaren Handlung, welche den Gegenstand der Anklage bildet;
c) die Aufforderung an den Angeklagten, binnen einer angemessenen Frist, welche auf mindestens einen Monat festzusetzen ist; vor dem Untersuchungsrichter des Gerichts, wo das Schwurgericht zusammentritt, zu erscheinen und sich wegen der ihm zur Last gelegten That zu verantworten, widrigenfalls dieselbe für zugestanden angenommen und gegen ihn weiter nach den Gesetzen verfahren werden würde.

Art. 38. Diese Vorladung ist an dem Sitze des Gerichts, wo die Voruntersuchung geführt worden ist, sowie an dem Sitze des Schwurgerichts, bis zum Beginne der Sitzungsperiode, in welcher die Hauptverhandlung Statt findet, öffentlich an der Gerichtsstelle auszuhängen und in den öffentlichen Anzeiger des Amtsblattes, nach dem Ermessen des Gerichts auch in ein anderes inländisches Blatt, dreimal einzurücken.

Die in dem vorhergehenden Artikel bestimmte Frist läuft von dem Tage, an welchem die letzte dieser Bekanntmachungen in den Blättern geschehen ist.

Art. 39. Erscheint der Angeklagte nicht, so wird in der auf den Ablauf der gestellten Frist folgenden nächsten Sitzungsperiode des Schwurgerichts zur Hauptverhandlung geschritten.

Zu Art. 37. Mit Rücksicht auf die Ausführungen in der allgemeinen Verf. vom 29. März 1853 (J. M. Bl. S. 134 ff. und unten im Anhange) und mit Rücksicht darauf, dass der Angeklagte durch die Vorladung Gelegenheit erhalten müsse, über die ihm zur Last gelegte That sich auch wirklich in dem anberaumten Termine verantworten zu können, muss in der Vorladung der Inhalt der Anklageformel vollständig aufgenommen werden. R. des Just.-Min. v. 2. Juni 1853 (Arch. I, S. 348).

Zu Art. 38. Ueber das Verfahren bei Requisitionen der Beamten der Staatsanwaltschaft wegen Aufnahme von Bekanntmachungen in die Amtsblätter und über die in dieselben gebührenfrei aufzunehmenden Bekanntmachungen, s. die allgemeine Verf. v. 5. u. 8. März 1853 (J. M. Bl. S. 98—99).

Eine Mitwirkung von Geschworenen findet hierbei nicht Statt.

Nach Verlesung der Anklageschrift werden die Urkunden über die Beobachtung der in den Artikeln 37, 38 vorgeschriebenen Förmlichkeiten vorgelegt und geprüft.

Ist das beobachtete Verfahren den gesetzlichen Vorschriften nicht entsprechend, so muss der Gerichtshof die Ergänzung oder nöthigenfalls die Wiederholung desselben verordnen.

Wird das Verfahren den Gesetzen entsprechend befunden, so erlässt der Gerichtshof nach Anhörung der Staatsanwaltschaft das Urtheil lediglich nach Lage der Akten.

Art. 40. Wenn der Angeklagte vor Fällung des Urtheils sein Ausbleiben genügend entschuldigt, so verordnet der Gerichtshof durch einen Beschluss, welcher nur durch Verkündung in der öffentlichen Sitzung bekannt zu machen ist, dass während einer nach den Umständen zu bestimmenden Frist das Verfahren gegen den Angeklagten ausgesetzt bleiben soll.

Gestellt sich der Angeklagte innerhalb der nachträglich bestimmten Frist nicht, so wird, ohne nochmalige Vorladung desselben, in der nächsten Sitzungsperiode des Schwurgerichts nach Vorschrift des Artikels 39 verfahren und erkannt.

Art. 41. Eine Ausfertigung des Urtheils, jedoch ohne Gründe, wird durch öffentlichen Aushang an den in dem Artikel 38 bezeichneten Gerichtsstellen bekannt gemacht.

Hat das Urtheil vierzehn Tage lang ausgehangen, so wird die Zustellung desselben an den Angeklagten für gehörig bewirkt erachtet.

Art. 42. Die Nichtigkeitsbeschwerde gegen das Urtheil steht nur der Staatsanwaltschaft zu. Einer Mittheilung derselben an den Angeklagten bedarf es nicht.

Art. 43. Ist auf Strafe erkannt, und es gestellt sich der Angeklagte nicht innerhalb zehn Tage nach erfolgter Zustellung (Art. 41), so wird das Urtheil, soweit es geschehen kann, vollstreckt.

Art. 44. Wenn der Angeklagte sich gestellt oder zur Haft gebracht wird, so muss in allen Fällen, es mag ein Urtheil gegen ihn ergangen sein (Art. 39.) oder nicht, in der gewöhnlichen Weise zur Hauptverhandlung vor dem Schwurgerichte und zur Fällung des Urtheils geschritten werden.

Die durch das Kontumazialverfahren entstandenen Kosten fallen dem Angeklagten selbst dann zur Last, wenn er auf Grund einer neuen Verhandlung freigesprochen wird.

Zu Art. 39. S. die Bemerkungen in Goltd. Arch. I, S. 683.

Zu Art. 44. 1. Ueber die Frage, ob das Verfahren des Artikels 44 auch wider den Willen des sich gestellenden Angeklagten stattfindet, s. die Erört. im Arch. I, S. 35.

Art. 45. War bereits ein Strafurtheil ergangen, so wird die Vollstreckung desselben, soweit solche noch nicht erfolgt ist, durch die Gestellung oder Verhaftung des Angeklagten gehemmt.

Wird in dem neuen Verfahren ebenfalls auf Strafe erkannt, so ist auf dieselbe die etwa bereits vollstreckte Strafe in Anrechnung zu bringen. Erfolgt dagegen die Freisprechung oder die Verurtheilung zu einer anderen Strafart, so muss die bereits ausgeführte Vollstreckung der vorher erkannten Strafe, soweit es möglich ist, rückgängig gemacht werden.

b. bei Sachen, welche vor der Gerichtsabtheilung oder vor dem Polizeirichter zu verhandeln sind.

Art. 46. Ist die Sache vor der Gerichtsabtheilung oder vor dem Polizeirichter zu verhandeln, so muss die öffentliche Vorladung enthalten:

a) Vor- und Zunamen, Alter, Wohnort; Stand oder Gewerbe des Angeklagten, soweit sie bekannt sind;
b) die Bezeichnung der strafbaren Handlung, welche den Gegenstand der Anklage bildet;
c) die Bekanntmachung des zur Hauptverhandlung bestimmten Termins und die im §. 32 der Verordnung enthaltene Aufforderung und Verwarnung.

Art. 47. Diese Vorladung ist an dem Sitze des erkennenden Gerichts bis zum Termine öffentlich an der Gerichtsstelle auszuhängen und in den öffentlichen Anzeiger des Amtsblatts, nach dem Ermessen des Gerichts auch in ein anderes inländisches Blatt, dreimal einzurücken.

Der Termin ist dergestalt anzuberaumen, dass von der letzten dieser Bekanntmachungen in den Blättern ab bis zum Termine eine Frist von mindestens einem Monate verstreicht.

Art. 48. Wird die Hauptverhandlung vertagt, so ist der dieselbe anordnende Beschluss nur durch Verkündung in der öffentlichen Sitzung bekannt zu machen.

Art. 49. Eine Ausfertigung des Urtheils, jedoch ohne Gründe, wird durch öffentlichen Aushang an der Gerichtsstelle bekannt gemacht.

Hat das Urtheil vierzehn Tage lang ausgehangen, so wird die Zustellung desselben an den Angeklagten für gehörig bewirkt erachtet.

Oeffentlicher Aushang in Fäl-

Art. 50. In allen Fällen, wo an einen zur Hauptverhandlung erster Instanz gültig vorgeladenen Angeklagten

2. Ueber die Anwendung des Art. 44 auf Kontumazial-Urtel, welche vor Erlass des Ges. vom 3. Mai 1852 ergangen sind, s. die Bemerk. im Arch. II, S. 395—396.

Zu Art. 46—50. Vgl. das Ges., betreffend das Verfahren gegen ausgewanderte Militairpflichtige und gegen beurlaubte Landwehrmänner, welche ohne Erlaubniss auswandern, vom 10. März 1856 (G. S. S. 133—136) unten im Anhange.

irgend eine fernere Zustellung nicht auf die gesetzlich vorgeschriebene Weise im Inlande bewirkt werden kann, wird die Zustellung für gehörig geschehen erachtet, wenn die zuzustellende Schrift vierzehn Tage lang an der Gerichtsstelle öffentlich ausgehangen hat. len, wo die Zustellung an den Angeklagten nicht zu bewirken ist.

Urtheile werden in einer Ausfertigung ohne Gründe ausgehangen; Rechtfertigungsschriften bedürfen in einem solchen Falle der Mittheilung nicht.

§. 26. Die Beschlüsse des Gerichts und seiner Abtheilungen werden, auch wenn es auf Fällung des Urtheils ankommt, durch Stimmenmehrheit gefaßt. Abfassung der Beschlüsse nach Stimmenmehrheit.

Eine Bestätigung des richterlichen Urtheils durch den Justizminister findet nicht ferner Statt.

Abschnitt II.

Besondere Vorschriften über das Untersuchungsverfahren.

§. 27. Die Untersuchung und die Entscheidung erster Instanz in Ansehung derjenigen Vergehen, welche in den Gesetzen mit Kompetenz der Einzelrichter.

Zu Art. 50. 1. Auch in dem Falle, wo, nach erfolgter Anmeldung der Nichtigkeits-Beschwerde durch den verhafteten Angeklagten, diesem eine Ausfertigung des Erkenntnisses desshalb nicht behändigt werden kann, weil derselbe inzwischen entflohen ist und latitirt, vertritt der vierzehntägige Aushang einer (vollständigen) Ausfertigung des Erkenntnisses an der Gerichtsstelle (Art. 50) die Stelle jener Behändigung dergestalt, dass die zehntägige Frist zur Angabe der Beschwerdepunkte zu laufen beginnt (Art. 110, Absatz 2) und nach fruchtlosem Ablaufe derselben die Nichtigkeits-Beschwerde zurückgewiesen werden kann (Art. 112, 113). Ob.-Tr. (Pr. 4) 12. Jan. 1858 (Entsch. 24, S. 474. Arch. I, S. 371).

Wenn der Aufenthaltsort eines Angeklagten unbekannt ist, so ist die Publikation des Urtels durch Aushang zu bewirken. Ob.-Tr. 27. Juni 1855 (Arch. III, S 678).

2. Durch den Schlusssatz des Art. 50, welcher die Mittheilung von Rechtfertigungsschriften auf dem dort im Gesetze bezeichneten Wege an latitirende Parteien für unnöthig erklärt, ist die Vorschrift des §. 144 der V. v. 3. Jan. 1849 wegen Benachrichtigung der Parteien von der Absendung der Akten an das Ober-Tribunal auf die eingelegte Nichtigkeits-Beschwerde nicht aufgehoben. Diese Benachrichtigung muss daher in solchem Falle gleichfalls durch Affixion an der Gerichtsstelle erfolgen. Ob.-Tr. 9. März und 22. Juni 1854 (Archiv II, S. 676).

Zu §. 26. In Betreff der Königlichen Bestätigung s. die allg. Verf. v. 9. Febr. 1839 (J. M. Bl. S. 66), v. 5. Juli 1841 (J. M. Bl. S. 221), v. 6. Mai 1850 (J. M. Bl. S. 150), v. 12. Aug. 1850 (J. M. Bl. 279—280) und v. 6. Dez. 1851 (J. M. Bl. S. 380); über das Verfahren in Begnadigungssachen und bei Gesuchen um Aussetzung oder Unterbrechung erkannter Strafen, s. die Zusammenstellung von Lemmer im J. M. Bl. 1854. S. 296—304.

Ueber Einreichung der Straf-Urtel, in Folge deren Verlust des Adels eintritt, zur Allerhöchsten Bestimmung wegen des etwa auszuübenden Begnadigungsrechts, s. d. allg. Verf. des Just.-Min. v. 12. Dez. 1856 (J. M. Bl. S. 374).

Geldbuße bis zu 50 Thalern,
oder
Freiheitsstrafe bis zu sechs Wochen,
oder
körperlicher Züchtigung, an deren Stelle jetzt verhältnißmäßige Freiheitsstrafe tritt,

oder mit mehreren dieser Strafen zugleich bedroht sind, erfolgt durch kommissarisch dazu bestellte Einzelrichter mit Zuziehung eines Gerichtsschreibers.

Die Kompetenz der Einzelrichter tritt auch dann ein, wenn neben diesen Strafen zugleich auf Ehrenstrafen zu erkennen ist.

Ausgeschlossen von der Zuständigkeit der Einzelrichter bleiben jedoch die Fälle, in welchen entweder zugleich auf Verlust von Aemtern, Titeln oder Würden, oder des Rechts zum selbstständigen Gewerbebetriebe zu erkennen ist, oder in welchen die Verurtheilung für den Verbrecher den Verlust von Ehrenrechten oder des Bürgerrechts nach den gesetzlichen Bestimmungen unbedingt zur Folge hat.

Zusatz 10. Die im §. 27 enthaltene Bestimmung der Kompetenz des Einzelrichters ist aufgehoben durch Art. 120 des Ges. vom 3. Mai 1852 und durch die folgenden Bestimmungen des Art. XIII. des Einführungs-Gesetzes vom 14. April 1851 und der dieselben ergänzenden Gesetze.

a. Die Untersuchung und Entscheidung erster Instanz in Ansehung der Uebertretungen und der nach Art. XX. des Einführungs-Gesetzes zum Strafgesetzbuch zur Kompetenz der Polizeirichter gewiesenen strafbaren Handlungen erfolgt durch Einzelrichter (Polizeirichter). Bei der Hauptverhandlung ist ein Gerichtsschreiber zuzuziehen.

Wegen Verwaltung der Geschäfte der Staatsanwaltschaft kommen die Bestimmungen des §. 28 der Verordnung zur Anwendung.

Art. 120, Ges. vom 3. Mai 1852 (G. S. S. 237).

b. In den Landestheilen, in welchen die Verordnung über die Einführung des mündlichen und öffentlichen Verfahrens vom 3. Januar 1849 Gesetzeskraft hat, erfolgt die Untersuchung und Entscheidung:

in Ansehung der Uebertretungen:
durch Einzelrichter;
in Ansehung der Vergehen:
durch Gerichtsabtheilungen, welche aus drei Mitgliedern bestehen;
in Ansehung der Verbrechen:
durch die Schwurgerichtshöfe.

Art. XIII. Einführ.-Ges. v. 14. April 1851 (G. S. S. 97).

Eine Handlung, welche die Gesetze mit der Todesstrafe, mit Zuchthausstrafe oder mit Einschließung von mehr als fünf Jahren bedrohen, ist ein Verbrechen.

Eine Handlung, welche die Gesetze mit Einschließung bis zu fünf Jahren, mit Gefängnißstrafe von mehr als sechs Wochen oder mit Geldbuße von mehr als funfzig Thalern bedrohen, ist ein Vergehen.

Eine Handlung, welche die Gesetze mit Gefängnißstrafe bis zu sechs Wochen oder mit Geldbuße bis zu funfzig Thalern bedrohen, ist eine Uebertretung.

§. 1 des Strafgesetzbuchs v. 14. April 1851 (G. S. S. 101).

Wenn in Materien, über welche das Strafgesetzbuch keine Bestimmungen enthält (Art. II.), die Gesetze eine Freiheitsstrafe von mehr als fünf Jahren androhen, so ist die Handlung ein Verbrechen.

Ist die Handlung mit einer Freiheitsstrafe von mehr als sechs Wochen, jedoch nicht über fünf Jahre, oder mit einer Geldbuße von mehr als funfzig Thalern bedroht, oder ist auf den Verlust von Aemtern oder auf den Verlust des Rechts zum Gewerbebetriebe für immer oder auf Zeit, oder auf Stellung unter Polizei-Aufsicht zu erkennen, so ist die Handlung ein Vergehen.

Besteht die Strafe nur in einer Freiheitsstrafe bis zu sechs Wochen, oder in Geldbuße bis zu funfzig Thalern, oder ist die Strafe in den Gesetzen als eine willkürliche bezeichnet, so ist die Handlung eine Uebertretung. Es macht dabei keinen Unterschied, ob neben der eigentlichen Strafe noch auf die Konfiskation einzelner Gegenstände zu erkennen ist oder nicht.

Art. VIII. des Einführ.-Ges. vom 14. April 1851 (G. S. Seite 94).

c. Soweit durch besondere Gesetze über Materien, hinsichtlich welcher das Strafgesetzbuch nichts bestimmt, eine über die gegenwärtigen Grenzen der Polizeistrafen (§§. 333, 334, 335 des Strafgesetzbuchs) hinausgehende Strafe angeordnet und den Polizeigerichten eine höhere Kompetenz beigelegt ist, behält es dabei sein Bewenden. Jedoch sind von der Kompetenz der Polizeirichter die Fälle ausgeschlossen, in welchen nach den bisherigen besonderen Gesetzen auf den Verlust von Aemtern, oder auf den Verlust des Rechts zum Gewerbebetriebe für immer oder auf Zeit, oder auf Stellung unter Polizei-Aufsicht zu erkennen ist. Diese Fälle sind als Vergehen zu behandeln.

Art. XX. des Einführ.-Ges. vom 14. April 1851 (G. S. Seite 98).

d. Gesetz, betreffend die Abänderung und Ergänzung einiger Bestimmungen des Einführungs-Gesetzes zum Strafgesetzbuche, v. 14. April 1856 (G. S. S. 208–209).

Artikel I. Die Bestimmungen über die Kompetenz der Gerichte im Artikel XIII. des Gesetzes vom 14. April 1851 über die Einführung des Strafgesetzbuchs werden dahin abgeändert:

§. 1. Die Untersuchung und Entscheidung in Ansehung der nachbenannten Vergehen erfolgt durch Einzelrichter:

1) des unbefugten Tragens einer Uniform, einer Amtskleidung, eines Amtszeichens, eines Ordens oder Ehrenzeichens, der unbefugten Annahme von Titeln, Würden oder Adels-Prädikaten und der Führung eines dem Angeschuldigten nicht zukommenden Namens (§. 105 des Strafgesetzbuchs);
2) der Landstreicherei, der Bettelei und der Arbeitsscheu (§§. 117 bis 119 a. a. O.);
3) der gewerbsmäßigen Unzucht (§. 146 a. a. O.);

4) der Fischerei- und einfachen Jagdvergehen (§§. 273, 274 und 275 a. a. O.);
5) der Zuwiderhandlung gegen die durch Stellung unter Polizei-Aufsicht auferlegten Beschränkungen (§. 116 a. a. O.);
6) der in dem §. 254 des Strafgesetzbuchs bezeichneten Urkundenfälschungen.

§. 2. Für das Verfahren in den Fällen des §. 1 kommen die Bestimmungen in den §§. 28—35 und 37 der Verordnung vom 3. Januar 1849 (G. S. S. 14) zur Anwendung.

Falls ein Angeschuldigter oder Zeuge der deutschen Sprache nicht mächtig ist, bedarf es der Zuziehung eines Dolmetschers nicht, wenn der Richter oder der Gerichtsschreiber der fremden Sprache mächtig ist (Art. 27, Abs. 2 des Ges. vom 3. Mai 1852).

In Ansehung der Rechtsmittel gelten die für Vergehen bestehenden Vorschriften.

§. 3. Wenn sich in den Fällen der §§. 41, 42 und 43 der Feldpolizei-Ordnung vom 1. November 1847 oder des §. 349, Nr. 3 des Strafgesetzbuchs nach Eröffnung der Untersuchung ergiebt, daß die Sachen, deren Wegnahme in diesen Gesetzen unter Strafe gestellt ist, in gewinnsüchtiger Absicht entwendet worden sind, so soll der Einzelrichter befugt sein, auf die Strafe des Diebstahls unter Anwendung der §§. 216 und 217 des Strafgesetzbuchs zu erkennen, insofern mildernde Umstände vorliegen und die von der Staatsanwaltschaft beantragte und von dem Richter für angemessen erachtete Strafe nur in Gefängniß von höchstens drei Monaten besteht.

In Ansehung der Rechtsmittel gelten die für Vergehen bestehenden Vorschriften.

Artikel II. Das Gesetz über das Verfahren in Wald-, Feld- oder Jagd-Frevelsachen bei Civil-Einreden vom 31. Jan. 1845 (G. S. S. 95) kommt fortan für den ganzen Umfang der Monarchie zur Anwendung.

e. Ueber die Kompetenz in Holzdiebstahlssachen s. §§. 24 ff. und 48 des Holzdiebstahls-Gesetzes vom 2. Mai 1852 (G. S. S. 310—311 und 317).

f. Ueber die vorläufige Straffestsetzung wegen Uebertretungen, s. das Ges. vom 14. Mai 1852 (G. S. S. 245—247) hinten im Anhange.

Zu §. 27 ff. Auch bei Polizei-Kontraventionen kann die gerichtliche Verfolgung in der Regel und insofern das Gesetz nicht Entgegenstehendes bestimmt, nur gegen Individuen, nicht gegen moralische Personen gerichtet werden. Ob.-Tr. (Pr. 141) v. 8. März 1855 (Entsch. 30, S 367—369).

Zu §. 27 und zu Art. XIII. des Einführ.-Ges. 1. Die im Art. XIII. enthaltenen Kompetenzbestimmungen sind bei den vor dem 1. Juli 1851 begangenen strafbaren Handlungen unanwendbar, sollte auch ausnahmsweise die Strafe des neuen Str.-G.-B. als die mildere Platz greifen. Für alle älteren Fälle ist daher die Kompetenzfrage nicht nach den Bestimmungen des Str.-G.-B., sondern nach den zur Zeit der That gültig gewesenen Gesetzen zu entscheiden. Allg. Verf. des Just.-Min. v. 1. Juli 1851 (J. M. Bl. S. 238) und Ob.-Tr. v. 24. März u. 9. Juni 1852 (Oppenhoff, S. 21. Note. 2). — Die Zulässigkeit der Rechtsmittel aber richtet sich nach den Gesetzen, unter deren Herrschaft die Untersuchung eingeleitet ist. Ob.-Tr. v. 29. Sept. 1854 (Oppenhoff, a. a. O. Note. 3).

§. 28. Die Geschäfte des Staatsanwalts werden bei den Untersuchungen dieser Art von Beamten verwaltet, welche der Polizeianwalte.

---

2. Sämmtliche im dritten Theile des Strafgesetzbuchs vorgesehene strafbare Handlungen sind nur als polizeiliche zu erachten und mit alleiniger Ausnahme der einfachen Beleidigungen, die nach der ausdrücklichen Bestimmung des Art. XVI. des Einführungs-Gesetzes im Civilprozesse zur Erledigung kommen, nach Abschnitt V der Verordnung v. 3. Januar 1849 von dem Polizeianwalt zu verfolgen und von dem Polizeirichter abzuurtheilen. Die Ansicht, daß zu unterscheiden sei, ob eine kriminell strafbare oder bloß polizeilich zu ahndende Uebertretung vorliege, und daß im ersteren Falle der Abschnitt II. der gedachten Verordnung, im letzteren Falle aber der Abschnitt V. zur Anwendung kommen müsse, so daß bei den kriminell strafbaren Uebertretungen die Appellation, bei den polizeilich zu ahndenden aber der Rekurs stattfinde, kann nicht als die richtige erachtet werden. Allg. Verf v. 6. August 1851 (J. M. Bl. S. 266 u. 267).

3. Die Kompetenzbestimmung im Art. XIII. findet auch auf Steuer-Kontraventionen Anwendung; demnach sind auch diese — wenn das Strafmaaß 50 Thaler nicht übersteigt — von dem Einzelrichter zu untersuchen und zu entscheiden. In dieser Kompetenzbestimmung ist durch das Ges. v. 3. Mai 1852 ausdrücklich nichts geändert und auch aus Art. 142 ist nichts zu folgern, daß, weil hiernach das Rechtsmittel der Appellation in allen Steuersachen ohne Rücksicht auf die Höhe der Strafe eingeführt ist, bei Berücksichtigung des Art. 101 auch bei Uebertretungen in Steuersachen nur die Gerichtsabtheilungen kompetent seien. Vielmehr enthält Art. 142 nur eine Ausnahme von der Regel des Art. 101 und muß demnach dahin aufgefaßt werden, daß das Rechtsmittel der Appellation zulässig ist, obgleich nicht eine Gerichtsabtheilung, sondern der Polizeirichter in erster Instanz verhandelt und erkannt hat, zumal die im Art. 135 ff. bezeichneten Sachen, insofern dieselben vor dem Einzelrichter zu verhandeln und von ihm zu entscheiden waren, nur dadurch den Bestimmungen im Art. 120 und in den §§. 165 ff. der Verordnung v. 3. Jan. 1849 entzogen worden sind, daß anstatt des Rekurses die Appellation eingeführt worden. Ob.-Tr. v. 9. März 1853, (J. M. Bl. S. 209), 10. Juni 1853 (Arch. I, S. 555 u. 556).

4. Die Strafe von 3 Tagen Gefängniß, welche in den §§. 31 u. 44 der Instr. v. 13. April 1825 über das Verfahren bei Ersatzaushebungen denjenigen späterhin für dienstunbrauchbar befundenen Heerespflichtigen angedrohet wird, welche sich auf ergangene Aufforderung vor der Kreisersatz-Kommission oder der Depart.-Ersatz-Kommission nicht gestellen, ist eine polizeiliche, welche zu den Strafen wegen Uebertretungen gehört, woraus die Kompetenz des Polizeirichters folgt. V. d. Just.-Min. v. 16. Juni 1851 und Verf. der Min. des Kr. und des Inn. v. 24. Mai 1851 (J. M. Bl. S. 226 u. 227).

5. Gegen Militair-Personen des Beurlaubtenstandes, welche bei Aufenthalts-Veränderungen die vorgeschriebene Ab- und Anmeldung unterlassen, ist die nach §. 39 der V. v. 21. Oktober 1841 über die Disziplinar-Bestrafung in der Armee verwirkte Disziplinarstrafe von dem Kommandeur des Landwehrbataillons, dem die Kontrolirung des zu Bestrafenden obliegt, festzusetzen. Die Strafvollstreckung erfolgt auf Requisition des Bataillons-Kommandeurs durch den Kreislandrath. Allerh. Erl. v. 29. Mai 1852 (G. S. S. 441). — Die Polizeianwalte haben Anträge wegen Bestrafung solcher Uebertretungen bei den Gerichten nicht mehr zu erheben. Allg. Verf. des Just.-Min. v. 17. Oktober 1852 (J. M. Bl. S. 358).

6. Alle im Wege des Civilprozesses verfolgten Ehrverletzungen und leichten Mißhandlungen, insbesondere auch die Ehrverletzungen, welche einem Beamten in Ausübung seines Amtes oder in Beziehung auf dasselbe zugefügt worden, gehören zur Kompetenz des Einzelrichters (V. v. 2. Jan. 1849 §. 22 Nr. 1; Ges. v. 22. Mai 1852, Art. II.). Ob.-Tr. v. 23. Jan. 1856 (Oppenhoff, S. 22, Note 6).

7. Die Kompetenz richtet sich allein nach den einzelnen strafbaren Handlungen, welche zur Untersuchung kommen, auch wenn mehrere gleichzeitig zur

Regierungspräsident nach Anhörung des Ober-Staatsanwalts kommissarisch hierzu ernennt, und über deren Amtsführung der Ober-Staatsanwalt die Aufsicht zu führen hat. Ueber Beschwerden, welche gegen diese Beamten wegen verweigerter Erhebung von Anklagen geführt werden, hat der Ober-Staatsanwalt zu entscheiden.

Untersuchung kommen. Ob.-Tr. v. 12. Dez. 1849 (Grundsätze, S. 7). Der Umstand, daß gleichzeitig mehrere Uebertretungen gegen einen Kontravenienten verfolgt werden und zur Aburtelung gelangen, ist auch dann ohne Einfluß auf die Kompetenz des Polizeirichters, wenn die Strafen, welche in diesem Falle nach §. 338 Str.-G.-B. zu erkennen sind, vereinigt die Geldbuße oder die Freiheitsstrafe übersteigen, welche in Betreff des einzelnen Falles für die Kompetenz maaßgebend ist. Ob.-Tr. v. 1. Febr. 1855 (Arch. III, S. 411).

Zu Art. VIII. des Einführ.-Gesetzes v. 14. April 1851.

1. Ueber das Verfahren bei Feld-Polizei-Uebertretungen, s. die Instruktion des Just.-Min., des Min. des Inn. u. des Min. f. d. landwirthschaftlichen Angelegenheiten v. 1. Juli 1856, Art. 6. (J. M. Bl. 1856, S. 199).

2. Richtet sich die Höhe des Strafmaaßes nach dem Objekte der strafbaren Handung im einzelnen Falle (wie bei den Zoll- u. Steuer-Defrauden), so ist für den Begriff einer Uebertretung oder eines Vergehens nicht die unbestimmte Strafe, mit welcher die Handlung im Allgemeinen ihrer Gattung nach belegt werden kann, sondern die Strafe des einzelnen Falles maaßgebend; übersteigt diese das Maaß einer sechswöchentlichen Freiheitsstrafe oder einer Geldbuße von 50 Thalern nicht, so ist die Handlung eine Uebertretung und der Polizeirichter kompetent. Ob.-Tr. v. 9. März und 10. Juni 1853 (oben Note 3 zu §. 27) und die bei Oppenhoff S. 10 Note 4 mitgeth. Erk.

Zu Art. XX. des Einführ.-Gesetzes v. 14. April 1851.

1. Der Art. XX. redet nur von besonderen Gesetzen, welche bereits bestanden, und kann auf später erlassene Gesetze (wie §. 10 des Ges. v. 7. Mai 1853) nicht bezogen werden. Ob.-Tr. v. 6. Juli 1854 (Arch. II, S. 678 u. 679).

2. Handlungen, welche in Gemäßheit des Art. XX. zur Kompetenz der Polizeigerichte gehören, obgleich sie mit einer über die Grenzen der Polizeistrafen (§§. 333, 334, 335 des Str.-G.-B.) hinausgehenden Strafe bedroht sind, sind in Beziehung auf die Verjährung als Vergehen nach §. 46 des Str.-G.-B. zu betrachten und unterliegen mithin nicht der Verjährung des §. 339 des Str.-G.-B. Ob.-Tr. (Pr. 41) v. 1. Jui 1853, (Entsch. 25, S. 359—363. Arch. I, S. 561) und 5. April 1854 (J. M. Bl. S. 269).

3. Für die, nach der Gewerbe-Ordnung v. 17. Jan. 1845 zu ahndenden Gewerbe-Polizei-Kontraventionen ist der Einzelrichter auch dann kompetent, wenn die Handlung des Kontravenienten zugleich ein Steuervergehen enthält; auch ist in einem solchen Falle von dem Erkenntnisse des Einzelrichters nur der Rekurs und kein ferneres Rechtsmittel zulässig. Ob.-Tr. (Pr. 19) v. 11. Febr. 1853 (Entsch. 24, S. 457—460. Arch. I, S. 229). Dies gilt auch, wenn die Anklage auf Betrieb des Hausir-Gewerbes ohne Lösung eines Gewerbescheines gerichtet ist. Ob.-Tr. (Pr. 111) v. 20. Okt. 1854 (Entsch. 29, S. 291 u. 292).

Ist aber das gegen das Erkenntniß des Einzelrichters eingelegte Rechtsmittel von dem zweiten Richter statt als Rekurs unrichtig als Appellation behandelt, so ist die Nichtigkeits-Beschwerde an und für sich, mithin von Seiten der Staatsanwaltschaft ohne Ermächtigung des Justiz-Ministers zulässig. Es können jedoch keine anderen Nichtigkeitsgründe geltend gemacht werden, als diejenigen, welche die Frage betreffen, ob die Appellation oder der Rekurs statthaft gewesen. Ob.-Tr. (Pr. 164, Plen.) v. 9. Juli 1855 (Entsch. 30, S. 474 u. 31, S. 361—367. J. M. Bl. S. 367).

Zum Gesetz v. 14. April 1856. Ueber die bureaumäßige Behandlung der durch das Gesetz v. 14. April 1856 den Einzelrichtern überwiesenen Untersuchungen wegen Vergehen, s. die allg. Verf. des Just.-Min. v. 27. Sept. 1856 (J. M. Bl. S. 283).

Im Uebrigen findet Alles, was über die Pflichten und Befugnisse der Staatsanwalte, über deren Verhältniß zu den Gerichten, sowie über die Nothwendigkeit ihrer Zuziehung bei der Verhandlung vor dem erkennenden Richter bestimmt ist, auch auf diese Polizeianwalte Anwendung.

Zu §. 28. 1. Vergl. Art. 120.

2. Nach §. 62 der Städte-Ordnung für die 6 östlichen Provinzen vom 30. Mai 1853 (G. S. S. 283) hat der Bürgermeister die Verrichtungen eines Polizeianwalts zu besorgen, vorbehaltlich der Befugniß der Behörde, andere Beamte mit diesen Geschäften zu beauftragen. Dem Bürgermeister am Sitze eines Gerichts kann die Vertretung der Polizeianwaltschaft bei dem Gericht auch für die übrigen Gemeinden des Gerichtsbezirks gegen angemessene Entschädigung übertragen werden.

Der Minister des Innern führt in einem R. v. 12. Juli 1852 (Verw. Min. Bl. S. 164) aus, daß der Bürgermeister nicht ein Recht auf Uebertragung der Polizeianwaltschaft habe, daß aber, wenn der Regierungs-Präsident dem Bürgermeister die Polizeianwaltschaft für den städtischen Bezirk nicht überträgt, dies die Stadtgemeinde nicht von ihrer Verpflichtung zur Tragung der Kosten der Polizeianwaltschaft für ihren Bezirk entbindet, da die Wahrnehmung der Polizeianwaltschaft eine Gemeindelast, als solche aber völlig unabhängig von der Person ist, welcher der Regierungs-Präsident die Polizeianwaltschaft zu übertragen für angemessen erachtet. — Anderer Meinung in Betreff der Kostentragung ist das Ob.-Tr., welches in dem Pr. 2622 v. 27. März 1855 annimmt, daß, wenn die Behörde von der Befugniß, die Verrichtungen des Polizeianwalts einem anderen Beamten zu übertragen, Gebrauch macht, die Besoldung dieses Beamten dem Staate zur Last fällt. (Entsch. 31, S. 146—154).

Vergl. ferner die R. der Min. des Inn. und der Fin. v. 7. April 1853 (V. M. Bl. S. 97) und v. 14. und 30. September 1854 (V. M. Bl. S. 174 und 227).

Die verwaltenden Forstbeamten können zu Polizeianwalten nicht bloß in Betreff der Holzdiebstähle, sondern auch für alle anderen in ihren Revieren begangenen Uebertretungen bestellt werden. R. der Min. der Just., des Inn. und der Fin. v. 12. Febr. 1853 (J. M. Bl. S. 167. V. M. Bl. S. 48).

Auch dem Staatsanwalte können die Funktionen des Polizeianwalts von dem Regierungs-Präsidenten übertragen werden, wenn er zu der Uebernahme bereit ist. R. des Min. des Inn. v. 22. August 1849 (V. M. Bl. S. 193).

3. In Betreff der Polizeianwaltschaft für das platte Land und die Kosten für deren Verwaltung, haben die Min. des Inn. und der Fin. in einem R. v. 15. Sept. 1856 verfügt: „Was die Gutsbesitzer außer dem Domainen-Fiskus (in Betreff der Domainengüter bleibt es bei den bisherigen Einrichtungen) anbelangt, so steht den Herren Regierungs-Präsidenten die Uebertragung der polizeianwaltlichen Funktionen gesetzlich (§. 28 der Allerhöchsten Verordnung vom 3. Januar 1849) zwar auch für die Polizeibezirke solcher Gutsbesitzer zu, es ist aber bei Ausübung dieses, allgemein dem Staate vorbehaltenen Ernennungsrechts davon auszugehen, daß die Vereinigung der Polizeianwaltschaft und Polizeiverwaltung in Einer Hand Gründe der sachlichen Zweckmäßigkeit für sich hat, andererseits, daß diejenigen, welche das Recht der Polizeiverwaltung haben, mit vollem Fug die Erwartung hegen können, daß dieses Recht bei der Bestimmung über Wahrnehmung der Polizeianwaltschaft in ihrem Polizeibezirke so viel als möglich anerkannt und berücksichtigt werde. Es können die Inhaber der polizeiobrigkeitlichen Gewalt die polizeianwaltlichen Funktionen für ihren Bezirk entweder selbst oder durch ihre Stellvertreter in der Polizeiverwaltung wahrnehmen, oder zu diesem Behufe geeignete, besondere Stellvertreter in Vorschlag bringen, oder endlich ihre Vertretung durch den für den Gerichtsbezirk bestellten Polizeianwalt bewirken lassen; es können endlich auch mehrere Gutsbesitzer, deren Güter in einem und demselben Gerichtsbezirke belegen sind, es ihren Interessen ange-

Verfahren vor den Einzelrichtern.

§. 29. Die Anklage kann schriftlich oder mündlich angebracht werden.

§. 30. Wird dem Richter beim Eingange der Anklage zugleich der Angeklagte vorgeführt, und gesteht derselbe die ihm angeschuldigte That, oder sind die Beweismittel für die Anklage und Vertheidigung zur Hand, so hat der Richter in der Regel auf der Stelle die Untersuchung zu führen und das Urtheil zu fällen.

Ist der Angeklagte verhaftet, so muß dessen Vorführung beim Eingange der Anklage sofort geschehen.

§. 31. Kann im Falle des §. 30 das Urtheil nicht sogleich gefällt werden, der Angeklagte ist aber verhaftet, so muß derselbe sogleich über die zu seiner Vertheidigung dienenden Beweismittel vernommen, und hierauf zum mündlichen Verfahren und zur Entscheidung der Sache ein möglichst naher Termin anberaumt werden, zu welchem die beiderseits über bestimmte Thatsachen vorgeschlagenen Zeugen vorzuladen sind, in sofern der Richter die Umstände, über welche sie vorgeschlagen sind, für wesentlich erachtet.

§. 32. Kann der Angeklagte nicht sofort vorgeführt werden, so ist derselbe zum mündlichen Verfahren durch eine schriftliche Verfügung vorzuladen, welche die Thatsachen des ihm angeschuldigten Vergehens angeben und die Aufforderung enthalten muß:

Zur festgesetzten Stunde zu erscheinen, und die zu seiner Vertheidigung dienenden Beweismittel mit zur Stelle zu bringen, oder solche dem Richter so zeitig vor dem Termine anzuzeigen, daß sie noch zu demselben herbeigeschafft werden können.

---

messen finden, einen gemeinsamen Polizeianwalt in Vorschlag zu bringen. — Die in dieser Beziehung von den Inhabern der polizeiobrigkeitlichen Gewalt hinsichtlich der Wahrnehmung der polizeianwaltlichen Funktionen für ihren Bezirk eingehenden Anträge und Vorschläge haben die Herren Regierungs-Präsidenten vorzugsweise zu berücksichtigen und so viel es die Umstände und die Interessen des Dienstes irgend gestatten, denselben zu entsprechen. — Wie aber auch die Wahl der Gutsbesitzer ausfallen mag, immer ist der Grundsatz festzuhalten, daß sie antheilig für den Umfang ihres Polizeibezirkes die Kosten der Polizeianwaltschaft zu tragen haben, so daß der Staat in jedem Gerichts-Bezirke fortan diese Kosten nur soweit zu berichtigen verpflichtet ist, als ihm oder dem Domainen-Fiskus in demselben die Polizeigewalt zusteht. Bei der Repartition dieser Kosten ist die Seelenzahl zum Grunde zu legen, dabei aber zur Vermeidung von Mißverständnissen festzuhalten, daß unter Gerichtsbezirk der Bezirk desjenigen Gerichts zu verstehen ist, welches, wenn ihm auch sonst die volle Kompetenz nicht zusteht, doch berechtigt ist, in denjenigen Untersuchungen zu befinden und zu entscheiden, in welchem die Polizeianwalte die Anklage zu erheben und durchzuführen haben."

4. Eine Instruktion für die Polizei-Anwalte ist unterm 24. November 1852 (J. M. Bl. 1853, S. 10 ff.) Verw. M. Bl. 1853, S. 14 ff. erlassen. Siehe zu derselben die zusätzlichen Bestimmungen v. 1. Juli 1853 (J. M. Bl. S. 242 ff., Verw. M. Bl. S. 167 ff.)

Zu §. 31. Vergl. Art. 25 und §. 52 und die Noten zu denselben.

Zugleich ist dem Angeklagten die Warnung zu stellen:

Daß im Falle seines Ausbleibens mit der Untersuchung und Entscheidung in contumaciam verfahren werden solle.

§. 33. Nur auf Grund bescheinigter erheblicher Hindernisse kann dem Antrage des Angeklagten auf Ansetzung eines neuen Termines Statt gegeben werden.

§. 34. In dem Termine wird, nachdem die Anklage durch den Polizeianwalt vorgetragen und der Angeklagte darüber vernommen worden, mit der Beweisaufnahme, soweit dies erforderlich ist, verfahren, der Polizeianwalt mit seinen Anträgen sowie der Angeklagte mit seiner Vertheidigung gehört, sodann aber das Urtheil gefällt und mit Gründen verkündet.

Der Richter ist jedoch befugt, die Fällung des Urtheils auszusetzen und einen Termin zur Fortsetzung des Verfahrens zu bestimmen.

§. 35. Erscheint der Angeklagte der gehörig erfolgten Vorladung ungeachtet in dem Termine nicht, oder verweigert er in demselben, über die Anklage sich zu erklären, so wird der Beweis aufgenommen, und nach Anhörung des Polizeianwalts, sowie des für den Angeklagten etwa aufgetretenen Vertheidigers, das Urtheil gefällt und verkündet.

Dem ausgebliebenen Angeklagten ist das Urtheil in Ausfertigung zuzustellen.

§. 36. (Aufgehoben durch Art. 147; vergl. Art. 7—10 und Art. V. Ges. v. 26. April 1851. G. S. S. 181).

§. 37. Ueber den Hergang im Termine wird von einem vereideten Gerichtsschreiber ein Protokoll aufgenommen, welches den wesentlichen Inhalt der Erklärungen des Polizeianwalts, des Angeklagten und der Zeugen enthalten muß, und in welchem zugleich das abgefaßte Urtheil mit dessen Gründen niederzuschreiben

---

Zu §. 32. Werden in Abwesenheit des Angekl. Beweisstücke beigebracht, von welchen derselbe noch keine Kenntniß hatte, so enthält die Bezugnahme auf diese Beweisstücke in dem gegen den Angekl. ergehenden Urtel ein gegen denselben zur Anwendung gebrachtes Kontumazial-Verfahren, welches nur dann zulässig ist, wenn der Angekl. gemäß §§. 32 u. 136 Alinea 4 der V. v. 3. Jan. 1849 in die Lage gesetzt war, die zu seiner Vertheidigung dienenden Beweismittel mit zur Stelle zu bringen oder solche dem Richter Behufs deren Herbeischaffung zeitig anzuzeigen. Ob.-Tr. v. 16. Jan. 1856 (Arch. IV, S. 543).

Zu §. 33. Vergl. Art. 32.

Zu §. 35. 1. Ueber die Grenzen des Kontumazial-Verfahrens, s. Ob.-Tr. v. 16. Jan. 1856 (Arch. IV, S. 543) in der Note zu §. 32.

2. Ueber die Zulässigkeit der Vertretung eines ausgebliebenen Angeklagten, s. Art. 23.

3. Bei Holzdiebstählen wird von dem ergehenden Kontumazialurtheile dem Verurtheilten nur der Tenor insinuirt, und zwar durch Zustellung einer von dem Gerichtsschreiber beglaubigten Abschrift. §. 37 des Gesetzes vom 2. Juni 1852 (G. S. S. 314).

ist. Der Richter und der Gerichtsschreiber haben dieses Protokoll zu vollziehen.

Kompetenz der Gerichtsabtheilungen.

§. 38. Die Untersuchung und die Entscheidung erster Instanz erfolgt mit Zuziehung eines Gerichtsschreibers durch Gerichtsabtheilungen, welche aus drei Mitgliedern bestehen, in Ansehung

1) derjenigen im §. 27 bezeichneten Vergehen, welche in der Schlußbestimmung desselben von der Kompetenz der Einzelrichter ausgeschlossen worden sind;
2) derjenigen Verbrechen, welche in den Gesetzen mit
   Geldbuße, deren höchstes Maaß 50 Rthlr. übersteigt,
   oder
   Freiheitsstrafe, deren höchstes Maaß sechs Wochen, jedoch nicht drei Jahre übersteigt,
   oder
   mit diesen beiden Strafen zugleich bedroht sind, auch wenn sie noch außerdem den Verlust von Aemtern, Ehren- oder anderen Rechten gesetzlich zur Folge haben;
3) solcher Amtsverbrechen, welche entweder nur mit Amtsentsetzung, Kassation und Unfähigkeits-Erklärung zu allen öffentlichen Aemtern, oder zwar noch außerdem mit Strafen bedroht sind, welche aber die zu 2. erwähnten Strafen nicht übersteigen;
4) des zweiten und dritten großen gemeinen, oder unter erschwerenden Umständen begangenen und des ersten gewaltsamen Diebstahls.

Zu §. 37. 1. Ueber die Unzulänglichkeit der Protokolle s. Voitus im Arch. II, S. 630; vergl. auch Arch. III, S. 250.

2. Es ist nicht nothwendig, daß die Aussagen der schon in der Voruntersuchung vernommenen Zeugen nochmals zu Protokoll genommen werden; vielmehr genügt die Angabe, ob die Zeugen bei ihren Aussagen verblieben, oder welche Abänderungen und Zusätze von ihnen gemacht worden sind. Allg. Verf. des Just.-Min. v. 3. Sept. 1849, Nr. 4. (J. M. Bl. S. 388).

Ueber die Form der Protokolle und Urtel s. allg. Verf. v. 10. November 1849 (J. M. Bl. S. 459).

Die Gerichtshöfe sind verpflichtet, auf den Antrag des St.-A. über Erklärungen und Zugeständnisse des Angekl. bei der mündlichen Verhandlung, die sich auf andere, als die zur Anklage gestellten strafbaren Handlungen beziehen, so wie derartige Aussagen von Zeugen ein besonderes Protokoll aufzunehmen oder dieselben im Audienz-Protokoll durch Vorlesung, Genehmigung und Unterschrift der betreffenden Person zu konstatiren. R. des Just.-Min. (J. M. Bl. 1852, S. 307 u. 308).

3. Die Bezugnahme des Audienz-Protokolls auf ein in der Anlage zu demselben abgefaßtes Urtel ohne Aufnahme des Urtels-Tenors in das Protokoll ist zwar ungehörig, eine Vernichtung des Verfahrens jedoch daraus dann nicht herzuleiten, wenn das Protokoll ergiebt, daß das Urtel bereits vor der Publikation auf einer, dem Protokolle beigefügten Anlage abgefaßt worden und nicht behauptet werden kann, daß der in der Anlage enthaltene Urtels-Tenor mit dem publizirten nicht übereinstimme. Ob.-Tr. v. 19. Jan. 1855 (Arch. III, S. 249 u. 250).

In denjenigen Landestheilen, in welchen das Allgemeine Landrecht nicht Gesetzeskraft hat, entscheidet rücksichtlich der Kompetenz zu Nr. 1, 2, 3 das durch Gerichtsgebrauch hergebrachte Strafmaaß, in hiernach zweifelhaften Fällen aber die Bestimmung des Allgemeinen Landrechts.

Zusatz 11. Die Kompetenz-Bestimmungen des §. 38 sind wesentlich verändert durch die in den Zusätzen zu §. 27 gegebenen Gesetze, so wie durch die folgenden Bestimmungen:

a. Gesetz, betreffend einige Ergänzungen des Einführungs-Gesetzes zum Strafgesetzbuche, v. 22. Mai 1852 (G. S. S. 250 bis 252).

Artikel I. Bis zum Erlaß anderweiter gesetzlicher Bestimmungen findet folgende Ausnahme von den Vorschriften Art. XIII. des Gesetzes v. 14. April 1851 über die Einführung des Strafgesetzbuchs statt:

§. 1. Die Untersuchung und Entscheidung wegen nachbenannter Verbrechen:

1) des schweren Diebstahls (Strafgesetzbuch §. 218), insofern nicht der §. 58 oder §. 219 a. a. O. zur Anwendung kommt;
2) des einfachen Diebstahls im Falle des §. 219 a. a. O.;
3) der Hehlerei in den Fällen der §§. 238 und 239 a. a. O.;
4) der einfachen Hehlerei im Falle des §. 240 a. a. O.,

erfolgt durch die Gerichtsabtheilungen.

§. 2. Hinsichtlich des Verfahrens kommen die für Vergehen bestehenden Vorschriften zur Anwendung.

§. 3. Andere als die im §. 1 benannten Verbrechen können auch auf Grund der Konnexität nicht vor die Gerichts-Abtheilungen gebracht werden.

§. 4. Die §§. 1 und 2 finden auf alle Fälle Anwendung, in denen zu der Zeit, wo dieses Gesetz in Kraft tritt, die definitive Versetzung des Angeschuldigten in den Anklagestand noch nicht erfolgt ist.

Artikel II. Bei Ehrverletzungen und leichten Mißhandlungen, welche im Wege des Civilprozesses verfolgt werden, sind für die Kompetenz des Einzelrichters und der Gerichtsabtheilungen nicht die Bestimmungen des Art. XIII. des Einführungs-Gesetzes v. 14. April 1851, sondern die in den §§. 20 und 22 der Verordnung vom 2. Januar 1849 (G. S. S. 1) über Injuriensachen enthaltenen Vorschriften maßgebend.

Artikel IV. In Ansehung aller Verbrechen und Vergehen solcher Personen, welche zur Zeit der That das sechszehnte Lebensjahr noch nicht vollendet hatten, erfolgt die Untersuchung und Entscheidung durch die Gerichts-Abtheilungen, beziehungsweise die Zuchtpolizei-Kammern, sofern nicht wegen Konnexität die Verweisung vor den Schwurgerichtshof auszusprechen ist.

b. Gesetz, den Diebstahl an Holz und anderen Waldprodukten betreffend, v. 2. Juni 1852, §. 24 (G. S. S. 310):

Die Zuständigkeit der Gerichte und das Verfahren wegen der in dem §. 16 vorgesehenen Holzdiebstähle richtet sich nach den für Vergehen bestehenden allgemeinen Vorschriften. Bei Kontumazial-Urtheilen ist jedoch nur der Tenor derselben den Verurtheilten zuzustellen.

c. Gesetz, betreffend die Kompetenz der Gerichte zur Untersuchung und Entscheidung der politischen und der mittelst der Presse verübten Vergehen, v. 6. März 1854 (G. S. S. 96):

§. 1. Die Kompetenz der Gerichte zur Untersuchung und Entscheidung der strafbaren Handlungen regelt sich auch in Ansehung der politischen und der mittelst der Presse verübten Vergehen nach den Art. XIII.—XV. des Gesetzes über die Einführung des Strafgesetzbuchs v. 14. April 1851.

Hinsichtlich des Militairgerichtsstandes verbleibt es bei den bestehenden Vorschriften.

§. 2. Der Art. XIX. des Einführungsgesetzes zum Strafgesetzbuche vom 14. April 1851 und der §. 27 des Gesetzes über die Presse v. 12. Mai 1851 werden aufgehoben.

d. Gesetz, betreffend das Verfahren gegen ausgewanderte Militairpflichtige und gegen beurlaubte Landwehrmänner, welche ohne Erlaubniß auswandern, vom 10. März 1856, §. 1 (G. S. Seite 133):

Das Verfahren gegen Personen, welche ohne Erlaubniß die Königlichen Lande verlassen und sich dadurch dem Eintritt in den Dienst des stehenden Heeres zu entziehen suchen, ingleichen das Verfahren gegen beurlaubte Landwehrmänner, welche ohne Erlaubniß auswandern (§. 110 des Str.-G.-B.), regelt sich nach den Vorschriften über das Verfahren in Untersuchungssachen.

e. Gesetz über die Einführung des Strafgesetzbuchs für die Preußischen Staaten, v. 14. April 1851 (G. S. S. 93—100):

Artikel XV. Die Gerichtsabtheilungen, welche aus drei Mitgliedern bestehen, sowie die Zuchtpolizei-Kammern der Landgerichte bleiben zur Untersuchung und Entscheidung in Ansehung der Vergehen auch dann kompetent, wenn wegen Rückfalls auf eine höhere als fünfjährige Gefängnißstrafe oder Einschließung erkannt werden kann.

Artikel XXI. Konnere strafbare Handlungen können zur gleichzeitigen Untersuchung und Entscheidung vor das Gericht gebracht werden, welches kompetent ist, die schwerste der für jene Handlungen angedrohten Strafen auszusprechen.

Vergehen, welche zur Kompetenz der Schwurgerichtshöfe gehören, können jedoch nicht auf Grund der Konnexität vor ein anderes Gericht als den Schwurgerichtshof gelangen.

Zu §. 38. 1. Außer den in den Zusätzen zu §. 38 und zu §. 27 gegebenen Abänderungen ist auf eine Ausnahme von der Kompetenz-Bestimmung des Art. XIII. des Einführungs-Gesetzes hinzuweisen, welche sich in dem Gesetze, betr. die Kompetenz des Kammergerichts zur Untersuchung und Entscheidung wegen der Staatsverbrechen und das dabei zu beobachtende Verfahren, v. 5. April 1853 (G. S. S. 162—165 und unten zu §. 60) findet. Dasselbe bestimmt in den §§. 1 u. 2, daß die Untersuchung und Entscheidung wegen der in dem ersten Titel des zweiten Theils und in den §§. 74, 76 u. 78 des Strafgesetzbuchs vorgesehenen Verbrechen, mit Einschluß des Versuchs und der Theilnahme, für den ganzen Umfang der Monarchie durch das Kammergericht erfolgt und daß strafbare Handlungen, welche mit diesen Verbrechen konner sind, mit diesen zur gleichzeitigen Untersuchung und Entscheidung vor das Kammergericht gebracht werden können.

Das im Zusatz d. zum Texte allegirte Gesetz vom 10. März 1856 bestimmt

Verfahren in den vor die Gerichtsabtheilungen gehörigen Sachen. a. Eröffnung der Untersuchung.

§. 39. Zur förmlichen Eröffnung der Untersuchung gegen eine bestimmte Person ist erforderlich:

1) eine vom Staatsanwalt abzufassende Anklageschrift, welche enthalten muß: den Namen des Angeklagten, eine Darstellung der ihm zur Last gelegten That, die Beweismittel dafür, insbesondere die Namen der Belastungszeugen, deren Abhörung der Staatsanwalt verlangt, und die Bezeichnung des Verbrechens, dessen der Angeklagte beschuldigt wird;

---

mehrfache Abweichungen von dem sonst bei Vergehen zur Anwendung kommenden Verfahren. Das Gesetz ist im Anhange abgedruckt.

2. Die Funktion eines Gerichtsschreibers erfordert formell die Qualifikation eines Kriminal-Aktuarius oder Kriminal-Protokollführers, ist aber bei ihrer Wichtigkeit für die mündlichen Verhandlungen vor dem Kollegium nur solchen Beamten zu übertragen, welche sich durch tüchtige Leistungen besonders auszeichnen. Allg. Verf. des Just.-Min. v. 26. Nov. 1849 sub. 9. (J. M. Bl. S. 477). Ueber die Ausbildung der Civil-Supernumerarien als Gerichtsschreiber s. die allg. Verf. des Just.-Min. v. 14. Nov. 1852 (J. M. Bl. S. 386—387). Die Verrichtungen der Gerichtsschreiber können von Auskultatoren und Referendarien wahrgenommen werden. Art. XV. Nr. 1. Ges. v. 26. April 1851 (G. S. S. 186).

3. Die allg. Verf. des Just.-Min. v. 8. Okt. 1855 (J. M. Bl. S. 334—335) bemerkt, daß bei Regulirung der Kompetenz der auf Grund des Art. VII. des Ges. v. 26. April 1851 (G. S. S. 181) eingesetzten beständigen und periodischen Gerichts-Deputationen in der Regel denselben die volle Kompetenz der Kreisgerichte in allen nicht vor die Schwurgerichte gehörigen Strafsachen beigelegt, dabei jedoch der Gesichtspunkt festgehalten worden, daß die Gerichts-Deputationen lediglich als Abtheilungen der betreffenden Kreisgerichte zu betrachten sind, weshalb den letzteren stets die Befugniß vorbehalten worden ist, die Verhandlung und Entscheidung in Strafsachen in den dazu als besonders geeignet anerkannten Fällen vor sich zu ziehen. Ausgenommen von der Kompetenz der Gerichts-Deputationen sind regelmäßig die Beschlüsse über die Versetzung in den Anklagestand und über die Eröffnung der Untersuchungen wegen Verbrechen und Vergehen, mit Ausschluß der Untersuchungen wegen vierten Holzdiebstahls, über deren Einleitung die Deputationen selbstständig beschließen. Da in Folge dieser Einschränkung mehrfache Uebelstände, namentlich Verzögerungen in Haftsachen hervorgetreten sind, so ist nunmehr über die Kompetenz der Deputationen zur Fassung der Beschlüsse über die Eröffnung der Untersuchung Folgendes bestimmt: I. In Betreff der beständigen Gerichts-Deputationen. 1. Insoweit den beständigen Gerichts-Deputationen die Verhandlung und Entscheidung in den Untersuchungen wegen Vergehen und Verbrechen aus ihren Bezirken durch das Geschäfts-Regulativ übertragen ist, haben dieselben fortan auch die Beschlüsse über die Eröffnung der Untersuchung gemäß §§. 39, 40, 41, 47 der V. v. 3. Jan. 1849 zu fassen. Zu diesem Zwecke sind daher die Anklagen von den Beamten der Staatsanwaltschaft von jetzt ab an die betreffenden Deputationen unmittelbar einzusenden. 2. Auf die Beschlüsse über die vorläufige Versetzung in den Anklagestand in den zur Kompetenz der Schwurgerichte gehörigen Untersuchungen wegen Verbrechen erstreckt sich dagegen die den Gerichts-Deputationen vorstehend beigelegte Befugniß nicht. Diese bleiben vielmehr, nach wie vor, den Kreisgerichten ausschließlich vorbehalten, mit Ausnahme derjenigen Fälle, in welchen ein von der Deputation rechtskräftig gefälltes, die Inkompetenz derselben aussprechendes Erkenntniß, gemäß Art. 9 des Ges. v. 3. Mai 1852, die Stelle der vorläufigen Versetzung in den Anklagestand vertritt. 3. Die Kreisgerichte sind befugt, in geeigneten Fällen einzelne Sachen zur Beschlußfassung über die Eröffnung der Untersuchung auf den Antrag der Staatsanwaltschaft vor sich zu ziehen. Der Beschluß muß außerdem von dem Kreisgericht in allen Fällen gefaßt werden, wenn dasselbe bei der Berathung über die vorläufige Versetzung in den Anklage-

2) ein auf Grund dieser Anklageschrift die Eröffnung der Untersuchung anordnender Beschluß der Gerichtsabtheilung,

---

stand findet, daß nicht ein zur schwurgerichtlichen Verhandlung geeignetes, sondern ein zur Kompetenz der Gerichtsabtheilung gehöriges Verbrechen oder ein Vergehen vorliegt. II. In Betreff der periodischen Gerichts-Deputationen. 1. Auf die aus periodisch zusammentretenden Einzelrichtern gebildeten Deputationen erstrecken sich die unter Nr. I. getroffenen Anordnungen nur insoweit, als sich davon eine Vereinfachung und Beschleunigung des Geschäftsganges in den zur Kompetenz dieser Deputationen gehörigen Untersuchungssachen nach Maaßgabe der Organisation derselben erwarten läßt. Sie kommen daher ohne Einschränkung da zur Anwendung, wo am Sitze der Deputation selbst oder in unmittelbarer Nähe desselben die zur Beschlußfassung über die Anklage erforderliche Zahl von Einzelrichtern dauernd vorhanden und dadurch Gelegenheit gegeben ist, eine Sitzung der Deputation zu diesem Zwecke ohne Aufenthalt und ohne besondere Kosten, so oft es nöthig ist, stattfinden zu lassen. 2. Von den übrigen Deputationen dieser Art sind Beschlüsse über die Eröffnung der ihrer Kompetenz unterworfenen Untersuchungen wegen Vergehen und Verbrechen dann zu fassen, wenn während der Dauer einer Sitzung derselben die Anklage eingeht und der sofortigen Beschlußfassung kein Hinderniß entgegensteht. Die Beamten der Staatsanwaltschaft haben daher diejenigen Anklagen, welche zu einer Sitzung der Deputation vorbereitet werden können, derselben zum Beschlusse über die Eröffnung der Untersuchung vorzulegen. Im Uebrigen sind die Anklagen, wie bisher, bei den Kreisgerichten einzureichen. Bei den letzteren hat der Direktor in jedem einzelnen Falle sofort zu bestimmen, ob die Sache zur Fassung des Beschlusses vor das Kollegium des Kreisgerichtes zu ziehen oder der Gerichts-Deputation zu überweisen sei. Letzteres darf, namentlich in Arrestsachen, nur dann geschehen, wenn dadurch kein Aufenthalt veranlaßt wird, insbesondere also in den Fällen, wenn eine Sitzung der Deputation nahe bevorsteht.

4. Die Kompetenz der Gerichtsabtheilung, beziehungsweise des Schwurgerichts, richtet sich allein nach den einzelnen Verbrechen oder Vergehen, welche zur Untersuchung kommen, auch wenn mehrere Verbrechen oder Vergehen den Gegenstand der Untersuchung bilden. Ob.-Tr. v. 12. Dez. 1849 (Grundsätze, S. 7 u. 8). Vergl. auch Ob.-Tr. v. 1. Febr. 1855 (Arch. III, S. 411) oben Note 7 zu §. 27.

5. Der Untersuchungsrichter kann auch in den von ihm instruirten Sachen an der Verhandlung und Entscheidung Theil nehmen, da eine bestimmte gesetzliche Disposition, welche ihn ausschlösse, nicht vorhanden, die Vorschrift des §. 471 der Crim.-O. auf das gegenwärtige Verfahren nicht mehr für anwendbar zu erachten ist. Ob.-Tr. v. 7. Sept. 1855 (Arch. III, S. 655—666).

Derjenige Beamte, welcher in einer Untersuchungssache die Staatsanwaltschaft vertreten hat, darf in einer späteren Verhandlung in derselben Sache nicht als Richter mitwirken. Ob.-Tr. v. 10. Jan. 1855 (Arch. III, S. 253 u. 254). Vergl. Ob.-Tr. v. 14. Nov. 1855 (Arch. IV, S. 219 u. 220).

Verwandtschaft mit dem Damnifikaten hindert nicht, als Richter mitzuwirken. Ob.-Tr. v. 29. Dez. 1852 (Arch. I, S. 190).

6. Ueber den Wechsel der Richter in verschiedenen Verhandlungen, s. Ob.-Tr. v. 27. Jan. 1854 (J. M. Bl. S. 129—130, Arch. II, S. 245) in den Noten zu §§. 14 u. 22.

7. Ueber die Frage, wie zu verfahren, wenn mehrere Mitglieder des Gerichts von dem Beschuldigten als Entlastungszeugen vorgeschlagen werden, so daß kein hinreichendes Richterpersonal zur Verhandlung der Sache übrig bleibt? s. die Erört. im J. M. Bl. 1850, S. 378—380. Dort ist ein Fall mitgetheilt, in welchem es dem Angekl. augenscheinlich nur darum zu thun war, ihm mißliebige Richter, gegen die er ein gesetzliches Rekusationsrecht nicht geltend machen konnte, von ihrem Richterstuhle zu entfernen. Zur Verhütung solchen Mißbrauchs wird sorgfältigste Prüfung der Erheblichkeit derjenigen Thatsachen, über welche das Zeugniß verlangt wird, empfohlen. Nur wenn die Erheblich-

in welchem der Name des Angeklagten und das ihm angeschuldigte Verbrechen zu bezeichnen sind.

§. 40. Die Berathung und Beschlußnahme der Gerichtsabtheilung darüber, ob auf die Anklage die Untersuchung zu eröffnen sei, erfolgt ohne Beisein des Staatsanwalts.

Erachtet das Gericht die Eröffnung der Untersuchung für nicht zulässig, so hat es in dem Beschlusse, wenn der Angeklagte verhaftet ist, zugleich dessen Freilassung zu verordnen.

§. 41. Findet die Gerichtsabtheilung die Sache noch nicht hinreichend vorbereitet, um über die förmliche Eröffnung der Untersuchung zu entscheiden, so hat sie die Punkte, in Ansehung deren es noch einer näheren Aufklärung bedarf, in dem abzufassenden Beschlusse zu bezeichnen, und diesen Beschluß dem Staatsanwalte zur Erledigung mitzutheilen.

§. 42. Hält der Staatsanwalt zur Begründung oder Vervollständigung der Anklage eine gerichtliche Voruntersuchung für nöthig, so hat auf seinen Antrag das Gericht einen Untersuchungsrichter zu ernennen. b. Verfahren, wenn eine Voruntersuchung erforderlich ist.

---

keit des Zeugnisses der Richter als gewiß oder doch als wahrscheinlich anzunehmen ist, muß die Verweisung der Sache an ein anderes Gericht erfolgen und die Beschlußnahme hierüber, wenn ein solcher Fall bei einem Stadt- oder Kreisgericht vorkommen sollte, von dem vorgesetzten Appellationsgerichte, und wenn bei diesem, von dem Ober-Tribunal gefaßt werden.

8. Die Dienstentlassung, deren im §. 38, Nr. 3 gedacht ist, gehört jetzt nach §. 15 des Ges. vom 7. Mai 1851, betr. die Dienstvergehen der Richter u. s. w. (G. S. S. 221) und §§. 14–16 des Ges. vom 21. Juli 1852, betr. die Dienstvergehen der nicht richterlichen Beamten u. s. w. (G. S. S. 467 bis 468) auch zu den Disziplinarstrafen.

Zu §. 39. 1. Ueber die Fassung der Anklageschriften s. von Tippelskirch im Arch. II, S. 326 und die allg. Verf. des Just.-Min. vom 29. März 1853 (J. M. Bl. S. 134—138) im Anhange.

2. In Schwurgerichtssachen kann der Ober-Staatsanwalt die Aufstellung der Zeugenliste dem bei dem Schwurgericht fungirenden Staatsanwalte überlassen. R. des Just.-Min. vom 3. Dezbr. 1852 (Arch. I, S. 348—349).

Zu §. 42. 1. Eine Voruntersuchung wegen der vor die Gerichtsabtheilung gehörigen strafbaren Handlungen ist nur dann erforderlich, wenn ohne dieselbe die Anklage nicht begründet werden kann; sie darf daher in der Regel nur bei verwickelten und weitlaufigen Sachen vorkommen, während in anderen Sachen die zur Begründung der Anklage nothwendigen Ermittelungen nach §§. 4, 5 u. 7 der Verordnung vom 3. Januar 1849 sich durch einzelne Requisitionen vollkommen genügend bewirken lassen. Allgem. Verf. vom 3. Septbr. 1849, Nr. 2 (J. M. Bl. S. 387—388). Es ist deshalb auf die Vollständigkeit polizeilicher Berichte und Verhandlungen, namentlich auch in der Beziehung, daß darin nicht blos die Zeugen im Allgemeinen angeführt, sondern auch die Thatsachen, welche jeder einzelne speziell bekunden kann, und die Quelle seiner Wissenschaft besonders hervorgehoben werden, Seitens der Staatsanwalte durch die geeignete Kommunikation mit den betreffenden Verwaltungsbehörden hinzuwirken. Allg. Verf. vom 25. Nov. 1850, Nr. 2 (J. M. Bl. S. 398—399). Vergl. ferner die allgem. Verf. vom 4. April 1854, Nr. III. (J. M. Bl. S. 147—148).

2. Ueber die Stellung des Staatsanwalts zur Voruntersuchung und die Verpflichtung des Richters in Bezug auf die Anträge des St.-A., s. die Noten zu §. 5.

§. 43. Der Untersuchungsrichter hat bei der Voruntersuchung alle in der Kriminalordnung für den Inquirenten gegebenen Vorschriften, insbesondere auch die Vorschrift wegen Zuziehung eines vereideten Protokollführers zu beachten.

§. 44. Der Zweck der Voruntersuchung ist: die Existenz und Natur des angezeigten Verbrechens, sowie die Person des Thäters und die zu seiner Ueberführung dienenden Beweismittel so weit zu erforschen und festzustellen, als dies zur Begründung einer Anklage und zur Vorbereitung der mündlichen Hauptuntersuchung erforderlich erscheint.

Der Untersuchungsrichter hat daher seine Nachforschungen nicht weiter auszudehnen, als dieser Zweck es nothwendig macht.

---

3. Für die Einleitung der Voruntersuchung bedarf es nicht eines von dem Abtheilungs-Dirigenten mit zu vollziehenden Beschlusses. Wenn es sich auch empfiehlt, daß die erfolgte Einleitung der Voruntersuchung dem Antrage des Staatsanwalts entsprechend zu den Akten vermerkt werde, so ist hierzu doch, da der Antrag nicht zurückgewiesen werden darf, ein besonderer Beschluß des Kollegii nicht erforderlich. Nach §. 42 hat das Gericht auf den diesfälligen Antrag nur einen Untersuchungsrichter zu ernennen. Dieser ist nach §. 13 des Geschäfts-Regulativs für die Gerichte erster Instanz in der Regel bleibend zu ernennen und nach §. 16 a. a. O. sind ihm alle Anträge, welche Voruntersuchungen betreffen, unmittelbar zuzustellen. Hiernach ist auch mit dem ersten Antrage zu verfahren. R. des Just.-Min. vom 14. Mai 1856 (Arch. IV, S. 544).

Zu §. 43. 1. Für den zur Führung der Voruntersuchungen bestellten richterlichen Beamten ist die Bezeichnung „Untersuchungsrichter" anzuwenden. Die Funktionen des Untersuchungsrichters und des Kommissarius für Uebertretungen sind, wo der Geschäftsumfang dies gestattet, in der Regel demselben richterlichen Beamten zu übertragen. Allg. Verf. des Just.-Min. vom 27. Okt. 1851, Nr. 2 (J. M. Bl. S. 347).

2. Die Funktion eines auf Antrag des Staatsanwalts zu bestellenden Untersuchungsrichters gehört zur Kompetenz der Einzelrichter. §. 22, Nr. 5 der V. vom 2. Januar 1849 (G. S. S. 8).

3. Ueber die Zuziehung eines Dolmetschers in der Voruntersuchung s. Art. 27 und die Noten zu demselben.

Zu §. 44. 1. Es ist nicht zu billigen, wenn in den Voruntersuchungen alle Verhandlungen über den Thatbestand und die Thäterschaft erschöpft werden und das mündliche Hauptverfahren demnächst lediglich in einer Wiederholung jener bereits stattgehabten Verhandlungen besteht; vielmehr hat sich die Voruntersuchung nur mit der Vorbereitung der Hauptuntersuchung und mit der Herbeischaffung des erforderlichen Materials für die mündl. Verhandlung zu befassen, und es sind deshalb nur solche Zeugen in derselben zu vernehmen, welche über die in Betracht kommenden Hauptpunkte Auskunft zu geben im Stande sind. Allg. Verf. des Just.-Min. vom 3. Septbr. 1849, Nr. 3 (J. M. Bl. S. 388) und vom 4. April 1854, Nr. III. (J. M. Bl. S. 147—148).

2. Ueber die Grenzen der Voruntersuchung, namentlich in Beziehung auf den Entlastungsbeweis, s. von Tippelskirch im Arch. II, S. 313 ff. und S. 330. — Rücksichtlich der Nothwehr nimmt Wilde (Arch. II, S. 40—43) an, daß der St.-A., wenn von einem Beschuldigten in der Voruntersuchung bis zur Ueberzeugung dargethan ist, daß die begangene Handlung durch die Nothwehr geboten war, die Einstellung des Verfahrens beantragen muß; dagegen scheint derselbe anzunehmen, daß die Erhebung des Beweises über die Nothwehr an und für sich in der Voruntersuchung nicht geboten ist.

Das Ob.-Tr. nimmt in dem Erk. vom 24. Nov. 1853 (Arch. II, S. 105)

§. 45. Die in der Voruntersuchung vernommenen Zeugen sind durch den Untersuchungsrichter, wenn keine gesetzlichen Gründe entgegenstehen (§. 22), zu vereidigen.

§. 46. Auch der Beschuldigte kann in der Voruntersuchung, wenn dies zur Aufklärung des Sachverhältnisses zweckmäßig erscheint, vernommen werden.

Ist derselbe verhaftet, so muß seine Vernehmung stets erfolgen.

§. 47. Nach Abschließung der Voruntersuchung legt der Untersuchungsrichter die Akten dem Staatsanwalte zur Stellung der nöthigen Anträge vor.

Trägt der Staatsanwalt hierbei auf Einstellung des weiteren Verfahrens an, so hat das Gericht hierüber zu befinden, und wenn es sich mit dem Antrage einverstanden erklärt, die Zurücklegung der Akten, auch sofern der Beschuldigte verhaftet ist, dessen Freilassung zu verfügen.

Erachtet aber der Staatsanwalt oder das Gericht die förmliche Einleitung der Untersuchung für begründet, so hat der Staatsanwalt die Anklageschrift einzureichen, über welche alsdann die Gerichtsabtheilung Beschluß faßt.

---

an, daß der Zweck der Voruntersuchung nur dahin gehe, zu ermitteln, ob Veranlassung zur Einleitung einer förmlichen Untersuchung sei und diese vorzubereiten, daß der Untersuchungsrichter in derselben, wenn er es zu diesem Zwecke für nützlich hält, auch schon in der Voruntersuchung Entlastungszeugen, welche der Angeschuldigte bezeichnet, vernehmen kann, dies aber seinem pflichtmäßigen Ermessen überlassen ist; für den Angeschuldigten dagegen erst, nachdem er in den Anklagestand versetzt worden, die Stellung eintritt, in welcher er ein gesetzliches Recht erhält, die Aufnahme seines Entlastungsbeweises nach näherer Vorschrift des §. 45 ff. der V. vom 3. Jan. 1849 und Art. 25 des Ges. vom 3. Mai 1852 zu verlangen.

3. Die Kreisphysiker sind gehalten, in Haftsachen spätestens innerhalb 4 Wochen nach Mittheilung der Abschrift des Obduktions-Protokolls den Bericht einzureichen, wenn das Gericht nicht etwa einen kürzeren Termin festgesetzt hat. R. des Min. der geistl. ꝛc. Angeleg. vom 6. April 1850 (Verw. Min. Bl. S. 165).

Zu §. 45. 1. Auch Zeugen, deren Aussagen unerheblich scheinen, müssen vereidet werden, da die Unerheblichkeit erst dann als festgestellt erachtet werden kann, wenn das gesetzliche Mittel zur Erforschung der Wahrheit durch die Aussage des Zeugen, nämlich die Beeidung derselben angewendet worden ist. Ob.-Tr. vom 6. Septbr. 1854 (Arch. II, S. 680—681). Vergl. Huettemann im Arch. I, S. 619—620.

2. Es ist kein Nichtigkeits-Grund, wenn ein evangelischer Zeuge nach katholischem Ritus vereidet worden ist. Ob.-Tr. vom 15. Septbr. 1853 (Arch. I, S. 697).

3. Ueber die Berechtigung zur Ablehnung des eidlichen Zeugnisses s. die Noten zu §. 22.

4. Sachverständige dürfen die eidliche Bekräftigung ihrer Aussage, eben so wie Zeugen die Ablegung eines Zeugnisses nur in den gesetzlichen Ausnahmefällen verweigern. Ob.-Tr. vom 7. Septbr. 1853 (J. M. Bl. S. 437).

Zu §. 47. 1. Ueber die Einstellung des Verfahrens bei dem Nachweise

c. Verfahren nach eröffneter Untersuchung. **§. 48. Wird die Eröffnung der Untersuchung beschlossen, so hat die Gerichtsabtheilung zugleich einen Termin zum mündlichen Verfahren zu bestimmen.**

---

der Nothwehr in der Voruntersuchung s. Wilde im Arch. II, S. 40—43 und oben Note 2 zu §. 44.

2. Die Nennung des Angebers kann der Beschuldigte, gegen welchen eine Untersuchung nicht eröffnet ist, nicht verlangen. Ob.-Tr. v. 25. Sept. 1854 (Arch. II, S. 679 u. 680).

3. Gegen Gerichtsbeschlüsse, durch welche eine Untersuchung eröffnet worden, steht der Staatsanwaltschaft eine Beschwerde zu dem Behufe, um solche Beschlüsse im Interesse oder sonst zu Gunsten des Angekl. rückgängig zu machen, nicht zu. Ob.-Tr. v. 18. Okt. 1852 (Arch. I, S. 64 u. 65).

4. Nach Eröffnung der Untersuchung kann der St.-A. die Anklage nicht zurücknehmen; die Untersuchung kann vielmehr dann nur durch Erkenntniß beendigt werden. Allg. Verf. des Just.-Min. v. 7. Nov. 1849 (J. M. Bl. S. 451 u. 452).

Zu §. 48. 1. Ueber die zweckmäßige Ansetzung der Termine an denjenigen Gerichten, bei welchen der Staatsanwalt nicht seinen Wohnsitz hat, s. die allg. Verf. des Just.-Min. v. 3. Sept. 1849 Nr. 6. (J. M. Bl. S. 388).

2. Es ist die Frage entstanden: inwiefern bei der Ansetzung von Terminen für die Schwurgerichte die Feiertage der Katholiken, welche als gesetzliche Feiertage nicht anzusehen sind, zu beachten seien?

Dieselbe Frage entstand in der Rheinprovinz, als im Jahre 1829 mit Allerhöchster Genehmigung die Festordnung der östlichen Provinzen der Monarchie auf die westlichen Provinzen übertragen wurde, und von den in jener Festordnung (abgedruckt in der Rheinischen Sammlung Bd. 3. S. 285) bezeichneten Feiertagen diejenigen, welche sowohl die evangelische als auch die römisch-katholische Kirche feiert, durch die Allerhöchste Ordre vom 5. Juli 1832 (Ges.-Samml. S. 197) für *gesetzliche* Festtage erklärt worden waren. Die obige Frage war hiernach für folgende katholische Feiertage:

1) das Fest der heiligen drei Könige oder Erscheinung des Herrn (6. Jan.),
2) das Fest der Reinigung Mariä oder Mariä Lichtmeß (2. Februar),
3) Mariä Verkündigung (25. März),
4) das Frohnleichnahmsfest, am Donnerstag nach Trinitatis, also abwechselnd wie Ostern und Pfingsten.
5) das Fest der Apostel Petrus und Paulus (29. Juni),
6) Allerheiligen (1. Novbr.),
7) Mariä Empfängniß (8. December),

von Bedeutung.

Durch die Verfügungen vom 30. Januar 1835, 25. März 1836 u. 31. März 1837 (Rheinische Sammlung, Bd. 5 S. 57 und 349 und Bd. 6 S. 127) wurde für die *Rheinprovinz* die Anordnung getroffen, daß in Gegenden und Orten, wo die Bevölkerung eine überwiegend katholische ist, an den oben bezeichneten Feiertagen der Katholiken weder Schwurgerichtssitzungen noch andere öffentliche Sitzungen in Kriminal- und Civilsachen, ingleichen keine öffentliche Lizitationen abzuhalten seien. Dringende Fälle oder Verhandlungen, die auch an gewöhnlichen Sonntagen vorgenommen zu werden pflegen, bleiben hiervon, wie sich von selbst versteht, ausgenommen.

Nachdem in den übrigen Provinzen jetzt ebenfalls ein öffentliches Verfahren eingeführt worden ist, und nicht mehr, wie früher bei Verhandlungen mit dem Einzelnen, auf dessen Konfession Rücksicht genommen werden kann, ist nach diesem Grundsatze auch in den Provinzen, in welchen die Verordnung vom 3. Januar 1849 zur Anwendung kommt, zu verfahren und erwartet der Justizminister, daß die Vorsitzenden der Gerichte die Termine unter umsichtiger Beachtung der örtlichen und konfessionellen Verhältnisse so reguliren werden, daß in Ansehung der Religions-Uebung dadurch kein Anstoß gegeben wird. Allg. Verf. des Just.

§. 49. Ist der Angeklagte **verhaftet**, so wird ihm die Anklageschrift nebst dem Beschlusse vorgelesen, und er wird darüber vernommen:

ob und welche Beweismittel zu seiner Vertheidigung er herbeigeschafft, insbesondere welche Zeugen er vorgeladen zu sehen verlange.

Kann der Angeklagte sich hierüber nicht auf der Stelle erklären, so ist ihm dazu eine angemessene Frist zu bestimmen.

§. 50. Steht dem verhafteten Angeklagten ein Vertheidiger zur Seite, so ist dieser eine Abschrift der Anklage und des Beschlusses zu fordern berechtigt.

§. 51. Ist der Angeklagte **nicht verhaftet**, so wird derselbe unter Mittheilung einer Abschrift der Anklageschrift und des Beschlusses nach §. 32 schriftlich vorgeladen.

§. 52. Als Zeugen werden, ohne Rücksicht darauf, ob sie schon in der Voruntersuchung vernommen sind oder nicht, alle diejenigen vorgeladen, deren Abhörung der Staatsanwalt oder das Gericht für erforderlich erachtet, oder der Angeklagte verlangt, in sofern das Gericht die Umstände, über welche die Abhörung der Zeugen beantragt ist, wesentlich findet. Zu diesem Zwecke müssen die Thatsachen ganz bestimmt angeführt werden.

Dem Staatsanwalte und dem Angeklagten sind die vorgeladenen Zeugen namhaft zu machen.

Min v. 12. April 1850 (J. M. Bl. S. 127 u. 128). Vergl. auch §. 319—321, 347, 348, 350, Tit. 10, Th. I Allg.-Ger.-O.

Zu §. 49, 50. Die bezüglich des verhafteten Angekl. in den §§. 49, 50, 53, 134, Absatz 2, der V. v. 3. Jan. 1849 gegebenen Vorschriften finden ohne Unterschied Anwendung, mag der Angekl. in der vorliegenden oder in einer anderen Untersuchungssache verhaftet sein, oder sich im Arbeitshause, im Polizeiarrest oder im Schuldarrest befinden. Plen.-Beschl. des Crim.-Sen. des Kammergerichts vom 2. Februar 1850 (Arch. I, S. 65). Vgl. die Erört. im Arch. I, S. 370—371.

Zu §. 51. In Strafsachen müssen unmündige Kinder nicht nothwendig durch eine an ihren Vormund oder Vater gerichtete Vorladung, sondern selbst vorgeladen werden, weil es wesentlich auf die persönliche Verhandlung mit ihnen ankommt, auf deren Grund auch festzustellen ist, ob sie mit Unterscheidungsvermögen gehandelt haben. Aus Art. 20 Schlußsatz folgt nicht das Gegentheil. Ob.-Tr. v. 3. Novbr. 1853 (Arch. II, S. 675).

Zu §. 52. 1. Vgl. Art. 26 und §. 21 und die Noten zu denselben.

2. Unterbleibt die mündliche Vernehmung von Zeugen ohne gesetzlichen Grund (§. 21) so tritt Nichtigkeit ein. Ob.-Tr. v. 25. Mai 1850 (Grundsätze, I. Fortsetzung, S. 4) und 4. März 1853 (Entsch. 24, S. 446).

3. Ein Beschluß des Ob.-Tr. v. 20. Febr. 1850 (Grundsätze, S. 8) nahm an, daß die Vorladung der Zeugen, deren Abhörung der Staatsanwalt für erforderlich hält, nur dann erfolge, wenn das Gericht dies für die Entscheidung erheblich erachtet, und daß daher auch von dem Staatsanwalt die Thatsachen, über welche die Vernehmung der Zeugen erfolgen soll, bestimmt angegeben werden müsse. Dagegen bemerkt der Just.-Min. in einem R. v. 7. April 1852, daß diese Ansicht nicht als richtig erscheine, da die Schlußworte des ersten Satzes es §. 52: „insofern das Gericht — wesentlich findet" nur auf die unmittelbar

§. 53. In der Zwischenzeit bis zum Termine ist dem verhafteten Angeklagten, sofern er einen Vertheidiger besitzt, verstattet, sich mit demselben zu besprechen, und zwar ohne Beisein einer Gerichtsperson, wenn der Vertheidiger ein in Eid und Pflicht stehender Justizbeamter ist.

§. 54. Die Leitung der mündlichen Verhandlung, insbesondere das Verhör des Angeklagten und der Zeugen, gebührt dem Vorsitzenden der Gerichtsabtheilung.

---

vorhergehenden Worte: „oder der Angeklagte verlangt" zurückbezogen werden. Dehnte man die Zurückbeziehung weiter aus, so würde das Nämliche für das Gericht, wie für die Staatsanwaltschaft gelten; es würde alsdann gesagt werden: „als Zeugen werden diejenigen vorgeladen, deren Abhörung das Gericht für erforderlich erachtet; insofern es die Umstände, über welche die Abhörung der Zeugen beantragt ist, wesentlich findet." (Arch. I, S. 65). Auch das Ob.-Tr. hat in neuerer Zeit seine frühere Ansicht geändert. S. z. B. die Gründe des Erk. v. 17. März 1854 (Arch. II, S. 410).

4. Die Defensionalzeugen müssen auf Antrag, auch wenn sie nichts Erhebliches bekunden, vereidet werden. Ob.-Tr. v. 6. Septbr. 1854 (Arch. II, S. 680 bis 681).

5. Werden die Entlastungszeugen, deren Vorladung beschlossen ist, nicht aufgefunden, so ist dies dem Angeklagten bekannt zu machen, um ihn in den Stand zu setzen, die Angabe in Betreff des Wohnorts zu berichtigen. Ob.-Tr. v. 22. Dezbr. 1854 (Arch. III, S. 117).

6. Werden nicht alle, von dem Angeklagten über eine bestimmte Thatsache vorgeschlagene Zeugen geladen (Art. 26), so ist dies dem Angeklagten so zeitig zu eröffnen, daß ihm selbst die Gestellung des Zeugen möglich bleibt. Ob.-Tr. v. 9. Novbr. 1853 (Arch. II, S. 246) und 20. April 1854 (Entsch. 27, S. 479 und 28, S. 383. Arch. II, S. 537).

7. Wird eine kommissarische Zeugenvernehmung angeordnet, so muß der Angeklagte hiervon benachrichtigt werden. Die Unterlassung begründet Nichtigkeit. Ob.-Tr. v. 12. Mai 1854 (Arch. II, S. 677—678). Hat jedoch der Angeklagte die nicht geschehene Bekanntmachung in der Hauptverhandlung demnächst nicht gerügt, so kann er eine dadurch erfolgte Beschränkung der Vertheidigung nicht geltend machen. Ob.-Tr. v. 15. Oktbr. 1855 (Arch. III, S. 740—752).

8. Wenn die Vernehmung von Entlastungszeugen abgelehnt wird, so muß aus dem Protokoll erhellen, ob dies aus thatsachlichen oder aus Rechtsgründen beschlossen ist, weil im letzteren Falle dem Nichtigkeitsrichter die Prüfung zusteht. Ob.-Tr. v. 31. März 1854 (Arch. II, S. 395).

9. Es enthält keine Beschränkung der Vertheidigung, wenn die Vorladung von Zeugen zu dem anstehenden Termine nur deshalb versagt worden, weil der Gegenstand ihrer Vernehmung nicht angegeben ist. Ob.-Tr. v. 8. Dezbr. 1849 (Grundsätze, S. 6).

10. Sind dem Angeklagten die auf Veranlassung der Staatsanwaltschaft vorgeladenen Zeugen einmal bekannt gemacht, so bedarf es einer abermaligen Bekanntmachung nicht, sollte auch die Sache im angesetzten Termin nicht verhandelt, sondern bis zu einer späteren Sitzung (resp. Sitzungsperiode des Schwurgerichtshofes) ausgesetzt worden sein. Ob.-Tr. v. 22. März 1855 (J. M. Bl. S. 152—155).

Zu §. 53. S. die Note zu §§. 49, 50.

Zu §. 54. Auch während der Sitzung sind die Beamten der Staatsanwaltschaft der Aufsicht des Vorsitzenden nicht unterworfen und dürfen von demselben nicht zur Ordnung gerufen werden. (Ungedruckt.) R. v. 16. Juni 1852 und R. v. 19. Mai 1853 (Arch. II, S. 799). S. auch Note 3 zu §. 3.

Zu §. 54 der Verordnung.

Art. 51. Der Vorsitzende muss der Staatsanwaltschaft und kann dem Angeklagten oder dessen Vertheidiger gestatten, Fragen, welche sie zur Aufklärung der Sache für angemessen erachten, unmittelbar an den Betheiligten zu richten. Er ist befugt, die Stellung der Fragen in jedem Zeitpunkte wieder selbst zu übernehmen und das Verhör zu schliessen.

§. 55. Die schon in der Voruntersuchung eidlich vernommenen Zeugen werden bei ihrer nochmaligen Abhörung nicht aufs neue vereidet, sondern auf den geleisteten Eid verwiesen.

§. 56. Erscheint der gehörig vorgeladene Angeklagte in dem Termine nicht, so kann das Gericht, wenn dasselbe aus besonderen Gründen die Anwendung des Kontumazialverfahrens nicht für angemessen hält, unter Vertagung der Sache zu einem anderen Termine die Vorführung oder Verhaftung des Angeklagten anordnen.

§. 57. Die Berathung der Gerichtsabtheilung über das Urtheil erfolgt ohne Beisein anderer Personen. d. Urtheil und Verkündung desselben.

§. 58. (Aufgehoben durch Art. 147; vergl. Art. 6).

§. 59. Kann die Berathung nicht an demselben Tage beendet, oder das Urtheil mit den Gründen nicht sogleich abgefaßt

---

Zu §. 55. 1. Wenn auch §. 55 zunächst eine in Preußen stattgehabte Voruntersuchung voraussetzt, so ist doch den bei den auswärtigen Gerichten vorgenommenen Zeugenvernehmungen gleiche Kraft beizulegen, wenn sie nur den jedesmaligen Erfordernissen entsprechen. Insbesondere kann der Umstand, daß an dem Orte der Vernehmung im Auslande der Zeugeneid vor abgegebenem Zeugnisse, nach der Preußischen Criminal-Ordnung dagegen nach demselben geleistet wird, dort also ein promissorischer, hier ein assertorischer ist, keinen Grund abgeben, die den assertorischen Eid im Auge habende Vorschrift des §. 55, daß auf ihn verwiesen werden soll, nicht auf den promissorischen Eid anzuwenden, da sie der Natur des letzteren noch mehr entspricht. Demnach darf auf eine im Auslande, in einer dort geführten Voruntersuchung geschehene eidliche Vernehmung, wenn das Verfahren wegen desselben Verbrechens nachher auf ein Preußisches Gericht übergeht und das Hauptverfahren vor dem letzteren stattfindet, die Vorschrift des §. 55 mit Recht angewendet werden. Ob.-Tr. v. 11. Mai 1854 (Arch. II, S. 540).

2. Es ist nicht nothwendig, daß die Aussagen derjenigen Zeugen, welche in der Voruntersuchung vernommen worden sind, bei der mündlichen Hauptverhandlung nochmals vollständig zu Protokoll genommen werden, vielmehr genügt es, wenn nur angegeben wird, ob die Zeugen bei ihren früheren Aussagen verblieben, oder welche Abänderungen und Zusätze von ihnen gemacht worden sind. Allgem. Verf. des Just.-Min. v. 3. Septbr. 1849, Nr. 4 (J. M. Bl. S. 388). Vgl. zu Art. 78.

Zu §. 56. 1. Wenn das Kontumazialverfahren beschlossen ist und demnächst die Sache vertagt wird, so bedarf es zu dem neuen Termine nicht der Vorladung des Angeklagten. Erk. des Appellations-Gerichts zu Ratibor v. 8. Jan. 1853 (Arch. I. S. 227—228).

2. Ueber die Fälle der Zulässigkeit der Vertretung eines nicht erschienenen Angeklagten s. Art. 23 des Ges. v. 3. Mai 1852. Durch die Bestimmung desselben ist die Abh. im J. M. Bl. 1851 S. 206—208 antiquirt.

werden, so hat das Gericht zur Verkündung des Urtheils einen neuen Termin zu bestimmen, welcher jedoch nicht über acht Tage hinausgeschoben werden darf.

Kompetenz der Schwurgerichtshöfe.

§. 60. (Die Untersuchung und Entscheidung in Ansehung

1) derjenigen Verbrechen, welche in den Gesetzen mit einer härteren als dreijährigen Freiheitsstrafe bedroht sind, und welche nicht zu den im §. 38 bezeichneten gehören,

2) der politischen und Preßverbrechen

soll vor einem aus fünf Richtern und einem Gerichtsschreiber bestehenden Gerichte, unter Zuziehung von Geschworenen, als beisitzenden Richtern, erfolgen. Den Vorsitzenden dieses Gerichts ernennt der Erste Präsident des Appellationsgerichts und kann hierzu auch eines der Mitglieder desselben auswählen).

Zusatz 12. Die Kompetenz der Schwurgerichte ist jetzt anderweitig bestimmt, resp. beschränkt in den zu §§. 27 und 38 abgedruckten gesetzlichen Bestimmungen, namentlich durch Art. XIII. des Einführ.-Gesetzes v. 14. April 1851 und die Ges. v. 22. Mai 1852 und v. 6. März 1854, sowie durch die folgenden Bestimmungen:

a. Gesetz, betreffend die Abänderung der Art. 94 und 95 der Verfassungs-Urkunde v. 31. Januar 1850, vom 21. Mai 1852 (G. S. S. 249):

Artikel 1. Die Art. 94 und 95 der Verfassungs-Urkunde v. 31. Januar 1850 sind aufgehoben.

An deren Stelle treten folgende Bestimmungen:

Artikel 2. Bei Verbrechen erfolgt die Entscheidung über die Schuld des Angeklagten durch Geschworene, insoweit ein mit vorheriger Zustimmung der Kammern erlassenes Gesetz nicht Ausnahmen bestimmt. Die Bildung des Geschworenengerichts regelt das Gesetz.

Artikel 3. Es kann durch ein mit vorheriger Zustimmung der Kammern zu erlassendes Gesetz ein besonderer Gerichtshof errichtet werden, dessen Zuständigkeit die Verbrechen des Hochverraths und diejenigen Verbrechen gegen die innere und äußere Sicherheit des Staats, welche ihm durch das Gesetz überwiesen werden, begreift.

b. Gesetz, betreffend die Kompetenz des Kammergerichts zur Untersuchung und Entscheidung wegen der Staatsverbrechen und das dabei zu beobachtende Verfahren, v. 25. April 1853 (G. S. S. 162—165):

Erster Abschnitt. Kompetenz des Kammergerichts und Bildung der Senate desselben.

§. 1. Die Untersuchung und Entscheidung wegen der in dem ersten Titel des zweiten Theils und in den §§. 74, 76 und 78 des Strafgesetzbuchs vorgesehenen Verbrechen, mit Einschluß des Versuchs und der Theilnahme, erfolgt für den ganzen Umfang der Monarchie durch das Kammergericht.

Zu §. 59. Der §. 59 ist modifizirt durch Art. 31, 32. — Ueber die Fassung der Urtel s. die Noten zu Art. 31.

§. 2. Strafbare Handlungen, welche mit den im §. 1 bezeichneten Verbrechen konnex sind, können mit diesen zur gleichzeitigen Untersuchung und Entscheidung vor das Kammergericht gebracht werden.

§. 3. Es werden im Kammergerichte zwei Senate gebildet, deren einer über die Versetzung in den Anklagestand zu beschließen, der andere auf Grund mündlicher öffentlicher Verhandlung, jedoch ohne Mitwirkung von Geschworenen, über die Schuld des Angeklagten und über die Anwendung des Gesetzes zu erkennen hat.

Die Zusammensetzung derselben erfolgt bei der jedesmaligen Bildung der übrigen Senate des Gerichtshofes.

§. 4. Der Anklagesenat besteht aus sieben, der Urtheilssenat aus zehn Mitgliedern.

Zweiter Abschnitt. Vorverfahren.

§. 5. Das Verfahren, welches der definitiven Versetzung in den Anklagestand vorhergeht, findet vor denjenigen Gerichten, welche, abgesehen von den Bestimmungen dieses Gesetzes, zuständig sein würden, in den für sie vorgeschriebenen Formen statt. Es werden jedoch die Befugnisse, welche dem Anklagesenate des Appellationsgerichts zustehen, von dem Anklagesenate des Kammergerichts (§. 3) ausgeübt.

Die Zulässigkeit der Beschwerde gegen Verfügungen und Beschlüsse richtet sich nach den für das Kammergericht geltenden Strafprozeßgesetzen.

§. 6. Der Anklagesenat des Kammergerichts (§. 3) hat die Befugniß, auf den Antrag der Staatsanwaltschaft bei demselben eine jede zur Zuständigkeit des Gerichtshofes gehörige Sache zur Einleitung oder Fortsetzung der Voruntersuchung an sich zu ziehen.

§. 7. Wenn der Anklagesenat des Kammergerichts von der ihm durch den §. 6 beigelegten Befugniß Gebrauch macht, so beauftragt der Vorsitzende mit der Führung der Voruntersuchung einen oder mehrere Richter, welche aus den Mitgliedern des Kammergerichts oder aus den Richtern erster Instanz seines Departements zu entnehmen sind. Erscheint es als angemessen, daß die Voruntersuchung durch einen oder mehrer Richter eines andern Appellationsgerichtsbezirks, in welchem die Handlungen der Voruntersuchung vorzunehmen sind, geführt werde, so wird der Auftrag hierzu, auf Ersuchen des Vorsitzenden, von dem Präsidium des betreffenden Appellationsgerichts ertheilt.

Eine Einwirkung der Rathskammer findet in den Fällen des §. 6 nicht statt; die Verrichtungen derselben werden unmittelbar von dem Anklagesenate des Kammergerichts wahrgenommen.

§. 8. Wenn nach geschlossener Voruntersuchung die Staatsanwaltschaft bei dem Kammergerichte darauf anträgt, daß die Aburtheilung der Sache in dem gewöhnlichen Verfahren erfolge, so ist der Anklagesenat des Kammergerichts (§. 3) befugt, durch den Beschluß über die Versetzung in den Anklagestand die Verweisung der Sache zur Aburtheilung vor dasjenige Gericht auszusprechen, welches, abgesehen von den Bestimmungen dieses Gesetzes, zuständig sein würde. Dieses Gericht kann sich alsdann nicht aus dem Grunde für inkompetent erklären, weil die Sache zur Kompetenz des Kammergerichts gehöre.

Dritter Abschnitt. Hauptverhandlungen.

§. 9. Bei der Hauptverhandlung kommen die für das Verfahren wegen Verbrechen bestehenden Vorschriften insoweit zur Anwendung, als dieselben sich nicht auf die Mitwirkung von Geschworenen beziehen.

Das Kontumazialverfahren richtet sich nach den in den Art. 34—45 und 50 des Ges. v. 3. Mai 1852 (G. S. S. 209 u. f.) enthaltenen Vorschriften mit der Maßgabe:

1) daß an die Stelle des Untersuchungsrichters des Gerichts, wo das Schwurgericht zusammentritt (Art. 37 a. a. O.), ein von dem Vorsitzenden des Anklagesenats des Kammergerichts (§. 3) zu bezeichnender Untersuchungsrichter tritt;
2) daß der öffentliche Aushang der Vorladung (Art. 38) statt am Sitze des Schwurgerichts am Sitze des Kammergerichts erfolgt, und
3) daß an die Stelle der nächsten Sitzungsperiode des Schwurgerichts (Art. 39, 40) ein anzuberaumender Termin tritt, zu welchem eine neue Vorladung nicht stattfindet.

§. 10. Die Erlassung des Urtheils über die Schuld des Angeklagten und über die Anwendung des Gesetzes erfolgt nach den für die Urtheile der Gerichts-Abtheilungen bestehenden Vorschriften.

Im Falle der Stimmengleichheit hat die dem Angeklagten günstigere Meinung den Vorzug.

§. 11. Wenn der Urtheilssenat seine Inkompetenz durch Erkenntniß ausgesprochen hat, so kann, nachdem dasselbe rechtskräftig geworden ist, kein Gericht sich aus dem Grunde inkompetent erklären, weil die That zur Kompetenz des Kammergerichts gehöre.

§. 12. Die Erkenntnisse des Urtheilssenats sind der Appellation nicht unterworfen; es findet gegen dieselben die Nichtigkeits-Beschwerde statt.

§. 13. An den Bestimmungen über den Militairgerichtsstand wird durch das gegenwärtige Gesetz nichts geändert.

Zu §. 60. u. Art. 52. 1. Die Bestimmungen der §§. 60 u. 61 sind durch die spätere Gesetzgebung vollständig beseitigt. Die Nr. 1 des §. 60 ist durch die Bestimmung des Art. XIII. des Einführungsgesetzes v. 14. April 1851 (Zusatz zu §. 27) ersetzt, wonach vor die Schwurgerichte alle Verbrechen (§. 1 des Strafgesetzbuchs) gehören. In Bezug auf Nr. 2 des §. 60 traten zunächst Modifikationen ein durch §. 27 des Preßgesetzes vom 12. Mai 1851 und durch Art. XIX. des Einführungsgesetzes vom 14. April 1851. Durch die neuere Gesetzgebung sind auch diese letzteren Bestimmungen wieder aufgehoben und es ist durch das Ges. v. 6. März 1854 (in den Zusätzen zu §. 38) bestimmt, daß auch bei politischen und den mittelst der Presse verübten Vergehen sich die Kompetenz der Schwurgerichte nach Art. XIII. bis XV. des Einführungsgesetzes richte. Von diesen Kompetenzbestimmungen ist indessen wieder eine doppelte Ausnahme gemacht. Durch Art. I. u. IV. des Gesetzes v. 22. Mai 1852 (Zusätze zu §. 38) sind eine Anzahl von Verbrechen der Kompetenz der Gerichtsabtheilung überwiesen und es ist zugleich bestimmt, daß alle von Personen unter 16 Jahren verübte Verbrechen nur wegen Konnexität vor das Schwurgericht gebracht werden können, sonst aber von den Gerichtsabtheilungen abzuurteln sind; durch das Ges. v. 25. April 1853 (Zusatz zu §. 60) sind die sogenannten

Zu §. 60 der Verordnung.

Art. 52. Der Schwurgerichtshof besteht aus einem Vorsitzenden des Schwurgerichts, vier beisitzenden Richtern und einem Gerichtsschreiber. Zusammensetzung des Schwurgerichtshofes.

Die Vorsitzenden der Schwurgerichte werden für jeden Appellationsgerichts-Bezirk aus der Zahl der in demselben angestellten Richter von dem Justizminister auf Ein Jahr ernannt. Die Auswahl der Vorsitzenden für die einzelnen Sitzungsperioden steht dem Ersten Präsidenten des Appellationsgerichts zu.

Staatsverbrechen der Kompetenz der Schwurgerichtshöfe entzogen und dem Kammergericht vorbehalten.

Die zur schwurgerichtlichen Kompetenz nicht gehörigen Verbrechen, mit Ausnahme der Staatsverbrechen, sowie die Vergehen, können indessen wegen Konnexität an die Schwurgerichte gelangen. S. oben Art. 3 des Ges. v. 3. Mai 1852 und die Zusätze dazu.

Die Bestimmungen des §. 60 über die Zusammensetzung der Schwurgerichte sind im Art. 52 des Ges. v. 3. Mai 1852 modifizirt.

Nach den vorgedachten Bestimmungen und durch die Aufhebung des Tit. 20, Th. II, A. L. R. ist auch §. 61 der V. v. 3. Jan. 1849 bedeutungslos geworden.

2. In Betreff der Ernennung der Vorsitzenden ist die Bestimmung des §. 60 der Verordnung v. 3. Jan. 1849 und des Geschäfts-Regulativs für die Appellationsgerichte §. 12 (J. M. Bl. S. 326) modifizirt und aus den Anordnungen des letztgedachten Regulativs nur die Bemerkung hervorzuheben, wie es zweckmäßig erscheine, daß diejenigen Vorsitzenden der Schwurgerichte, welche sich bereits bewährt haben, wieder gewählt werden.

3. Ueber die von den Vorsitzenden der Schwurgerichte zu erstattenden Berichte s. die allg. Verf. v. 3. Sept. 1849 (J. M. Bl. S. 387), v. 8. Apr. 1851 (J. M. Bl. S. 158), v. 22. Okt. 1851 (J. M. Bl. S. 342), v. 25. Okt. 1852 (J. M. Bl. S. 374) v. 6. Aug. 1853 (J. M. Bl. S. 302) u. v. 5. Jan. 1857 (J. M. Bl. S. 10).

4. Die Mitglieder des Appellationsgerichts sind von der Uebernahme des Vorsitzes bei solchen Untersuchungen, in denen sie bei dem Beschlusse über die Versetzung in Anklagestand thätig gewesen sind, nicht ausgeschlossen, da die schwurgerichtliche Verhandlung und Entscheidung sich zu jenem Beschlusse nicht so wie zwei Instanzen zu einander verhalten, vielmehr nur den Fortschritt des Prozesses in einer und derselben Instanz darstellen. Ob.-Tr. v. 6. Okt. 1853 (Arch. I, S. 684—685) und 18. Juni 1856 (Arch. IV, S. 665).

5. Zu den Schwurgerichtssitzungen können, wenn die Verwaltung der sonstigen Geschäfte dies erforderlich macht, nicht nur abwechselnd die Mitglieder der verschiedenen Abtheilungen des Gerichts, je nachdem sie an den Sitzungstagen disponibel sind, sondern bei kleineren Kollegien auch die Richter bei auswärtigen Gerichts-Kommissionen und -Deputationen, so wie mit Genehmigung des Appellationsgerichts einzelne Mitglieder der übrigen zu einem Schwurgerichts-Bezirke vereinigten Kreisgerichte herangezogen werden. §. 13 des Geschäfts-Regulativs v. 18. Juli 1850 (J. M. Bl. S. 236). Indessen ist der Wechsel der Mitglieder des Schwurgerichts möglichst zu vermeiden. R. des Just.-Min., Datum nicht bekannt. (Arch. II, S. 396).

6. Wenn unter den Mitgliedern des Gerichtshofes sich solche befinden, welche nur auf Diäten angestellt sind, so ist daraus eine Inkompetenz des Gerichts überhaupt nicht abzuleiten; überdies ist auch die richterliche Qualität von der Art und Weise der Besoldung nicht abhängig. Ob.-Tr. v. 19. Jan. 1850 (J. M. Bl. S. 112—113).

Referendarien sind zwar nach Art. XV. d. G. v. 26. April 1851 zu der zeitweisen Funktion als Hülfsrichter bei den Gerichten erster Instanz qualifizirt; die Ausübung solcher Funktionen und demzufolge die Rechtsbeständigkeit der von ihnen vorgenommenen richterlichen Handlungen ist aber dadurch bedingt, daß ihnen ein Auftrag, als Hülfsrichter zu fungiren, von dem Appellationsgerichte ertheilt

Art. 53. Ausserhalb der Sitzungsperiode des Schwurgerichts werden alle Funktionen des Schwurgerichtshofes von

---

worden ist. Hat daher ein Referendarius an der Entscheidung Theil genommen, ohne daß ihm in Folge solches Auftrages zur Zeit seiner Theilnahme die Eigenschaft eines Hülfsrichters beiwohnte, so ist das Erkenntniß auch dann nichtig, wenn die Genehmigung des Appellationsgerichts nachträglich erfolgt ist. Ob.-Tr. v. 18. April 1853 (Arch. I, S. 530).

Daß der Richter, welcher die Voruntersuchung geführt, als Mitglied des Schwurgerichtshofes mitgewirkt hat, begründet nicht den Antrag auf Vernichtung des Erkenntnisses. Ob.-Tr. v. 20. Febr. 1850 (Grundsätze, S. 9).

Es ist kein Nichtigkeitsgrund, wenn die Mitglieder der im §. 76 gedachten Abtheilung des Gerichts (Rathskammer) an der Entscheidung des Schwurgerichts Theil nehmen. Ob.-Tr. v. 10. Okt. 1849 (Grundsätze, S. 10).

Ein Beamter, welcher in einer Untersuchung die Funktionen des Staatsanw. wahrgenommen hat, kann in derselben Sache bei einer späteren Verhandlung nicht als Richter mitwirken. Ob.-Tr. v. 10. Jan. 1855 (Arch. III, S. 253).

Verwandtschaft mit dem Damnifikaten hindert nicht, als Richter zu fungiren. Ob.-Tr. v. 29. Dez. 1852 (Arch. I, S. 190).

7. Die zur Besetzung eines Schwurgerichtshofes erforderliche Zahl von fünf Richtern kann bei eintretenden Hindernissen in der Person des einen oder andern derselben während der Verhandlung einer Schwurgerichts-Sache durch keinen Richter ergänzt werden, welcher nicht von Anfang der Verhandlung an als Ergänzungs-Richter zugezogen ist, sollte er auch bei derselben als Zuhörer gegenwärtig gewesen sein. Ob.-Tr. (Pr. 8) v. 19. Jan. 1853 (Entsch. 24, S. 471—473. Arch. I, S. 350).

8. Die Frage, ob der Ergänzungsrichter den Berathungen des Schwurgerichtshofes beiwohnen dürfe, ist bejaht im Arch. III, S. 240.

9. Ueber die Qualifikation des Gerichtsschreibers s. die Noten zu §. 38.

Durch die Vorschriften des §. 60. u. Art. 52 wird die Zuziehung eines zweiten Gerichtsschreibers in der Art, daß die beiden Gerichtsschreiber den Verhandlungen vom Anfang bis zu Ende beiwohnen, und das von ihnen gemeinschaftlich unter gegenseitiger Abwechselung geführte Protokoll unterzeichnen, keineswegs ausgeschlossen. Weder aus der Natur der Sache, noch aus der Gewährschaft für die Treue des Gesammtbildes der Verhandlungen kann ein zureichender Grund für die Einheit der Person des Gerichtsschreibers entnommen werden. Ob.-Tr. v. 19. Sept. 1855 (Arch. III, S. 810—811).

Zu dem Gesetze vom 25. April 1853. 1. Die Motive des Gesetzes sind mitgetheilt im Arch. I, S. 101—106 und 422—434.

2. Der §. 6 des Gesetzes v. 25. April 1853, betreffend die Untersuchung und Entscheidung wegen der Staatsverbrechen und das dabei zu beobachtende Verfahren, giebt dem Anklage-Senat des Kammer-Gerichts die Befugniß, auf den Antrag der Staatsanwaltschaft bei demselben eine jede zur Zuständigkeit des Gerichtshofes gehörige Sache zur Einleitung oder Fortsetzung der Voruntersuchung an sich zu ziehen. Damit von dieser Befugniß der geeignete Gebrauch gemacht werden kann, ist es erforderlich, das der Ob.-St.-A. bei dem Kammergericht von der Anhängigkeit einer jeden hierher gehörigen Sache in Kenntniß und in die Lage gesetzt werde, beurtheilen zu können, ob Gründe zur Avocation der Voruntersuchung vorhanden seien. Zu diesem Behuf wird Folgendes angeordnet: 1) die St.-A. haben sofort von dem Eingang einer jeden Denunciation, welche eine der im §. 1 des Ges. v. 25. April 1853 benannten strafbaren Handlungen betrifft, unter kurzer Angabe des Inhalts derselben dem Ober-St.-A. bei dem Kammer-Gericht Anzeige zu machen. Sind Gründe vorhanden, welche es als angemessen erscheinen lassen, daß die Voruntersuchung durch das Kammer-Gericht geleitet werde, so sind dieselben eben so wie die etwa dagegen sprechenden Momente in der Anzeige mit anzuführen; die St.-A. haben aber, auch wenn sie die Avocation für angemessen erachten, jedenfalls die durch die Aufklärung der Sache gebotenen Ermittelungen und die etwa erforderliche Verhaftung der verdächtigen Personen zu veranlassen, ohne die Antwort auf die erstattete Anzeige

dem Gerichte versehen, bei welchem das Schwurgericht abgehalten wird. Es bedarf hierzu nur der Mitwirkung von drei Richtern.

Art. 54. Der Vorsitzende des Schwurgerichts wird, im Falle der Verhinderung, durch den Präsidenten oder Direktor des Gerichts, bei welchem das Schwurgericht abgehalten wird, oder durch dessen Stellvertreter ersetzt, insofern nicht schon ein anderer Stellvertreter für ihn durch den Appellationsgerichts-Präsidenten bezeichnet worden ist.

Tritt während einer bereits begonnenen Hauptverhandlung eine Verhinderung des Vorsitzenden ein, so wird derselbe, falls ein Ergänzungsrichter zugezogen ist, und der Gerichtshof nicht dessenungeachtet die Vertagung der Verhandlung nothwendig findet, durch den dem Dienstalter nach ältesten der beisitzenden Richter vertreten.

---

abzuwarten. Eine Abschrift der Anzeige ist auch dem Just.-Min. einzureichen. 2) In gleicher Weise ist, wenn sich im Laufe der Voruntersuchung als wünschenswerth herausstellt, daß das Kammer-Gericht die Sache zur Fortsetzung derselben an sich ziehe, an den Ober-St.-A. bei dem Kammer-Gericht und dem Just.-Min. Anzeige zu erstatten. 3) Wenn die St.-A. am Schlusse der Voruntersuchung die Einstellung des gerichtlichen Verfahrens beantragen zu müssen glauben, so haben sie vorher jedesmal die dafür sprechenden Gründe unter Beifügung der Akten dem Ober.-St.-A. bei dem Kammer-Gericht mitzutheilen und dessen Bestimmung abzuwarten. Ebenso haben sie, wenn die Rathskammer gegen ihren Antrag die Einstellung des weiteren Verfahrens beschließt, die gegen den diesfallsigen Beschluß zuläßige Beschwerde zur Wahrung der Frist rechtszeitig einzulegen und den Ober-St.-A. bei dem Kammer-Gericht davon unverzüglich in Kenntniß zu setzen, damit von demselben wegen Verfolgung oder Zurücknahme der Beschwerde die weitere Verfügung getroffen werde.

Sämmtliche Anträge (Nr. 1—3), welche die St.-A. an den Ober-St.-A. bei dem Kammer-Gericht hiernach zu richten haben, sind übrigens nicht direct, sondern durch den ihnen vorgesetzten Ober-St.-A. zu befördern, damit dieser Gelegenheit erhalte, die etwa von ihm für erforderlich erachteten Bemerkungen beizufügen. Nur in Fällen der Dringlichkeit kann hiervon abgewichen werden; die St.-A. haben alsdann jedoch dem ihnen vorgesetzten Ober-St.-A. über die von ihnen dem Ober-St.-A. bei dem Kammer-Gericht direct eingereichten Anträge gleichzeitig Anzeige zu erstatten. Allg. Verf. des J.-M. v. 11. Juli 1853 (I. 2500).

3. Der Anklage-Senat für Staatsverbrechen bei dem Kammer-Gericht hat in den an ihn zum Beschluß über die Eröffnung der Untersuchung gelangenden Sachen alsdann, wenn er den Thatbestand eines der im §. 1 des Ges. v. 25. April 1853 bezeichneten politischen Verbrechen verneint, nicht die Verpflichtung, durch seinen Beschluß zugleich die Eröffnung der Untersuchung wegen der geringeren, von ihm etwa gefundenen Gesetzesübertretung auszusprechen. Gen.-St.-A. (Arch. II, S. 809 u. 810) u. Ob.-Tr. v. 16. Juni 1854 (Arch. II, S. 810).

Zu Art. 53. Die Beschlüsse des Kreis- (resp. Stadt-) gerichts sind nur vorläufige, in Vertretung des Schwurgerichtshofes erlassene; wiederholt daher der Angekl. seine Anträge vor dem Schwurgerichtshofe, so ist dieser verpflichtet, selbst Beschluss zu fassen. Ob.-Tr. v. 15. Sept. 1854 (Arch. II, S. 661).

2. Ueber die Vollstreckung der Strafe und die Aufbewahrung der Akten in Schwurgerichts-Untersuchungssachen, s. die allg. Verf. des Just.-Min. v. 27. Febr. 1851 (J. M. Bl. S. 66).

Zu Art. 54. 1. Der Direktor des Gerichts, bei welchem das Schwurgericht abgehalten wird, ist im Falle der Verhinderung des mit

(§. 61. Als politische Verbrechen im Sinne dieses Gesetzes gelten die im Allgem. Landrechte Th. II, Tit. 20, Abschn. 2 bis Abschn. 5 einschließlich aufgeführten Verbrechen. In denjenigen Landestheilen, in welchen das Allg. Landrecht nicht Gesetzeskraft hat, entscheiden die in den landrechtlichen Abschnitten aufgeführten Gattungen von Verbrechen, und in zweifelhaften Fällen die Bestimmungen des Allg. Landrechts.

Als politische Verbrechen sind jedoch nicht anzusehen die in den §§. 157 bis 160, 166, 180 bis 195, 207 bis 213 gedachten Gesetzes-Uebertretungen; desgleichen gehören nicht hierher diejenigen durch die Presse verübten Vergehen, bei welchen die Bestrafung von dem Antrage einer Privatperson bedingt ist, oder die Strafe nur in den durch das Gesetz vom 17. März 1848 (Gesetzsamml. S. 69) §. 6 angedrohten Geldbußen besteht).

Abschnitt III.

Von den Schwurgerichten.

Bildung der Geschworenenlisten.

§. 62. Zum Geschworenen kann nur berufen werden, wer die Eigenschaft eines Preußen besitzt, 30 Jahre alt ist, im Vollgenusse der bürgerlichen Rechte sich befindet, lesen und schreiben kann, und wenigstens ein Jahr in der Gemeinde, in welcher er sich aufhält, seinen Wohnsitz hat.

§. 63. Zu Geschworenen können nicht berufen werden:

1) die Minister und Unterstaatssekretäre,
2) die richterlichen Beamten, die Staatsanwälte und deren Gehülfen,
3) die Regierungspräsidenten, Provinzial-Steuerdirektoren, Landräthe, Polizeipräsidenten, Polizeidirektoren,
4) die im aktiven Dienste befindlichen Militärpersonen,
5) die Religionsdiener aller Konfessionen,
6) die Elementarschullehrer,
7) Dienstboten,
8) diejenigen, welche 70 Jahre alt sind,
9) diejenigen, welche nicht wenigstens jährlich 18 Rthlr. an Klassensteuer oder 20 Rthlr. an Grundsteuer (ausschließlich der Beischläge) oder 24 Rthlr. an Gewerbesteuer entrichten, oder unter Voraussetzung des Bestehens einer dieser Arten der Besteuerung nach ihren Verhältnissen zu entrichten haben würden.

Ohne Rücksicht auf den zu 9 erwähnten Steuersatz sind jedoch wählbar zu Geschworenen: die Rechtsanwälte und Notarien, die Professoren, die approbirten Aerzte und diejenigen Beamten,

---

dem Vorsitze bei dem Schwurgerichte beauftragten Beamten, auch befugt, die im §. 68 der V. v. 3. Jan. 1849 angeordnete Auswahl der einzuberufenden Geschworenen vorzunehmen. Ob.-Tr. v. 25. Febr. 1853 (Arch. I, S. 188). — Vergl. hierzu die Bemerk. im Arch. I, S. 188, Nr. 2.

Zu §. 61. S. zu §. 60 Note 1 am Ende.

welche entweder von Uns unmittelbar ernannt sind oder ein Einkommen von wenigstens 500 Rthlrn. jährlich beziehen und nicht zu den oben ausgeschlossenen Kategorieen gehören.

Zu §§. 62 und 63 der Verordnung.

Art. 55. An die Stelle des §. 63 Nr. 9 der Verordnung tritt folgende Bestimmung:

9) diejenigen, welche nicht der klassifizirten Einkommensteuer unterworfen sind, oder welche nicht wenigstens 16 Rthlr. jährlich an Klassensteuer, oder 20 Rthlr. an Grundsteuer, ausschliesslich der Beischläge, oder 24 Rthlr. an Gewerbesteuer entweder entrichten, oder unter Voraussetzung des Bestehens einer dieser Arten der Besteuerung nach ihren Verhältnissen zu entrichten haben würden.

Zusatz 13. Das Gesetz über die Gerichtsorganisation, das mündliche und öffentliche Verfahren in Untersuchungssachen u. s. w. in den Fürstenthümern Hohenzollern-Hechingen u. Hohenzollern-Sigmaringen, vom 30. April 1851 bestimmt im §. 6 (G. S. S. 189).

Zu Geschwornen können berufen werden:

1) diejenigen, die im Fürstenthume Hechingen an Grund-, Gebäude-, Kapitalien-, Besoldungs- und Patentsteuer, im Fürstenthume Sigmaringen an Grund-, Gefäll-,

---

Zu §§. 62, 63. 1. S. die Noten zu Art. 56.

2. Die Räthe bei den Auseinandersetzungs-Behörden sind in die aufzustellenden Geschworenenlisten nicht aufzunehmen, da sie nach §. 67 der V. v. 10. Juli 1849 (jetzt §. 65 des Ges. v. 7. Mai 1851) den richterlichen Beamten gleichgestellt werden. R. des Ministers für landwirthschaftliche Angelegenheiten v. 30. Dez. 1849. (Verw. Min. Bl. S. 265). — Dagegen können Oekonomie-Kommissarien zu Geschworenen berufen werden. R. des Ministers für landwirthschaftliche Angelegenheiten v. 8. April 1850 (Verw. M. Bl. S. 106).

3. Den Staats- und also auch den Kassenbeamten darf das Recht, als Geschworene zu fungiren, nicht verkümmert werden; die Regierungs-Präsidenten sollen indeß den Vorgesetzten der einzuberufenden Beamten rechtzeitige Mittheilung von der Aufnahme derselben in die Geschworenenliste machen, damit wegen ihrer Stellvertretung Anordnung getroffen werden könne. R. des Fin.-Min. vom 24. August 1849 (Verw. M. Bl. S. 189).

4. Die Entscheidung darüber, ob das Einkommen eines Beamten, insoweit davon die Berufung desselben als Geschworener abhängig ist, mindestens 500 Thlr. betrage, steht, wie der Just.-Min. annimmt, nicht dem Gerichtshofe, sondern der Verwaltung zu. Reklamationen können nur nach Maaßgabe des §. 65 der Verordn. v. 3. Jan. 1849, nicht aber vor dem Gerichtshof geltend gemacht werden. (J. M. Bl. 1851, S. 292 u. 293). Vergl. Art. 56 und die Noten dazu.

5. Die Frage, ob Mennoniten zum Geschworenendienste verpflichtet seien, wurde durch R. der Min. des Inn. und der Just. v. 24. Juni 1849 (Verw. M. Bl. S. 218) bejaht und nur bemerkt, daß ihnen bei ihrer Verpflichtung als Geschworene freistehe, anstatt des im §. 97 der V. v. 3. Jan. 1849 vorgeschriebenen eidlichen Angelöbnisses, in Gemäßheit der V. v. 11. März 1827 die gewissenhafte Erfüllung der Pflicht als Geschworener nach der bei den Mennoniten üblichen Bestätigungsformel, welche mit der Eidesleistung gleiche Kraft hat, mittelst Handschlages zu versichern.

Jetzt ist diese Annahme durch Art. 73 d. Ges. v. 3. Mai 1852 gesetzlich bestätigt.

Gebäude-, Gewerbe-, Kapitalien- und Dienstvertragssteuer einen direkten Steuersatz von wenigstens 20 fl. oder 11 Rthlr. 12⅙ Sgr. Courant entrichten;

2) diejenigen, nicht zu den ausgeschlossenen Kategorieen gehörigen Beamten, einschliesslich der bei Fürstlich-Hohenzollernschen Behörden angestellten, welche ein Einkommen von wenigstens 800 fl. oder 457⅐ Rthlr. Courant beziehen.

Die in dem §. 63 der Verordnung vom 3. Januar 1849 in Nr. 9 und am Schlusse enthaltenen Bestimmungen werden hiernach abgeändert.

Art. 56. Das Verfahren ist nichtig, wenn ein Geschworener mitgewirkt hat, welcher die Eigenschaft eines Preussen nicht besitzt, oder sich nicht im Vollgenuss der bürgerlichen Ehre befindet.

Der Mangel der übrigen Bedingungen der §§. 62 und 63. der Verordnung kann vor den Gerichten nicht geltend gemacht werden.

§. 64. Für jeden landräthlichen Kreis wird alljährlich im Monat September durch den Landrath, und für jede Stadt, welche zu keinem landräthlichen Kreise gehört, durch den Magistrat, und da, wo kein Magistratskollegium besteht, durch den Vorstand der Gemeindeverwaltung eine Urliste angelegt, welche nach Vor- und Zunamen, Stand, Alter und Wohnort in alphabetischer Ordnung und unter fortlaufenden Nummern diejenigen Personen enthält, welche zu Geschworenen berufen werden können.

§. 65. Die Urliste muß an einem öffentlich bekannt zu machenden Orte drei Tage lang zu Jedermanns Einsicht offen gelegt werden.

Behauptet Jemand, ohne Grund übergangen oder ohne Be-

Zu Art. 56. 1. Ist der Name des unfähigen Geschworenen gar nicht aus der Urne gezogen worden, so hat der Geschworene nicht „mitgewirkt"; Art. 56 ist daher auf solche Fälle nicht anwendbar. Ob.-Tr. v. 26. Mai 1854 (Arch. II, S. 530).

2. Wenn bei dem schwurgerichtlichen Verfahren Jemand als Geschworener zugezogen ist und mitgewirkt hat, welcher nicht in der Urliste und in der Jahresliste derjenigen Personen, welche zu Geschworenen berufen werden können, eingetragen ist, so ist ein wesentlicher Grundsatz des Verfahrens verletzt und das stattgefundene Verfahren unterliegt der Vernichtung. Ob.-Tr. vom 6. April 1853 (Entsch. 25, S. 280—282, Arch. I, S. 349).

3. Ueber die Frage, ob die von den einberufenen Geschworenen selbst angezeigten und von ihnen zum Zwecke der Entlassung geltend gemachten Mängel vor Gericht erörtert, und ob die Geschworenen von dem Gericht auf Grund der Feststellung solcher Mängel entlassen werden können, s. Arch. I, S. 683—684 und III, S. 240—241. Die Frage wird meist verneint; auch der J. M. stimmt nach der Mittheilung im Arch. III, S. 241 der verneinenden Ansicht bei. Vergl. auch J. M. Bl. 1851, S. 293—294.

Zu §§. 64—67. Ueber die Folgen der Mitwirkung von Geschworenen, welche nicht durch die gesetzlichen Listen berufen sind, s. Note 2 zu Art. 56.

rücksichtigung des Befreiungsgrundes eingetragen zu sein, so hat er seine Einwendungen binnen der dreitägigen Frist zu Protokoll anzumelden.

Erachtet die Behörde, welcher die Aufstellung der Liste oblag, die Einwendungen für begründet, so erfolgt die nachträgliche Eintragung oder Löschung binnen drei Tagen nach Ablauf der dreitägigen Einwendungsfrist.

§. 66. Die abgeschlossenen Urlisten werden vom Kreislandrathe, in großen Städten, welche zu keinem landräthlichen Kreise gehören, von dem Vorsteher der Gemeindeverwaltung gesammelt und dem Präsidenten der Regierung, in deren Bezirke sie aufgenommen sind, eingesendet, welcher sie definitiv feststellt und daraus für jeden Schwurgerichtsbezirk eine besondere Jahresliste derjenigen von ihm auszuwählenden Personen aus diesem Bezirke anfertigt, welche er zur Funktion als Geschworene für das bevorstehende Geschäftsjahr geeignet erachtet.

Außerdem wird von ihm eine Liste von geeigneten Ergänzungsgeschworenen aus den Personen zusammengestellt, welche am Sitze des Schwurgerichts oder in dessen nächster Umgebung wohnen, und deren Zahl von ihm nach seinem Ermessen zu bestimmen ist.

Liegt ein Schwurgerichtsbezirk in mehreren Regierungsdepartements, so entscheidet der Sitz des Schwurgerichts darüber, welchem Regierungspräsidenten die Urlisten einzusenden sind und die Aufstellung der Geschworenenlisten obliegt.

Zu §. 66 der Verordnung.

Art. 57. Die Kreislandräthe und Vorsteher der Gemeindeverwaltung haben, bevor sie dem Regierungspräsidenten die Urlisten einsenden, über die Qualifikation der darin aufgenommenen Personen zu dem Berufe der Geschworenen, mit den Direktoren der betreffenden Gerichte erster Instanz Rücksprache zu nehmen, und die von den Letzteren gemachten Bemerkungen in die Listen einzutragen.

§. 67. Vierzehn Tage vor dem Beginne jeder Sitzungsperiode des betreffenden Schwurgerichts sendet der Regierungspräsident ein Verzeichniß von 60 aus der Jahresliste herausgezogenen Personen an das am Sitze des Schwurgerichts befindliche Gericht.

Die Ergänzungsliste wird dem Gerichte vor dem Anfange

Zu §. 66. Den Regierungs-Präsidenten ist empfohlen, dafür zu sorgen, daß die Listen der zu Geschworenen auszuwählenden Personen mit erforderlicher Sorgfalt angefertigt werden, da es vorgekommen ist, daß Personen in die Listen aufgenommen sind, denen es an der gehörigen Qualifikation gemangelt, oder die, weil sie im Laufe des Jahres bereits zum Geschworenendienste herangezogen gewesen, hätten dispensirt werden müssen, — solche, welche an vollständiger Taubheit litten, welche weder lesen noch schreiben konnten u. s. w. R. des Min. des Inn. v. 2. Mai 1850 (Verw. Min. Bl. S. 131).

des Geschäftsjahres zum Gebrauche während des Laufes desselben besonders übersendet.

Zusatz 14. Das Gesetz über die Gerichtsorganisation, das mündliche und öffentliche Verfahren in Untersuchungssachen u. s. w. in den Fürstenthümern Hohenzollern-Hechingen und Hohenzollern-Sigmaringen, vom 30. April 1851, bestimmt im §. 7 (G. S. S. 189—190):

Die Verwaltungsorgane, welche die in den §§. 64 bis 67 der Verordnung vom 3. Januar 1849 den Landräthen und sonstigen dort genannten Administrativbehörden übertragenen Geschäfte bei Feststellung der Geschworenenlisten in den Fürstenthümern wahrzunehmen haben, werden durch Verfügung Unseres Ministers des Innern bezeichnet werden.

Die Verordnung über die Organisation der Verwaltungsbehörden der Hohenzollernschen Lande, vom 7. Januar 1852 bestimmt in den §§. 9 u. 10 (G. S. S. 37—38).

§. 9. Der Ober-Amtmann ist das Organ, dessen die Regierung in allen Theilen der Verwaltung zur Vollziehung ihrer Verfügungen sich bedient, insoweit nicht besondere, von ihm nicht abhängige Behörden dazu berufen sind. — —

§. 10. Im Besonderen gehen auf den Ober-Amtmann über: — — c) die Funktionen der Kreislandräthe in denjenigen Fällen, in welchen nach den in den Hohenzollernschen Landen eingeführten Gesetzen, Verordnungen und Einrichtungen des übrigen Theils der Monarchie die Mitwirkung des Kreislandraths eintritt.

§. 68. Der mit dem Vorsitze bei dem Schwurgerichte beauftragte richterliche Beamte reduzirt jene Anzahl von 60 durch Auswahl der nach seinem Ermessen geeigneten Personen auf 36. Diese 36 Personen sind zu Geschworenen bei dem Schwurgerichte für die betreffende Sitzungsperiode berufen.

Wer demzufolge als Geschworener an den Verhandlungen des Schwurgerichts Theil genommen hat, darf ohne seine Einwilligung während eines Jahres nicht wieder einberufen werden.

Zu §. 68. 1. In einem Falle, in welchem die in §. 68 und Art. 58 angeordnete Auswahl der einzuberufenden Geschworenen nicht, wie das Gesetz vorschreibt, durch den mit dem Vorsitze bei dem Schwurgerichte beauftragten Beamten, sondern durch den Direktor des Kreisgerichts, bei welchem das Schwurgericht gebildet wurde, erfolgt war, ist die hierauf gegründete Nichtigkeitsbeschwerde durch Erk. des Ob.-Tr. v. 25. Februar 1853 zurückgewiesen, weil angenommen werden müsse, daß eine Verhinderung des Vorsitzenden im Sinne des Art. 54 stattgefunden habe. (Arch. I, S. 188.) — Die bloße Abwesenheit des Vorsitzenden vom Orte des Schwurgerichts ist, wie im Arch. I, S. 188, Nr. 2 erörtert wird, nicht als ein im Art. 54 gedachter Behinderungsfall anzusehen.

2. Die für die Abhaltung der Schwurgerichte bestimmten Gerichte sind angewiesen, sobald die festgestellte Liste der Geschworenen denselben Behufs Einberufung der Geschworenen zugeht, auch dem Staatsanwalt davon Kenntniß zu geben und ihm eine Abschrift der Liste sofort zu ertheilen. Allg. Verf. des J. M. v. 13. April 1850 (J. M. Bl. S. 128).

3. Aus der Schlußbestimmung des §. 68 ergiebt sich, daß es den Re-

Zu §§. 67 und 68 der Verordnung.

Art. 58. Die in dem §. 67 der Verordnung bezeichnete Zahl von 60 wird auf 48, die in den §§. 68, 71 und 73 der Verordnung bezeichnete Zahl von 36 wird auf 30, die in den §§. 73 und 82 der Verordnung bezeichnete Zahl von 30 wird auf 24 herabgesetzt.

§. 69. Die Termine zur Abhaltung der Schwurgerichtssitzungen sind von dem betreffenden Gerichte nach dem Umfange der Geschäfte festzusetzen und bekannt zu machen. Festsetzung der Schwurgerichtssitzungen.

§. 70. Das Appellationsgericht hat die Befugniß, auf Antrag des Staatsanwalts die Abhaltung des Schwurgerichts einem anderen Gerichte aufzutragen, wenn von der Verhandlung der Sache vor dem zuständigen Gerichte eine Störung der öffentlichen Ordnung zu befürchten steht. Beauftragung eines anderen Gerichts mit Abhaltung des Schwurgerichts.

---

gierungs-Präsidenten von Interesse sein muß zu erfahren, welche von den auf das Verzeichniß gebrachten Personen als Geschworene einberufen gewesen sind, sich dazu gestellt haben, und nicht etwa auf ihren Antrag dispensirt worden sind, indem diejenigen, welche sich nicht gestellt haben oder dispensirt worden sind, in eins der folgenden Verzeichnisse wieder aufgenommen werden dürfen, außerdem aber auch die erfolgten Entschuldigungen auf die künftige Wahl von Einfluß sein können. In Erwägung dessen sind die Gerichte angewiesen, den betreffenden Regierungs-Präsidenten nach dem Schlusse jeder Sitzungs-Periode die von dem Schwurgerichts-Präsidenten nach §. 68 festgestellte Liste der Geschworenen mit der Angabe, welche derselben entschuldigt oder nicht entschuldigt ausgeblieben oder entlassen worden sind, unter Anführung der genügend befundenen Entschuldigungs- oder Entlassungsgründe, ungesäumt mitzutheilen. Allg. Verf. des J. M. v. 13. April 1850 (J. M. Bl. S. 128).

Die Personen, welche als Geschworene an den Verhandlungen des Schwurgerichts wirklich Theil genommen haben, können, obwohl sie nach der von dem Just. Min. für richtig anerkannten Auslegung des §. 68 ein Jahr lang, nachdem sie dem Geschworenendienste genügt haben, von diesem Dienste frei bleiben sollen, da diese Jahresfrist nicht mit dem Geschäftsjahr, wofür die Jahreslisten aufgestellt worden sind, zusammenfällt, in die Listen für das nächste Geschäftsjahr wieder aufgenommen werden; indessen dürfen sie, da sie während jener Jahresfrist nur mit ihrer Einwilligung zum Geschworenendienst wieder herangezogen werden dürfen, in das Verzeichniß der für jede Sitzungs-Periode aus den Jahreslisten herauszuziehenden 48 Personen nur für den Fall aufgenommen werden, daß sie sich ausdrücklich bereit erklärt haben sollten, innerhalb jener Jahresfrist, ihrer gesetzlichen Befreiung ungeachtet, als Geschworene fungiren zu wollen. In gleicher Weise sind auch diejenigen Ergänzungs-Geschworenen, welche zum Dienste für eine ganze Sitzungs-Periode herangezogen worden, zu behandeln. Hierdurch erledigt sich die Verf. v. 24. März 1850 (Verw. M. Bl. S. 105) — welche angenommen hatte, daß der zum Dienst Herangezogene überhaupt nicht auf die Liste des nächsten Geschäftsjahres gebracht werden dürfe. — Allg. Verf. des Min. des Inn. vom 29. Juli 1850 (Verw. M. Bl. Seite 209).

Die Anwendbarkeit des Schlußsatzes des §. 68 auf die Ergänzungs-Geschworenen, welche nach dem vorstehenden Rescript von dem Min. des Inn. angenommen wird, ist bestritten im Arch. I, S. 36.

Zu §. 69, 70 und Art. 59. 1. Die allg. Verf. des Just. Min. v. 16. April 1850 sieht im §. 3, Nr. 1 die Verhandlungen in Arrest- und solchen Strafsachen, deren Bearbeitung nach dem Ermessen des Dirigenten ohne Nachtheil nicht ausgesetzt werden kann, als schleunige Sachen an, welche während der Gerichts-Ferien nicht ruhen dürfen (J. M. Bl. S. 130).

Zu §. 70 der Verordnung.

Art. 59. Das Appellationsgericht hat die Befugniss, auf Antrag der Staatsanwaltschaft die Abhaltung des Schwurgerichts einem anderen Gerichte zu übertragen, in allen Fällen, wo erhebliche Gründe dazu vorliegen.

Ladung der Geschworenen.

§. 71. Die ausgewählten 36 Geschworenen werden von dem betreffenden Gerichte auf den zur Eröffnung der Sitzung festgesetzten Tag geladen.

Entscheidung über Entschuldigungsgesuche der Geschworenen.

§. 72. Der Gerichtshof entscheidet nach Vernehmung des Staatsanwalts in öffentlicher Sitzung über die Entschuldigungsgründe derjenigen Geschworenen, welche entweder nicht erschienen sind, oder ihre Entlassungsgesuche bei Eröffnung oder während der Dauer der Gerichtssitzung vorbringen.

Geschworene, welche ohne genügend befundene Entschuldigung nicht erscheinen oder sich entfernen, werden, nachdem sie verantwortlich gehört worden, in eine Geldstrafe bis zu 100 Thalern, im Wiederholungsfalle in eine Geldstrafe bis zu 200 Thalern genommen, und es findet gegen eine solche Strafverfügung innerhalb einer zehntägigen präklusivischen Frist nur Beschwerde bei dem Appellationsgerichte Statt.

Zusatz 15. Wer als Geschworener berufen, eine Entschuldigungs-Ursache vorschützt, welche sich als falsch ergiebt, wird mit Gefängniß bis zu zwei Monaten bestraft. §. 109 des Strafgesetzbuchs vom 14. April 1851 (G. S. S. 123).

Wegen der Beachtung der Feiertage der Katholiken bei Ansetzung der Termine, s. Note 2 zu §. 48 oben S. 74.

2. Ueber die Begründung der Kompetenz des zur Verhandlung berufenen Schwurgerichts, s. die Noten zu §. 78.

3. Wenn von der Verhandlung der Sache vor dem zuständigen Gerichte eine Störung der öffentlichen Ordnung zu befürchten und deshalb die Abhaltung des Schwurgerichts einem andern Gerichte aufzutragen, ein solches andere Gericht aber innerhalb des Bezirks des betreffenden Appellations-Gerichts nicht vorhanden ist, so erfolgt die Bestimmung des anderen Gerichts durch das Ober-Tribunal. Die Beschlußnahme darüber, ob aus Gründen der öffentlichen Ordnung oder aus anderen Gründen die Verhandlung einer Sache dem zuständigen Gerichte zu entziehen und einem anderen Gerichte zu übertragen sei, gehört jedoch zu den Attributionen des Appellations-Gerichts; es muß daher diese Beschlußnahme vorangehen, bevor die Bestimmung des anderen Gerichts von Seiten des Ober-Tribunals erfolgen kann. Ob.-Tr. v. 4. Juli 1850 (Grundsätze, I. Fortsetzung, S. 11–12). — Die Kompetenz des Ober-Tribunals zur Bestimmung des mit der Verhandlung zu beauftragenden Gerichts in dem vorgedachten Falle folgt jetzt aus Art. V, Nr. 2a des Ges. v. 26. April 1851 (G. S. S. 183). Vergl. auch Ges. v. 2. Mai 1853 (G. S. S. 169–170).

Zu §. 71. 1. Nach Art. 58 ist die Zahl der einzuberufenden Geschworenen auf 30 herabgesetzt.

2. Ueber die Frage, ob der Vorsitzende von der einmal getroffenen Wahl wieder abgehen darf, s. Note 2 zu Art. 60.

Zu §. 72. 1. Der Just. Min. hat auf eine Anfrage, ob auf Urlaubsgesuche der Geschworenen im Laufe der Sitzungsperiode einseitig vom Vorsitzenden verfügt werden dürfe, bemerkt, es sei zu erwägen, daß das Gesetz keine besondere Art eines solchen Urlaubs kenne, welche nicht eben eine nach

Zu §. 72 der Verordnung.

Art. 60. Ueber Entlassungs- und Beurlaubungsgesuche, auf welche noch vor Eröffnung der Sitzungsperiode Bescheid ertheilt werden kann, ist sogleich von dem Gerichte, bei welchem das Schwurgericht abgehalten wird (Art. 53.), nach Anhörung der Staatsanwaltschaft zu entscheiden. Die Gesuche und Entscheidungen sind bei Eröffnung der Sitzungsperiode in öffentlicher Sitzung bekannt zu machen.

An die Stelle der entlassenen Geschworenen sind, falls dies noch vor Eröffnung der Sitzungsperiode geschehen kann, sofort aus dem in §. 67 der Verordnung und in Art. 58 erwähnten Verzeichnisse durch den Vorsitzenden des Schwurgerichts andere Geschworene auf die Dienstliste zu bringen und einzuberufen. Andernfalls wird nach §. 73 der Verordnung und Art. 61 verfahren.

§. 73. Sind beim Beginne der Verhandlung einer Sache in Folge des Nichterscheinens einzelner Geschworenen oder der ihnen ertheilten Entlassung oder Beurlaubung weniger als 30 *Ziehung von Ergänzungsgeschworenen.*

---

§. 72 zu behandelnde Entlassung der Geschworenen auf eine bestimmte Zeit wäre. In der Regel werde also auch in solchen Fällen die Entscheidung des Gerichtshofes nach Vernehmung des Staatsanwalts eintreten müssen, und könnten Ausnahmen davon nur in Fällen besonderer Dringlichkeit, welche keinen Aufschub gestatten, zugelassen werden (Arch. I, S. 684).

2. Ein (ungedrucktes) R. des Just. Min. v. 30. October 1849 nimmt an, daß im Falle des §. 72, Alinea 2, über die Strafe nach verantwortlicher Vernehmung des Geschworenen der Schwurgerichtshof, nach Beendigung der Sitzungs-Periode der Gerichtshof am Orte des Schwurgerichts zu erkennen hat. Das Letztere folgt jetzt auch aus Art. 53.

3. Ueber die beschränkte Zulassung der Beschwerde an das Ober-Tribunal, s. Art. 13.

Zu Art. 60. 1. Im Arch. I, S. 531 ist ausgeführt, dass der Schwurgerichtshof die bereits von dem Kreisgericht erledigten Dispensationsgesuche nicht einer neuen Prüfung zu unterwerfen habe, sofern nicht wirklich neue Gründe geltend gemacht werden.

2. Durch Art. 60 ist dem Schwurgerichts-Vorsitzenden ausdrücklich gestattet worden, an die Stelle der von dem Gerichtshofe nach Art. 53 vor Eröffnung der Sitzungs-Periode entlassenen Geschworenen sofort andere Geschworene auf die Dienstliste zu bringen und einzuberufen. Es kann also, um von diesem Rechte Gebrauch machen zu können, jetzt nur darauf ankommen, dass der Gerichtshof die Entlassung der zuerst geladenen Geschworenen, welche eine solche beantragen, oder bei welchen dieselbe wegen äusserer Umstände erfolgen muss, rechtszeitig beschlossen habe. Die im Arch. II, S. 796 allegirte Verf. des J. M. — welche annahm, dass nach §. 68 der Verordnung dem Vorsitzenden nicht gestattet sei, von der einmal getroffenen Auswahl der Geschworenen wieder abzugehen und dass es daher zweckmässig erscheine, an der Vorschrift des §. 68 streng festzuhalten — ist vor Emanation des Gesetzes v. 3. Mai 1852 erlassen und kann daher in ihrem vollen Umfange jetzt nicht mehr Anwendung finden. **R. des J. M. vom 27. April 1855. (Arch. III, Seite 540.)**

Geschworene vorhanden, so wird von dem Vorsitzenden des Gerichts die Zahl der Geschworenen aus der Ergänzungsliste durch das Loos auf 36 ergänzt.

Die Ergänzungsgeschworenen müssen der Ladung des Vorsitzenden bei Vermeidung der im §. 72 bestimmten Strafe unverzüglich Folge leisten.

Zu §. 73 der Verordnung.

Art. 61. Die im §. 73 der Verordnung angeordnete Ziehung von Ergänzungsgeschworenen erfolgt nur, wenn weniger als vier und zwanzig Geschworene vorhanden sind.

Die Ergänzungsgeschworenen werden für alle noch zu erledigenden Sachen gezogen. Der Zuziehung der Angeklagten bedarf es dabei nicht.

Zur Bildung des Schwurgerichts für die einzelnen Sachen ist es nicht erforderlich, dass sämmtliche Ergänzungsgeschworene erschienen sind, vielmehr genügt es, dass im Ganzen wenigstens vier und zwanzig Geschworene anwesend sind.

Erscheinen später wieder so viele der auf der Dienstliste befindlichen Geschworenen, dass mehr als 30 Geschworene anwesend sind, so treten von den Ergänzungsgeschworenen, und zwar in umgekehrter Reihenfolge, in welcher sie gezogen sind, so viele zurück, dass überhaupt nur die Zahl von 20 Geschworenen übrig bleibt.

Reisekosten der Geschworenen.

§. 74. Geschworene, welche weiter als eine Meile von dem Orte des Gerichts entfernt ihren Wohnsitz haben, erhalten, wenn sie es verlangen, für jede Meile der Hin- und der Herreise 8 Silbergroschen Reiseentschädigung; Diäten werden ihnen nicht gezahlt.

Eröffnung der Untersuchung.

§. 75. (Bei politischen und Preßverbrechen, welche in den Gesetzen mit keiner höheren, als der im §. 38 bezeichneten Strafe bedroht sind, kommen rücksichtlich der Eröffnung der Untersuchung die §§. 39 bis 47 einschließlich zur Anwendung. Wird die Eröffnung der Untersuchung beschlossen, so sind die zeitherigen Verhandlungen an das kompetente Schwurgericht und den diesem zugeordneten Staatsanwalt abzugeben.)

Zu §. 73. 1. Vergl. Art. 58 und 61.

2. Im Arch. III, S. 99 – 100 ist angenommen, daß die Ziehung von Ergänzungs-Geschworenen schon dann zulässig sei, wenn sich voraussehen lasse, daß am nächsten Sitzungstage Ergänzungs-Geschworene nothwendig werden würden. Obwohl §. 73 die Ausloosung nur dann anordnet, wenn „beim Beginne der Verhandlung einer Sache" der Mangel der Hauptgeschworenen eintritt, ist jenes Verfahren doch für zulässig erachtet, da Art. 61 die Ergänzungs-Geschworenen für alle noch zu erledigenden Sachen berufe, und bei der Ausloosung die Zuziehung der Angeklagten nicht für erforderlich erkläre.

Zu Art. 61. Wenn der im letzten Alinea des Art. 61 erwähnte Fall eintritt, so kommen die zurücktretenden Ergänzungsgeschworenen für alle folgenden Sachen ausser Thätigkeit. R. des J. M. v. 19. Mai 1853 (Arch. II, S. 797).

In allen (anderen) Fällen muß dem mündlichen Verfahren vor den Geschworenen stets eine gerichtliche Voruntersuchung vorhergehen, in welcher der Angeklagte zu hören ist.

Zu §. 75 der Verordnung.

(Art. 62. Die Bestimmung des ersten Abschnittes des §. 75 der Verordnung kommt nur bei den zur Kompetenz der Schwurgerichte gehörigen Vergehen zur Anwendung.)

§. 76. Beantragt der Staatsanwalt nach dem Schlusse der Voruntersuchung, den Beschuldigten in den Anklagestand zu

---

Zu §. 75 und Art. 62. 1. Der erste Absatz des §. 75 und der Art. 62 sind durch das Gesetz vom 6. März 1854 (G. S. S. 96 und oben S. 68) antiquirt.

2. Ueber den Zweck der Voruntersuchung und das Verfahren in derselben s. die §§. 42—46 und die Noten zu denselben oben S. 71—73.

3. Ueber die Befugniß des Schwurgerichtshofes, eine Ergänzung der Voruntersuchung anzuordnen, s. die Mittheilungen im Arch. II, S. 227—229. Nach denselben hat ein Schwurgerichtshof, als sich bei der Verhandlung ergab, daß die Förmlichkeiten in Betreff der Zuziehung von Dolmetschern und der Führung des Nebenprotokolles in der Voruntersuchung nicht beobachtet worden, beschlossen, die Sache auszusetzen und eine vollständige Voruntersuchung mit Führung des Nebenprotokolles nachholen zu lassen. Das Gericht hielt sich hierzu ermächtigt, weil stets der erkennende Richter befugt sei, die Nachholung des zur Entscheidung Erforderlichen zu verfügen und, wenn diese Nachholung in dem gegenwärtigen Stadium nicht erfolgen könne, den Prozeß in sein früheres Stadium zurückzuweisen. Durch Verfügung des Appellationsgerichts ist indessen dieser Beschluß als unzulässig und gesetzwidrig aufgehoben und die Verhandlung der Sache vor einem neuen Schwurgericht angeordnet worden, weil eine Ergänzung der Voruntersuchung nur vor der definitiven Versetzung in den Anklagestand verfügt werden dürfe, später wahrgenommene Mängel aber durch das Schwurgericht selbst beseitigt werden müßten. Demgemäß wurde ein neuer Audienztermin anberaumt und dabei die in der Voruntersuchung thätig gewesenen Personen vernommen. Der Schwurgerichtshof hielt hierdurch die früher gerügten Mängel für beseitigt und nahm an, daß die Geschworenen nun im Stande seien, auf Grund der Hauptverhandlung zu urtheilen. Das Ob.-Tr. hat durch Erk. vom 9. Dezbr. 1853 die von dem Angeklagten eingelegte Nichtigkeitsbeschwerde zurückgewiesen, ohne die Befugniß des Schwurgerichts zu seinem ersten Beschlusse zu prüfen, indem es angenommen hat, daß der spätere Beschluß eine Aufhebung oder die Erklärung der erfolgten Erledigung des früheren enthalte und die Befugniß des Schwurgerichtshofes hierzu außer Zweifel sei, indem jenem früheren Beschlusse niemals die Kraft beigelegt werden könne, die wirklich geführte, durch die Beschlüsse der Rathskammer und des Anklagesenats als eine existente anerkannte, Voruntersuchung mit der Wirkung aufzuheben, daß nunmehr die neue Voruntersuchung mit neuen Beschlüssen der Rathskammer und des Anklagesenats zur unerläßlichen Vorbedingung der neuen Hauptverhandlung gemacht würde.

4. Die Vorschrift des §. 75, nach welcher in der Voruntersuchung der Angeklagte zu hören ist, wird in Bezug auf abwesende und flüchtige Beschuldigte modifizirt durch Art. 34. Der Umstand, daß der abwesende oder flüchtige Angeschuldigte über die Beschuldigungspunkte in der Voruntersuchung noch nicht gehört worden ist, steht daher der definitiven Versetzung in den Anklagestand grundsätzlich nicht entgegen; es ist vielmehr in das thatsächliche Ermessen der Instanzrichter gestellt, ob ein einstweiliges Ruhenbleiben des Verfahrens bis zur Ermöglichung der Vernehmung angemessen sei, oder nicht. Ob.-Tr. v. 3. Okt. 1856 (Arch. IV, S. 805—806).

versetzen, so ist über diesen Antrag von einer aus drei Mitgliedern bestehenden Abtheilung des kompetenten Gerichts zu befinden.

§. 77. Hält jene Gerichtsdeputation eine Ergänzung der Voruntersuchung für nothwendig, so beauftragt sie hiermit den Untersuchungsrichter, welcher nach Erledigung des Auftrages die Akten wiederum dem Staatsanwalte vorzulegen hat.

§. 78. Erklärt sie sich für die Versetzung in den Anklagestand, so sind die Verhandlungen dem Appellationsgerichte einzureichen, dessen aus fünf Mitgliedern bestehende Abtheilung für Strafsachen nach Anhörung des Ober-Staatsanwalts definitiv über die Versetzung in den Anklagestand durch einen Beschluß entscheidet. Nach Maaßgabe dieses Beschlusses, welcher zugleich die Verweisung der Sache vor ein bestimmtes Schwurgericht anordnet, hat der Ober-Staatsanwalt (binnen einer, der Regel nach auf nicht länger als acht Tage zu bestimmenden Frist) die förmliche Anklageschrift anzufertigen, welche dem zur Abhaltung des Schwurgerichts kompetenten Gerichte und dessen Staatsanwalte zu übersenden ist.

Zu §. 76. 1. Ueber Fassung der Schluß-Anträge u. s. w. s. die allg. Verf. des J. M. v. 29. März 1853 (J. M. Bl. S. 134—138) unten im Anhange. — Die allg. Verf. v. 2. Okt. 1849 (J. M. Bl. S. 411—412) spricht die Ansicht aus, daß sowohl der vorläufige Beschluß des Kreis- oder Stadtgerichts, als auch die definitive Entscheidung des Anklagesenats durch Gründe motivirt werden muß, daß es indessen in faktischer Beziehung der Aufzählung der einzelnen Verdachtsgründe nicht bedarf, vielmehr genügt, wenn angegeben wird, daß das Gericht das Vorhandensein hinreichender Anzeigen annehme, um die Versetzung in den Anklagestand für gerechtfertigt zu erachten, daß es ferner in Beziehung auf den Rechtspunkt keiner ausführlichen Darlegung der Rechtsgründe bedarf, vielmehr in einfachen und unzweifelhaften Fällen genügend ist, wenn nur die That genau qualifizirt, d. h. so bezeichnet wird, daß sie unter den Begriff eines bestimmten Verbrechens und unter ein bestimmtes, näher zu allegirendes Strafgesetz fällt, während in zweifelhaften Fällen eine nähere Entwickelung der einzelnen Rechtsgründe nothwendig ist. Die allg. Verf. vom 29. März 1853 empfiehlt unter A. 2. mit Bezugnahme auf Art. 63 des Ges. vom 3. Mai 1852, die Fassung des Schlusses des Antrages der Staatsanwaltschaft (Anklageformel und Bezeichnung des Strafgesetzes), insofern derselbe der Sachlage und den Gesetzen entsprechend gefunden wird, in den Beschluß zu übernehmen und bemerkt, daß es einer umständlichen Angabe der einzelnen Verdachtsgründe in der Regel nicht bedürfe.

2. Es ist kein Nichtigkeitsgrund, wenn die im §. 76 gedachten Mitglieder des Gerichts an der Entscheidung des Schwurgerichts (§. 60) Theil nehmen. Ob.-Tr. v. 10. Oktober 1849 (Grundsätze, S. 10).

Zu §. 78. 1. Der Mangel der Unterschrift eines Mitgliedes der Deputation, welche die vorläufige Versetzung in Anklagestand beschlossen hat, zieht keine Nichtigkeit des Verfahrens nach sich. Ob.-Tr. v. 15. September 1853 (Arch. I, S. 684).

2. Der Appellationsrichter darf die definitive Versetzung in den Anklagestand erst dann aussprechen, wenn das Kreis- beziehungsweise Stadtgericht sich hierüber provisorisch ausgesprochen hat. Diese Vorschrift darf nicht umgangen werden, weil der Gesetzgeber vor der wirklichen Anklage die Prüfung der etwa vorhandenen Anzeigen mehreren Behörden anvertraut und dadurch dem Beschuldigten einen größeren Rechtsschutz gewährt hat. Ob.-Tr. v. 9. März 1853 (Grundsätze, I. Forts., S. 13).

Zu §§. 76—78 der Verordnung.

Art. 63. Ueber die vorläufige Versetzung in den Anklagestand ist nach Maassgabe der §§. 76 bis 78 der Verord-

---

Ueber das den provisorischen Beschluß ersetzende Inkompetenz-Erkenntniß s. Art. 9 und die Noten zu demselben.

3. Ueber das Verfahren hinsichtlich der Versetzung in den Anklagestand und den Geschäftsgang in der Appellations-Instanz hatte die allg. Verf. des J. M. v. 2. Okt. 1849 (J. M. Bl. S. 411—412) Folgendes bestimmt: „Sobald die Akten des Kreis- und Stadtgerichts bei dem Kollegium eingehen, sind dieselben dem Ober-Staatsanwalt zur Stellung seiner Anträge vorzulegen, und ist derselbe gleichzeitig zur Verhandlung über die Anklage mittelst Vorzeigung der Verfügung auf einen bestimmten Tag vorzuladen. In diesem Termin wird von einem Mitgliede der Abtheilung ein kurzer mündlicher Vortrag über die Sache gehalten, der Ober-Staatsanwalt gehört, hierauf der Beschluß gefaßt und dem Ober-Staatsanwalt verkündet. Die angefertigte Anklageschrift wird hiernächst mit den Akten dem zur Abhaltung des Schwurgerichts kompetenten Gerichte zur weiteren Verhandlung der Sache zugesandt." — Diese Anordnungen sind indessen modifizirt durch die allg. Verf. v. 24. Oktober 1849 (J. M. Bl. S. 443—444), in welcher es heißt:

„Der Bericht des Ober-Staatsanwalts hieselbst vom 8. d. M. ergiebt, daß sich im Departement des hiesigen Appellationsgerichts ein abweichendes Verfahren festgestellt hat. Demnach werden die gerichtlichen Akten von dem Stadt- oder Kreisgerichte nicht unmittelbar dem Appellationsgerichte eingereicht, sondern mit dem Beschlusse der Rathskammer dem Staatsanwalte zugestellt, und von diesem nebst den Büreau-Akten desselben an den Ober-Staatsanwalt eingesandt. Der Letztere überreicht sodann die gerichtlichen Akten mit seinen Anträgen dem Appellationsgerichte, und von diesem wird hierauf ein Termin zur Verhandlung der Sache anberaumt, in welchem der Ober-Staatsanwalt, nachdem ein Mitglied des Gerichts einen kurzen mündlichen Vortrag gehalten hat, mit seinen Anträgen gehört, und demnächst ein Beschluß gefaßt wird. Nach Empfang des letzteren entwirft der Ober-Staatsanwalt die Anklageschrift, überreicht deren Ausfertigung mit den gerichtlichen Akten dem Appellationsgerichte zur Mittheilung an das betreffende Schwurgericht und übersendet gleichzeitig die Büreau-Akten mit dem Konzepte der Anklageschrift dem Staatsanwalte bei dem betreffenden Schwurgerichte. — Ein ähnliches Verfahren wird auch bei den zur Verhandlung in der Appellations-Instanz gelangenden Sachen beobachtet. Das Kreis- oder Stadtgericht fertigt nach eingegangener Erklärung des Appellaten die gerichtlichen Akten brevi manu dem Staatsanwalte zu, und dieser übersendet sie unter Beifügung der Büreau-Akten dem Ober-Staatsanwalte, welcher, nachdem er sich aus den Gerichts-Akten informirt hat, die letzteren mittelst kurzen Marginal-Schreibens dem Appellationsgerichte mit dem Antrage übersendet, einen Termin zur mündlichen Verhandlung anzusetzen. Nach entschiedener Sache sendet der Ober-Staatsanwalt sodann die Büreau-Akten dem Staatsanwalte mit einer kurzen Registratur über die getroffene Entscheidung zurück. Da dies Verfahren sich durch seine Einfachheit empfiehlt und in der praktischen Anwendung manche Vortheile für sich hat, so nimmt der Justiz-Minister Veranlassung, die Gerichtsbehörden und die Beamten der Staatsanwaltschaft von demselben in Kenntniß zu setzen und ihnen zu überlassen, den Geschäftsgang in ähnlicher Art zu reguliren."

4. Es begründet keine Nichtigkeit des Verfahrens, wenn ein Mitglied des Anklagesenats, welches an dem Anklagebeschlusse Theil genommen hat, demnächst in derselben Sache als Vorsitzender des Schwurgerichts fungirt. Ob.-Tr. vom 6. Oktbr. 1855 (Arch. I, S. 684—685).

5. Der Beschluß des Kreisgerichts ist nur ein vorläufiger; die definitive Entscheidung geht von dem Appellationsgerichte aus. Hierbei tritt nicht das Verhältniß des gewöhnlichen Instanzenzuges ein, in welchem der zweite Richter

nung auch dann Beschluss zu fassen, wenn nach dem Schlusse der Voruntersuchung die Staatsanwaltschaft darauf anträgt, den Beschuldigten ausser Verfolgung zu setzen.

---

erst dann erkennen kann, wenn dem ersten Richter ein Antrag vorgelegt, darüber entschieden und ein Rechtsmittel dagegen ergriffen worden; vielmehr ist der Beschluß des Kreisgerichts lediglich eine vorbereitende, für sich allein nicht wirksame Verfügung, und das Appellationsgericht erkennt die eigentliche Anklage; demnach muß auch dem letztern die Kognition über alle Theile der Voruntersuchung zustehen und dasselbe ist hierbei nicht auf diejenigen Punkte beschränkt, welche der Staatsanwalt zum Gegenstande seines Antrages gemacht (§. 47 der Verordn. v. 3. Jan. 1849, Art. 63 des Ges. vom 3. Mai 1852), oder über welche das Kreisgericht Beschluß gefaßt hat. Aus dieser unbeschränkten Kognition aber folgt, daß das Appellationsgericht die bei dem Kreisgerichte übergangenen Theile der Voruntersuchung sowohl von Amtswegen zu seiner Entscheidung ziehen kann, als es die hierauf gerichteten Anträge des Ober-Staatsanwalts einer Prüfung zu unterwerfen hat. Ob.-Tr. vom 5. Oktbr. 1853 (Arch. II, S. 229 bis 230). Gleicher Ansicht ist der Gen.-St.-Anwalt, dessen Ausführung a. a. O. mitgetheilt ist.

6. Ist ein Vergehen wegen Konnexität vor den Anklagesenat gebracht, so hat sich derselbe der Beschlußfassung über dasselbe auch in dem Falle zu unterziehen, wenn die Konnexität dadurch aufgehoben wird, daß der des Verbrechens Beschuldigte von dem Anklagesenat außer Verfolgung gesetzt wird, weil damit die Wirkung der Konnexität, vermöge deren die Beschlußfassung auch wegen des Vergehens an den Anklagesenat gediehen ist, nicht wiederum rückgängig werden kann. Ob.-Tr. vom 4. Jan. 1854 (Arch. II, S. 85).

7. In dem Anklagebeschlusse ist auch ein eventueller Thatbestand, insoweit sich derselbe aus der Voruntersuchung ergiebt, zu berücksichtigen, da es Sache der Anklage ist, die Aburtheilung der verbrecherischen That nach allen Seiten hin vorzubereiten. Ob.-Tr. vom 14. Septbr. 1855 (Arch. III, S. 811—813).

8. Ein Beschluß über Versetzung in den Anklagestand kann, nachdem er einmal erlassen und dem Beamten der Staatsanwaltschaft publicirt ist, von dem Appellationsgericht nicht mehr zurückgenommen werden. Ob.-Tr. v. 29. Sept. 1856 (J. M. Bl. S. 331—332; Arch. IV, S. 806).

Auch der Staatsanwalt kann die Anklage nicht mehr zurücknehmen. S. Note 4 zu §. 47 oben S. 74.

9. Die Beschwerde über den Beschluß des Appell.-Gerichts an das Ober-Tribunal ist nach Maßgabe des Art. 13 zulässig. Vergl. jedoch Note 3 zu §. 47 oben S. 74.

10. Der Beschluß des Appellations-Gerichts, durch welchen die Anklage an eine bestimmte Abtheilung des Kreisgerichts, also auch an das Schwurgericht verwiesen wird, ist für die formelle Behandlung der Untersuchung und deren Einleitung maßgebend und die Gerichtsabtheilung, an welche die Sache verwiesen ist, weder berechtigt, sich dieser Anordnung zu entziehen, noch berufen, eine Abänderung der diesfallsigen Anordnung des vorgesetzten Appellations-Gerichts im Wege der Beschwerde herbeizuführen. Ob.-Tr. vom 20. März 1850 (Grundsätze, I. Fortsetzung, S. 10).

11. Die Kompetenz des Schwurgerichts wird in dem einzelnen Fall nicht erst durch den Beschluß des Appellationsgerichts über die Versetzung des Angeklagten in den Anklagestand begründet; das durch den Justiz-Minister auf den Vorschlag des Appellationsgerichts ein für allemal für die Abhaltung des Schwurgerichts bestimmte Gericht ist vielmehr in dem betreffenden Bezirke stets das kompetente Schwurgericht, insofern nicht das Appellationsgericht in einzelnen Fällen die Abhaltung des Schwurgerichts einem andern Gerichte aufträgt. Erk. des Ob.-Tr. vom 20. Juni 1849 (Entsch. B. 18, S. 484—494). — Vergl. auch das Erk. des Ob.-Tr. vom 7. Decbr. 1853 (Arch. II, S. 84—85). Die Erk. des Ob.-Tr. vom 15. und 24. April 1850 (Grundsätze, I. Fortsetzung, S. 12—13) sind antiquirt.

Der Beschluss über die vorläufige, sowie über die definitive Versetzung in den Anklagestand muss die Thatsachen, welche zu den wesentlichen Merkmalen der dem Angeklagten zur Last gelegten strafbaren Handlung gehören, und das Gesetz angeben, welches die That mit Strafe bedroht.

Wird die Versetzung in den Anklagestand nicht in Uebereinstimmung mit dem Antrage der Staatsanwaltschaft beschlossen, so muss aus dem Beschlusse hervorgehen, ob und in wiefern dies auf einer abweichenden Beurtheilung der Thatsachen oder des Rechtspunktes beruht.

Findet das Appellationsgericht, dass die That nicht ein Verbrechen, sondern nur ein Vergehen oder eine Uebertretung darstellt, so hat es den förmlichen Beschluss, durch welchen die Untersuchung eröffnet wird, selbst zu erlassen.

Die im §. 78 der Verordnung vorgeschriebene Festsetzung einer Frist für die Anfertigung der Anklageschrift unterbleibt.

---

12. Ueber die Fassung der Anklageschriften s. die Allegate in Note 1 zu §. 76 und die Noten zu §. 39; ferner die Abh. von Burchardi im Arch. I, S. 608–611. — Damit der bei dem Schwurgericht fungirende Staatsanwalt im Stande sei, für diejenigen Punkte, auf welche er seine Anträge bei der Verhandlung stützen will, die gehörige Beweisaufnahme herbeizuführen, hat sich der Just. Min. damit einverstanden erklärt, daß der Ober-Staatsanwalt die Benennung der Belastungszeugen dem bei der Schwurgerichtsverhandlung fungirenden Staatsanwalt überlassen und denselben zu diesem Zwecke beauftragen kann, die dem Angeklagten zugleich mit der Anklageschrift oder doch rechtzeitig vor dem Termine zur Hauptverhandlung mitzutheilende Zeugenliste aufzustellen. R. des J. M. v. 3. Dezbr. 1852 (Arch. I, S. 348–349).

13. In den Worten „dem zur Abhaltung des Schwurgerichts kompetenten Gerichte und dessen Staatsanwalte" ist unzweifelhaft nur der bei dem Schwurgericht angestellte Staatsanwalt zu verstehen. Es ist daher unrichtig, wenn in manchen Gerichtsbezirken diejenigen Staatsanwalte, von welchen die ursprüngliche Anklage wegen eines in ihrem Amtsbezirke vorgekommenen und demnächst vor das Schwurgericht verwiesenen Verbrechens erhoben worden ist, sich für die zur weiteren Verhandlung kompetenten Staatsanwalte erachten und von ihrem Wohnorte zu den Sitzungen des Schwurgerichts hinreisen. Ein solches Verfahren, durch welches der Staatskasse erhebliche Ausgaben verursacht und die Staatsanwalte längere Zeit von ihrem Wohnorte entfernt gehalten werden, muß überall ungesäumt abgestellt werden. Allg. Verf. des J. M. v. 3. Sept 1849, Nr. 5 (J. M. Bl. S. 388). Derselben Ansicht ist das Ob.-Tr., welches jedoch gleichzeitig angenommen hat, daß dem Angeklagten, wenn der Schwurgerichtshof einen anderen Staatsanwalt, als den bei demselben amtlich angestellten, zur Verhandlung einmal zugelassen hat, nach ergangenem Urtel eine Beschwerde darüber nicht zustehe. Ob.-Tr. v. 14. Novbr. 1849 (Entsch. 18, S. 498–506. J. M. Bl. S. 503–505).

Zu Art. 63. 1. Ueber die Funktion des Anklagesenats im Falle eines rechtskräftigen Inkompetenz-Urtels (Art. 9 des Ges. vom 3. Mai 1852), insbesondere über die Frage, ob in diesem Falle dem Appellations-Gericht gestattet ist, über die Rechtsfrage hinauszugehn und die Thatfrage frei zu beurtheilen, s. die Noten zu Art. 9, insbesondere Arch. III, S. 798–802 und Voitus im Arch. III, S. 433 bis 441.

2. Dem Staatsanwalt steht gegen Beschlüsse, durch welche die Versetzung in den Anklagezustand ausgesprochen worden, eine Beschwerde zu dem Behufe nicht zu, um solche Beschlüsse im Interesse

Hauptverfahren.

§. 79. Zu dem Hauptverfahren vor den Geschworenen ist der nicht verhaftete Angeklagte unter Mittheilung einer Abschrift der Anklageschrift und des im §. 78 erwähnten Beschlusses durch eine schriftliche Verfügung vorzuladen, welche die Aufforderung enthalten muß:

zur festgesetzten Stunde zu erscheinen und die zu seiner Vertheidigung dienenden Beweismittel mit zur Stelle zu bringen oder

---

oder sonst zu Gunsten des Angeklagten rückgängig zu machen. Ob.-Tr. v. 18. Oktober 1852 (Arch. I, S. 64–65).

3. Die Frage, ob der Staatsanwalt gehalten ist, in dem Falle, dass die Rathskammer mit seinem Antrage, das Verfahren einzustellen, nicht einverstanden ist, einen Schlussantrag auf Versetzung in den Anklagestand einzubringen? wird verneint von Schmidt im Arch. II, S 217–218.

4. Auch wenn die Gerichts-Abtheilung sich für inkompetent erklärt und die den Gegenstand der Anklage bildende That für ein Verbrechen erachtet hat, muss das Appellations-Gericht, wenn es der letzteren Ansicht nicht beipflichtet und die That für ein Vergehen oder eine Uebertretung hält, den förmlichen, die Eröffnung der Untersuchung aussprechenden Beschluss selbst erlassen. Ob.-Tr. v. 2. u. 7. März u. 25. April 1855 (J. M. Bl. S. 143–144, 246 bis 247). Vergl. hierzu die in der Note 1 allegirten Erörterungen.

5. Auf Grund des Art. 63 ist das mit der Sache befasste Appellationsgerichts auch befugt — sei es aus thatsächlichen oder rechtlichen Gründen — anzuordnen, dass das Verfahren einzustellen und der Beschuldigte ausser Verfolgung zu setzen sei, selbst wenn die Rathskammer in einer lediglich zur Kompetenz der Gerichtsabtheilung gehörigen Sache irrthümlich die vorläufige Versetzung in Anklagestand ausgesprochen hat und die Acten zur definitiven Beschlussnahme an den Anklagesenat gelangt sind. Ob.-Tr. v. 23. April 1853 (Arch. I, S. 551–552). — Dass der Anklagesenat befugt ist, auch in den auf Grund des Art. 9 zu seiner Entscheidung gebrachten Sachen die Einstellung des Verfahrens zu beschliessen, ist angenommen in den Erk. des Ob.-Tr. v. 2 u. 7. März 1855 (J. M. Bl. S. 143–144). Vergl. Note 1 u. 4.

Wenn der Anklagesenat die Sache zur eventuellen Beschlussfassung über das geringere Vergehen, resp. die Uebertretung nach Art 63, Alinea 4 noch nicht hinreichend vorbereitet findet, so ist er verpflichtet, die ihm noch erforderlich scheinenden Ermittelungen selbst zu veranlassen, um demnächst der ihm vom Gesetze auferlegten Verpflichtung zu genügen. Ob.-Tr. v. 17. Novbr. 1854 (Arch. III, S. 250–251).

6. Der Staatsgerichtshof ist, wenn er den Thatbestand eines der im §. 1 des Gesetzes vom 25. April 1853 bezeichneten politischen Verbrechens verneint, nicht verpflichtet, gemäss Art. 63, Alinea 4 durch seinen Beschluss zugleich die Eröffnung der Untersuchung wegen der geringeren, von ihm etwa gefundenen Gesetzesübertretung auszusprechen. S. die Ausführung des General-Staatsanwalts und den Beschluss des Ob.-Tr. v. 16. Juni 1854 (Arch. II, S. 809–810).

7. In den Beschlüssen über die definitive Versetzung in den Anklagestand ist die Aufforderung an den Ober-Staatsanwalt, eine Anklageschrift anzufertigen, nicht mehr aufzunehmen, da es hierzu an einem gesetzlichen Anhaltspunkte fehlt, nachdem der Art. 63 die Befugniss des Appellationsgerichts, eine Frist für die Anfertigung der Anklageschrift zu bestimmen, aufgehoben hat. Allg. Verf. des J. M. v. 21. April 1853 Nr. 2 (J. M. Bl. S. 166).

solche dem Richter so zeitig vor dem Termine anzuzeigen, daß sie noch zu demselben herbeigeschafft werden können.

Zugleich ist dem Angeklagten die Warnung zu stellen, daß im Falle seines Ausbleibens mit der Entscheidung in contumaciam verfahren werden solle.

Zwischen der Behändigung der Vorladung und dem Termine muß eine Frist von mindestens acht Tagen liegen, es sei denn, daß der Beschuldigte selbst auf diese Frist verzichtet.

§§. 80, 81. (Aufgehoben durch Art. 147; vergl. Art. 64, 65.)

Zu §. 79 und statt §§. 80 und 81 der Verordnung.

Art. 64. Ist der Angeklagte verhaftet, so kommen die §§. 49 und 50 der Verordnung zur Anwendung. Dem nicht verhafteten Angeklagten ist, statt der im §. 79 der Verordnung vorgeschriebenen Warnung, für den Fall seines Ausbleibens die Warnung zu stellen, dass angenommen werden würde, er gestehe die in der Anklage behaupteten Thatsachen zu. Verfahren zur Vorbereitung der Hauptverhandlung, wenn der Angeklagte nicht verhaftet ist.

Art. 65. Bleibt der gehörig vorgeladene nicht verhaftete Angeklagte bei der Hauptverhandlung aus, so wird, wenn seine Verhaftung nicht angemessen oder nicht ausführbar erscheint, sofort, oder, im Falle einer Vertagung, in dem angesetzten neuen Termine oder in der bestimmten späteren Sitzungsperiode in Gemässheit des Artikels 39 zur Hauptverhandlung und Entscheidung geschritten. Es kommen alsdann die Artikel 41 bis 45 zur Anwendung. Kontumazialverfahren gegen den Angeklagten.

Der Beschluss, welcher eine Vertagung anordnet, wird nur durch Verkündung in der öffentlichen Sitzung bekannt gemacht.

Die vorstehenden Bestimmungen sind auch in dem Falle anzuwenden, wenn der verhaftete Angeklagte nach Vorlesung

---

Zu §. 79. 1. Ueber das Verfahren in dem Falle, daß der Angeklagte nicht in der vorliegenden, sondern in einer anderen Sache verhaftet ist, s. die Noten zu §§. 49, 50 oben S. 75.

2. Der Verzicht auf die im §. 79 bestimmte Vorladungsfrist kann auch thatsächlich dadurch stattfinden, daß der Angeklagte sich ohne allen Widerspruch auf die mündliche Verhandlung eingelassen und während derselben aus der Verkürzung der Frist einen Einwand nicht abgeleitet hat. Ob.-Tr. (Pr. 123) v. 8. Dezember 1854 (Entsch. 29, S. 282—283, Arch. III, S. 101 u. 241). — Vgl. Note 2 zu Art. 64.

Zu Art. 64. 1. Vergl. die Noten zu §§. 49, 50 oben, S. 75.

2. Wenn einem verhafteten Angeklagten nicht, wie §. 49 und Art. 64 verordnen, vor dem Termine zur Verhandlung der Sache die Anklageschrift nebst dem Beschlusse vorgelesen worden ist, so ist darin gemäss des Schlusssatzes des Art. 108 die Verletzung eines wesentlichen Grundsatzes des Verfahrens zu finden, welche, auch wenn sie vom Angeklagten bei der Verhandlung nicht ausdrücklich gerügt worden, dennoch die Vernichtung des ergangenen Erkenntnisses zur Folge haben muss. — Das unter Nr. 123 eingetragene Prinzip (ad §. 79 Note 2) steht dem obigen Beschlusse nicht entgegen. Ob.-Tr. (Pr. 210) v. 17. Septbr. 1856 (Entsch. 33, S. 479—480).

der Anklageschrift und des Beschlusses (§. 49 der Verordnung) sich der Haft entzieht und in Folge dessen zur Hauptverhandlung nicht vorgeführt werden kann.

Maassregeln, um zu verhindern, dass der erschienene Angeklagte sich der Verhandlung entziehe.

Art. 66. Der erschienene Angeklagte darf von dem Zeitpunkte an, wo der Aufruf der Geschworenen zur Bildung des Schwurgerichts in seiner Sache beginnt, bis zur Verkündung des Urtheils den Sitzungssaal ohne Erlaubniss des Vorsitzenden nicht verlassen. Der Vorsitzende kann die geeigneten Maassregeln treffen, um zu verhindern, dass der Angeklagte sich der Verhandlung entziehe.

Mittheilung der Dienstliste der Geschworenen an den Angeklagten.

§. 82. Dem Angeklagten ist am Tage vor der Verhandlung der Sache ein Verzeichniß zuzustellen, welches Namen, Stand und Wohnort derjenigen Geschworenen enthalten muß, aus welchen das Schwurgericht für seine Sache genommen werden soll.

Sind am Tage der Verhandlung weniger als 30 Geschworene vorhanden, und müssen deshalb Ergänzungsgeschworene berufen werden, so ist eine Bekanntmachung der Namen dieser Ergänzungsgeschworenen an den Angeklagten nothwendig, wenn er bei deren Ausloosung nicht selbst gegenwärtig war.

Zu Art. 65. 1. Das Kontumazial-Verfahren wird von dem Schwurgerichtshof zu Glatz und dem Appellationsgericht zu Breslau nur dann für zweckmässig erachtet, wenn mit Wahrscheinlichkeit anzunehmen ist, dass der Angeklagte landesflüchtig geworden, nicht aber dann, wenn die Acten das Gegentheil ergeben, so dass es mit keinen Schwierigkeiten verbunden ist, ihn durch Verhaftung zu einem neu anzuberaumenden Termine zu gestellen (Arch. I, S. 531). — Ueber die Uebelstände, welche durch das Kontumazial-Verfahren entstehen, s. Arch. I, S. 36 u. II, S. 85–86, über einzelne Bedenken rücksichtlich des Verfahrens, Arch. I, S. 683 u. III, S. 99. Wiederholentlich ist in diesen Erörterungen auf die Nothwendigkeit der Verhaftung der wegen Verbrechens Angeklagten hingewiesen.

2. Die Frage, ob im schwurgerichtlichen Kontumazial-Verfahren die Feststellung mildernder Umstände zulässig sei, ist in einem Schwurgerichtsberichte bejaht, da die in der Anklage behaupteten Thatsachen für zugestanden und dadurch für festgestellt zu achten sind, daher die mildernden Momente, welche in ihnen enthalten sind, in den Fällen, wo das Gesetz mildernde Umstände zulässt, der Beurtheilung des Gerichtshofes anheimfallen, zumal auch in den Fällen, wo der Angeklagte sich schuldig bekenne, die Feststellung der mildernden Umstände nicht immer durch die Geschworenen erfolge. Der Herr Justiz-Minister hat sich durch Rescript v. 19. Mai 1853 mit dieser Ansicht einverstanden erklärt. (Arch. I, S. 350.)

Zu Art. 66. Nach den Mittheilungen im Arch. I, S. 36, hat sich ein Vorsitzender auf Grund des letzten Satzes des Art. 66 in einer sehr umfangreichen Sache, in welcher die ununterbrochene Anwesenheit aller Angeklagten erforderlich schien, zur Anordnung der Verhaftung einzelner auf freiem Fusse befindlicher Mitangeklagten sogleich in der Eröffnungssitzung für befugt gehalten.

Zu §. 82. 1. Die Zustellung der Dienstliste der Geschworenen an den verhafteten Angeklagten ist keine wesentliche Vorschrift des Verfahrens, deren Verletzung die Nichtigkeit zur Folge hätte. Ob.-Tr. v. 9. Juni 1854 (Arch. II, S. 799). Dies ist insbesondere dann angenommen, wenn die Verletzung nicht

Zu §. 82 der Verordnung.

Art. 67. Einer Zustellung der Dienstliste der Geschworenen an den nicht verhafteten Angeklagten bedarf es nicht; derselbe ist jedoch berechtigt, schon am Tage vor der Verhandlung und bis zum Beginn derselben die Liste an der Gerichtsstelle einzusehen, oder eine Abschrift der Liste daselbst in Empfang zu nehmen.

§. 83. Die Bildung des Schwurgerichts für jede Sache erfolgt an dem Tage, an welchem sie verhandelt werden soll, in öffentlicher Sitzung, in welcher der Vorsitzende des Gerichts, der Gerichtsschreiber und der Staatsanwalt oder ein Vertreter desselben zugegen sein müssen. Bildung des Schwurgerichts.

Zu §. 83 der Verordnung.

Art. 68. Wenn an demselben Tage mehrere Sachen zur Verhandlung stehen, so kann die Bildung der Schwurgerichte für alle diese Sachen vor Beginn der Verhandlung der ersten erfolgen.

Das für die erste Sache gebildete Schwurgericht verbleibt, wenn die Staatsanwaltschaft und der Angeklagte sich damit einverstanden erklären, auch für die folgenden an demselben Tage zur Verhandlung anstehenden Sachen.

Wird, weil der Angeklagte oder die Staatsanwaltschaft es verlangen, für eine der folgenden Sachen ein neues Schwurgericht gebildet, so verbleibt dies, wenn die Staatsanwaltschaft und der Angeklagte sich damit einverstanden erklären, auch für die folgenden.

Verzögert sich wegen der Dauer der vorhergehenden Verhandlungen oder aus sonstigen zufälligen Gründen der festgesetzte Anfang einer Verhandlung dergestalt, dass sie erst am vierten oder einem noch späteren Tage nach demjenigen beginnt, an dem das Schwurgericht gebildet worden war, so

---

sofort gerügt worden. Ob.=Tr. v. 17. Dezbr. 1852 und v. 27. Januar 1853 (Arch. I, S. 189), v. 19. Septbr. 1855 (Arch. III, S. 662) u. 19. Juni 1856 (J. M. Bl. S. 190, Anm. *).

In einem Falle, in welchem die dem Angeklagten mitgetheilte Dienstliste in Folge nachträglicher Dispensationen und Einberufung anderer Geschworenen unrichtig war und dies sofort im Termine gerügt worden, ist auf Vernichtung erkannt, weil die Bestimmung des §. 82 und Art. 67 den Zweck habe, bei Besetzung der Geschworenenbank alle Zuständigkeiten in Betreff der Annahme oder Verwerfung einzelner Geschworenen mit gehöriger Ueberlegung auszuüben, hierin also ein wesentliches Recht der Vertheidigung liege. Ob.=Tr. v. 28. Mai 1856 (J. M. Bl. S. 190, Arch. IV, S. 665—666).

2. Eine Mittheilung der Liste der Ergänzungs=Geschworenen vor dem Termine ist nicht erforderlich. Ob.=Tr. v. 15. Februar 1855 (Arch. III, S. 391—392).

3. Ueber die Herabsetzung der im §. 82, Alin. 2 erwähnten Zahl der Geschworenen s. Art. 58.

Zu §. 83. Ueber die Ausschließung der Oeffentlichkeit s. Art. 18, 19 und die Noten zu denselben.

muss zur Bildung eines neuen Schwurgerichts geschritten werden.

§. 84. Erheben sich über die Bildung des Schwurgerichts Streitigkeiten, so müssen die übrigen Richter der Abtheilung zugezogen werden, und es kann ohne deren Mitwirkung eine Entscheidung nicht ergehen.

§. 85. Die Namen der Geschworenen werden in Gegenwart des Angeklagten, welcher sich des Beistandes seines Vertheidigers bedienen kann, aufgerufen.

Der Name eines jeden Geschworenen, welcher auf den Aufruf antwortet, wird von dem Gerichtsschreiber in eine Urne gelegt, aus welcher die Namen auszuloosen sind.

Zu Art. 68. 1. Erörterungen aus den Schwurgerichtsberichten über einzelne auf die Bildung des Schwurgerichts für mehrere Sachen bezügliche Fragen, s. Arch. I, S. 36—37 u. 193.

2. Es kommt in den Fällen des Art. 68, wo es sich darum handelt, ob das für die erste Sache gebildete Schwurgericht auch für die folgenden, an demselben Tage zur Verhandlung anstehenden Sachen verbleiben solle, allerdings nur auf die Erklärung des Angeklagten hierüber an. Es ist indess nicht zu verkennen, dass demselben die Möglichkeit, auch hierüber sich mit seinem Vertheidiger zu berathen, zu eröffnen und es deshalb angemessen ist, auch diesem von der Terminsstunde, zu welcher das Schwurgericht für die erste Sache gebildet und die betreffende Erklärung seines Klienten abgegeben werden soll, Kenntniss zu geben. Als zweckmässig wird es sich dabei empfehlen, in der Vorladung ausdrücklich hervorzuheben, zu welcher Stunde das Schwurgericht gebildet und zu welcher andern die Sache selbst verhandelt werden soll, damit der Vertheidiger im Stande ist, darnach seine anderweitigen Tagesgeschäfte schon vorher zu regeln. Der Umstand, dass der Vertheidiger demnächst zur Bildung des Schwurgerichts nicht erscheint, kann jedoch keinen Grund abgeben, die betreffende Erklärung von dem Angeklagten nicht zu erfordern, da das nach Art. 22 des Ges. v. 3. Mai 1852 auch hierbei dem Gerichtshof zustehende Ermessen in dem Nichterscheinen des Vertheidigers bei jenem Akt wohl nicht leicht eine Veranlassung zur Vertagung finden wird. Verf. des J. M. (Arch. I, S. 37).

3. Wenn beim Beginn der Verhandlung und der Bildung des Schwurgerichts für die erste Sache der Angeklagte in der zweiten Sache abwesend, der Angeklagte in der dritten Sache aber anwesend ist und das gebildete Schwurgericht auch für sich annimmt, so liegt hierin eine Verletzung des Art. 68 auch dann nicht, wenn demnächst der Angeklagte in der zweiten Sache erschienen ist und die Verhandlung gegen ihn unter Bildung eines besonderen Schwurgerichts vor der dritten Sache stattgefunden hat und bei dieser letzteren das zuerst gebildete Schwurgericht wieder in Wirksamkeit getreten ist. Ob.-Tr. v. 5. Juli 1854 (Arch. II, S. 797—798). Vergl. hierzu die Erörterungen im Arch. I, S. 193, Nr. 3.

4. Es erscheint nach dem Geiste der bestehenden Vorschriften über den Criminal-Prozess unzulässig, eine unterbrochene Verhandlung vor Geschworenen nach Ablauf von mehreren Tagen vor denselben Geschworenen fortzusetzen und diese Unzulässigkeit wird auch durch Art. 68, Alinea 4 bestätigt. Ob.-Tr. v. 2. März 1853 (Arch. I, S. 193—194) und Verf. des J. M. v. 25. Febr. u. 19. Mai 1853 (Arch. II, Seite 798).

Zu §. 85. Die Namen sämmtlicher nicht beurlaubten Geschworenen

§. 86. Die Ziehung der Namen aus der Urne erfolgt durch den Vorsitzenden.

Sobald ein Name gezogen ist, erklärt zuerst der Beamte der Staatsanwaltschaft und demnächst der Angeklagte oder dessen Vertheidiger durch die Aeußerung: „Angenommen" oder „Abgelehnt," ob er den Geschworenen annehme oder ablehne.

Die Ablehnung oder deren Zurücknahme ist nicht mehr zulässig, wenn ein fernerer Name aus der Urne gezogen ist.

§. 87. Das Schwurgericht für den einzelnen Fall ist in dem Augenblicke gebildet, wo die Namen von 12 nicht abgelehnten Geschworenen aus der Urne gezogen sind.

§§. 88, 89. (Aufgehoben durch Art. 147; vergl. Art. 69.)

Statt §§. 88 und 89 der Verordnung.

Art. 69. Es sind überhaupt nur so viel Ablehnungen zulässig, als Geschworene über zwölf anwesend sind.

Die Angabe von Gründen für die Ablehnung ist unstatthaft.

§. 90. Die Hälfte der Gesammtzahl der Ablehnungen steht der Staatsanwaltschaft, die andere Hälfte dem Angeklagten, oder wenn in einer und derselben Sache deren mehrere sind, allen zu.

§. 91. Ist die Gesammtzahl eine ungerade, so steht der Staatsanwaltschaft eine Ablehnung weniger zu, als dem Angeklagten.

§. 92. Sind bei einer und derselben Sache mehrere Angeklagte betheiligt, so haben sie sich über eine gemeinschaftliche Ausübung des Ablehnungsrechts zu einigen.

Zu §. 92 der Verordnung.

Art. 70. Wenn eine Einigung über die Ausübung des Ablehnungsrechts unter mehreren bei der Sache betheiligten Angeklagten nicht Statt findet, so werden die Ablehnungen unter sie gleich vertheilt. Hinsichtlich derjenigen Ablehnungen, deren gleiche Vertheilung nicht möglich ist, entscheidet das Loos darüber, welchem der Angeklagten sie zustehen sollen. Die Reihenfolge, in welcher die Angeklagten sich über die

---

müssen bei Strafe der Nichtigkeit aufgerufen werden. Ob.-Tr. v. 23. Nov. 1855 (Arch. IV, S. 203—204).

Zu §. 86. 1. Ueber die Frage, wie zu verfahren, wenn der Angeklagte die Erklärung über die Annahme oder Ablehnung verweigert, s. Arch. II, S. 86, wo angenommen ist, der Angeklagte sei alsdann zu belehren, daß alle gezogenen Namen ihm gegenüber als angenommen anzusehen seien.

2. Die Vorschrift des §. 86 Alinea 3 setzt voraus, daß der Geschworene unter dem ihm zukommenden Namen aufgerufen und angenommen, resp. abgelehnt sei. Ist dies nicht geschehen, so ist auch noch nach der Ziehung fernerer Namen die Ablehnung oder deren Zurücknahme zulässig. Ob.-Tr. v. 30. Sept. 1854 (Arch. III, S. 100).

Ausübung ihres Ablehnungsrechtes zu erklären haben, wird ebenfalls durch das Loos bestimmt. Eine diesem gemäss von einem der Angeklagten ausgeübte Ablehnung gilt für alle.

§. 93. Das Schwurgericht für die Sache muß aus zwölf Personen, bei Strafe der Nichtigkeit bestehen.

§. 94. (Aufgehoben durch Art. 147; vergl. Art. 71, 72.)

Statt §. 94 der Verordnung.

Art. 71. Der Vorsitzende kann vor Beginn der Ziehung verordnen, dass ausser den zwölf Geschworenen noch einer oder zwei Ersatzgeschworene gezogen werden sollen.

In einem solchen Falle vermindert sich die Gesammtzahl der zulässigen Ablehnungen um die Zahl der Ersatzgeschworenen.

Art. 72. Wird die Ersetzung eines Hauptgeschworenen nothwendig, so tritt einer der Ersatzgeschworenen in dessen

---

Zu §. 92 u. Art. 70. Im Arch. I, S. 685 ist angenommen, daß wenn die Zahl der Angeklagten die Zahl der zuläſſigen Ablehnungen übersteige durch das Loos entschieden werden müſſe, welchen der Angeklagten die Ablehnung zustehe. S. dagegen Arch. I, S. 38.

Zu §. 93. Wenn die gesetzliche Zahl der Geschworenen an der Verhandlung theilgenommen hat und das Sitzungsprotokoll über die Verhinderung einzelner Geschworenen in der Wahrnehmung ihrer Funktionen Nichts enthält, so muß angenommen werden, daß sie solche formell dem Gesetze gemäß wahrgenommen haben, ohne daß über den Grad der Gewiſſenhaftigkeit in der Ausübung dieser Funktionen die Zensur des Nichtigkeitsrichters angerufen werden könnte. Deßhalb ist eine Nichtigkeitsbeschwerde, welche behauptet und unter Beweis gestellt hatte, daß einer der Geschworenen während der ganzen Verhandlung der Sache geschlafen habe, zurückgewiesen worden. Ob.-Tr. vom 8. Septbr. 1854 (Arch. II, S. 800).

Zu Art. 71. Nachdem in einem Falle die 12 Geschworenen ausgeloost waren, erklärte einer derselben, dass er wegen Unwohlseins nicht fungiren könne. Der Gerichtshof beschloss hierauf, mit der Bildung des Schwurgerichts ganz von Neuem zu verfahren, weil so hätte verfahren werden müssen, wenn das Unwohlsein erst im Laufe der Verhandlung eingetreten wäre und deshalb ein neues Schwurgericht unter Wiederholung der Verhandlung hätte gebildet werden müssen, ein Unterschied aber zwischen einer bereits begonnenen und einer noch nicht begonnenen, formell aber durch vollendete Ausloosung der Geschworenen bereits eingeleiteten Verhandlung nicht ersichtlich sei und der Art. 71 des Ges. v. 3. Mai 1852 deutlich bestimme, dass die Anordnung der Ziehung von Ersatzgeschworenen vor der Ausloosung der Geschworenen überhaupt stattfinden müsse, möge diese Ziehung bei der ersten Bildung des Schwurgerichts oder bei einer nothwendig werdenden anderweitigen Bildung erfolgen. — Mit diesem Verfahren hat sich der Just. Min. einverstanden erklärt. (Arch. I, S. 350—351.)

S. ferner über die Zuziehung von Ersatzgeschworenen in Untersuchungssachen die — durch Art. 71 u. 72 zum Theil antiquirten — Bemerkungen im J. M. Bl. 1851, S. 70—72.

Stelle, und zwar nach der Reihenfolge, in welcher sie gezogen sind.

Die Ersatzgeschworenen müssen der ganzen Verhandlung beiwohnen, und es sind ihnen zu diesem Behufe Plätze anzuweisen, welche von denen der Hauptgeschworenen abgesondert sind.

§. 95. Niemand kann in einer Sache Geschworener sein, in welcher er als Zeuge, Dolmetscher, Sachverständiger oder Polizeibeamter thätig gewesen ist, oder sonst nach allgemeinen gesetzlichen Vorschriften als Richter nicht würde mitwirken können, bei Strafe der Nichtigkeit.

Zu Art. 72. 1. Der Eintritt eines Ersatzgeschworenen in die Stelle eines der Hauptgeschworenen kann mit rechtlicher Wirkung nur geschehen, wenn dies wegen eines objectiven Hindernisses nothwendig wird, nicht wegen eines subjectiven Bedenkens des Geschworenen oder einer Abneigung, die ihm obliegenden Pflichten zu erfüllen. Ist ein objectives Hinderniss nicht vorhanden gewesen, so ist ein wesentlicher Grundsatz verletzt und das Verfahren unterliegt auch dann der Vernichtung, wenn die Unregelmässigkeit nicht sofort gerügt worden ist. Ob.-Tr. v. 8. April 1853 (Entsch. 25, S. 283 bis 285. Arch. I, S. 351—352) und Verf. des Just. Min. im Arch. I, Seite 531.

2. Wenn der Ersatzgeschworene, dessen Eintritt in die Stelle eines Hauptgeschworenen nicht nothwendig geworden ist, bei der Berathung der Geschworenen in ihrem Berathungszimmer anwesend ist, so ist dies die Verletzung einer wesentlichen Förmlichkeit des Verfahrens. Ob.-Tr. (Pr. 83) v. 3. März 1854 (Entsch. 26, S. 482 und 27, S. 155—155. J. M. Bl. S. 201—202. Arch. II, S. 396—397). Nach einem im J. M. Bl. für 1851, S. 71—72 unter No. 3 mitgetheilten Erk. war das Ob.-Tr. früher anderer Ansicht.

Zu §. 95. 1. Vergl. auch Art. 56 über die allgemeinen Unfähigkeitsgründe.

2. Ueber die Frage, wie die auf §. 95 gegründete Perhorrescenz einzelner Geschworenen zu verhandeln und zu erledigen sei, s. die Erörterungen im Arch. I, S. 190—192. Ein Schwurgerichts-Vorsitzender führt dort aus, daß die Prüfung der eigenen Fähigkeit nicht dem Gewissen der Geschworenen allein überlassen bleiben könne, der Richter vielmehr berufen sei, Mängel, die ihm bekannt würden, von Amtswegen zu rügen und deshalb deren Anzeige und Rüge durch den Angeklagten nicht hindern dürfe. Die Staatsanwaltschaft war in diesem Falle abweichender Ansicht. — Vgl. die Note 1 a. a. O., S. 192, in welcher eine Lücke der Gesetzgebung in dieser Beziehung anerkannt wird, und die Ausführung von v. Tippelskirch im Arch. III, S. 781, welcher sich für die Zulässigkeit der Perhorrescenz Seitens des Angeklagten ausspricht.

Das Ober-Tribunal scheint anzunehmen, daß die Perhorrescenz nur im Wege der Ablehnung der Geschworenen zu bewirken sei. Dasselbe hat erkannt, daß das Erkenntniß als nichtig nicht angefochten werden könne, wenn ein Geschworener zugezogen ist, welcher nicht hätte zugelassen werden sollen, doch aber vom Angeklagten angenommen worden war. Ob.-Tr. v. 30. Januar 1850 (Grundsätze, S. 11).

3. Eine aus dem Inhalte des §. 95 entnommene Vorhaltung an die Geschworenen ist dem Vorsitzenden des Gerichtshofes nirgends zur Pflicht gemacht. Dieselbe kann vielmehr eine der Natur der Sache nach zur Verhütung der Nichtigkeit des Verfahrens als dienlich oder nothwendig sich darstellende Maaßregel sein und wird in diesem Sinne auch geübt. Aus der Unterlassung einer

§. 96. Die Mitglieder des gebildeten Schwurgerichts nehmen in der durch das Loos bestimmten Ordnung ihre Sitze ein.

---

solchen Maaßregel allein aber kann die Nichtigkeit des Verfahrens nicht hergeleitet werden, so lange die Beschwerde nicht durch die Behauptung unterstützt ist, daß unter den sämmtlichen erschienenen und zur Bildung des Schwurgerichts berufenen Geschworenen sich wirklich einer oder mehrere befunden haben, welchen die im §. 95 erwähnten Mängel entgegenstehen. Wenn dies der Fall, so ist dieser Mangel, abgesehen überhaupt von seiner Wirksamkeit nach Lage der gesetzlichen Vorschriften (§§. 62, 63, 95 der Verordnung, Art. 55, 56 des Gesetzes), nicht aber die Unterlassung jener Vorhaltung allein als Nichtigkeitsgrund aufzustellen. Ob.-Tr. v. 13. April 1855 (Arch. III, S. 392—393).

4. Ein Stadtbaurath, welcher in der Sitzung des Magistrats über die von dem Untersuchungsrichter verlangte und demnächst bei der mündlichen Verhandlung verlesene Auskunft, ob Angeklagter als Fabrikbesitzer anzusehen sei, anwesend gewesen, ist in der Sache als Sachverständiger thätig gewesen und wenn er in derselben demnächst als Geschworener mitgewirkt hat, so unterliegt das Verfahren der Vernichtung, und zwar auch in Betreff der Mitangeklagten, auf welche der gedachte Mangel keine Anwendung findet. Ob.-Tr. v. 3. März 1854 (Arch. II, S. 401—402).

In einem Falle, in welchem in der Audienz unter den Ueberführungsstücken ein Knäuel Bindfaden den Geschworenen vorgelegt und ein unter den Geschworenen befindlicher Sachverständiger, von dem Vorsitzenden zu einer Vergleichung dieses Bindfadens mit dem am Orte der That vorgefundenen aufgefordert, das entsprechende Gutachten abgegeben hatte, ist die Nichtigkeits-Beschwerde zurückgewiesen, weil in diesem Akte eine Vernehmung des betreffenden Geschworenen als Sachverständigen nicht gefunden werden könne. Ob.-Tr. vom 4. Oktober 1855 (Arch. III, S. 815).

5. Die Ausstellung eines Attestes über die Vermögenslage des Angeklagten enthält keine Thätigkeit als Zeuge oder Polizeibeamter in der Sache selbst; auch bei der Ausstellung eines Attests über die Moralität von Zeugen sind die einzelnen Mitglieder des Magistrats, welcher das Attest ausgestellt hat, dadurch an und für sich weder Zeugen in der Sache geworden, noch haben sie eine Thätigkeit als Polizeibeamte ausgeübt. Ob.-Tr. v. 11. Januar 1854 (Arch. II, S. 233—234).

6. Die im §. 95 in Bezug genommenen allgemeinen gesetzlichen Vorschriften über die Ausschließung der Befugniß, als Richter mitzuwirken, finden sich in der Allgem. Ger. Ordn. Th. I, Tit. 2, §. 143. Danach tritt die Unfähigkeit ein, wenn der gehörige Richter bei dem Ausfalle des Prozesses ein nahes oder auch nur ein entferntes Interesse hat, oder wenn derselbe mit einer Partei in auf- oder absteigender Linie, oder im vierten Grade der Seitenlinie verwandt oder verschwägert, oder mit einer Partei oder deren nahen Verwandten verlobt ist, oder in Heirathsunterhandlungen steht, oder sich von einer der streitenden Parteien als Konsulent hat gebrauchen lassen, oder mit einer Partei in offenbarer Feindschaft lebt (A. L. R. Th. II, Tit. 18, §§. 145, 146), oder in der Sache zum Zeugen aufgestellt werden soll. Vergl. auch A. L. R. Th. II, Tit. 17, §. 75; A. G. O. Th. III, Tit. 3, §§. 12—14; Th. III, Tit. 7, §. 26; Crim. O. §§. 47 u. 94, Nr. 2; Verordn. vom 31. März 1838, §. 1 am Schlusse; Feld-Pol.-Ordn. vom 1. Novbr. 1847, §. 57, Alinea 5; Verordn. vom 14. Decbr. 1833, §. 5, Nr. 5 u. 6; Deklar. vom 6. April 1839, Art. 17.

Im Strafverfahren ist der Beschädigte nicht als Partei anzusehen, daher ist die Verwandtschaft eines der mitwirkenden Geschworenen mit dem Beschädigten kein Nichtigkeitsgrund. Ob.-Tr. vom 29. Decbr. 1852 (Arch. I, S. 189—190). Wenn bei einer Anklage wegen Brandstiftung der Agent derjenigen Feuerversicherungsgesellschaft, auf deren Beschädigung durch Betrug nach Inhalt der Anklage die Absicht des Brandstifters gerichtet war, als Geschworener mitwirkt, so begründet dies keine Nichtigkeit, da zwar die Agenten von Versicherungs-

§. 97. (Aufgehoben durch Art. 147; vergl. Art. 73.)

Statt §. 97 der Verordnung.

Art. 73. Der Vorsitzende vereidet die Geschworenen vor dem Beginne der Verhandlung mit nachstehenden Worten: Sie schwören und geloben bei Gott dem Allmächtigen und Allwissenden, in der Anklagesache (den Anklagesachen) gegen N. die Pflichten eines Geschworenen standhaft zu erfüllen, und Ihre Stimme nach bestem Wissen und Gewissen abzugeben, Niemandem zu Liebe noch zu Leide, wie es einem freien und rechtschaffenen Manne geziemt, getreulich und ohne Gefährde. Vereidung der Geschworenen.

Die Geschworenen leisten diesen Eid, indem sie unter Erhebung der rechten Hand, einer nach dem andern, die Worte aussprechen:

„Ich schwöre es, so wahr mir Gott helfe."

Mitglieder von Religionsgesellschaften, denen das Gesetz den Gebrauch gewisser Betheuerungsformeln an Stelle des Eides gestattet, können sich statt dieser Eidesworte jener Betheuerungsformeln bedienen.

---

gesellschaften als deren Bevollmächtigte anzusehen sind und ein Mandatar bei Ausrichtung des ihm aufgetragenen Geschäfts, so weit seine Vollmacht reicht, mit seinem Auftraggeber rechtlich für eine Person gilt, jedoch immer für den Agenten einer Feuerversicherungsgesellschaft als solchen das Interesse der letzteren bei den durch jenen für letztere vermittelten Versicherungsverträgen an sich kein eigenes Interesse ist, in dem Strafverfahren der Beschädigte formell nicht Partei ist und auch folglich einer Partei im Civilprozesse nicht gleich steht, ferner auch als ein „Rathertheilen" in Bezug auf den Gegenstand einer Untersuchung wegen Brandstiftung, durch welche eine Feuerversicherungsgesellschaft beschädigt worden ist, oder beschädigt werden sollte, sich die frühere Betheiligung des Agenten dieser Gesellschaft bei Eingehung des Versicherungsvertrages sich nicht ansehen läßt. Ob.-Tr. vom 1. März 1855 (Arch. III, S. 393—394).

Die Frage, ob Verwandschaft eines Geschworenen mit einem der Zeugen als Hinderungsgrund anzusehen sei, ist nach Arch. II, S. 796—797 streitig.

Daß einer der Geschworenen ein Bruder eines Mitgliedes des Gerichtshofes ist, macht den Geschworenen als solchen nicht unfähig. Es giebt kein Gesetz, welches die Theilnahme zweier Brüder an der Entscheidung einer Sache in demselben Collegium schlechthin verboten hat. Ob.-Tr. v. 29. Mai 1850 (Grundsätze, I. Fortsetzung, S. 14) und 6. Januar 1854 (Arch. II, S. 233).

Es ist kein Nichtigkeitsgrund, wenn unter einigen der Geschworenen ein Schwägerschafts-Verhältniß obwaltet. Ob.-Tr. vom 13. Mai 1850 (Grundsätze, I. Fortsetzung, S. 14). Vergl. Arch. I, S. 685—686 u. II, S. 530.

7. Die Mitglieder des Schwurgerichtshofes, welche, weil das Schuldig von den Geschworenen nur durch eine Mehrheit von sieben Stimmen gegen fünf ausgesprochen ist, über die Thatfrage entscheiden, treten dadurch nicht in das Verhältniß der Geschworenen. Es kann daher die Frage, ob die Mitglieder des Gerichtshofes als solche befähigt sind, oder ob sie sich der Einwirkung auf die Entscheidung hätten enthalten sollen, nicht nach den für die Geschworenen gegebenen Regeln, namentlich nicht nach dem lediglich das Verhältniß der Geschworenen normirenden §. 95 beurtheilt werden. Ob.-Tr. vom 15. Mai 1850 (Grundsätze, I. Fortsetzung, S. 14).

Hat in einer Sache ein nicht gesetzlich vereideter Geschworener mitgewirkt, so sind die Verhandlungen nichtig.

§. 98. (Aufgehoben durch Art. 147; vergl. Art. 74—77).

§. 99. (Aufgehoben durch Art. 147; vergl. Art. 78).

§. 100. (Aufgehoben durch Art. 147; vergl. Art. 79).

§. 101—103. (Aufgehoben durch Art. 147; vergl. Art. 80—86).

§. 104. (Aufgehoben durch Art. 147; vergl. Art. 87).

§. 105. (Aufgehoben durch Art. 147; vergl. Art. 92. 93).

§. 106. (Aufgehoben durch Art. 147; vergl. Art. 88).

§. 107. (Aufgehoben durch Art. 147; vergl. Art. 89).

§. 108. (Aufgehoben durch Art. 147; vergl. Art. 90).

§. 109. (Aufgehoben durch Art. 147; vergl. Art. 91).

§. 110. (Aufgehoben durch Art. 147; vergl. Art. 95).

§. 111. (Aufgehoben durch Art. 147; vergl. Art. 92, 93, 98).

§. 112. (Aufgehoben durch Art. 147; vergl. Art. 96).

§. 113. (Aufgehoben durch Art. 147; vergl. Art. 93).

§. 114. (Aufgehoben durch Art. 147; vergl. Art. 78).

§. 115. (Aufgehoben durch Art. 147; vergl. Art. 97).

§. 116. (Aufgehoben durch Art. 147; vergl. Art. 99).

§. 117. (Aufgehoben durch Art. 147; vergl. Art. 100).

Statt §§. 98 bis 117 der Verordnung.

Beginn der Hauptverhandlung.

Art. 74. Die Verhandlung der Sache beginnt mit der Verlesung der Anklageschrift durch den Gerichtsschreiber.

Der Vorsitzende befragt den Angeklagten,

ob er sich schuldig bekenne oder nicht.

Zu Art. 73. 1. Ueber einen Fall, in welchem die Vereidung erst nach Verlesung der Anklageschrift und Abgabe der Erklärungen des Angeklagten stattgefunden hat, s. die Mittheilungen im Arch. I, S. 194, Nr. 2.

2. Die Beschwerde, dass einer der Geschworenen beim Schwören die rechte Hand nicht erhoben, ist, abgesehen von ihrem Gewichte an sich, dann nicht zu berücksichtigen, wenn der Angeklagte sich auf die Verhandlung eingelassen hat, ohne den angeblichen Mangel sofort zu rügen. Ob.-Tr. v. 17. Dez. 1852 (Arch. I, S. 195).

3. Den Geschworenen steht frei, der vorgeschriebenen Eidesformel: „ich schwöre es, so wahr mir Gott helfe," die dem religiösen Bekenntnisse derselben entsprechende Bekräftigungsformel „durch Jesum Christum zur ewigen Seligkeit" oder „und sein heiliges Evangelium" hinzuzufügen. Dagegen dürfen andere willkürliche, der konfessionellen Form fremde Zusätze nicht gestattet werden. Allg. Verf. des Just. Min. v. 26. März 1850 (J. M. Bl. S. 102).

4. In Betreff der Mennoniten vergl. die Verordnung wegen der von den Mennoniten statt des Eides abzugebenden Versicherungen, v. 11 März 1827 (G. S. S. 28).

Die früher angeregten Zweifel, ob Mennoniten als Geschworene fungiren können — s. die Verf. der Min. des Inn. u. der Just. vom 24. Juni 1849 (Verw. Min. Bl. S. 218) — sind durch Art. 73, Alinea 3 erledigt.

Zu Art. 74. 1. Die einmal angefangene Verhandlung vor den

Art. 75. Wenn der Angeklagte sich schuldig bekennt, Verfahren, wenn der

---

Geschworenen muss möglichst ununterbrochen bis zur Verkündigung des Urteils fortgeführt werden. Ueber die Dauer der mündlichen Verhandlung enthalten die Gesetze keine Bestimmung, können auch eine solche mit Rücksicht auf Art. 90, welcher den Geschworenen verbietet, vor dem Beschlusse ihres Ausspruchs das Berathungszimmer zu verlassen, nicht enthalten. Aus diesem Grunde ist eine Beschwerde darüber, dass eine am 27. September begonnene, am 28., 29. und 30. September fortgeführte Verhandlung, und zwar an diesem letzteren Tage, einem Sonnabend, nach einer um 6 Uhr Abends eingetretenen zweistündigen Pause bis zum Sonntag Morgen zwischen 2 und 3 Uhr, wo auf Grund des Verdikts das Urtel verkündet ist, fortgesetzt worden, vom Ob.-Tr. durch Erk. v. 25. Novbr. 1854 zurückgewiesen worden. (Arch. III, S. 100—101.)

2. Nach v. Tippelskirch ist ausser der Anklageschrift auch der Anklagebeschluss vorzulesen (Arch. IV, S. 1). Die Majorität der Vorsitzenden des Departements Frankfurt ist entgegengesetzter Ansicht (Arch. I, S. 57, No. 15).

3. Nur die durch das Appellations-Gericht mit dem Verweisungs-Beschlusse an das Schwurgericht gesendete förmliche Anklageschrift bedarf nothwendig der Vorlesung beim Beginn der schwurgerichtlichen Verhandlung; es begründet keine Nichtigkeit, wenn der Schwurgerichtshof die von der Staatsanwaltschaft ihm später zugestellten Nachträge zur Anklageschrift nicht vorlesen lässt, sogar diese Vorlesung ausdrücklich ablehnt. Ob.-Tr. v. 27. Octbr. 1851 (Entsch. 21, S. 442—454).

4. Ueber die Unzulässigkeit der Mittheilung von Abschriften der Anklage an die Geschworenen, s. Note 3 zu §. 14 (S. 31). Auch die Mittheilung von Extracten aus der Anklageschrift ist unzulässig. Ob.-Tr. v. 6. October 1854 (Arch. III, S. 241) Vergl. die Erörterungen im Arch. III, S. 241 — 242. — Die Mittheilung von Abschriften der Anklageformel wird für erlaubt erklärt im Arch. I, S. 686.

Die Ueberreichung einer Darstellung der Untersuchung und des dem Angeklagten zur Last gelegten Verbrechens an die Geschworenen ist nicht gestattet. Ob.-Tr. vom 25. Februar 1853 (Arch. I, Seite 195).

Die Mittheilung von Zeichnungen zur Veranschaulichung des Ortes der That kann, wenn sie zur Aufklärung des Sachverhältnisses als dienlich erscheinen, im Allgemeinen nicht für unzulässig erachtet werden. Es ist aber freilich in solchen Fällen vom Gerichtshofe zunächst festzustellen, ob der bezeichnete Zweck in der That dadurch befördert wird und ob die betreffende Zeichnung thatsächlich richtig ist, so dass insbesondere, wenn der Vertheidiger einseitig eine solche überreicht, vorerst über die Richtigkeit derselben verhandelt, wenn dieselbe aber nicht zu ermitteln ist, der auf die Benutzung der Zeichnung bei der Verhandlung gerichtete Antrag zurückgewiesen werden muss, damit nicht die unbefangene Beurtheilung der Sache durch einseitige oder unrichtige Darstellungen gefährdet werde. Verf. des Just. Min. v. 15. Juni 1853 (Arch. I, S. 531—532).

Die bei der mündlichen Verhandlung als Beweisstücke vorgelegten Schriftstücke dürfen den Geschworenen in das Berathungszimmer mitgegeben werden. Ob.-Tr. v. 21. Dezbr. 1853 (Arch. II, Seite 233).

5. Bei der Verlesung der Anklageschrift in deutscher Sprache sowohl, als bei der nothwendig werdenden Verlesung in fremder Sprache, müssen sämmtliche Gerichtsmitglieder gegenwärtig sein. Ob.-Tr. v. 18. April 1855 (Arch. III, S. 540).

Angeklagte sich schuldig bekennt. und auf näheres Befragen auch alle Thatsachen einräumt, welche die wesentlichen Merkmale der ihm zur Last gelegten strafbaren Handlung bilden, so wird die Staatsanwaltschaft und der Vertheidiger darüber gehört, ob die Thatfrage als durch das Bekenntniss des Angeklagten festgestellt zu erachten sei.

Auf Verlangen der Staatsanwaltschaft müssen dem Angeklagten die etwaigen zusätzlichen Fragen vorgelegt werden, welche in Ermangelung eines Bekenntnisses den Geschworenen gestellt werden können.

Werden dergleichen Fragen nicht beantragt, oder beantwortet der Angeklagte auch diese bejahend, so hat der Gerichtshof, wenn er gegen die Richtigkeit des Bekenntnisses kein Bedenken hegt, nach Anhörung der Staatsanwaltschaft und des Vertheidigers über die Anwendung des Gesetzes, ohne Zuziehung von Geschworenen das Urtheil zu fällen.

Kommen auf Anregung des Angeklagten oder der Staatsanwaltschaft Thatsachen in Frage, welche die Ausschliessung oder Minderung der gesetzlichen Strafe zur Folge haben würden, lässt das Gesetz mildernde Umstände überhaupt zu, oder muss festgestellt werden, ob der Angeklagte mit Unterscheidungsvermögen gehandelt habe, so unterbleibt die Verhandlung vor den Geschworenen nur dann, wenn die Erklärung der Staatsanwaltschaft über diese Punkte zu Gunsten des Angeklagten lautet, und der Gerichtshof kein Bedenken hat, der dem Angeklagten günstigen Annahme beizutreten.

Zu Art. 75. 1. Ueber die Bedeutung des Art. 75, s. von Kraewel im Arch. III, S. 213 ff., besonders S. 216—217 und Triest im Arch. IV, S. 513—520.

2. In denjenigen Sachen, welche zur Kompetenz der Schwurgerichte gehören, darf nicht ohne Zuziehung der Geschworenen verhandelt werden, wenn der Angeklagte sich nicht schuldig bekennt; es genügt nicht, dass er die Thatsachen zugesteht, welche die wesentlichen Merkmale des ihm zur Last gelegten Verbrechens bilden. Ob.-Tr. v. 29. März 1854 (J. M. Bl. S. 202–203, Arch. II, S. 399).

3. Das Schuldbekenntniss muss, um die Stelle des sonst erforderlichen Ausspruches der Geschworenen vertreten zu können, Alles, was bei Zuziehung der Geschworenen deren Ausspruche anheimfällt, umfassen, mithin rücksichtlich des zur Anklage gestellten Verbrechens, dem thatsächlichen Inhalte der Anklage entsprechend, diese erschöpfen, sowohl den objektiven, als den subjektiven Thatbestand jenes Verbrechens dergestalt vollständig darstellen, dass es für eine thatsächliche Ergänzung Seitens des Gerichts nicht Raum lässt. Ob.-Tr. v. 16. Sept. 1853 (J. M. Bl. S. 414–415). Es ist desshalb kein ausreichendes Geständniss des strafbaren Versuchs, wenn nicht der Angeklagte ausdrücklich zugesteht, dass der Versuch durch Handlungen, welche einen Anfang der Ausführung enthielten u. s. w. und auch das Geständniss keine Thatsachen enthält, aus denen diese Bedingung der Anwendung des Strafgesetzes zu folgern ist. Ob.-Tr. v. 8. Febr. 1856 (Arch. IV, S. 361). — Das Geständniss ist auch dann nicht ausreichend, vielmehr müssen die Geschworenen entscheiden, wenn der Angeklagte die in der Anklage behaupteten erschwerenden

Art. 76. Sind die Voraussetzungen des Art. 75 nicht vorhanden, so beginnt die Verhandlung der Sache vor den Geschworenen. Verfahren, wenn der Angeklagte ein Bekenntniss nicht ablegt.

Umstände läugnet und der St.-Anw. selbst anerkennt, dass diese nicht erwiesen seien. Verf. des J. M. (Arch. I, S. 361).

4. Der Schwurgerichtshof darf ohne Zuziehung der Geschworenen auf Grund des Schuldbekenntnisses des Angeklagten nur dann erkennen, wenn dasselbe sich nicht bloss auf die in der Anklageschrift behaupteten äusseren Thatsachen bezieht, sondern auch die zum Thatbestande des zur Anklage gestellten Verbrechens erforderliche, auf dieses Verbrechen gerichtete bestimmte Absicht umfasst. Ob.-Tr. v. 6. Dezbr. 1850 (Entsch. 22, S. 522—531). Insbesondere muss die Absicht, sich Gewinn zu verschaffen, als ein factum internum, entweder mit den Worten des Gesetzes oder doch mit solchen Worten zugestanden sein, dass darin unter allen Umständen und ohne irgend einem Bedenken Raum zu geben, eine lediglich auf Erlangung eines Gewinnes gerichtete Absicht gefunden werden muss. Ob.-Tr. v. 2. April 1856 (Arch. IV, S. 362). Auch die Absicht rechtswidriger Zueignung muss ausdrücklich zugestanden sein. Ob.-Tr. v. 16. Februar 1853 (J. M. Bl. S. 267—272).

Dagegen ist es nicht erforderlich, dass das Zugeständniss sich ausdrücklich auch auf diejenige Qualifikation der Thatsachen richte, welche das Gesetz den Handlungen beilegt, selbst in dem Falle, wenn diese Qualifikation eine reine durch die Geschworenen zu beantwortende Thatfrage bildet, dass daher z. B. der Angeklagte auch ausdrücklich zugestehe, seine Verbindung mit anderen sei eine „Zusammenrottung", seine Handlungen seien eine „Gewaltthätigkeit" an Sachen gewesen: Ob.-Tr. 17. Febr. 1854 (Arch. II, S. 398). Vgl. auch Ob.-Tr. 23. Januar 1854 (Arch. II, S. 528—530). Diese Entscheidung steht in Widerspruch mit dem oben (Note 3) mitgetheilten Erk. v. 16. Sept. 1853, auch bemerkt Goltdammer, dass in den dem Ob.-Tr. vorgelegenen Fällen die Existenz der Qualifikation nach Inhalt des Audienzprotokolles nicht besonders streitig gewesen ist, und dass in einem solchen Bestreiten jedenfalls die Provokation auf das Verdikt der Geschworenen zu finden sein würde.

Eine Verfügung des J. M. führt aus, dass es zur Anwendung des Art. 75 genüge, wenn der Angeklagte sich schuldig bekenne und auf näheres Befragen alle Thatsachen einräume, welche die wesentlichen Merkmale des ihm zur Last gelegten Verbrechens bilden, dagegen nicht erforderlich sei, dass der Angeklagte auch die Richtigkeit der gesetzlichen Qualifikation einräume, welche die Anklage seiner That beilege (z. B. sich ausdrücklich eines „schweren Diebstahls" schuldig bekenne), weil die Subsumtion der Thatsache unter das Gesetz nicht Gegenstand eines Bekenntnisses sein könne, sondern zur Aufgabe des Richters gehöre. Die Zuziehung der Geschworenen aus dem Grunde, weil der Angeklagte sich nicht dazu habe verstehen wollen, die in der Anklage enthaltene Benennung des Verbrechens für die richtige anzuerkennen, würde das Gesetz nur dann haben vorschreiben können, wenn es gewollt hätte, dass den wirklich zugezogenen Geschworenen eine Frage über die gesetzliche Qualifikation der That vorgelegt würde, was unzweifelhaft nicht der Fall sei. (Arch. II, S. 354—355).

Ueber die Frage, ob das Geständniss ausreichend sei, wenn der als Urheber des Verbrechens Angeklagte sich der — gesetzlich gleich strafbaren — Theilnahme schuldig bekennt, s. die Bemerkungen im Arch. II, S. 798.

5. Die Frage, ob auch ein nachträgliches, nach erfolgter Beweisaufnahme abgelegtes Geständniss Berücksichtigung finden könne und

Die Leitung der Verhandlung, insbesondere das Verhör des Angeklagten und der Zeugen, steht dem Vorsitzenden zu.

---

geeignet sei, die Mitwirkung der Geschworenen auszuschliessen, ist erörtert im Arch. III, S. 242—243.

6. Ueber die Bedeutung der Vorschrift, dass Staatsanwalt und Vertheidiger darüber zu hören, ob die Thatfrage als durch das Bekenntniss des Angeklagten festgestellt zu achten sei, s. die Mittheilungen im Arch. I, S. 353.

Wenn sich aus dem Protokoll nicht ergiebt, dass auch die Vertheidigung darüber gehört worden ist, ob die Thatfrage als durch das Bekenntniss des Angeklagten festgestellt zu erachten sei, so unterliegt das ohne die Mitwirkung der Geschworenen ergangene verurtheilende Erkenntniss und das vorangegangene mündliche Verfahren der Vernichtung. Ob.-Tr. v. 6. Febr. 1856 (J. M. Bl. S. 83). Im Archiv IV, S. 361 ist der Inhalt dieses Urtels unrichtig mitgetheilt.

7. Die Entscheidung über die Richtigkeit des Bekenntnisses steht allein dem Gerichtshofe zu, welcher die Prüfung des Schuldbekenntnisses nicht etwa nach bestimmten Rechtsregeln zu veranstalten, sondern lediglich darauf zu richten hat, ob sich nach seiner menschlichen Ueberzeugung Bedenken dagegen erheben lassen, und dasselbe nicht etwa als ein irrthümliches zu erkennen ist, gleichwie den Richtern auch durch Art. 99 die Befugniss ertheilt ist, einen nach ihrer einstimmigen Ansicht irrthümlichen Ausspruch der Geschworenen gegen den Angeklagten bei Seite zu stellen. Für den Beweis des objektiven Thatbestandes sind im System des heutigen Beweisrechtes keine anderen Erfordernisse, als für die übrigen Theile des Anklagebeweises, aufgestellt, die Theile desselben auch überhaupt nicht von einander getrennt und Art. 75 lässt offenbar die Möglichkeit zu, die ganze Thatfrage ebenso durch das Schuldbekenntniss, wie durch den Ausspruch der Geschworenen (Art. 79, 81) festzustellen. Es kann folglich keinen Gegenstand einer Nichtigkeitsbeschwerde abgeben, ob etwa der Gerichtshof hätte Bedenken tragen sollen, das Schuldbekenntniss des Angeklagten in dem einen oder anderen Stücke oder überhaupt für richtig, d. h. für ein wahrheitsgemässes Gewissenszeugniss anzunehmen, vielmehr kommt es nur darauf an, ob der Gerichtshof das Bekenntniss überhaupt und in Beziehung auf die einzelnen Merkmale des zur Anklage gebrachten Verbrechens geprüft habe. Ob.-Tr. v. 23. Jan. 1856 (Arch. IV, S 204—205). Vgl. auch Ob.-Tr. v. 6. Januar 1854 (Arch. II, S. 231 Nr. 3) u. v. 10. Januar 1855 (Arch. III, S. 662—663), ferner die Erörterungen im Arch. I, S. 353.

8. Die Frage: ob bei einer Anklage gegen mehrere Beschuldigte, von welchen Einige geständig sind und zugleich die Anderen bezüchtigen, während diese Letzteren läugnen, auch hinsichtlich der Geständigen die Zuziehung der Geschworenen geschehen müsse? ist erörtert im Arch. II, S. 661—663.

9. Ueber die Frage, ob der Gerichtshof befugt sei, Behufs Prüfung der Richtigkeit des Bekenntnisses zu seiner Information einzelne Beweisakte vorzunehmen, z. B. eine exploratio mentis vornehmen, einen Obduktionsbericht vorlesen zu lassen, s. Arch. I, S. 686. II, S. 230—231.

10. Sämmtliche in dem Geständnisse enthaltene Erklärungen, soweit sie auf die Beurtheilung der Sache Einfluss auszuüben geeignet sind, müssen in das Audienz-Protokoll aufgenommen werden, indem nur der Inhalt des letzteren darüber entscheidend ist, ob durch das Schuldbekenntniss die Anklage erschöpft, die Thatfrage also erledigt wird. Ob.-Tr. v. 18. Febr. und v. 16. Septbr. 1853 (J. M. Bl. S. 366 und 414—415. Arch. II, S. 86) und 20. September 1854 (Arch. II,

Dieser muss der Staatsanwaltschaft und kann dem Angeklagten oder dessen Vertheidiger, sowie den Geschworenen ge-

---

S. 789). Die allg. Verf. des J. M. vom 18. Februar 1854 verordnet desshalb, dass derjenige Theil des Protokolls, welcher das Bekenntniss des Angeklagten enthält, insoweit als dasselbe die zu den wesentlichen Merkmalen der strafbaren Handlung gehörenden Thatsachen betrifft, verlesen werde. (J. M. Bl. S. 98).

11. Ueber die Inkonvenienzen, welche durch das ausgedehnte Recht, die Fragestellung wegen mildernder Umstände zu fordern, herbeigeführt werden, s. Arch. I, S. 195.

12. Die Vorschrift des Art. 75, Satz 4, wonach in dem Falle, wo das Gesetz überhaupt mildernde Umstände zulässt, die Verhandlung ohne Zuziehung von Geschworenen nur dann gestattet ist, wenn die Erklärung des Staatsanwalts in dieser Beziehung zu Gunsten des Angeklagten lautet und der Gerichtshof kein Bedenken hat, dem beizutreten, ist nach der im Art. 84 gegebenen Erläuterung nur auf den Fall zu beziehen, wenn mildernde Umstände behauptet sind. Ob.-Tr. vom 6. Januar 1854 (Arch. II, S. 231, Nr. 2) und R. des J. M. vom 14. September 1852 (Arch. I, S. 39).

13. Ueber die Frage, in welchem Stadium der Verhandlung die Frage nach mildernden Umständen in Anregung gebracht werden müsse, insbesondere ob dies noch bei der Diskussion über die Anwendung des Strafgesetzes, beziehungsweise bei oder nach der Verhandlung rücksichtlich der nichtgeständigen Mitangeklagten geschehen könne, s. die Mittheilungen im Arch. I, S. 197—199. IV, 532, 666—667. Die Geltendmachung der mildernden Umstände bei der Diskussion über das anzuwendende Strafgesetz ist von dem Ob.-Tr. noch zulässig erachtet in dem Erk. v. 24. Nov. 1852 (Arch. I, S. 197—198). Eben so lässt dasselbe den Antrag noch vor dem Schlusse der Verhandlung gegen die nicht geständigen Mitangeklagten zu in dem Erk. v. 12. Januar 1853 (Arch, I, S. 198—199). Vgl. auch die Erörterungen über die Zulässigkeit nachträglicher Fragestellungen im Arch. II, S. 803, III, S. 541—544 u. 814, IV, S. 667—668 unten zu Art. 80 ff., besonders zu Art. 88.

14. Es ist nicht zulässig, die Thatfrage theils auf den Grund eines von dem Angeklagten abgelegten Geständnisses, theils auf den Grund eines von den Geschworenen einzuholenden Ausspruches festzustellen. Ist daher wegen der behaupteten, aber bestrittenen mildernden Umstände die Zuziehung der Geschworenen nöthig, so muss auch die Thatfrage von den Geschworenen entschieden werden. Ob.-Tr. v. 24. November 1852 (J. M. Bl. 1853, S. 195—196, Arch. I, S. 197).

15. Wenn angenommen wird, dass in Folge der wegen behaupteter mildernder Umstände nöthig werdenden Entscheidung der Geschworenen auch über die Hauptthat zugleich die ganze Beweisaufnahme vorgenommen werden müsse, so kann diese Ansicht nicht für richtig erachtet werden. Es wird vielmehr in jedem einzelnen Falle darauf ankommen, zu prüfen, ob es neben dem Bekenntnisse der Schuld noch anderer Beweismittel und welcher bedürfe, um die Ueberzeugung der Geschworenen von der Schuld des Angeklagten herbeizuführen, oder ob es nicht vielmehr genüge, die Beweisaufnahme auf die Thatsachen zu beschränken, auf Grund deren mildernde Umstände anzunehmen sein würden. Dabei wird selbstredend auf diejenigen bis dahin unerwiesenen Momente Rücksicht zu nehmen sein, die zwar an sich, nicht aber im Zusammenhange mit jenen Umständen die strafbare Handlung in einem milderen Lichte erscheinen lassen. In den seltensten Fällen wird aber lediglich zu

statten, Fragen, welche sie zur Aufklärung der Sache für angemessen erachten, unmittelbar an die Betheiligten zu richten. Er ist befugt, die Stellung der Fragen in jedem Zeitpunkte wieder selbst zu übernehmen und das Verhör zu schliessen.

---

diesem Behufe eine Beweisaufnahme in der Vollständigkeit zu bewirken sein, wie sie erforderlich sein würde, wenn der Angeklagte ein Schuldbekenntniss nicht abgelegt hätte. Ein solches Verfahren würde vielmehr in der Regel überflüssig sein, und oft unnütze Kosten herbeiführen. R. des J. M. v. 23. März 1854 (Arch. II, S. 399—400).

Dabei ist bemerkt, dass in einem Falle, in welchem zwar bei solchem Schuldbekenntniss die Beweisaufnahme über die Hauptthat selbst, jedoch nicht in vollem Umfange, sondern nur über die Hauptmomente, vorzüglich des objektiven Thatbestandes, veranlasst worden war, das Ob.-Tr. die wegen dieser nur theilweisen Beweisaufnahme über die Hauptthat erhobene Nichtigkeitsbeschwerde zurückgewiesen hat. (Arch. a. a. O.) Vgl. die Erörterungen im Arch. I, S. 39, 197, II, 663, III, 813. — Neuerdings ist ausdrücklich ausgesprochen, dass in dem Falle, wenn der Angeklagte ein ausreichendes Geständniss ablegt, die Zuziehung der Geschworenen aber lediglich desshalb erfolgt, weil die Staatsanwaltschaft das von dem Angeklagten behauptete Vorhandensein mildernder Umstände nicht anerkennt, es lediglich dem Ermessen des Gerichtshofes überlassen bleiben muss, inwiefern er zum Zwecke des auch über die Schuldfrage in der Hauptsache abzugebenden Verdikts die Beweisaufnahme durch Vernehmung von Zeugen u. s. w. veranlassen, oder den Geschworenen lediglich zu diesem Zwecke das Geständniss des Angeklagten unterbreiten will. Ob.-Tr. v. 2. Mai 1856 (Arch. IV, S. 531).

Zu Art. 76. 1. Falls ein Angeklagter sein früher abgelegtes Geständniss in der einen oder anderen Beziehung widerruft, sind in der Regel nur diejenigen Zeugen zu vernehmen, deren Angaben für die Ueberzeugung der Geschworenen von Erheblichkeit sein können, wobei der Gerichtshof in jedem einzelnen Falle in sorgfältige Erwägung zu nehmen hat, ob die eine oder andere Vernehmung nicht durch das theilweise Geständniss des Angeklagten als überflüssig erscheinen möchte. Verf. des J. M. (Arch. I, S. 39). S. die Erörterungen im Arch. I, S. 38—39, ferner Note 15 zu Art. 75.

2. Ueber die Stellung des Vorsitzenden s. v. Tippelskirch im Arch. III, S. 772 ff., IV, S. 4 ff.

3. Aus der Bestimmung des Art. 76, wonach, wenn der Angeklagte sich nicht schuldig bekennt, die Verhandlung vor den Geschworenen beginnen soll, ist nicht herzuleiten, dass es dem Vorsitzenden untersagt sein solle, zuvor auf Grund von Prozess-Akten, welche die erste Veranlassung zu der vorliegenden Anklage enthalten, eine Darstellung des sich daraus ergebenden Sachverhältnisses vorauszuschicken. Vielmehr muss dem Vorsitzenden, welchem die Leitung der Verhandlung zusteht, überlassen bleiben, ob die Vorausschickung einer solchen Darstellung zweckmässig erscheine. Ob.-Tr. vom 24. Septbr. 1856 (Arch. IV, S. 806—807).

4. Der Vorsitzende ist nicht befugt, Beamte der Staatsanwaltschaft zur Ordnung zu rufen. Verf. des J. M. vom 19. Mai 1853 (Arch. II, S. 799 und oben Note 3 zu §. 3, S. 4).

5. Ueber die Befugniss des Vorsitzenden bei der Entscheidung über Incidentfragen hat der Herr Just. Min. sich dahin ausgesprochen, dass zwar in jedem einzelnen Falle zu ermessen sei, ob der Vorsitzende allein, vermöge der ihm zustehenden Leitung der Verhandlung, über das entstandene Bedenken zu befinden, oder der Gerichtshof darüber zu beschliessen habe, hierbei jedoch der Gesichtspunkt

Art. 77. Der Vorsitzende kann auch der Staatsanwaltschaft und dem Vertheidiger, auf deren übereinstimmenden Antrag, das Verhör der Zeugen überlassen. In diesem Falle ist die Staatsanwaltschaft befugt, alle Zeugen mit Ausnahme der nur auf Begehren des Vertheidigers geladenen oder erschienenen zu verhören, wobei nach dem Verhör jedes Zeugen dem Vertheidiger das Kreuzverhör zusteht. Der Vertheidiger verhört darauf die nur auf sein Begehren geladenen oder erschienenen, und beliebigenfalls die von der Staatsanwaltschaft nicht verhörten Zeugen. In Ansehung derselben hat alsdann die Staatsanwaltschaft das Kreuzverhör. Kreuzverhör.

Der Vorsitzende hat in solchen Fällen über die Ordnung des Verhörs zu wachen, unzulässige Fragen und deren Beantwortung abzuschneiden oder zu verbieten. Er ist befugt, das Verhör in jedem Zeitpunkte wieder selbst zu übernehmen und das Verhör zu schliessen.

Art. 78. Das über den Hergang im Termine von dem Gerichtsschreiber aufzunehmende Protokoll soll die Namen der Richter, des Gerichtsschreibers und der Geschworenen, sowie des Beamten der Staatsanwaltschaft, des Angeklagten und seines Vertheidigers, der Zeugen und der Sachverständigen enthalten. Protokoll über die Hauptverhandlung.

Von dem Inhalte der Erklärungen der Staatsanwaltschaft, des Angeklagten, der Zeugen und der Sachverständigen wird nur das Wesentliche in das Protokoll aufgenommen. Waren dieselben bereits in der Voruntersuchung vernommen, so ist in dem Protokolle nur zu vermerken, ob und in wiefern ihre Erklärungen etwa von den früheren Aussagen in erheblichen Punkten abweichen.

Die zur Entscheidung gestellten Anträge der Staatsan-

---

festzuhalten sei, dass dem letzteren überall die Entscheidung gebührt, wo es sich um eine Bestimmung materiellen Inhalts, insbesondere also um die Befugnisse der Staatsanwaltschaft oder der Vertheidigung handelt. R. v. 15. Juni 1853 (Arch. I, S. 532). Vergl. Arch. IV, S. 532, wo die Frage erörtert wird, ob über die Vereidigung von Zeugen im Falle des Streites der Vorsitzende allein, oder der Gerichtshof zu beschliessen habe; ferner die Bemerkungen von Goltdammer im Arch. I, S. 336—337.

6. Sofern nicht behauptet wird, dass den Angeklagten bei der Vertheidigung das letzte Wort entzogen worden, kann der Umstand, dass die Staatsanwaltschaft unmittelbar nach jeder einzelnen Vertheidigung zur Replik auf dieselbe zugelassen ist, die Nichtigkeit des Verfahrens nicht begründen, weil das Gesetz in jener Beziehung keine besondere Anordnung getroffen, vielmehr, indem es dem Vorsitzenden die Leitung der Verhandlung überlässt (Art. 76 des Ges. vom 3. Mai 1852), zu erkennen giebt, dass demselben und nöthigenfalls dem Gerichtshofe die geeignete Anordnung zustehe. Ob.-Tr. v. 24. Febr. 1853 (Arch. I, S. 223). Vergl. Arch. I, S. 41, 688, II, 664.

Zu Art. 77. Ueber das Kreuzverhör s. Dieterici im Arch. II, S. 508 und v. Tippelskirch im Arch. IV, S. 6—7.

waltschaft und des Angeklagten und die auf dieselben erfolgten Entscheidungen müssen in das Protokoll aufgenommen oder demselben als Beilage einverleibt werden.

Dasselbe gilt von den den Geschworenen vorgelegten Fragen und den darauf ertheilten Antworten.

Wird das Urtheil besonders abgefasst, so muss das Protokoll doch stets den entscheidenden Theil des Urtheils enthalten.

Das Protokoll wird am Schlusse von dem Vorsitzenden und dem Gerichtsschreiber unterzeichnet. Die Beobachtung der vorgeschriebenen Förmlichkeiten kann nicht anders als durch das Protokoll bewiesen werden.

Zu Art. 78. 1. Ueber die Formulare zu den Verhandlungen bei den Schwurgerichten s. die allg. Verf. des J. M. v. 17. Aug. 1852 (J. M. Bl. S. 294—298). — Im Gebiete des Rheinischen Rechts wurde in einem Falle die Zulässigkeit der Anwendung gedruckter Formulare zu den Sitzungs-Protokollen bestritten, da der gedruckte Theil desselben als von dem Gerichtsschreiber abgefasstes oder geschriebenes nicht angesehen werden könne, demnach ein unvollständiges Protokoll vorliege. Das Ob.-Tr. hat indessen den Kassationsrekurs zurückgewiesen, weil das Gesetz (Art. 372 der Rhein. Strafprozess-Ordn.) nur die Abfassung des Protokolls durch den Gerichtsschreiber und die Unterschrift desselben und des Präsidenten fordert, nicht aber, dass das Protokoll vollständig von der eigenen Hand des Gerichtsschreibers niedergeschrieben sei, also dem Gerichtsschreiber nicht untersagt ist, sich gedruckter Formulare zu bedienen, welche er durch deren Ausfüllung und Vollziehung mittelst der vorgeschriebenen Unterschriften zu einem Theile seiner eigenen Abfassung macht. Erk. v. 10. Novbr. 1853 (Arch. II, S. 91). Ueber Fassung und Beweiskraft der Protokolle s. unten Note 13, über die Qualifikation des Gerichtsschreibers die Noten zu §. 38.

2. Die Theilung der Funktionen des Gerichtsschreibers unter zwei Personen, welche den Verhandlungen von Anfang bis zu Ende beiwohnen, ist zulässig. Ob.-Tr. v. 19. Septbr. 1855 (Arch. III, S. 810) oben zu §. 60 und Art. 52.

3. Wenn das Sitzungsprotokoll von dem Vorsitzenden und dem Gerichtsschreiber vorschriftsmässig unterzeichnet ist, so begründet der Umstand, dass das Erkenntniss mit den Gründen nicht von dem Gerichtsschreiber niedergeschrieben ist, keine Nichtigkeit und es kann hierbei keinen Unterschied machen, wenn das Urtel zwar vollständig in das Protokoll aufgenommen, aber von sämmtlichen Richtern noch besonders vollzogen ist. Ob.-Tr. v. 7. Mai 1856 (Arch. IV, S. 532 bis 533). Vergl. Note 9.

4. Es ist zwar unregelmässig, wenn bei mehrtägigen Sitzungen nicht das Protokoll jedes einzelnen Tages die Namen der anwesenden Richter, Geschworenen u. s. w. enthält, doch begründet dies keine Nichtigkeit, sofern hinreichend hervorgeht, dass an den verschiedenen Tagen die nämlichen Richter und die nämlichen Geschworenen anwesend gewesen sind. Ob.-Tr. v. 5. October 1853 (Arch. I, Seite 687).

5. Die Nothwendigkeit des Eintretens eines Ersatzgeschworenen muss als ein wesentlicher Theil der Förmlichkeiten bei Strafe der Nichtigkeit durch das Protokoll festgestellt sein. Ob.-Tr. v. 8. April 1853 (Arch. I, S. 352).

6. Die Entscheidung auf Anträge wegen Aufnahme eines an-

Art. 79. An die Verhandlungen mit dem Angeklagten und den Zeugen schliessen sich die Ausführungen der Staatsanwaltschaft, sowie des Angeklagten und seines Vertheidigers über die Thatfrage, wobei diesen das letzte Wort gebührt. Ausführung über die Thatfrage — Resümé des Vorsitzenden.

getretenen Beweises muss in das Protokoll aufgenommen und zugleich ersichtlich sein, ob die Beweisaufnahme auf Grund thatsächlicher oder rechtlicher Erwägungen abgelehnt ist. Ob.-Tr. v. 25. November 1853 (J. M. Bl. 1854, S. 6—7, Arch. II, S. 231—232) u. 31. März 1854 (J. M. Bl. S. 263—264), ferner allg. Verf. des J. M. v. 27. Juni 1855 (J. M. Bl. S. 198—199).

7. Der J. M. bemerkt in dem R. v. 5. Januar 1853 rücksichtlich der Anträge der Staatsanwaltschaft, namentlich der wichtigen Anträge auf Abänderung der Fragen oder auf Zusätze zu denselben, dass es in einigermassen verwickelten Fällen zur Erreichung des Zweckes nothwendig werde, meistens aber schon der Zeitersparung wegen zu empfehlen sei, die Anträge in formulirter Fassung schriftlich vorzulegen. Der Vorsitzende habe unbedenklich die Befugniss, hierauf zu halten, wobei es sich jedoch von selbst verstehe, dass in Fällen, wo es sich um ganz einfache Aenderungen handelt, nach seinem Ermessen der gestellte Antrag auch unmittelbar zu Protokoll genommen werden könne. (Arch. I, S. 199).

8. Bei Publikation des Urtels müssen die Gründe der Entscheidung mitgetheilt, und dass dies geschehen, muss im Protokoll vermerkt werden. Ob.-Tr. v. 19. Mai 1853 (J. M. Bl. S. 432).

9. Wenn das Urtel des Schwurgerichts nicht besonders abgefasst, sondern vollständig in das Sitzungs-Protokoll mit den Gründen aufgenommen wird, so muss dieser Theil des Protokolls von sämmtlichen Mitgliedern des Schwurgerichts vollzogen werden. Ob.-Tr. v. 21. Aug. 1852 (Arch. I, S. 39—40). Vergl. Verf. des J. M. v. 10. Novbr. 1849 (J. M. Bl. S. 459—460).

10. Wenn der Vorsitzende das Protokoll über die Bildung des Schwurgerichts nicht vollzogen, vielmehr die Vollziehung abgelehnt hat (weil nach der Erklärung des Gerichtsschreibers die Vermerke über die Annahme und Ablehnung der Geschworenen nicht in der Sitzung selbst, sondern erst nachher nach Notizen aus dem Gedächtniss in das Protokoll eingetragen seien), so muss dies so angesehen werden, als sei ein über die Bildung des Schwurgerichts aufgenommenes Protokoll überhaupt gar nicht vorhanden. Dieser Mangel des Protokolls lässt sich nur als die Verletzung einer wesentlichen Vorschrift des Verfahrens auffassen, durch welche, da gar nicht zu ersehen ist, dass und wie die Bildung des Schwurgerichts stattgefunden, und ob dabei vorschriftsmässig verfahren worden, nothwendig das ganze vor den Geschworenen stattgefundene Hauptverfahren dergestalt affizirt werden muss, dass die Gültigkeit und Rechtsbeständigkeit dieses Verfahrens, weil es hierzu an der erforderlichen Grundlage fehlt, als vorhanden nicht angenommen werden kann. Zu dieser Rüge bedarf es nicht der Behauptung, dass und welche Verstösse bei der Bildung des Schwurgerichts vorgekommen seien. Ob.-Tr. v. 7. Juli 1855 (Arch. III, S. 663).

Dagegen hat das Ob.-Tr. in dem Umstande, dass in dem Separat-Protokoll über die Bildung des Schwurgerichts in seiner ursprünglichen Fassung am Schlusse die Namen der zwölf ausgeloosten, von beiden Theilen angenommenen Geschworenen an der betreffenden Stelle nach Maassgabe der im Protokolle selbst registrirten Ausloosung nicht eingerückt waren, auch die Unterschrift des Vorsitzenden und des Gerichtsschreibers fehlte, und dass diese Mängel erst mehrere Tage nach der Sitzung beseitigt worden, einen Nichtigkeitsgrund nicht gefunden, da der Vorschrift des Art. 78 insofern genügt sei,

Sodann hat der Vorsitzende die gesammte Lage der Sache auseinanderzusetzen, die gesetzlichen Vorschriften, welche bei Beurtheilung der Thatfrage etwa in Betracht kommen, nöthigenfalls zu erläutern und überhaupt alle diejenigen Bemerkungen

---

als das Protokoll über die Verhandlung vor dem Schwurgericht von dem Vorsitzenden und dem Gerichtsschreiber vollzogen worden, die bemerkten Mängel allerdings einen Verstoss gegen die der Wichtigkeit eines Protokolls in Schwurgerichtssachen zu widmende Sorgfalt enthalten, aber gegenwärtig ein vollständiges und vorschriftsmässig vollzogenes Protokoll über die Bildung des Schwurgerichts vorliege, welches die Beobachtung der vorgeschriebenen Förmlichkeiten nachweise, da ferner, abgesehen davon, dass das Resultat der geschehenen Bildung des Schwurgerichts auch aus dem Eingange des Haupt-Protokolls über die Verhandlung vor dem Schwurgerichte, welches die Namen der ausgeloosten Geschworenen enthält, ersichtlich sei, in der Nichtigkeitsbeschwerde nicht einmal behauptet worden, dass die Bildung des Schwurgerichts nicht vorschriftsmässig vorgegangen sei, und dass in dem begangenen Verstosse an sich eine Verletzung oder Nichtanwendung einer wesentlichen Vorschrift oder eines wesentlichen Grundsatzes des Verfahrens nicht gefunden werden könne. Ob.-Tr. v. 6. October 1853 (Arch. I, S. 686—687).

11. Bei einer blossen zeitweisen Unterbrechung der Sitzung (Mittagspause) ist es lediglich in das Ermessen des Vorsitzenden gestellt, inwiefern er es für nöthig findet, das bis dahin geführte Protokoll durch seine und des Gerichtsschreibers Unterschrift förmlich abzuschliessen. Ob.-Tr. v. 15. Septbr. 1854 (Arch. I, S. 663—664).

12. Es ist, trotz der Authentizität, die einer gerichtlichen Urkunde zukommt, doch rechtlich nicht unzulässig, einen offenbaren Irrthum (in casu war das Protokoll über die Bildung des Schwurgerichts vom 10. Januar 1854 datirt, obwohl die Verhandlung am 10. Juli stattgefunden hatte und dieser Irrthum auf dem Protokoll vom Vorsitzenden und Gerichtsschreiber bescheinigt), der sich aus dem Inhalte der Urkunde selbst und aus anderen damit in Verbindung stehenden Urkunden ergiebt, zu rektifiziren, weil der Schein über die zu Tage liegende Wahrheit nicht prävaliren kann. Ob.-Tr. v. 13. September 1854 (Arch. III, S. 101).

13. Die Beweiskraft des von den fünf Richtern unterzeichneten Protokolls kann dadurch nicht angegriffen werden, dass diese Richter als Zeugen über das Gegentheil von dem vorgeschlagen werden, was sie durch ihre Unterschrift bereits bezeugt haben. Eine widersprechende Angabe des Dolmetschers allein kann den Inhalt des Protokolls nicht beseitigen. Ob.-Tr. v. 19. September 1855 (Arch. III, S. 663—664).

Ueber die Wichtigkeit der entscheidenden Kraft des Protokolls und über die Fassung desselben, insbesondere über die Frage, inwieweit der Vorsitzende auf die Fassung entscheidend einzuwirken habe, s. die Erörterungen im Arch. I, S. 200 u. III, S. 250. In der erstgedachten Mittheilung wird darauf aufmerksam gemacht, dass das Ob.-Tr. Beschwerden, welche durch Zeugen oder sonst nachweisen wollten, die nach dem — formularmässig aufgenommenen — Protokoll konstatirte Erfüllung der Förmlichkeiten habe dennoch nicht stattgefunden, zurückgewiesen habe, wenn es an einem entsprechenden, also entgegengesetzten, Vermerk in dem Protokolle fehlte. Es verstehe sich, dass die Verweigerung der Aufnahme eines solchen Vermerks im Beschwerdewege zu erledigen sei, und dass hierbei ein Beweis durch Zeugen u. s. w. zulässig erscheine. Vgl. über die Unanfechtbarkeit des Protokolls durch Zeugenbeweis das Erk. des Ob.-Tr. v. 24. Febr. 1853 (Arch. I, S. 223). Nach diesem Erk. hatte der

zu machen, welche ihm zur Herbeiführung eines sachgemässen Ausspruches der Geschworenen als geeignet erscheinen.

Dieser Vortrag darf unter keiner Bedingung von der Staatsanwaltschaft oder von dem Angeklagten unterbrochen oder zum Gegenstande irgend einer Aeusserung oder eines Antrages in der Sitzung gemacht werden.

Der Vorsitzende stellt darauf die von den Geschworenen zu beantwortenden Fragen.

Angeklagte behauptet, dass seinem Vertheidiger das Wort abgeschnitten worden und sich auf Zeugen berufen. Die Beschwerde ist zurückgewiesen, weil sich die Behauptung des Angeklagten durch das Audienz-Protokoll nicht bestätige, vielmehr aus demselben mit zureichender Gewissheit hervorgehe, dass die Vertheidigung jedenfalls nur in Betreff desjenigen Theiles der Anklage, in Betreff dessen ein Geständniss vorlag, unterblieben sein könne, demnach der in Antrag gebrachte Zeugenbeweis um so mehr unerheblich sei, als der Angeklagte während der Verhandlung in Ansehung einer vermeintlichen Beschränkung der Vertheidigung keine Beurkundung im Audienz-Protokolle bewirkt habe.

14. Die Vorschrift des Art. 78, wonach die Beobachtung der vorgeschriebenen Förmlichkeiten nicht anders als durch das Protokoll bewiesen werden kann, ist nicht auf den in Abwesenheit des Gerichts und des Protokollführers stattfindenden Hergang bei der Berathung der Geschworenen zu beziehen. Wird daher behauptet, dass ein Unberechtigter in dem Berathungszimmer der Geschworenen anwesend gewesen sei, so steht der Berücksichtigung dieses Umstandes die Nichterwähnung desselben im Protokoll nicht entgegen. Ob.-Tr. vom 3. März 1854 (Entsch. 27, S. 153—155, J. M. Bl. S. 201—202, Arch. II, Seite 396).

Zu Art. 79. 1. Der Umstand, dass bei mehreren Vertheidigungen die Staatsanwaltschaft unmittelbar nach jeder einzelnen Vertheidigung zur Replik auf dieselbe zugelassen ist, kann die Nichtigkeit des Verfahrens nicht begründen, weil das Gesetz in dieser Beziehung keine besondere Anordnung getroffen hat, vielmehr, indem es dem Vorsitzenden die Leitung der Verhandlung überlässt (Art. 76), zu erkennen giebt, dass demselben und nöthigenfalls dem Gerichtshofe die geeignete Anordnung zustehe. Ob.-Tr. v. 24. Febr. 1853 (Arch. I, S. 223). — Ueber die Anordnung der Verhandlung in weitläufigen Sachen, insbesondere über die Zulässigkeit von Spezialplaidoyer und Spezialresumé, s. Arch. I, S. 41, 688, II, S. 664-667.

2. Wenn erst nach geschlossener Beweisaufnahme und selbst erst während der Ausführung über die Thatfrage neue Beweismittel beigebracht werden, so dürfen dieselben nicht wegen Verspätung als formell unzulässig verworfen werden; der Schwurgerichtshof muss vielmehr eine materielle Prüfung eintreten lassen, ob dem Beweisantrage stattzugeben sei. Ob.-Tr. v. 1. März 1854 (J. M. Bl. S. 195—196, Arch. II, S. 400). Eben so ist es dem Gesetze nicht widersprechend und enthält keine Verletzung der Vorschriften oder Grundsätze des Verfahrens, wenn nach den an die Verhandlungen mit dem Angeklagten und den Zeugen sich anschliessenden Ausführungen des Staatsanwalts und des Vertheidigers nachträgliche Fragen noch an einzelne Zeugen gestellt werden. Ob.-Tr. v. 24. Mai 1854 (Arch. II, S. 531—532).

Ueber die Produktion neuer Urkunden in der Vertheidigungsrede, insbesondere die Produktion von Leumundszeugnissen, s. die Erörterungen im Arch. I, S. 687—688. Der J. M. erachtet es für richtig

Fragen an die Geschworenen. 1) Form.

Art. 80. Die Fragen sind so zu stellen, dass sie sich mit Ja oder Nein beantworten lassen.

Die Geschworenen sind befugt, eine jede Frage theilweise zu bejahen und theilweise zu verneinen.

---

und angemessen, dass dem Bestreben der Vertheidiger, erst bei der Vertheidigungsrede schriftliche Atteste zu beziehen und zu verlesen, entgegengetreten werde. Der Gebrauch schriftlicher Atteste entspreche an sich dem mündlichen Verfahren sehr wenig, und müsse schon desshalb möglichst beschränkt werden; jedenfalls dürften dieselben den eigentlichen Untersuchungsverhandlungen, welche nach der Anordnung des Gesetzes den Ausführungen des Staatsanwalts und des Vertheidigers vorhergehen, nicht vorenthalten werden (Arch. I, S. 688).

3. Ueber die Stellung des vorsitzenden Richters zu den Geschworenen, insbesondere über den Schlussvortrag im Schwurgerichtsprozesse, s. die Abhandlung von Goltdammer im Arch. I, S. 164—184 und 334—346.

4. Der Art. 79 untersagt dem Vorsitzenden nicht, sein Urtheil über das Resultat des Beweises auszusprechen, überlässt ihm vielmehr die gewissenhafte Beurtheilung in Hinsicht auf die Mittel, durch welche ein sachgemässer Spruch der Geschworenen auf Grund der stattgefundenen Verhandlung herbeigeführt werden soll. Ob.-Tr. v. 14. Dezbr. 1853 (Arch. II, S. 86—87) und 30. April 1856 (Arch. IV, S. 533). Vgl. hierüber die zum Theil entgegengesetzten Ausführungen im Arch. I, S. 40—41, I, S. 340 ff. von Goltdammer u. III, S. 344 ff. von v. Stemann.

5. Der Vorsitzende überschreitet seine Befugniss nicht, wenn er eine schon vorher zum Gegenstand der Verhandlung gemachte Thatsache während des Resumé als Ueberführungsmittel konstatirt. Ob.-Tr. v. 15. Sept. 1853 (Arch. I, S. 688—689).

6. Wenn die Fragestellung nach dem Schlusse des Resumé eine besondere, in der Anklage nicht enthaltene Ausdehnung des Thatbestandes im Auge hat, so ist der Angeklagte befugt, nunmehr noch im Wege der Vertheidigung, wie in dem der Rückfrage an die Zeugen Alles das vorzubringen, was er zum Zwecke der Verneinung dieser erweiterten Fragestellung für dienlich hält. Ob.-Tr. v. 6. Mai 1853 und v. 30. März 1854 (Arch. II, S. 232 und 532). Vergl. Ob.-Tr. v. 8. Dezbr. 1854 (Arch. III, S. 101—102) zu Art. 86, ferner Arch. II, Seite 531.

7. Ueber die Nothwendigkeit der Verdolmetschung der Fragen in den Fällen, wo überhaupt mit einem Dolmetscher verhandelt wird, s. Ob.-Tr. v. 18. April 1856 (Arch. IV, S. 533—534) unten zu Art. 87.

8. Ueber die Befugniss zur Stellung nachträglicher Fragen an die Geschworenen, s. die Noten zu Art. 88.

Zu Art. 80—87. 1. Ueber die Fragestellung an die Geschworenen s. die Abhandlungen von Burchardi im Arch. I, S. 583—611 u. von v. Stemann a. a. O., II, S. 167—181, ferner „über That- und Rechtsfrage in der Fragestellung, insbesondere über die Nothwendigkeit der Auflösung von Rechtsbegriffen" die Abh. im Arch. III, S. 181—197. Ueber einige Mängel der Fragestellungen an die Geschworenen und der Verdikte der Letzteren lässt sich in einer Abh. im Arch. IV, S. 485—504 Goltdammer vorzüglich im Interesse einer grösseren Spezialisirung der Fragen aus. Gegen die französische Fragestellung nach Preussischem Rechte schreibt von Kraewel im Arch. III, S. 213—223. — Die Ausführung von von Tippelskirch im Arch. IV, S. 11—18 behandelt die Fragestellung besonders im Interesse der künftigen Gesetzgebung.

Die Hauptfrage soll nicht in mehrere Fragen getheilt werden.

Umstände, welche die Strafe ausschliessen, mildern oder erschweren, sind entweder in der Hauptfrage besonders hervorzuheben, oder es sind deshalb besondere Fragen zu stellen.

---

2. In Bezug auf die Streitfragen über die Fragestellung rücksichtlich der einzelnen strafbaren Handlungen enthält Goltdammer's Archiv für Preussisches Strafrecht regelmässige Mittheilungen. Ausser diesen geben die kommentirten Ausgaben der Strafgesetze, namentlich Oppenhoff's Strafgesetzbuch (Berlin, G. Reimer, 1856), die Erörterungen der Praxis in Bezug auf die Fragestellung. Vgl. auch meine „Erläuterungen und Novellen zum Strafgesetzbuche" (Breslau, Kern, 1854—1856) und mein „Strafgesetzbuch für die Preuss. Staaten. Mit Weglassung der aufgehobenen und Einschaltung der neueren Bestimmungen und den auf das Str. G. B. bezüglichen Entsch. des K. Ob.-Tr. Zweite Auflage. (Breslau, J. U. Kern, 1856)."

Zu Art. 80. 1. Kollektivfragen für mehrere wegen eines und desselben Verbrechens Angeklagte in der Form: „Sind die Angeklagten schuldig u. s. w.", sind unzulässig. Auch die seltenen Fälle, in denen ein solches Verfahren als unschädlich gelten könnte, werden niemals von vorn herein mit Bestimmtheit als solche zu erkennen sein. Verf. des J. M. (Arch. II, S. 87, J. M. Bl. 1852, S. 54).

2. Es ist zulässig und enthält nicht einen Irrthum im Sinne des Art. 99, wenn die Geschworenen, obwohl sie ein wesentliches Requisit des in Frage gestellten Verbrechens verneinen, dennoch das „Schuldig" aussprechen, da in diesem Verfahren der Geschworenen eine Ausübung ihrer Befugniss, eine jede Frage theilweise zu bejahen und theilweise zu verneinen, liegt. Verf. des J. M. v. 21. Nov. 1853 (Arch. II, S. 100). Vgl. auch Art. 91 Alinea 3 und die Noten dazu.

3. Die Vorschrift des Ges. v. 3. Mai 1852, Art. 80 im dritten Absatze: „die Hauptfrage soll nicht in mehrere Fragen getheilt werden", ist für eine wesentliche da zu erachten, wo deren Nichtbefolgung zu einem in sich widersprechenden Ausspruche der Geschworenen geführt hat, z. B. in dem Falle, dass eine die Handlung des Angeklagten betreffende Frage nur mit 7 gegen 5 Stimmen, die sich daran anschliessende Frage: ob diese Handlung einen Anfang der Ausführung enthalte? aber mit mehr als 7 Stimmen von den Geschworenen bejaht worden ist. Pr. 50 des Ob.-Tr. v. 9. Septbr. 1853 (Entsch. 25, S. 445, u. 26, S. 185—189, J. M. Bl. 1853, S. 427—429, Arch. II, S. 87).

4. Wenn bei einer Anklage wegen Theilnahme an einem Verbrechen die verschiedenen Arten der Theilnahme, nämlich 1) die Anstiftung und 2) die Hülfsleistung bei der Ausführung durch Rath und That — welche beide Arten in einzelnen Fällen zwar zusammentreffen können, aber nicht nothwendig zusammentreffen müssen, und von welchen jede einzelne Art die Anwendung der Strafe der Theilnahme begründet — nicht in eine Frage zusammengefasst, sondern in zwei Fragen dergestalt gesondert werden, dass die Frage wegen Hülfsleistung nur für den Fall der Verneinung der Frage wegen Anstiftung zur Beantwortung kommt, so ist der Grundsatz des Art. 80, Alinea 3, nicht verletzt. Ob.-Tr. v. 9. Mai 1855 (Arch. III, S. 541).

5. Wenn die zur Anklage gestellten Verbrechen zur Zeit der Herrschaft des Allg. Landrechts verübt sind und, da der Thatbestand derselben nach dem Strafgesetzbuch verschieden ist, den Geschworenen über jedes einzelne Verbrechen zwei Fragen vorgelegt werden, von denen die eine den Thatbestand des Allg. Landrechts, die andere den des Strafgesetzbuchs enthält, so liegt hierin nicht eine unzulässige Theilung der Hauptfrage. Ob.-Tr. v. 7. Sept. 1855 (Arch. III, S. 664)

2) Wesentlicher Inhalt, insbesondere rücksichtlich des subjektiven Thatbestandes.

Art. 81. Die Fragen müssen bei Strafe der Nichtigkeit alle Thatsachen enthalten, welche die wesentlichen Merkmale der dem Angeklagten zur Last gelegten strafbaren Handlung bilden. Zu den Thatsachen, welche durch den Ausspruch der Geschworenen festzustellen sind, gehört insbesondere auch die Zurechnungsfähigkeit, sowie der Vorsatz oder die Fahrlässigkeit, durch deren Vorhandensein der Begriff der strafbaren Handlung bedingt wird.

Die Hauptfrage beginnt mit den Worten;

„Ist der Angeklagte schuldig?"

Die Fragen sind darauf, ob der Angeklagte die That ohne Zurechnungsfähigkeit begangen hat, oder ob andere Gründe, welche die Strafe ausschliessen, vorhanden sind, nur dann ausdrücklich zu richten, wenn dies besonders beantragt oder von dem Gerichte selbst für nöthig erachtet wird. Einem deshalb besonders gestellten Antrage muss bei Strafe der Nichtigkeit entsprochen werden.

Durch die Bejahung der Hauptfrage wird, wenn in der Antwort der Geschworenen nicht etwas Anderes ausdrücklich

---

6. Die Aufnahme der erschwerenden Umstände, abgesondert von der Hauptfrage, in Zusatz- oder eventuelle Fragen ist in allen den Fällen vorzuziehen, wo diese erschwerenden Umstände nicht selbstständig neben einander bestehen, sondern mehr oder minder in dem Thatbestande des zur Anklage gestellten Verbrechens bereits enthalten sind, mithin durch die Bejahung der auf das letztere gerichteten Frage ihre Bedeutung ganz verlieren. Ob.-Tr. vom 29. Febr. 1856 (Arch. IV, S. 372).

S. über die Behandlung der erschwerenden Umstände bei der Fragestellung die Abh. im Arch. IV, S. 82—97. Vergl. auch die Noten zu Art. 88 u. Art. 91.

In Bezug auf die Bedeutung des Begriffes „Hauptfrage" äussert der Herr Justiz-Minister in einem Erlasse (Arch. I, S. 360—361): „Wenn das Gesetz die Hauptfrage nicht getheilt wissen will, hinsichtlich der erschwerenden Umstände aber sagt, dass sie in der Hauptfrage besonders hervorgehoben oder, dass desshalb besondere Fragen zu stellen seien, und wenn es hierbei zwischen solchen erschwerenden Umständen, welche die Anklage bereits geltend gemacht hat, und solchen, die erst in der mündlichen Verhandlung sich ergeben haben, nicht unterscheidet, so muss man annehmen, dass das Gesetz unter Hauptfrage die Frage wegen der an sich einfachen That verstanden habe, also bei einer Anklage wegen schweren Diebstahls die Frage wegen des einfachen Diebstahls, abgesehen von den Umständen, die ihn zu einem schweren machten."

Wiederholentlich hat der Justiz-Minister empfohlen, in den geeigneten Fällen (besonders bei schwerer Körperverletzung) von der Befugniss des Art. 80 Gebrauch zu machen und den erschwerenden Umstand in eine besondere Nebenfrage aufzunehmen. R v. 24. Dezbr. 1853 (Arch. II, S. 805—806), vom 5. Mai und 29. Juni 1854 (Arch. II, S. 534—535 u. S. 668).

Ueber die Beachtung der Vorschrift des Art. 80, Alinea 4 bei Formulirung der Anklagen, s. die allgem. Verf. des Just. Min. vom 29. März 1853 (J. M. Bl. S. 134—138) im Anhange.

ausgesprochen ist, zugleich festgestellt, dass der Angeklagte mit Zurechnungsfähigkeit gehandelt hat.

Zusatz 16. Darüber, ob die Voraussetzungen des Rückfalls vorhanden sind, entscheidet der Schwurgerichtshof ohne Mitwirkung der Geschworenen. Art. XXVI. des Einführ. Gesetzes vom 14. April 1851 (G. S. S. 99).

Zu Art. 81. 1. Den Geschworenen sind nur solche Fragen zur Beantwortung vorzulegen, welche sich auf die Thatfrage in Betreff des den Gegenstand der Anklage bildenden Verbrechens beziehen. — Der Ausspruch der Geschworenen, welcher über die Thatfrage hinaus, in das nur zur Prüfung des Gerichtshofes stehende Rechtsgebiet übergeht, ist als nicht vorhanden zu betrachten; das Erkenntniss des Schwurgerichtshofes, welches mit Zugrundelegung eines solchen Ausspruchs ein Strafgesetz ausser Anwendung gelassen hat, welches hätte angewendet werden sollen, unterliegt daher der Vernichtung. Erk. des Ob.-Tr. vom 9 Januar 1850 (Entsch. Bd. 19, S. 464—467). Vergl. über die Trennung von That- und Rechtsfrage, Art. 82 und die Note zu demselben.

2. Die den Geschworenen vorzulegenden Fragen dürfen nur den subjectiven und objectiven Thatbestand der dem Angeschuldigten zur Last gelegten Handlungen, nicht aber ausserdem noch den Zusatz enthalten, ob der Angeklagte dadurch das näher bezeichnete Verbrechen begangen habe. Erk. des Ob.-Tr. vom 16. Novbr. 1853 (J. M. Bl. 1854, S. 15). — Den bei der schwurgerichtlichen Verhandlung und, soweit die letztere nicht zur zusätzlichen Stellung eventueller Fragen (Art. 86) nach dem Ermessen des Gerichtshofes Veranlassung giebt, in den zu stellenden Fragen, behufs Erledigung der Anklage, festzuhaltenden Gegenstand der Anklage bilden nur die in der Anklage und namentlich in der Anklageformel enthaltenen Thatsachen, nicht aber auch das Gesetz, welches als darauf anwendbar, als die dargestellte That vorsehend, in dem Anklagebeschlusse und in der Anklage allegirt worden ist, also nicht auch die Bezeichnung des Verbrechens, die rechtliche Qualifikation, welche der dargestellten That am Schlusse der Anklageformel gegeben worden ist. Ob.-Tr. vom 22. März 1855 (J. M. Bl. S. 152—155). Vergl. Arch. II, S. 91—92.

3. Wenn nach Art. 81 die Fragen alle Thatsachen enthalten müssen, welche die wesentlichen Merkmale der dem Angeklagten zur Last gelegten Handlung bilden, so entscheidet hierbei, wie Art. 86 entnehmen lässt, zunächst der Gesichtspunkt, unter welchen sie die Anklage gebracht hat. Zwar sind nach Art. 87 auch Abänderungen hierin zulässig, jedoch, wie der Zusammenhang der Art. 81, 86, 87 klar ergiebt, ohne dass dabei die thatsächliche Grundlage der Anklage völlig umgewandelt oder wesentlich verändert wird. Wenn sich hierzu in den Verhandlungen ein Bedürfniss oder Anlass herausstellt, so darf solches nur durch Hinzufügung von anderen besonderen Fragen geschehen und ist hiervon auch im Falle eines Einverständnisses der Staatsanwaltschaft mit dem Angeklagten und dessen Vertheidiger keine Abweichung gestattet. Ob.-Tr. vom 18. Januar 1854 (Arch. II, S. 402—403). Vergl. die Bemerkungen im Arch. II, S. 84.

4. Es ist der Vorschrift des Art. 81 genügt, wenn die den Geschworenen gestellten Fragen die Thatsachen, welche die wesentlichen Merkmale der dem Angeklagten zur Last gelegten strafbaren Handlung und zwar mit den im Gesetze selbst gebrauchten Worten enthalten. Eine weitere Beschreibung der einzelnen, diesen Thatbestand bildenden Umstände ist vom Gesetze nicht gefordert. Ob.-Tr. vom

Gebrauch allgemein verständlicher Ausdrücke.

Art. 82. Bei Bezeichnung der wesentlichen Merkmale der strafbaren Handlung sind, in soweit es geschehen kann,

---

22. März 1855 (Arch. III, S. 401). S. auch R. des Just. Min. vom 5. Dezbr. 1853 (Arch. II, S. 91—92).

So ist z. B. beim Meineide nicht erforderlich, dass in der Frage die unwahr versicherte Thatsache aufgenommen sei. Ob.-Tr. vom 2. Juni 1853 (Arch. I, S. 545) und vom 8. November 1854 (Arch. III, S. 106); ebenso wenig bedarf es bei Nothzucht oder Unzucht der Angabe der einzelnen vorgenommenen Handlungen. Ob.-Tr. vom 22. März u. 4. April 1855 (Arch. III, S. 401 u. 550—551). Vergl. auch Erk. des Ob.-Tr. vom 28. April 1854 (Arch. II, S. 534). Bei der Feststellung des Thatbestandes der Tödtung (des Mordes) ist die Angabe der Art der Ausübung des Verbrechens und des dazu gebrauchten Mittels in der Frage nicht erforderlich. S. Arch. I, S. 548 u. II, S. 533, Nr. IV. Bei Feststellung der Theilnahme genügt es, wenn die Frage den allgemeinen Satz „vorbereitet, erleichtert oder vollendet" enthält, ohne dass die einzelnen Handlungen, durch welche dies geschehen, ausdrücklich bezeichnet worden. Ob.-Tr. vom 27. April 1853 und 16. Januar 1856 (Arch. I, S. 365 u. IV, S. 210). Vergl. Oppenhoff, S. 72—73, Note 32 u. 33.

Ueber die Nothwendigkeit einer Spezialisirung des Thatsächlichen, s. die Abh. von Goltdammer im Arch. IV, S. 485—504.

5. Die Bestimmung des Art. 81, dass die Frage alle Thatsachen enthalten soll, welche die wesentlichen Merkmale u. s. w., ist nicht dahin auszulegen, dass jedesmal alle vom Gesetze nur alternativ neben einander gestellten Requisite des Verbrechens in der Frage enthalten sein müssen; vielmehr genügt es, wenn die Frage nur die im vorliegenden Falle angemessene Alternative enthält, und vermöge derselben den zur Anwendung des Gesetzes erforderlichen Thatbestand feststellt. Ob.-Tr. vom 16. Juni 1854 (Arch. II, S. 536).

6. Wenn ein Strafgesetz mehrere von einander wirklich verschiedene Thätigkeiten alternativ zusammenfasst und mit derselben Strafe bedroht, z. B. Strafgesetzbuch, §. 34, Nr. 2 alternativ von einer Anleitung zum Begehen der That und sodann von einer Hülfsleistung in den Handlungen, welche die That vorbereitet, erleichtert oder vollendet haben, redet, so liegt ein zur Anwendung dieses Gesetzes genügender Ausspruch nicht vor, wenn nur alternativ die verschiedenen Thätigkeiten bejaht worden sind, in dem vorliegenden Beispiel also alternativ Anleitung oder Hülfsleistung festgestellt ist, weil nur eine bestimmte Aeusserung eines strafbaren Willens Gegenstand der Bestrafung sein kann, da aber, wo eine solche bestimmte Thätigkeit nicht feststeht, es zur Anwendung des Strafgesetzes an der erforderlichen thatsächlichen Unterlage fehlt und nicht gerechtfertigt werden kann, auf einen Fall, wo ein Theil der Richter der That die eine, ein anderer Theil die andere, mit gleicher Strafe bedrohte Thätigkeit als vorhanden annimmt, diese von einander verschiedenen Stimmen zusammenzurechnen. Wo aber eine und dieselbe, im Strafgesetze ins Auge gefasste Thatäusserung in demselben alternativ in verschiedene Beziehung auf den Erfolg gesetzt ist, in der Art, dass das Strafgesetz zu seiner Anwendung alternativ die eine oder die andere von diesen Beziehungen erfordert, genügt es, alternativ eine von diesen Beziehungen festzustellen, weil die Auffassung dieser Beziehungen bei den Richtern der That subjectiv verschieden sein kann, ohne dass darum der Eine eine andere That als der Andere bestrafen will. Wenn also in dem obigen Beispiel von einer hülfsleistenden Handlung die Rede ist, die Richter der That aber diese Hülfsleistung darin verschieden auffassen, dass nach der einen Auffassung sie die That

Rechtsbegriffe, welche nicht eine allgemein bekannte und in

---

vorbereitet, nach der anderen erleichtert, nach der dritten vollendet hat, so ist es ganz richtig, diese Auffassungen nicht von einander zu trennen und daher auf die Feststellung, dass der Angeklagte dem Thäter in den Handlungen, welche die That vorbereitet oder erleichtert oder vollendet haben, wissentlich Hülfe geleistet habe, die auf die Theilnahme verordnete Strafe anzuwenden. Ob.-Tr. v. 20. Dezbr. 1855 (J. M. Bl. 1856, S. 18—20; Arch. IV, S. 208—209). Vergl. die wesentlich von derselben Auffassung ausgehenden Erk. des Ob.-Tr. vom 6. Novbr. 1850 (J. M. Bl. S. 407—409; Arch. I, S. 204), 7. Januar 1852 (Arch. I, S. 205), 28. Jan. und 23. Febr. 1853 (Arch. I, S. 206), 9. Febr. 1853 (Arch. I, S. 364—365), 16. Juni 1853 (Arch. I, S. 537), 29. Juni 1853 (Arch. I, S. 547—548) und die Bemerkungen im Arch. II, S. 668 und IV, S. 536, ferner v. Stemann im Arch. II, S. 174.

In einem Erk. des vormal. Rhein. Revisions- und Kassationshofes vom 8. April 1851 ist ausgeführt, dass der Ausspruch der Geschworenen nur dann die Anwendung eines Strafgesetzes gestattet, wenn sich die Absicht und die Uebereinstimmung der bejahenden Majorität klar ersehen lässt, wenn also aus der Antwort hervorgeht, dass die Majorität der Meinung gewesen ist, dass, wenn nicht die eine, so doch jedenfalls die andere Supposition erwiesen sei. (Arch. I, Seite 207.)

7. Enthält das Gesetz mehrere erschwerende Umstände, deren jeder für sich die gleiche Strafe herbeiführt, alternativ (z. B. Krankheit oder Arbeitsunfähigkeit), so ist es, wenn die Anklage mehrere solcher Umstände behauptet, zulässig, dieselben in der Frage kopulativ auszudrücken (Krankheit und Arbeitsunfähigkeit), da die Geschworenen befugt sind, theilweise zu bejahen und theilweise zu verneinen. Ob.-Tr. v. 17. Novbr. 1853 (Arch. II, S. 94—95). S. indessen über die Unzweckmässigkeit dieser Fassung, durch welche die Geschworenen leicht verleitet werden, nur dann zu bejahen, wenn sie sämmtliche Alternativen als festgestellt annehmen, die Verf. des J. M. v. 24. Dezbr. 1853 (Arch. II, S. 805—806).

8. Ueber die Unzulässigkeit der Kumulation mehrerer Thatbestände (Urkundenfälschung und Betrug), welche in den (Verhältnissen des prinzipalen zum eventuellen stehen, in einer und derselben Frage, s. die Bemerkung im Arch. II, S. 669.

9. Die Beziehung der Frage auf Stellen in den Acten die Frage lautete: Schuldig — durch die in den anliegenden 4 Heften Seite u. s w. mit Bleistift angestrichenen Stellen, die Ehrfurcht u. s. w. verletzt zu haben?) ist zur genauen Bezeichnung des Thatbestandes nicht geeignet. Ob.-Tr. v. 29. Septbr. 1853 (Arch. I, Seite 695).

10. Die Feststellung der angeklagten Handlung muss gegen jeden einzelnen Mitangeklagten selbstständig und vollständig in dem Maasse erfolgen, dass daraus der Umfang seiner Schuld zum Zwecke des darauf zu gründenden Strafurtheils mit Gewissheit erhellt. Insbesondere muss also bei Theilnehmern an einem Verbrechen nicht allein der Thatbestand dieser Theilnahme an sich, nach den Voraussetzungen des §. 34, sondern auch der Thatbestand desjenigen Hauptverbrechens, auf welches sich diese Theilnahme bezieht, mit genügender Gewissheit erhellen. Ob.-Tr. v. 9. Dezbr. 1853 (Arch. II, S. 93). Von diesem Gesichtspunkte aus hat das Ob.-Tr. die Frage über die Zulässigkeit der Bezugnahmen auf andere Fragen entschieden und ausgeführt, dass eine deutliche Bezugnahme dieser Art durch die Art. 81 u. 84 nicht ausgeschlossen sei. Ob.-Tr. v. 21. Febr. 1855 und 4. Juli 1855 (Arch. II, S. 546 u. 549—550). Vgl. Arch. II, S. 242 bis 243 u. S. 357—358.

dem gegebenen Falle unbestrittene Bedeutung haben, durch

---

11. Zur Feststellung der Thatsachen, welche die wesentlichen Merkmale der strafbaren Handlung bilden, ist es keinesweges unbedingt nothwendig, dass nur die Ausdrücke, mit welchen das Strafgesetz jene Merkmale bezeichnet, gebraucht seien: solche Feststellung erfolgt vielmehr auch da genügend, wo gleichbedeutende, vollständig denselben Sinn gewährende Ausdrücke gebraucht sind. Ob.-Tr. v. 14. Septbr. 1853 (Arch. I, S. 693).

12 Abgesehen von dem Thatbestande der strafbaren Handlung, setzt die Strafanwendung auch die Festsetzung voraus, dass die That zu einer Zeit verübt sei, welche die Verjährung ausschliesst. Ob.-Tr. (Pr. 97) v. 17. Juni 1854 (Entsch. 28, S. 368—370. Arch. II, S. 549). Ebenso ist die Feststellung der Zeit der Verübung erforderlich, sofern die Differenz der Gesetzgebung vor oder nach dem 1. Juli 1851 von Einfluss auf die Bestrafung sein kann. Ob.-Tr. v. 7. Septbr. 1854 u. 9. März 1855 (Ach. II, S. 112 u. 400).

13. Die Feststellung des Ortes der That ist mit Rücksicht auf §. 4 des Strafgesetzbuchs von entscheidendem Einfluss auf das Urtheil und muss daher aus dem Verdict der Geschworenen ersichtlich sein. Ob.-Tr. v. 7. Septbr. 1854 (Arch. II, S. 112).

14. Die Feststellung, ob die im Auslande verübte, diesseits zur Anklage gestellte Handlung nach den Gesetzen des Auslandes strafbar sei (§. 4, Nr. 3 des Str. G. B.), gebührt dem Gerichtshofe, nicht den Geschworenen. Die Beurtheilung des Gerichtshofes in dieser Hinsicht ist der Kritik des Nichtigkeitsrichters nicht unterworfen. Ob.-Tr. v. 14. Dezbr. 1854 (Arch. III, S. 102) u. 10 Jan. 1856 (J. M. Bl. S. 124). — Ueber die Fragestellung in solchen Fällen, s. die Bemerkungen im Arch. II, S. 101.

Auch die Feststellung, ob fremde Geldpapiere u. s. w. den Voraussetzungen des §. 124 des Str. G. B. entsprechen, gehört lediglich zur Feststellung der Instanzrichter. Ob.-Tr. v. 10. Januar 1856 (J. M. Bl. S. 46. Arch. II, S. 369–371), und 9. Oktober 1856 (J. M. Bl. S. 343–345).

15. Ueber die thatsächlichen Voraussetzungen des fortgesetzten Verbrechens, im Gegensatze zum wiederholten, haben die Geschworenen zu befinden. Ob.-Tr. v. 3. März 1853 (Arch. I, S. 219–220). Auf Antrag muss desshalb eine besondere Frage gestellt werden. Ob.-Tr. v. 23. Novbr. 1854 (Arch. III, S. 112–113) u. 9. März 1855 (Arch. III, S. 670—671). Ueber die Fassung der Frage in diesem Falle vergl. Arch. II, S. 102.

16. In Schwurgerichtssachen sind durch die Geschworenen nur diejenigen Thatsachen festzustellen, welche zu dem in dem Strafgesetze bezeichneten Thatbestande gehören; die Feststellung der in dem Strafgesetze nicht hervorgehobenen Thatsachen, welche auf die Abmessung der Strafe von Einfluss sind, gebührt dem Schwurgerichtshofe. Erk. des Ob.-Tr. vom 19. Januar 1850 (Grundsätze, S. 11) und 14. Dezember 1853 (J. M. Bl. 1854, S. 182—183. Arch. II, Seite 400).

17. Ueber den Zweifel, ob über das Vorhandensein eines Strafantrags des Verletzten in den Fällen, wo ein solcher vom Gesetz erfordert wird, eine Frage den Geschworenen zu stellen, s. die — verneinenden — Erörterungen im Arch. I, S. 542.

18. Der Ausdruck „schuldig“ schliesst zugleich das Urtheil in sich, dass die Absicht des Angeklagten eine verbrecherische gewesen sei. In der Ablehnung des Antrages auf Stellung einer Unterfrage, ob Angeklagter dem Mitangeklagten nur in der Absicht, denselben der Polizeibehörde zu überliefern, Hülfe geleistet habe, liegt daher nicht eine Verletzung des Art. 81, da mit der Bejahung der Hauptfrage die

solche gleichbedeutende Ausdrücke zu ersetzen, zu deren Verständniss Rechtskenntnisse nicht erforderlich sind.

---

bejahende Beantwortung der Unterfrage nicht vereinbar wäre. Ob.-Tr. v. 22. Juni 1853 (Arch. I, S. 537—538). — Abweichend hiervon hat das Ob.-Tr. in dem Erk. v. 20. Oktober 1852 (Arch. I, S. 53) rücksichtlich der Münzfälschung angenommen, dass, da zum Thatbestande dieses Verbrechens auch rechtswidriger dolus gehöre, die Frage auch auf das Vorhandensein einer verbrecherischen Absicht bei Nachmachung der Münze zu richten sei, wenn der Angeklagte jede rechtswidrige Absicht läugne. S. dagegen die Ausführung im Arch. II, S. 98 u. die Verf. des J. M. im Arch. I, S. 694, welche ausführt: „Wenn nach Lage des konkreten Falles Veranlassung zu der Annahme vorliegt, dass der Angeklagte die dolose Absicht, welche das Strafgesetz bei der Münzfälschung stillschweigend voraussetzt, nicht gehabt habe, so entspricht es der Natur der Sache, wie den gesetzlichen Bestimmungen, die konkrete Absicht, welche der Angeklagte als vorhanden erweislich gemacht hat, in einer Nebenfrage zu formuliren. Es wird jedoch bei Stellung solcher Fragen immer mit grosser Vorsicht zu verfahren und darauf überhaupt nur dann einzugehen sein, wenn das straflose Motiv nicht bloss angegeben ist, sondern in der Sachlage begründet erscheint.“ Vgl. ferner Kuessner im Arch. III, S. 46—47 u. Oppenhoff S. 161, Note 9.

19. Der Ausdruck „in der Absicht zu tödten“ ist gleichbedeutend mit dem Vorsatz zu tödten, weil das Zufügen von Verletzungen in der Absicht zu tödten nothwendig auch den Vorsatz dazu involvirt. Ob.-Tr. v. 8. Sept. 1852 (Arch. I, S. 50).

20. Ueber die Behandlung der Aberrationsfälle bei der Fragestellung, s. die Erörterungen im Arch. I, S. 707—708, II, S. 96, III, S. 105—106, ferner Jesse im Arch. II, S. 492.

21. Ueber die Unzulässigkeit von Kollektivfragen s. Note 1 zu Art. 80.

22. Ueber die Fälle der Unzurechnungsfähigkeit s. §. 40 des Str. G. B. und die Noten dazu in Oppenhoff's Str. G. B. S. 79—80 und in Hahn's Str. G. B. (2. Aufl.) S. 28. — Die nach Art. 81 zu stellende besondere Frage über die Zurechnungsfähigkeit kann ohne nähere Angabe der die Zurechnungsfähigkeit ausschliessenden Geistesbeschaffenheit gestellt werden. Ob.-Tr. (Pr. 113) v. 19. Oktober 1854 (Entsch. 28, S. 476 u. 29, S. 443—446, Arch. III, S 246—247) und v. 29. August 1856 (Arch. IV, S. 807). Früher war das Ob.-Tr. anderer Meinung: s. die Erk. v. 8. und 17. Septbr. 1852 (Arch. I, S. 50—52, Entsch. 24, S. 200—202, Hahn's Erläuterungen zum Str. G. B. Bd. 1, S. 47—48). — Aus Art. 81 ist indessen die Nothwendigkeit einer allgemeinen Frage: ob der Angeklagte die That ohne Zurechnungsfähigkeit begangen hat? nicht zu folgern, der Gerichtshof ist vielmehr berechtigt, den Inhalt der Frage nach dem behaupteten oder doch durch die Verhandlung hervorgetretenen Grunde der Unzurechnungsfähigkeit zu fassen. Ob.-Tr. v. 26. Mai 1854 (Arch. II, S. 535) und 29. Septbr. 1854 (Arch. III, S. 247). — Vergl. die Abh. im Arch. II, S. 219—226 und die Instruktion des Ober-Staatsanw. zu Insterburg a. a. O. S. 225—226, ferner die Erörterungen im Arch. I, S 363 und II, S. 232, Oppenhoff S. 79, Note 1, von Stemann im Arch. II, Seite 176.

Für das durch den Wahrspruch zu gewinnende Urtheil über die Zurechnungsfähigkeit ist es in einem Falle für gleichgültig erachtet worden, dass die Frage dahin gerichtet war: „ist die That mit Zurechnungsfähigkeit begangen?“ und nicht vielmehr, wie sie, ohne Zweifel der Natur einer Einrede entsprechender, im Gesetze selbst formulirt ist: „ob der Angeklagte die That ohne Zurechnungsfähigkeit begangen hat.“ Ob.-Tr. v. 13. Dezbr. 1854 (Arch. III, S. 247).

Der Antrag, die Frage: „ob der Angeklagte zur Zeit der That wahnsinnig oder blödsinnig gewesen“, der Behauptung des Vertheidigers entsprechend dahin abzuändern, ob der Angeklagte zur Zeit der That durch eine Geisteskrankheit oder zeitweisen Wahnsinn in die Unmöglichkeit versetzt worden, die Folgen seiner Handlungsweise zu bemessen, ist in dem Erk. des Ob.-Tr. v. 18. Juli 1855 für nicht gerechtfertigt erklärt, weil die Behauptung einer „Geisteskrankheit“ eine zu allgemeine ist und weil die gestellte Frage zugleich die Behauptung des „zeitweisen Wahnsinns“ mit umfasste (Arch. III, S. 672—673).

Der Ausschliessung der Willensfreiheit ist nur dann die Bedeutung der Unzurechnungsfähigkeit beigelegt, wenn sie durch äussere Einwirkung (Gewalt oder Drohungen) entstanden ist, keineswegs aber bei einer leidenschaftlichen Erregung. Die Feststellung, dass der Angeklagte sich zur Zeit der That in einem solchen Zustande der Eifersucht und Leidenschaft befunden habe, dass seine freie Willensbestimmung dadurch ausgeschlossen war, ist daher nicht als Feststellung der Unzurechnungsfähigkeit anzusehen und lässt nicht entnehmen, ob die Geschworenen einen Zustand völliger Unzurechnungsfähigkeit angenommen haben. Ob.-Tr. vom 7. April 1854 (Arch. II, S. 422—423)

Durch die über das Unterscheidungsvermögen gestellte Frage wird der Antrag auf Stellung einer Frage über die Zurechnungsfähigkeit nicht beseitigt. Ob.-Tr. v. 17. Septbr. 1852 (Entsch. 24, S. 200—202, J. M. Bl. S. 375, Arch. I, S. 52).

Der Theilnehmer, dessen Bestrafung von der Strafbarkeit des Hauptverbrechers abhängt, ist befugt, die Nichtigkeitsbeschwerde für sich selbst auf den Umstand zu gründen, dass die Frage nach der Zurechnungsfähigkeit des Hauptthäters zu Unrecht abgelehnt worden. Ob.-Tr. v. 29. August 1856 (Arch. IV, S. 807—808).

23. Eine ohne weitere Erörterung allgemein auf „Gründe, welche die Strafe ausschliessen“ gerichtete Frage ist unzulässig. Ob.-Tr. v. 27. Sept 1852 (Arch. I, S. 53) und 8. Okt. 1852 (J. M. Bl. 1853, S. 224). Vergl. die Erört. im Arch. I, S. 202—203.

Unter den Thatsachen, welche die Verhängung einer Strafe ausschliessen und über welche geeignetenfalls eine besondere Frage zu stellen ist, sind nur solche zu verstehen, welche der That den ihr sonst beiwohnenden verbrecherischen Charakter entziehen. Dahin gehört aber nicht die Frage, ob die verwirkte Strafe durch den Ablauf der Verjährungsfrist erlassen ist. Ob.-Tr. v. 27. Februar 1850 (Grundsätze, S. 13). Vergl. die Bemerkungen im Arch I, S. 367.

Es begründet Nichtigkeit, wenn in der Frage die Merkmale des in Rede stehenden Verbrechens von den Umständen, welche die Strafe ausschliessen, nicht gesondert sind. Im Falle des §. 144 Nr. 3 des Str. G. B. ist desshalb eine nach §. 44 des Str. G. B. über die Kenntniss des Alters der gemissbrauchten Person den Geschworenen vorzulegende Frage nicht dahin: „ob der Angeklagte gewusst habe, dass die gemissbrauchte Person unter 14 Jahren alt gewesen,“ sondern dahin zu stellen: „ob dem Angeklagten das Alter der Person unter 14 Jahren unbekannt gewesen sei?“ Ob.-Tr. (Pr. 99, Plen.) v. 12. Juni 1854 (Entsch. 28, S. 184—196, Arch. II, S. 807). Vergl. ferner die Erk. des Ob.-Tr. v. 4. Nov. 1853 (J. M. Bl. 1854, S. 5, Arch, II, S. 238), vom 30. Nov. 1853 (Arch. II, S. 254—255) und v. 11. Okt. 1855 (Arch. III, S. 843—844), die Abh. von Kuessner im Arch. III, S. 42 ff. und die Bemerkungen dazu a. a. O. S. 52.

Zu Art. 82. Ueber die Bedeutung des Art. 82 s. Burchardi im Arch. I, S. 589 u. 592 und von Stemann im Arch. II, S. 171, 179 u. 346, ferner die Abh.: „Ueber That- und Rechtsfrage in der

Art. 83. Ist ein Angeklagter, welcher zur Zeit der That noch nicht das sechszehnte Lebensjahr vollendet hatte, vor den Schwurgerichtshof gestellt, so muss bei Strafe der Nichtigkeit die Frage gestellt werden: 4) Frage wegen des Unterscheidungsvermögens.

Hat der Angeklagte mit Unterscheidungsvermögen gehandelt?

Art. 84. Wegen der in den Strafgesetzen besonders hervorgehobenen Thatumstände, welche die Verhängung einer 5) Stellung zusätzlicher Fragen.

Fragestellung, insbesondere über die Nothwendigkeit der Auflösung von Rechtsbegriffen" im Arch. III, S. 181–197, besonders S. 191 ff., die Abh. von v. Kraewel im Arch. III, S. 213 ff., insbesondere S. 217 ff.

Ueber die Trennung von That- und Rechtsfrage äussert der General-Staatsanwalt: „Der Gesichtspunkt, von welchem bei der Trennung zwischen der That- und der Rechtsfrage ausgegangen werden muss, ist wohl der, dass solche Fragen, bei deren Beantwortung es entweder auf die Kenntniss bestimmter Vorschriften, oder auf eine Einsicht in den Sinn und Zusammenhang der Gesetze ankommt, den rechtsgelehrten Richtern als solchen, schliesslich dem obersten Gerichtshofe vorzubehalten sind, damit für die richtige Entscheidung diejenigen Garantieen gegeben werden, welche das theoretische Studium des Rechtes und die praktische Erfahrung in Anwendung desselben gewähren. Wo dagegen Fragen zu lösen sind, für deren Beantwortung Gesetz oder Rechtswissenschaft keine besonderen Mittel an die Hand geben, wo es sich um die Anwendung von Begriffen des gewöhnlichen Lebens handelt, welche weder durch eine ausdrückliche Vorschrift, noch durch die Wissenschaft des Rechtes eine nähere Bestimmung, Begrenzung oder Ausdehnung erhalten haben, da haben die Rechtsgelehrten als solche keinen besonderen Beruf, über die Anwendbarkeit eines derartigen Begriffes auf einen gegebenen Fall zu urtheilen; es sind die Richter der That, welchen diese Beurtheilung zusteht." (Arch. II, S. 528.)

Rücksichtlich der Entscheidungen über einzelne Streitfragen, welche durch Art. 82 veranlasst worden, vergl. die in Note 2 zu Art. 80—87 allegirten Werke. Im Allgemeinen lässt das Ob.-Tr. dem Richter möglichst freies Ermessen darüber, ob ein im konkreten Falle unbestrittener Rechtsbegriff aufzulösen sei, oder nicht, wie es denn in einem Erk. v. 20. April 1855 auch ausspricht, dass der Art. 82 blos reglementarischer Natur sei (Arch. III, S. 668–669). Es ist deshalb z. B. gebilligt worden, wenn die in concreto unbestrittenen Begriffe von Einbruch und Einsteigen (Ob.-Tr. v. 10. Juni 1853 u. v. 20. Sept. 1854 im Arch. I, S. 538—539 u. III, S. 398), ja von Unterschlagung (Ob.-Tr. v. 20. Sept. 1854 im Arch. II, S. 803) in die Frage aufgenommen worden und ausgesprochen (Erk. v. 12. Januar 1855 im Arch. III, S. 400), dass auch die Aufnahme des Begriffes Diebstahl in eine Frage nicht unter allen Umständen unzulässig sein würde. Auch der J. M. geht in dem R. v. 14. Mai 1856 (Arch. IV, S. 541--542) von gleichen Grundsätzen aus.

Zu Art. 83. 1. Ueber die Verschiedenheit des Unterscheidungsvermögens und der Zurechnungsfähigkeit s. das Erk. des Ob.-Tr. vom 17. Septbr. 1852 (Entsch. 24, S. 200—202. J. M. Bl. S. 375, Arch. I, S. 52).

2. Ueber die Frage, ob Beweisaufnahme in dem Falle erforderlich sei, dass ein Geständniss abgelegt, aber wegen der Zusatzfrage aus Art. 83 die Zuziehung der Geschworenen nöthig ist, s. die Erörterungen im Arch. II, S. 663.

schwereren oder einer milderen Strafe begründen, sind geeignetenfalls von Amtswegen Fragen zu stellen.

Dasselbe gilt, wenn das Gesetz die Anwendung einer geringeren Strafe von dem Vorhandensein mildernder Umstände überhaupt abhängig gemacht hat.

Wird die Vorlegung derartiger Fragen beantragt, so müssen dieselben bei Strafe der Nichtigkeit gestellt werden.

Zu Art. 84. 1. Der Art. 84 enthält eine neue Redaktion der früher im Art XXIV. des Einführungs-Gesetzes vom 14. April 1851 (G. S. S. 99) gegebenen Bestimmung: „Wenn das Gesetz die Erhöhung oder Ermässigung der Strafe von dem Vorhandensein erschwerender oder mildernder Umstände abhängig macht, so muss in Sachen, welche zur Kompetenz der Schwurgerichtshöfe gehören, auf den Antrag der Staatsanwaltschaft oder des Angeschuldigten eine darauf bezügliche Frage den Geschworenen bei Strafe der Nichtigkeit vorgelegt werden. Eine solche Frage kann den Geschworenen auch von Amtswegen vorgelegt werden."

2. Zur Auslegung des Art. 84 vergl. Burchardi im Arch. I, S. 594 ff. und v. Stemann im Arch. II, S. 175 ff., ferner Arch. IV, S. 82—97, besonders S. 93, und J. M. Bl. 1852, S. 38—40.

3. Unter den in den Art. 84 und 85 erwähnten „in den Strafgesetzen besonders hervorgehobenen Thatumständen, welche die Verhängung einer schwereren oder milderen Strafe begründen", sind solche Umstände, welche, ohne den strafrechtlichen Charakter der den Gegenstand der Anklage bildenden Handlung zu ändern, nur auf das Strafmaass oder die Strafart Einfluss äussern, nicht aber solche zu verstehen, welche die Handlung einer andern Gattung von Gesetzverletzungen oder einer andern Art derselben Gattung, als worunter sie die Anklage gestellt hat, überweisen. Die Vorschriften über das in Fällen dieser Art zu beobachtende Verfahren sind vielmehr im Art. 86 enthalten, wie sich auch daraus ergiebt, dass, wenn die Art. 84 und 85 Thatumstände beider vorgedachten Kategorien zum Gegenstande hätten, das erste Alinea des Art. 86 nicht nur müssig stehen, sondern sein Inhalt mit dem letzten Alinea des Art. 84 im Widerspruche stehen würde, indem der Art. 86 die Stellung einer besondern Frage von dem Beschlusse des Gerichtshofes abhängig macht, der Art. 84 dagegen die Stellung einer solchen Frage im Falle eines darauf gerichteten Antrags dem Gerichtshofe unbedingt zur Pflicht macht. Die Art. 84 und 85 berühren hiernach den Fall, dass die Stellung einer Nebenfrage wegen Fahrlässigkeit beantragt wird, gar nicht. Ob.-Tr. 27. Mai 1853 (Arch. I, S. 532—533) und 15. Februar 1856 (Arch. IV, S. 206—207). Vergl. Arch. II, S. 232.

4. Durch die Geschworenen sind nur diejenigen Thatsachen festzustellen, welche zu den im Strafgesetze bezeichneten Thatbestande gehören; die Feststellung der in dem Strafgesetze nicht hervorgehobenen Thatsachen, welche auf die Abmessung der Strafe von Einfluss sind, gebührt dem Gerichtshofe. Ob.-Tr. vom 14. Dezbr. 1853 (J. M. Bl. 1854, S. 182, Arch. II, S. 400) und 19. Jan. 1850 (Grundsätze, S. 11). Es ist durchaus statthaft, wenn der Richter neben den durch die Geschworenen festgestellten mildernden Umständen selbstständig auch noch Strafzumessungsgründe in Betracht zieht, welche ein Hinausgehen über das geringste Maass der zulässigen Strafe rechtfertigen. Ob.-Tr. vom 27. Febr. 1856 (Oppenhoff, S. 33, Note 11).

5. Es ist nirgends vorgeschrieben, dass über die im Art. 84 erwähnten Thatumstände besondere Fragen zu stellen seien, viel-

Art. 85. Die Bestimmungen des Art. 84 finden auch in dem Falle Anwendung, wenn die Thatumstände erst in der Hauptverhandlung hervorgetreten und selbst, wenn sie bereits Gegenstand der Voruntersuchung gewesen und durch den Anklagebeschluss aus thatsächlichen oder rechtlichen Gründen beseitigt sind.

Art. 86. Wenn die Thatsachen, welche der Anklage zum Grunde liegen, oder die etwa hervorgetretenen näheren Umstände, von welchen dieselben begleitet waren, verbunden oder vereinzelt, von einem Gesichtspunkte aus als strafbar erscheinen, unter welchen sie die Anklage nicht gebracht hat (Art. 30), so sind geeignetenfalls darauf bezügliche besondere Fragen vorzulegen. 6) Stellung von Fragen mit Rücksicht auf etwaige Modifikationen des Thatbestands.

Erscheint jedoch mit Rücksicht auf die Veränderung des Gesichtspunktes eine bessere Vorbereitung der Anklage oder der Vertheidigung als nothwendig, so kann der Gerichtshof, falls nicht eine Vertagung für angemessen erachtet wird, auf den Antrag der Staatsanwaltschaft oder des Angeklagten beschliessen, dass die Stellung einer derartigen eventuellen Frage unterbleiben solle, jedoch unter Vorbehalt einer anderweiten Verfolgung wegen der betreffenden Thatsachen.

Zusatz 17. Den Geschworenen sind geeigneten Falls eventuelle Fragen vorzulegen, insbesondere um festzustellen, ob der Angeklagte in Beziehung auf das Verbrechen oder Vergehen, wegen dessen die Anklage gegen ihn erhoben ist,

---

mehr ist es zulässig, die Umstände nur in der Hauptfrage besonders hervorzuheben. Ob.-Tr. vom 16. Juni 1853 (Arch I, S. 533—534).

6. Eine gegen die Fassung der Frage: „Sind mildernde Umstände vorhanden, unter welchen der Angeklagte die in den Fragen 1, 3, 5 gedachten Thaten begangen hat?“ erhobene Nichtigkeits-Beschwerde, welche verlangte, dass die Frage dahin formulirt werde: „Sind mildernde Umstände vorhanden?“ ist zurückgewiesen, weil die Fassung der Frage dem Art. 84 des Ges. v. 3 Mai 1852 und dem Art. XXIV. des Einführungsgesetzes nicht widerspreche, und namentlich Umstände und Handlungen des Angeklagten, welche nach vollbrachter That eingetreten und hinzugetreten sind, nicht unter den Begriff mildernder Umstände im Sinne jener Gesetze zu subsummiren, sondern nur als Strafzumessungsgründe in Betracht zu ziehen seien. Ob.-Tr. vom 10. Juni 1853 (Arch. I, S. 541). — Vergl. J. M. Bl. 1852, S. 47.

7. In Betreff des Zeitpunktes für den Antrag auf die Stellung einer Frage wegen mildernder Umstände nimmt ein Erk. des Ob.-Tr. vom 2. Jan. 1856 an, dass ein solcher Antrag selbst noch nach Publikation des Verdikts der Geschworenen gestellt werden dürfe (Oppenhoff, S. 32, Note 5). S. dagegen die Bemerk. von Oppenhoff a. O. und Arch. IV, S. 666—667. Ueber die Zulässigkeit nachträglicher Fragen überhaupt, s. die Noten zu Art. 86, und über die Wiederaufnahme der Verhandlung im Falle einer nachträglichen Fragestellung die Note 6 zu Art. 79.

Zu Art. 85. Vergl. Art. 30 und die Noten zu demselben.

nicht wenigstens des Versuchs, der Theilnahme, der Begünstigung oder der Hehlerei schuldig ist, oder ob er die Handlung, welche ihm die Anklageschrift als eine vorsätzlich verübte zur Last legt, nicht wenigstens aus Fahrlässigkeit begangen zu haben schuldig ist. Art. XXV. des Einführungs-Gesetzes vom 14. April 1851 (G. S. S. 99).

Zu Art. 86. 1. Ueber die eventuellen Fragen s. Burchardi im Arch. I, S. 596 ff., und v. Stemann im Arch. II, S. 177 ff.

2. Durch den Anklagebeschluss und die Anklage werden die Grenzen des Untersuchungsverfahrens bestimmt. Hierin ist zwar durch die Vorschriften der Art. 30, 84, 85 und 86 insoweit eine Modifikation eingetreten, als dem Richter die Befugniss und die Pflicht auferlegt ist, in den bezeichneten Fällen geeignete Fragen an die Geschworenen zu richten und nach Maassgabe des Ausspruchs derselben das vorliegende Verbrechen abweichend von dem Anklagebeschlusse und der Anklage zu qualifiziren, und nach der Verschiedenheit des Falles mit einer gelinderen oder härteren Strafe zu belegen, als die der Anklage zum Grunde liegende Qualifikation erheischt; keinesweges aber ist derselbe ermächtigt, aus den vorliegenden Verhandlungen neben dem unter Anklage gestellten Verbrechen noch ein zweites zu konstruiren, auf welches weder der Anklagebeschluss noch die Anklage gerichtet worden, und bezüglich auf ein solches, ausserhalb der Grenzen des Untersuchungsverfahrens liegendes Verbrechen eine Frage an die Geschworenen zu stellen. Dieser Grundsatz folgt nicht allein aus dem Wesen des Anklageprozesses, sondern auch aus dem Zusammenhange jener Gesetzesstellen und wird dadurch bestätigt, dass Art. 86 selbst die zu stellenden besonderen Fragen als eventuelle bezeichnet. Ob.-Tr. vom 6. April 1853 (Entsch. 25, S. 286 bis 290. Arch. I, S. 370 und 534) und 12. Okt. 1855 (Arch. III, S. 820). Vergl. die Erörterungen im Arch. III, S. 103 und Oppenhoff S. 33, Note 1.

3. Wenn durch die Verhandlungen eine Aenderung des Gesichtspunktes, unter welchen die Anklage den Thatbestand gebracht hat, sich ergiebt, so ist es nicht gestattet, die Fragestellung mit gänzlicher Verlassung dieses Thatbestandes der Anklage ausschliesslich auf diesen veränderten Gesichtspunkt zu richten, sondern dieser letztere ist durch Hinzufügung besonderer Fragen zur Geltung zu bringen. Ob.-Tr. 18. Jan. 1854 (Arch. II, S. 400—401 und 402—403). Vergl. Note 3 zu Art. 81.

4. Die Stellung der eventuellen Fragen darf nicht nach Verkündung des Ausspruchs der Geschworenen auf die ihnen übergebene vorausgehende Hauptfrage stattfinden, weil nach der Natur des schwurgerichtlichen Verfahrens die Grenze thatsächlicher Erörterungen über die Schuldfrage durch den Zeitpunkt der Uebergabe der Fragen an die Geschworenen, und durch die Beantwortung derselben durch die letzteren bezeichnet ist, nach dieser Beantwortung aber nach §. 118 der Verordn. vom 3. Jan. 1849 entweder die Freisprechung des Angeklagten, oder nach §§. 120 ff. a. a. O. die Anwendung des Strafgesetzes auf das Verdikt erfolgen muss, hierbei aber jede thatsächliche Erörterung ausgeschlossen bleiben soll (§. 121), weil ferner das Gesetz nur im Falle des Art. 99 den Gerichtshof ermächtigt, dem Verdikte, wenn dasselbe noch nicht publizirt ist, die Folge der sofortigen Anwendung des Strafgesetzes nicht zu geben, vielmehr die Sache an ein neues Schwurgericht zu verweisen, endlich weil jede Beurtheilung der Schuldfrage durch die Geschworenen nothwendig die Gesammtheit des Falles in objektiver und subjektiver Hinsicht umfassen muss, und daher eine successive Beurtheilung der-

Art. 87. Wenn die Staatsanwaltschaft oder der Angeklagte Abänderungen der von dem Vorsitzenden gestellten Fragen oder die Stellung noch anderer Fragen beantragen, so kann 7) Erinnerungen gegen die Fragestellung.

---

selben Geschworeneu (z. B. erst über die vorsätzliche und hinterher, nach der Beantwortung der diesfälligen Frage, über die fahrlässige Verübung der That) an und für sich unzulässig erscheint. Findet der Gerichtshof, dass die Anklage aus einem veränderten Gesichtspunkte aufzufassen sein würde, so muss sein Beschluss über eine darauf gerichtete eventuelle Frage vor der Uebergabe resp. Beantwortung der Hauptfrage durch die Geschworenen erfolgen und deshalb denselben die Beantwortung solcher eventuellen Fragen sofort mit der Hauptfrage unterbreitet werden. Ist dies nicht geschehen oder findet der Gerichtshof erst durch die Beantwortung der Hauptfrage oder nach derselben überhaupt die Zulässigkeit eines solchen veränderten Gesichtspunktes, so hat derselbe nur die Befugniss, seinem Erkenntnisse den Vorbehalt einer anderweiten Verfolgung beizufügen. Durch diese Entscheidung werden die Fälle nicht berührt, in welchen nicht die Schuldfrage selbst, sondern nur nach einem zum Nachtheil des Angeklagten lautenden Verdikte ein Strafausschliessungs- oder Strafminderungsgrund Gegenstand nachträglicher Feststellung ist. Ob.-Tr. vom 27. April 1855 (Arch. III, S. 543—544), 30 Jan. 1856 (Oppenhoff, S. 34 Note 3 zu Art. XXV.) und 4. Juni 1856 (Arch. IV, S. 667—668). Die Stellung von Fragen über Strafausschliessungs- oder Strafminderungsgründe ist dagegen noch nach der Publikation des Verdikts für zulässig erachtet in den Erk. des Ob.-Tr. v. 20. Sept. 1854 (Arch. II, S. 803), 18. April 1855 (Arch. III, S. 542) und 2. Jan. 1856 (Arch. IV, S. 207—208. Oppenhoff S. 32 Note 5 und oben Note 13 zu Art 75 und Note 7 zu Art. 84). — Vergl. die Erörterungen im Arch. II, S. 87, 532, III, S. 102, 541- 543, 814.

5. Die Beantwortung der Frage, ob das durch die Hauptverhandlung herausgestellte Sachverhältniss die Stellung einer durch die Anklage nicht veranlassten Nebenfrage zweckmässig erscheinen lasse, ist durch thatsächliche, der Beurtheilung des Nichtigkeitsrichters entzogene Erwägungen bedingt und lediglich in das Ermessen des Richters gestellt. Ob.-Tr. v. 27. Mai 1853 (Arch. I, S. 532—533) und 15. Febr. 1856 (Arch. IV, S. 206—207). Vergl. die Erört. im Arch. I, S. 187—188 u. II, S. 232. — Der Antrag auf Stellung einer eventuellen Frage darf indessen nicht lediglich deshalb abgelehnt werden, weil die Fassung der vorgeschlagenen Frage nicht angemessen erscheine. Ob.-Tr. v. 18. Oktober 1852 (Arch. I, S. 41).

6. Für eine wesentliche Vorschrift des Verfahrens, im Sinne der Art. 107, Nr. 2 und 108 des G. v. 3. Mai 1852 ist die Vorschrift des Art. 86 zu erachten, dass, wenn die der Anklage zum Grunde liegenden Thatsachen, oder die bei der Verhandlung hervorgetretenen näheren Umstände für geeignet erachtet werden, dieselben von einem anderen Gesichtspunkte aus als strafbar aufzufassen, als unter welchen sie die Anklage gebracht hat und auf diesen anderen Gesichtspunkt (insbesondere auf eine Gesetzesverletzung schwererer Gattung, vergl. Art. 30) die Fragestellung zu richten, darauf bezügliche besondere Fragen vorzulegen, (also nicht bloss dieselben unter diesem anderen Gesichtspunkte in der Hauptfrage aufzufassen) seien. Ob.-Tr. (Pr. 9) v. 21. Januar 1853 (Entsch. Bd. 24, S. 465—470. Arch. I, Seite 355).

Dies gilt indessen nur für den Fall, wo die thatsächlichen Merkmale des zur Anklage gestellten Verbrechens, eine thatsächliche Aenderung durch die Beweisaufnahme oder sonst durch die Hauptverhandlung erfahren, in welchem Falle die Hauptfrage wegen des zur

der Vorsitzende, falls kein Widerspruch erhoben wird, dem Antrage Statt geben. In dem entgegengesetzten Falle, oder wenn der Vorsitzende den Antrag ablehnt, entscheidet, insofern auf demselben bestanden wird, der Gerichtshof.

Anklage gestellten Verbrechens, die eventuelle Frage aber wegen Feststellung dieser veränderten Merkmale gestellt werden muss. Hierunter ist nicht der Fall zu begreifen, wo die Hauptfrage zugleich alle Merkmale eines anderen minderen Verbrechens oder Vergehens enthält (Raub — Diebstahl), dessen Thatbestand mithin dann vollständig als erwiesen stehen bleibt, wenn nur das besondere Merkmal des grösseren Verbrechens oder Vergehens durch das Verdikt der Geschworenen verneint ist, indem in solchem Falle nach der Bejahung der übrigen Merkmale durch die Geschworenen, eben wegen dieser bereits erfolgten Bejahung, kein besonders oder nochmals zu beantwortender Gegenstand für eine eventuelle Frage übrig bleibt. Ob.-Tr. v. 2. Januar 1856 (Arch. IV, S. 207—208).

7. Ist eine Eventualfrage gestellt, so muss dieselbe auch eintretenden Falls beantwortet werden und es kann nicht nachträglich der Staatsanwaltschaft, zumal ohne deren Antrag, die weitere Verfolgung vorbehalten werden. Ob.-Tr. v. 9. Mai 1855 (Arch. III, S. 553).

8. Durch die Art. 29, 30 u. 86, in welchen eine Ausdehnung der Untersuchung auf neue Umstände und auf einen neuen strafrechtlichen Gesichtspunkt gestattet ist, in Verbindung mit der Befugniss der Staatsbehörde zur Einlegung von Rechtsmitteln, ist eine vollständige Erschöpfung des einer Anklage zum Grunde liegenden thatsächlichen und rechtlichen Thatbestandes bezweckt, zu dem Ende auch gestattet, unter gewissen Voraussetzungen der Staatsanwaltschaft eine anderweite Verfolgung ausdrücklich vorzubehalten. Uebrigens aber ist die Wiederholung einer Anklage auf Grund von Thatsachen, über welche bereits eine richterliche Entscheidung verkündet worden ist, nicht gestattet. Ob.-Tr. vom 22. Februar 1856 (Arch. IV, S. 374—375) u. früher Ob.-Tr. v. 10. Juni 1853 (Arch. I, S. 558), und Ob.-Tr. v. 10. Oktober 1855 (Arch. III, S. 822—823). In dem letzteren Urtel ist ausgeführt, dass der Angeklagte im Falle einer Freisprechung nach allen Richtungen hin freigesprochen zu erachten ist, also auch von einem Gesichtspunkte aus, unter welchen die Anklage die ihr zum Grunde liegenden Thatsachen hätte bringen können, nicht weiter verfolgt werden darf. — Vergl. auch die die res iudicata betreffenden Noten zu §. 151.

Zu Art. 87. 1. Der Just. Min. nimmt an, dass Abänderungen und Zusätze zwar der Regel nach unmittelbar nach Verlesung der Fragen durch den Vorsitzenden beantragt werden sollen, dass jedoch auch später noch — nachdem bereits der Gerichtshof die Hauptfrage berathen und festgestellt — solche Anträge zulässig seien, da für die Erörterungen in dieser Beziehung keine andere Grenze bestehe, als die Uebergabe der Fragen an die Geschworenen. Verf. v. 23. März 1854 (Arch. II, S. 401). Vergl. Note 4 zu Art 86.

2. Die Anträge sind in der Regel schriftlich zu formuliren. R. des J. M. v. 5 Jan. 1853 (Arch. I, S. 199), oben Note 7 zu Art. 78.

3. Ist der Stellung einer Zusatzfrage widersprochen, so muss der Schwurgerichtshof zur Vermeidung der Nichtigkeit entscheiden. Ein Verzicht auf den bereits erhobenen Widerspruch ist auch nicht darin zu finden, dass demnächst bei der Verlesung der Fragen keine Einwendungen gegen dieselben erhoben worden. Ob.-Tr. v. 7. Nov. 1855 (Arch. III, S. 814—815).

Die Frage, ob sich der auf Grund des erhobenen Widerspruchs zur Entscheidung berufene Gerichtshof nun auch mit der ganzen

Art. 88. Der Vorsitzende übergiebt die schriftlich abgefassten, mit seiner Unterschrift versehenen Fragen den Geschworenen, und befiehlt die Entfernung des Angeklagten aus dem Sitzungssaale. 8) Uebergabe der Fragen.

Fragestellung, auch soweit dieselbe nicht angefochten ist, zu beschäftigen habe, ist erörtert im Arch. I, S. 355.

4. Daraus, dass der Gerichtshof einen auf Aenderung der Fragen gerichteten Antrag einfach verworfen hat, kann, insofern dadurch das Rechtsprinzip nicht berührt wird, ein Nichtigkeitsgrund nicht hergeleitet werden. Ob.-Tr. v. 18. Mai 1850 (Grundsätze, I. Fortsetzung, S. 15-16). Die Entscheidung des Gerichtshofes über eine streitig gewordene Fragestellung ist zu motiviren, da ohne solche Motivirung in der Nichtigkeits-Instanz nicht selten Zweifel hervortreten, ob die Entscheidung auf thatsächlichen oder auf, vielleicht unrichtigen, rechtlichen Gründen beruht und eventuell das Verfahren an einem wesentlichen Mangel leidet, oder nicht. Verf. des J. M. v. 24. Dez. 1853 (Arch. II, S. 799-800).

5. Wenn einem der deutschen Sprache nicht mächtigen Angeklagten die Fragen nicht verdolmetscht werden, so wird ihm die Gelegenheit, Erinnerungen gegen die gestellten Fragen vorzubringen, entzogen und derselbe dadurch in seinem Vertheidigungsrechte beschränkt. Ob.-Tr. v. 18. April 1856 (Arch. IV, S. 533-534).

Zu Art. 88. 1. Wenn nach dem Eintritt der Geschworenen in das Berathungszimmer und nach der Entfernung des Angeklagten aus dem Sitzungszimmer sich ergiebt, dass die den Geschworenen übergebene Frage einen vorher bei Erörterung der Fragestellung beschlossenen Zusatz nicht enthalte, und wenn hierauf die Geschworenen in den Sitzungssaal zurückgerufen und in deren Gegenwart, sowie unter Zuziehung der Staatsanwaltschaft und des Vertheidigers und ohne Widerspruch des letzteren durch Hinzufügung jenes Zusatzes die Frage vervollständigt wird, so kann hierin nicht ein die Nichtigkeit des Verfahrens und des Erkenntnisses herbeiführender, namentlich nicht ein Verstoss gegen die Art. 88 u. 90, vielmehr nur die Ergänzung eines durch unvollständige Abschrift entstandenen Mangels und zwar in Uebereinstimmung mit dem vorhergegangenen, im Wege vorschriftsmässigen Verfahrens nnd im Beisein des Angeklagten und unter Zuziehung dessen Vertheidigers gefassten Beschlusses gefunden werden. Ob.-Tr. vom 23. Februar 1853 (Arch. I, S. 200—201).

2. Ueber die Befugniss des Vorsitzenden, bei der Uebergabe der Fragen an die Geschworenen noch Belehrungen und Bemerkungen zu machen, s. die Erört. im Arch. IV, S. 533.

3. Weder der Art. 88 noch eine andere gesetzliche Vorschrift verbietet, den Geschworenen ausser den Fragen die bei der mündlichen Verhandlung vorgelegten Schriftstücke (welche Gegenstand einer comparatio litterarum gewesen) in das Berathungszimmer mitzugeben, ein solches Verbot folgt auch nicht aus dem Wesen des kontradiktorischen Verfahrens, da jene Urkunden bereits Gegenstand der Hauptverhandlung gewesen, und sowohl die Anklage als die Vertheidigung vollständig Gelegenheit gehabt, ihre Gründe für oder gegen den aus denselben zu führenden Beweis geltend zu machen, dem Richter der Thatfrage es aber unbenommen bleiben muss, sei es während der Sitzung oder bei der Berathung nach einem selbstständigen Gesichtspunkte Folgerungen aus jenen Beweisstücken zu ziehen, ohne dass dies als eine neue Beweisaufnahme zu betrachten wäre. Ob.-Tr. v. 21. Dez. 1853 (Arch. II, S. 233). Eben so können Ueberführungsstücken (z. B. Werkzeuge) mitgegeben werden. Ob.-Tr. v. 4. Okt. 1855 (Arch. III, S. 815). Vgl. Note 4 zu Art. 74.

Verfahren der Geschworenen.

Art. 89. Die Geschworenen begeben sich in ihr Berathungszimmer und wählen daselbst durch Stimmenmehrheit ihren Vorsteher. Derselbe hat die Berathung zu leiten und deren Ergebniss zu verkünden. Der Aufnahme eines Protokolles über die Wahlhandlung bedarf es nicht.

Art. 90. Die Geschworenen dürfen das Berathungszimmer nicht verlassen, bevor sie ihren Ausspruch beschlossen haben.

Niemand darf in das Berathungszimmer eintreten, ohne eine schriftliche Ermächtigung des Vorsitzenden, welcher den Befehl zu ertheilen hat, dass der Eingang zu dem Zimmer bewacht werde.

Zu Art. 89. Wenn auch der Vorsteher der Geschworenen sich als solchen nicht unter dem Wahrspruche bezeichnet hat, so wirkt dies keine Nichtigkeit, da das Gesetz diese Form nicht vorschreibt und es für genügend zu erachten ist, wenn das schwurgerichtliche Protokoll ergiebt, dass derjenige Geschworene, welcher das Verdikt unterschrieben hat, von den übrigen Geschworenen zu ihrem Vorsteher erwählt worden ist. Ob.-Tr. v. 13. Dezember 1854 (Arch. III, Seite 104).

Zu Art. 90. 1. Ueber die Zulässigkeit der nachträglichen Korrektur offenbarer Versehen bei der Fragestellung s. Note 1 zu Art. 88.

2. Das Verlassen des Berathungszimmers von Seiten eines Geschworenen kann, da Art. 90 die Uebertretung des darin enthaltenen Verbotes nicht mit der Nichtigkeit bedroht, nur dann die Nichtigkeitsbeschwerde gemäss Art. 108, Schlusssatz, begründen, wenn ein den Zweck des gedachten Verbotes gefährdendes Zuwiderhandeln gegen dasselbe vorliegt. Ein solches ist aber darin nicht zu erkennen, dass sich einzelne Geschworene lediglich behufs Rücksprache mit dem Vorsitzenden des Gerichtshofes in das Sitzungszimmer begeben. Ob.-Tr. v. 3. Januar 1855 (Arch. III, S. 244). — Eben so ist ein Nichtigkeitsgrund darin nicht gefunden worden, dass sich ein Theil der Geschworenen nach Einhändigung der Fragen nicht sofort in das Berathungszimmer, sondern zuvörderst zur Verrichtung eines natürlichen Bedürfnisses eine Treppe hinunter begeben hatte. Nur in dem Falle, wenn ein die Selbstständigkeit des Urtheils des Geschworenen gefährdender Verkehr derselben mit Nichtgeschworenen nachgewiesen wäre, würde eine Nichtigkeit aus Art. 108 hergeleitet werden können. Ob.-Tr. v. 5. Jan. 1855 (Arch. III, S. 243—244).

3. Wenn in der mündlichen Verhandlung vor dem Schwurgerichte eine Pause gemacht wird, so ist das, was während einer solchen Pause ausserhalb des Gerichtssaals geschieht, nicht ein Theil des mündlichen Verfahrens vor dem Schwurgerichte, und es werden daher durch Solches die Grundsätze des Verfahrens an sich nicht verletzt. Lassen sich insbesondere Geschworene verleiten, in solcher Pause mit den Zeugen über die Gegenstände der Untersuchung zu sprechen, so ist dies an sich keine Verletzung des §. 14 der V. v. 3. Jan. 1849. Dem Angeklagten oder seinem Vertheidiger steht es frei, wenn solche Unordnungen vorkommen und von ihnen bemerkt werden, beim Wiederbeginn der Verhandlung dies zu rügen. Alsdann kann der Gerichtshof ermitteln, was geschehen ist, und darüber, ob dasselbe von der Art ist, dass in irgend einer Weise eingegriffen werden müsse, Beschluss fassen. Dieser Beschluss ist mit der Nichtigkeitsbeschwerde anzugreifen, wenn behauptet wird, dass er die Grundsätze des Verfahrens

Art. 91. Nach gepflogener Berathung wird über die einzelnen Fragen in der Ordnung abgestimmt, in welcher sie vorgelegt worden sind. Abstimmung.

Der Vorsteher befragt zu diesem Behufe jeden Geschworenen einzeln in der durch die Ausloosung festgestellten Ordnung um seine Meinung, und giebt selbst seine Stimme zuletzt ab.

Wird eine Frage nur theilweise bejaht, so ist die Beschränkung der Bejahung in folgender Weise anzugeben:

Ja, aber es ist nicht erwiesen, dass u. s. w.

Wird die Frage in Betreff der Hauptthat verneint, so ist dadurch zugleich die Frage nach den dieselbe begleitenden Umständen erledigt. In dem entgegengesetzten Falle muss über das Vorhandensein eines jeden dieser begleitenden Umstände selbst dann, wenn dieselben in die Hauptfrage aufgenommen sind, besonders abgestimmt, und das Ergebniss in dem Ausspruche besonders erwähnt werden.

---

verletze. Ist aber die Wahrnehmung nicht zum Gegenstande einer Rüge vor dem Schwurgerichte gemacht worden, so kann nicht gesagt werden, dass eine wesentliche Vorschrift oder ein wesentlicher Grundsatz des Verfahrens verletzt worden sei. Ob.-Tr. v. 9. August 1856 (Arch. IV, S. 808—809).

4. Wenn der Ersatzgeschworene, dessen Eintritt in die Stelle eines Hauptgeschworenen nicht nothwendig geworden ist, bei der Berathung der Geschworenen in ihrem Berathungszimmer anwesend ist, so ist dies die Verletzung einer wesentlichen Förmlichkeit des Verfahrens. Ob.-Tr. (Pr. 83) v. 3. März 1854 (Entsch. 27, S. 151—155, J. M. Bl. S. 201, Arch. II, S 396). Vergl. Arch. III, S. 244 und die ältere Praxis im J. M. Bl. 1851, S. 71—72.

5. Wenn bei der Berathung des Gerichtshofes über das von den Geschworenen nur mit 7 gegen 5 Stimmen abgegebene Verdikt (Art. 98) der Gerichtsschreiber und eine zum Schwurgerichtshofe nicht gehörige Gerichtsperson anwesend gewesen, so ist hierin eine Verletzung des Art. 90 und des §. 123 der V. v. 3. Jan. 1849 nicht zu finden. Ob.-Tr. v. 10. April 1856 (Arch. IV, S. 535—536).

Zu Art. 91. 1. Es widerspricht nicht dem Art. 91 und ist durchaus zulässig, dass ein Geschworener im Berathungszimmer nach bereits erfolgter Abstimmung und schriftlicher Vermerkung der Antwort auf die gestellten Fragen, wenn er sich bei Abgabe seiner Stimme im thatsächlichen Irrthum befunden zu haben bekennt, seine Antwort ändere, so lange die Antwort der Geschworenen noch nicht verkündigt worden ist. Ob.-Tr. v. 22. Sept. 1852 (Arch. II, S. 233). Vergl. Arch. I, S. 356.

2. Die Formel: „Ja, aber es ist nicht erwiesen, dass u. s. w.“ ist nicht als eine dergestalt nothwendig zu gebrauchende vorgeschrieben, dass nur da, wo bei theilweiser Bejahung und theilweiser Verneinung einer Frage jene Formel gebraucht worden ist, der Ausspruch der Geschworenen für regelmässig in der Form erachtet werden dürfte. Vielmehr kann, wenn nur sonst ein theilweise bejahender und theilweise verneinender Ausspruch nicht undeutlich, unvollständig oder sich widersprechend ist, der Umstand allein, dass dabei nicht jene Formel gebraucht worden ist, nicht berechtigen, eine Abänderung des Ausspruches zu verlangen und denselben als nicht vorhanden anzusehen. Ob.-Tr. v. 2. Februar 1854 (Arch. II, S. 405—406).

Art. 92. Jede dem Angeklagten nachtheilige Beantwortung einer Frage kann nur mit Stimmenmehrheit beschlossen

---

3. Im Sinne der prozessualischen Vorschriften und namentlich der des Art 91, Absatz 4, hinsichtlich der Gegenüberstellung der Hauptthat und der dieselbe begleitenden Umstände, sind als die Hauptthat begleitende erschwerende Umstände auch solche Momente anzusehen, welche, als die Hauptthat, d. h. die schon in einfacher Gestalt strafbare Handlung, qualifizirend, die That unter ein härteres Strafgesetz fallen lassen und insofern mit zu dem Thatbestande der in der letzteren bedrohten strafbaren Handlung gehören. Es gelten also rücksichtlich der prozessualischen Behandlung im schwurgerichtlichen Verfahren bei der Abstimmung der Geschworenen, bei der Angabe des Ergebnisses dieser Abstimmung und der Angabe des Stimmenverhältnisses bei diesem Ergebnisse für begleitende erschwerende Umstände auch die Momente, welche die schon in einfacher Gestalt strafbare Handlung dergestalt qualifiziren, dass diese dadurch im Systeme des materiellen Strafrechts einen anderen strafrechtlichen Charakter erhält, zu einem Verbrechen oder zu einem schweren Verbrechen wird. Ob.-Tr. (Pr. 195, Plen.) v. 17. Dez. 1855 (Entsch. 32, S. 296—300, J. M. Bl. 1856, S. 27 – 29, Arch. IV, S. 96—97). Vergl. Ob.-Tr. v. 27. April 1853 (Arch. I, S. 356) und die Abh. im Arch IV, S. 82—97. — In diesem Sinne ist in der vorgedachten Entscheidung das Moment der Ueberlegung bei einer Anklage auf Mord als ein erschwerender Umstand im Sinne des Art. 91, Absatz 4, angesehen worden, während das Ob.-Tr. in früheren Entscheidungen, z. B. in dem Erk. v. 9. Dez. 1853 (Arch. II, S. 88) und noch in dem Pr. 171 v. 19. Sept. 1855 (Entsch. 31, S. 474 u. 32, S. 295, Arch. IV, S. 83 u. 95) von der entgegengesetzten Ansicht ausging.

4. Es ist eine Verletzung des Schlusssatzes des Art. 91 dann vorhanden, wenn die, zugleich begleitende Umstände der Hauptthat enthaltende Frage von den Geschworenen ohne besondere Erwähnung des Ergebnisses der Abstimmung über jene begleitenden Umstände in dem Ausspruch, nur einfach bejaht wird, und es ist diese Verletzung als eine wesentliche im Sinne des Schlusssatzes des Art. 108 des Ges. v. 3. Mai 1852 zu betrachten; jedoch genügt es, wenn die Geschworenen, ohne jedes einzelnen begleitenden Umstandes besonders zu erwähnen, die Antwort dahin abgeben: „ja, der Angeklagte ist schuldig, mit allen in der Frage enthaltenen Umständen". Ob.-Tr. (Pr. 180, Plen.) vom 29. Oktober 1855 (Entsch 31, S. 355—361, J. M. Bl. S. 398—399) und 8. Dez. 1854 (Arch. III, S. 104). Vergl. Arch. IV, S. 97). — Der J. M. bemerkt mit Bezug auf diese Entscheidungen, dass nach Anleitung der allg. Verf v. 29. März 1853 (J. M. Bl. S. 134 u. im Anhange) bei Stellung der Anträge auf Versetzung in den Anklagestand und bei den Beschlüssen dahin zu sehen sei, dass schon in den Anklageformeln zuerst die einfache That mit den für diese wesentlichen Merkmalen bezeichnet, sodann die erschwerenden Umstände nicht ohne Weiteres in den nämlichen Satz aufgenommen, sondern nach Vorschrift des Art. 80 besonders hervorgehoben werden, etwa durch die Worte „und zwar", und durch Hinzufügung von Zahlen oder Buchstaben, Falls der erschwerenden Umstände mehrere sind. Der Ausspruch der Geschworenen darf sich alsdann nicht auf die Erklärung beschränken: „Ja, der Angeklagte ist schuldig", sondern es ist eine ausdrückliche Erwähnung der erschwerenden Umstände erforderlich. Erfolgt dieselbe durch den Zusatz: „mit dem in der Frage enthaltenen Umstande", resp. „mit den in der Frage enthaltenen Umständen", so wird eine Vernichtung nicht erfolgen können. Allein dem Sinne des Art. 91 wird es noch entsprechender sein, wenn jeder einzelne der Umstände

werden. Im Falle der Stimmengleichheit hat die dem Angeklagten günstigere Meinung den Vorzug.

Art. 93. In jedem Ausspruche, durch welchen eine Frage zum Nachtheile des Angeklagten beantwortet wird, muss ausdrücklich angegeben sein, ob derselbe mit einer Mehrheit von mehr als sieben Stimmen, oder nur mit sieben Stimmen gegen fünf beschlossen ist, bei Strafe der Nichtigkeit. — Im Uebrigen darf die Zahl der Stimmen niemals ausgedrückt werden.

Art. 94. Entstehen bei den Geschworenen Zweifel über das zu beobachtende Verfahren, oder über den Sinn der an sie gestellten Fragen, oder über die Fassung der Antwort, so können sie sich darüber vom Vorsitzenden Aufklärung erbitten, welche ihnen in Gegenwart der übrigen Mitglieder des Gerichtshofes zu ertheilen ist. Zuziehung des Vorsitzenden des Schwurgerichts in Zweifelsfällen.

Art. 95. Jeder Geschworene hat die vorgelegten Fragen unter genauer Prüfung aller Beweise für die Anklage und Ver- Anweisung für die Geschworenen.

---

besondere Erwähnung erhält, etwa in der Weise: „Ja, der Angeklagte ist schuldig, mit den Umständen zu 1., 2., 3. oder a., b., c." Allg. Verf. v. 30. Dez. 1855 (J. M. Bl. 1856, S. 2—3).

Zu Art. 92. Vergl. v. Tippelskirch im Arch. IV, S. 18 ff. und die Erörterungen im Arch. IV, S. 534—535.

Zu Art. 93. 1. Die Erklärung des Vorstandes der Geschworenen über das Stimmenverhältniss muss nothwendig vor Abfassung und Publikation des Erkenntnisses erfolgen. Eine spätere Erklärung kann die begangene Nichtigkeit nicht beseitigen. Ob.-Tr. v. 27. Febr. 1850 (Grundsätze, S. 14—15).

2. Wenn das Protokoll den Vermerk enthält, dass in der Beilage angegeben sei, ob die nachtheilige Beantwortung der einzelnen Fragen nur mit 7 gegen 5 oder mit mehr als 7 Stimmen beschlossen worden, diese Angabe aber in der Beilage des Protokolles fehlt, so enthält dieser Mangel die Verletzung einer wesentlichen Vorschrift des Verfahrens. Ob.-Tr. v. 10. März 1853 (Arch. I, S. 201).

3. Ueber die Fassung der Angabe, über das Stimmenverhältniss, s. den Rechtsfall im Arch. II, S. 804.

4. Wenn die Geschworenen die Frage, ob der Angeklagte die That unter mildernden Umständen begangen habe, verneinen, so muss in dem Ausspruche ausdrücklich angegeben sein, ob derselbe mit einer Mehrheit von mehr als sieben Stimmen oder nur mit sieben Stimmen gegen fünf beschlossen sei. Ist dies nicht geschehen, so unterliegt der ganze Ausspruch der Vernichtung, also auch derjenige Theil desselben, durch welchen die Schuldfrage bejaht worden ist. Erk. des Ob.-Tr. vom 17. Febr. 1854 (J. M. Bl. 1854, S. 183 bis 184. Arch. II, S. 401 u. 532) und 21. Aug. 1852 (Arch. I, S. 357).

5. Die Geschworenen dürfen bei Abgabe ihres Ausspruches und Angabe des Stimmenverhältnisses die Angabe „einstimmig" nicht machen. R. des Just.-Min. vom 11. Oktober 1852 (Arch. I, S. 356).

Zu Art. 94. Bei der Ertheilung der verlangten Aufklärung bedarf es weder nach der ausdrücklichen Vorschrift des Gesetzes noch nach der Natur der Sache der Zuziehung des Gerichtsschreibers. Ob.-Tr. vom 1. April 1853 (Arch. I, S. 534—535). Vergl. Arch. III, S. 544.

Ueber das Verfahren im Falle des Art. 94, s. die Bemerkungen im Arch. III, S. 244.

theidigung nach seiner freien aus dem Inbegriffe der vor ihm erfolgten Verhandlungen geschöpften gewissenhaften Ueberzeugung zu beantworten.

Vor Beginn der Berathung hat der Vorsteher der Geschworenen folgende Belehrung zu verlesen:

Das Gesetz fordert von den Geschworenen keine Angabe der Gründe ihrer Ueberzeugung, und schreibt ihnen keine Regeln vor, nach denen sie die Wirkung und Vollständigkeit eines Beweises zu beurtheilen haben. Es legt ihnen aber die durch einen feierlichen Eid geheiligte Pflicht auf, alle für und wider den Angeklagten vorgebrachten Beweise sorgfältig und gewissenhaft zu prüfen, und nach der durch diese Prüfung gewonnenen innersten Ueberzeugung allein ihre Stimmen abzugeben.

Ihre Berathung und ihr Ausspruch muss sich auf die ihnen vorgelegten Fragen beschränken.

Ihre Ansicht über die Rechtmässigkeit oder Zweckmässigkeit des Strafgesetzes darf auf ihren Ausspruch keinen Einfluss haben. Nicht sie, sondern die Richter sind berufen, die gesetzlichen Folgen auszusprechen, welche den Angeklagten wegen der ihm zur Last fallenden Handlungen treffen. Die Geschworenen haben daher ihren Ausspruch ohne Rücksicht auf die gesetzlichen Folgen desselben zu fällen.

Diese Belehrung, sowie die Artikel 89 bis 94 und 96, sollen im Berathungszimmer der Geschworenen in mehreren Exemplaren ausliegen.

Ausspruch der Geschworenen

Art. 96. Nachdem die Geschworenen ihren Ausspruch, welcher niederzuschreiben und von ihrem Vorsteher zu unterzeichnen ist, beschlossen haben und in den Sitzungssaal zurückgekehrt sind, befragt sie der Vorsitzende nach dem Ergebnisse ihrer Berathung.

Der Vorsteher der Geschworenen erhebt sich und sagt:

Auf meine Ehre und mein Gewissen, vor Gott und den Menschen bezeuge ich als den Spruch der Geschworenen:

Sodann verliest er die gestellten Fragen und unmittelbar nach jeder Frage die ertheilte Antwort.

Hierauf ist der Ausspruch dem Vorsitzenden zu übergeben und von diesem und dem Gerichtsschreiber zu unterzeichnen.

Zu Art. 96. 1. Ueber die Konstatirung der Person des Vorstehers der Geschworenen und Angabe dieser Eigenschaft bei der Unterzeichnung des Wahrspruches, s. die Note zu Art. 89.

2. Die Verlesung der Fragen durch den Vorsteher der Geschworenen hat nur den Zweck, eine genaue Beziehung der ertheilten Antworten auf jede einzelne der gestellten Fragen zu konstatiren, um Verwechselungen zu vermeiden. Dieser Zweck ist vollständig erreicht, wenn auf dem Fragebogen jede der ertheilten Antworten neben die betreffende Frage geschrieben ist, und zieht deshalb die unterlassene Verlesung der Fragen in solchem Falle nicht die Nichtigkeit nach sich. Ob.-Tr. vom 11. Jan. 1855 (Arch. IV, S. 208).

Art. 97. Findet der Gerichtshof, dass der Ausspruch nicht regelmässig in der Form, oder dass er in der Sache undeutlich, unvollständig oder sich widersprechend sei, so muss er auf den Antrag der Staatsanwaltschaft oder des Angeklagten, oder auch von Amtswegen verordnen, dass die Geschworenen sich in ihr Berathungszimmer zurückbegeben, um dem Mangel abzuhelfen. Diese Maassregel ist zulässig, so lange nicht auf Grund des Ausspruchs ein Urtheil des Gerichtshofes ergangen ist.

Verfahren des Gerichtshofes. 1) Wenn der Ausspruch nicht regelmässig ist.

Die Verbesserung muss ohne Durchstreichungen in der Art geschehen, dass äusserlich erkennbar bleibt, wie der ursprüngliche Ausspruch gelautet hat.

---

3. Die Unterzeichnung des Ausspruchs der Geschworenen durch den Vorsitzenden des Gerichtshofes ist im Sinne des Art. 108 für eine wesentliche Vorschrift des Verfahrens zu erachten. Ob.-Tr. (Pr. 124) vom 8. Dezbr. 1854 (Entsch. 29, S. 336—337. Arch. III, S. 104). — Indessen kann der Staatsanwalt die nicht in der Sitzung, sondern erst nachträglich erfolgte Unterzeichnung nicht durch die Nichtigkeitsbeschwerde rügen, wenn die Freisprechung des Angeklagten erfolgt ist und nicht zugleich behauptet werden kann, dass der Spruch der Geschworenen in Wirklichkeit nicht auf „Nicht schuldig", also anders, als ihn das Protokoll nachweist, gelautet habe. Ob.-Tr. vom 24. März 1853 (Arch. I, S. 201—202).

4. Ueber die Frage, inwieweit nachträgliche Veränderungen in dem Verdikt zulässig sind, s. die Note 5 zu Art. 97.

Zu Art. 97. 1. Wenn ein in dem Ausspruche sich findender Widerspruch nicht seine Erledigung gemäss Art. 97 gefunden hat, so muss die Sache gemäss Art. 117 zur anderweitigen Verhandlung und Entscheidung an das Schwurgericht zurückgewiesen werden. Ob.-Tr. vom 8. Juni 1853 (Arch. I, S. 543—544).

2. Ist eine Thatsache, welche verschiedene Angeklagte betrifft, in den verschiedenen Verdikten nicht übereinstimmend festgestellt, so dass zwischen ihnen ein thatsächlicher Widerspruch besteht, so ist gleichwohl Art. 97 nicht anwendbar, weil die Feststellung der Schuld eines jeden Angeklagten als Thäters selbstständig erfolgen muss, daher die Zulässigkeit seiner Verurtheilung oder Freisprechung auf Grund des Verdikts der Geschworenen nur allein nach Maassgabe des in Beziehung auf ihn ergangenen Verdikts erfolgen muss. Ob.-Tr. vom 16. März 1855 (Arch. III, S. 548—549).

3. Ueber die Frage, ob Art. 97 auch anwendbar sei, wenn sich nicht in dem Ausspruche Bedenken finden, sich aber nachträglich ergiebt, dass die Fragestellung selbst mangelhaft gewesen, s. die Erört. im Arch. I, S. 357.

4. Bedenken über die Anwendung des Art. 97 auf Antrag des Angeklagten sind angeregt im Arch. IV, S. 535.

5. Ist eine Ergänzung des Spruches nothwendig, so ist die Zurücksendung der Geschworenen in das Berathungszimmer bei Strafe der Nichtigkeit anzuordnen. Die Ergänzung im Sitzungssaale durch den Vorsteher der Geschworenen unter ausdrücklicher Bestätigung der Letzteren ist unzulässig. Ob.-Tr. vom 6. Mai 1852 (Arch. II, S. 234—235). Dagegen ist in einem neueren Falle, in welchem bei der Antwort: „Ja, der Angeklagte ist schuldig, mit den in der Anklage enthaltenen Umständen" im Sitzungssaale selbst das Wort „Anklage" in „Frage" geändert worden war, die hierauf gegründete Nichtigkeits-Beschwerde zurückgewiesen, weil, wenn der Vorsteher der Geschwo-

2) Wenn zum Nachtheile des Angeklagten eine Frage nur mit einer Mehrheit von 7 gegen 5 Stimmen beantwortet ist.

Art. 98. Wenn die dem Angeklagten nachtheilige Beantwortung einer Frage nur mit einer Mehrheit von sieben gegen fünf Stimmen beschlossen ist, so tritt der Gerichtshof selbst in Berathung und entscheidet, ohne Angabe von Gründen, über den von den Geschworenen mit nur sieben Stimmen gegen fünf festgestellten Punkt.

---

renen erst vor dem Gerichtshofe selbst, jedoch in Gegenwart der übrigen, jene Aenderung vorgenommen, in der Offenheit dieses ganzen Verfahrens auch das Einverständniss der übrigen Geschworenen in Betreff des fehlerhaften Ausdruckes gefunden werden müsse. Ob.-Tr. vom 1. Aug. 1855 (Arch. III, S. 664—665).

Ueber die Zulässigkeit der Berichtigung eines irrthümlichen Spruches der Geschworenen nach Verlesung, resp. Verkündigung desselben, s. die Erört. im Arch. II, S. 88—89 und 234.

6. Die Geschworenen sind, wenn ihre erste Antwort einen Widerspruch enthielt, bei der von dem Schwurgerichtshofe angeordneten nochmaligen Berathung befugt, eine anfänglich bejahte Frage nunmehr zu verneinen. Ob.-Tr. vom 11. Jan. 1854 (J. M. Bl. S. 119 bis 120). S. jedoch Note 8.

7. Der Schlusssatz des Art 97 passt nicht auf den Fall, wo die Geschworenen in ihrem Berathungszimmer und vor Abgabe ihres Verdikts in den Fall kommen, eine Aenderung in der ursprünglichen Fassung der Antwort vorzunehmen, hat vielmehr nur den Fall vor Augen, wo die Abänderung oder Verbesserung des Spruches durch den Beschluss des Gerichts veranlasst wird. Ob.-Tr. vom 11. April 1856 (Arch. IV, S. 362—363). Ein Durchstreichen, welches ohne allen Einfluss auf das Resultat des Ausspruchs ist, enthält nicht die Verletzung einer wesentlichen Vorschrift des Verfahrens. Ob.-Tr. v. 9. Sept. 1853 (Arch. I, S. 689).

8. Der Grund der Bestimmung, dass der ursprüngliche Ausspruch der Geschworenen erkennbar bleiben soll, ist darin zu suchen, dass eben so wenig dem Angeklagten, als der Staatsanwaltschaft die ihnen durch die erste Beantwortung entstandenen Rechte durch die zweite entzogen werden können. Wenn daher der erste Ausspruch mit unzweideutigen Worten feststellt, dass der Angeklagte der angeschuldigten That schuldig sei, der zweite Ausspruch dagegen den Angekl. für nicht schuldig erklärt, so ist, da beide Aussprüche zu berücksichtigen sind, nicht eine solche Verneinung der Schuld vorhanden, welche die Nichtigkeitsbeschwerde der Staatsanwaltschaft ausschliesst; es ist vielmehr bei Anwendung des Strafgesetzes die erste Antwort der Geschworenen zum Grunde zu legen, insofern sich dieselbe über alle, in der Frage enthaltenen thatsächlichen Momente vollständig und unzweideutig geäussert, regelmässig in der Form und in der Sache erschöpfend war und keine Veranlassung bot, eine Verbesserung des Ausspruchs zu verlangen. Ob.-Tr. v. 12. April 1850 (Grundsätze, I. Fortsetzung, S. 16). Wenn umgekehrt der erste Ausspruch der Geschworenen die Freisprechung des Angeklagten zur Folge haben musste, gleichwohl aber die Geschworenen wegen angeblicher Unklarheit und Unvollständigkeit des Wahrspruchs veranlasst worden sind, ein zweites Verdikt abzugeben, auf Grund dessen die Verurtheilung erfolgt ist, so ist die Entscheidung nichtig und es erfolgt die Freisprechung auf Grund des ersten Verdikts. Ob.-Tr. vom 29. Juni 1853 (Arch. I, S. 540). Von gleichen Grundsätzen gehen auch die Erk. des Ob.-Tr. v. 17. Nov. 1853 (Arch. II, S. 94—95), v. 2. Febr. 1854 (Arch. II, S. 405) und v. 11. April 1856 (Arch. IV, S. 362—363), so wie die Verf. des Just. Min. v. 24. Dez. 1853 (Arch. II, S. 805 bis 806) aus.

Art. 99. Wenn der Gerichtshof einstimmig der Ansicht ist, dass die Geschworenen, obgleich ihr Ausspruch in der Form regelmässig ist, sich in der Sache zum Nachtheil des Angeklagten geirrt haben, so verweist er, ohne Angabe von Gründen, die Sache zu der nächsten Sitzungsperiode des Schwurgerichts, damit sie vor einem neuen Schwurgerichte verhandelt werde, an welchem alsdann keiner der früheren Geschworenen Theil nehmen darf. 3) Wenn die Geschworenen sich zum Nachtheil des Angeklagten geirrt haben.

Diese Maassregel darf von Niemandem beantragt werden; der Gerichtshof kann sie nur von Amtswegen verordnen, und nur vor der im Art. 100 vorgeschriebenen Verlesung des Ausspruchs.

Sind mehrere Angeklagte bei der Sache betheiligt, so erfolgt die Verweisung vor ein neues Schwurgericht nur in Ansehung derjenigen, bei welchen der Gerichtshof einen Irrthum im Ausspruche der Geschworenen angenommen hat.

Nach dem Ausspruche des neuen Schwurgerichts, auch wenn derselbe mit dem früheren Ausspruche übereinstimmt, muss der Gerichtshof das Urtheil sprechen.

Zu Art. 98. 1. Ueber die Bestimmung des Art. 98, s. die kritischen Bemerkungen von Triest im Arch. IV, S. 520–523.

2. Die Mitwirkung des Gerichtshofes bei Entscheidung der Schuldfrage tritt im Falle des Art. 98 nur so weit ein, dass der Gerichtshof über den von den Geschworenen mit nur 7 gegen 5 Stimmen festgestellten Punkt zu entscheiden hat. Sind eventuelle Fragen gestellt worden, deren Beantwortung nur im Falle der Verneinung einer vorhergehenden anderen Frage erfolgen soll, so steht auch beim Eintritte dieses Falles die Beantwortung solcher eventuellen Fragen lediglich den Geschworenen zu, und eine Konkurrenz des Gerichtshofes kann auch hierbei nur unter der angegebenen Voraussetzung und in der angegebenen Beschränkung eintreten. Ob.-Tr. v. 29. April 1853 (J. M. Bl. S. 339–340. Arch. I, S. 357–359) und 11. Nov. 1853 (Arch. II, S. 89–90).

3. Die Richter werden im Falle des Art. 98 nicht zu Geschworenen, daher ist ihre Fähigkeit nicht nach §. 95 zu beurtheilen. Ob.-Tr. v. 15. Mai 1850 (Grundsätze, I. Fortsetz., S. 14) in Note 7 zu §. 95.

Zu Art. 99. 1. Wenn den Geschworenen zu Unrecht eine Frage vorgelegt worden, welche nicht Thatsachen, sondern eine von dem Richter zu entscheidende Rechtsfrage betrifft und die Richter annehmen, dass erstere bei Beantwortung dieser Frage geirrt haben, um deshalb die Sache an ein neues Schwurgericht verweisen, sodann aber von dem anderweitig konstituirten Schwurgericht die Freisprechung des Inkulpaten erfolgt, so steht der Staatsanwaltschaft gegen ein solches Urtel, als von einem inkompetenten Richter gefällt, die Nichtigkeitsbeschwerde zu. Ob.-Tr. (Pr. 2132) vom 22. August 1849 (Entsch. Bd. 18, S. 495–498. J. M. Bl. S. 415–417).

2. Wenn der Gerichtshof von der ihm beigelegten Befugniss Gebrauch machend, seine Ansicht dahin ausspricht, dass die Geschworenen sich in der Sache geirrt haben, und die Verweisung der Sache zu einer anderen Sitzung verordnet, so kann diese Maassregel im Wege der Beschwerde nicht rückgängig gemacht werden, wenn auch von der Staatsanwaltschaft der Beweis unternommen wird, dass die Maassregel nach Lage der Sache nicht gerechtfertigt sei. Ob.-Tr. v. 20. Febr. 1850 (Grundsätze, S. 15).

Verlesung des Ausspruchs in Gegenwart des Angeklagten.

Art. 100. Der Ausspruch der Geschworenen und im Falle des Art. 98 auch der Ausspruch des Gerichtshofes wird, nachdem der Angeklagte wieder in den Sitzungssaal eingetreten ist, durch den Gerichtsschreiber verlesen.

Urtheil, wenn der Angeklagte für nicht schuldig erklärt worden.

§. 118. Ist der Angeklagte für nicht schuldig erklärt worden, so spricht der Gerichtshof denselben von der Anklage frei und verordnet, daß derselbe sofort in Freiheit gesetzt werde, wenn er nicht aus einem sonstigen Grunde verhaftet ist.

Verfahren, wenn der Angeklagte im Laufe der Verhandlung eines anderen Verbrechens oder Vergehens beschuldigt wird.

§. 119. Wird im Laufe der Verhandlungen der Angeklagte durch Urkunden oder Zeugenaussagen eines anderen Verbrechens oder Vergehens beschuldigt, so hat der Gerichtshof sofort die weiter erforderliche Verfügung zu treffen, und kann, wenn die gesetzlichen Erfordernisse dazu vorhanden sind, sogleich einen Verhaftsbefehl erlassen.

Verfahren, wenn der Angeklagte für schuldig erklärt worden.

§. 120. Ist der Angeklagte für schuldig erklärt worden, so stellt die Staatsanwaltschaft ihren Antrag auf Anwendung des Gesetzes.

Zu Art. 100. 1. Das Unterlassen der Verlesung des von dem Gerichtshofe gemäss Art. 98 gefassten Beschlusses scheint als Nichtigkeitsgrund angesehen zu sein in dem Erk. des Ob.-Tr. vom 24. Febr. 1853 (Arch. I, S. 223—225).

2. Darüber, ob die Verlesung des Ausspruchs durch den Gerichtsschreiber unterbleiben könne, wenn der Spruch dem Angeklagten verdolmetscht wird, s. Arch. II, S. 667.

3. Ueber die Frage, ob die Geschworenen nach Verlesung des Verdikts entlassen werden können oder ob ihre Gegenwart auch bei dem folgenden, auf die Urtelssprechung bezüglichen Verfahren nothwendig ist, s. die Erört. im Arch. III, S. 394—395.

Zu §. 118. 1. Ueber die Wirkung der Freisprechung zu Gunsten des Angeklagten, insbesondere die Unzulässigkeit der Wiederaufnahme der bereits abgeurtelten Strafsachen, s. die Noten zu §§. 151 ff., über die Wirkung eines zu Gunsten des Angeklagten abgegebenen Verdikts den Art. 109, Alinea 2 und die Noten zu demselben.

2. Der rechtliche Ausspruch des Richters hat sich, wenn der erkennende Richter die der Anklage zum Grunde liegende That anders qualifizirt, als dies die Anklage gethan hat, nur auf diejenige That, deren der Angeklagte schuldig befunden wird, worauf also das Gesetz anzuwenden ist, zu erstrecken, so daß, insofern nicht mehrere, von einander verschiedene strafbare Handlungen, sondern nur *eine* That Gegenstand der Anklage waren, der Tenor des Erkenntnisses dann richtig und vollständig ist, wenn er einen Angeklagten, gegen welchen in Beziehung auf diese That irgend ein Schuldig ausgesprochen ist, wegen des in diesem Schuldig enthaltenen Verbrechens oder Vergehens zur gesetzlichen Strafe verurtheilt, ohne von demjenigen Verbrechen oder Vergehen, welches entweder die Anklage in eben diesem Schuldig rechtlich gefunden hat, oder welches, wenn auch die nicht erwiesenen Umstände, die in der Anklage behauptet waren, ermittelt worden wären, wirklich vorhanden sein würde, freizusprechen. Es ist demnach z. B. nicht erforderlich, den wegen Diebstahls Angeklagten von dieser Anklage ausdrücklich freizusprechen, wenn in seiner That der Thatbestand der Hehlerei gefunden und wegen dieses Vergehens die Verurtheilung ausgesprochen wird. Ob.-Tr. vom 28. Febr. 1856 (Arch. IV, S. 377—379). Vergl. Arch. I, S. 689.

Zu §. 119. Ueber die Bedeutung des §. 119, s. Kueßner im Arch. III, S. 207—208.

Zu §. 120. Der Staatsanwalt hat, wie im Arch. II, S. 402 ausge-

§. 121. Der Vorsitzende des Gerichts befragt den Angeklagten, ob und was er zu seiner Vertheidigung noch anzuführen habe.

Der Angeklagte oder sein Vertheidiger dürfen die in dem Ausspruche der Geschworenen festgestellten Thatsachen nicht mehr bestreiten oder in Zweifel ziehen; ihre Ausführung muß sich auf die aus denselben herzuleitenden gesetzlichen Folgen beschränken.

§. 122. Die Richter ziehen sich hierauf in das Berathungszimmer zurück, um das Urtheil zu fällen. Urthe.

§. 123. Die Berathung über das Urtheil erfolgt ohne Beisein anderer Personen.

§. 124. Bei der Fällung des Urtheils entscheidet Stimmenmehrheit.

§. 125. Ist die That, deren der Angeklagte für schuldig erklärt worden ist, durch ein Strafgesetz nicht vorgesehen, so spricht der Gerichtshof den Angeklagten frei.

Abschnitt IV.

Von der Anfechtung der Erkenntnisse.

§. 126. Gegen die von den Einzelrichtern und den Gerichtsabtheilungen für Verbrechen (§§. 27, 38) gefällten Urtel ist sowohl die Staatsanwaltschaft, als der Angeklagte innerhalb einer präklusivischen Frist von zehn Tagen das Rechtsmittel der Appellation einzulegen berechtigt. Der Appellant kann dasjenige, was vom ersten Richter als thatsächlich feststehend angenommen worden ist, nur mittelst neuer Thatsachen oder neuer Beweismittel anfechten, und der Appellationsrichter hat zu beurtheilen, ob diese neuen Thatsachen und neuen Beweismittel erheblich sind. 1) Appellation a. Zulässigkeit und Frist.

---

führt ist, seinen Strafantrag auch dann zu stellen, wenn er der Ansicht ist, daß die Geschworenen sich zum Nachtheil des Angeklagten geirrt haben.

Zu §. 122. Der Schwurgerichtshof darf der Entscheidung nur solche Thatsachen zum Grunde legen, welche durch den Ausspruch der Geschworenen festgestellt sind; es ist ihm nicht gestattet, bei Anwendung des Strafgesetzes auf andere Erkenntnißquellen zurückzugehen. Ob.-Tr. vom 6. März 1850 (Grundsätze, I. Fortsetzung, S. 16).

Zu §. 123. Es ist dem Gerichtshofe und dessen Vorsitzenden nicht bei Strafe der Nichtigkeit untersagt, Jemand den Eintritt in sein Berathungszimmer zu gestatten, insbesondere ist die Gegenwart des Gerichtsschreibers bei den Berathungen, wenn auch nicht wesentlich, so doch zweckmäßig und jedenfalls statthaft. Ob.-Tr. vom 10. April 1856 (J. M. Bl. S. 124—126; Arch. IV, S. 535—536). Vergl. Note 5 zu Art. 90.

Zu §. 125. Wenn aus den von den Geschworenen bejahten Fragen nicht der Thatbestand und nicht alle zur Anwendung des Strafgesetzes erforderlichen Voraussetzungen zu entnehmen sind und gleichwohl das Strafgesetz angewendet worden, so ist das Strafgesetz verletzt und das Erkenntniß zu vernichten. Ob.-Tr. vom 19. Januar 1850 (Grundsätze, S. 13).

Zu Abschnitt IV. (Von der Anfechtung der Erkennt-

Zu §. 126 der Verordnung.

b. Inwiefern das Appellationsgericht in Beziehung auf den objektiven und subjektiven Thatbestand an die thatsächliche Feststellung des ersten Richters gebunden ist.

Art. 101. Das Rechtsmittel der Appellation ist nur gegen Urtheile der Gerichtsabtheilungen zulässig.

Das Appellationsgericht muss hinsichtlich derjenigen Thatsachen, welche in Gemässheit des Art. 31 in dem Urtheile hervorzuheben und für erwiesen oder für nicht erwiesen zu erklären sind, seiner Entscheidung die in dem ersten Urtheile enthaltene Feststellung zum Grunde legen, insofern nicht neue Thatsachen oder neue Beweise, oder die gänzliche oder theilweise Wiederholung der in erster Instanz stattgefundenen Beweisaufnahme eine abweichende thatsächliche Feststellung begründen.

Eine solche Wiederholung hat das Appellationsgericht nur dann anzuordnen, wenn sich wesentliche und durch die bisherigen Verhandlungen nicht zu beseitigende Bedenken gegen die in dem ersten Urtheile enthaltene Feststellung der Thatsachen ergeben, oder wenn die Wiederholung mit Rücksicht auf die vorgebrachten neuen Thatsachen oder Beweise nothwendig erscheint.

Zusatz 18. Die Bestimmung des Alinea 1 des Art. 101

---

nisse.) 1. S. die Abh. von v. Tippelskirch im Arch. IV, S. 603—617 und 754—768.

2. In Beziehung auf die Einlegung von Rechtsmitteln haben die Beamten der Staatsanwaltschaft als Regel den Gesichtspunkt festzuhalten, daß von einem Rechtsmittel nicht lediglich zur Aufrechthaltung eines Grundsatzes des Rechts oder des Verfahrens in Fällen Gebrauch zu machen ist, wo die ergangene Entscheidung sich als der eigenthümlichen Lage und Bedeutung des Falles entsprechend darstellt. Um einem verletzten Grundsatze seine Geltung zu verschaffen, ist ein solcher Fall abzuwarten, der auch nach seiner konkreten Beschaffenheit die Anwendung der vollen Strenge des Prinzips erheischt. — Die Einlegung der Appellation wegen des Strafmaaßes wird sich nur selten als zweckmäßig empfehlen; meistentheils ist das öffentliche Interesse weniger dabei betheiligt, wie hoch, oder wie niedrig, als vielmehr dabei, ob überhaupt gestraft, oder ob freigesprochen worden. Allgem. Verf. des Just. Min. vom 25. Novbr. 1850 (J. M. Bl. S. 399, Nr. 7) und vom 4. April 1854 (J. M. Bl. S. 149, Nr. VIII).

3. Die Staatsanwaltschaft ist so berechtigt, wie verpflichtet, gegen ihre eigenen Anträge Rechtsmittel einzulegen, wenn sie sich hinterher überzeugt, daß sie selbst den wahren Sinn des Gesetzes verkannt habe und das gerichtliche Urtel ihren unrichtigen Anträgen beigepflichtet hat. Ob.-Tr. vom 9. März 1850 (J. M. Bl. S. 150—151).

4. Ueber die Befugnisse der Angehörigen, des Vertheidigers u. s. w. Rechtsmittel für den Angeklagten einzulegen, sind die erforderlichen Nachweisungen unten in den Noten zu Art. 109 gegeben, weil die hierauf bezüglichen Zweifel meist in Bezug auf die Einlegung der Nichtigkeits-Beschwerde (namentlich in Schwurgerichtssachen) in Anregung kommen.

Zu §. 126 ff. S. die Abh. von Voitus „über die Unvereinbarkeit der Appellation bezüglich der Thatfrage nach den Vorschriften des Preuß. Strafprozesses mit dem Prinzip der Mündlichkeit" im Arch. II, S. 621 ff., die Abh. „über die Stellung des Appellations-Richters zur Thatfrage" im Arch. IV, S. 31 ff. und die Abh. von v. Stemann, „über die Appellation in Strafsachen nach der Preuß. Gesetzgebung" im Gerichtssaal, Jahrg. 5, Bd. 2, S. 224 ff.

ist abgeändert durch §. 2, Alinea 2 des Gesetzes v. 14. April 1856, wonach rücksichtlich der zur Kompetenz der Einzelrichter gehörigen Vergehen in Ansehung der Rechtsmittel die für Vergehen bestehenden Vorschriften gelten. (S. oben Seite 60).

Zu §. 126 und Art. 101. 1. Die Bestimmung des §. 126, über die Zulässigkeit der Appellation gegen Erkenntnisse der Einzelrichter, wurde zunächst durch Art. 101 abgeändert und demnächst die letztere Bestimmung wieder eingeschränkt durch das im Text allegirte Gesetz vom 14. April 1856. — Eine Ausnahme von der Regel des Art. 101 ist im Art. 142 enthalten, welcher bei den im Art. 135 ff. bezeichneten Sachen das Rechtsmittel der Appellation zuläßt, wenn auch der Einzelrichter erkannt hat. Vergl. Ob.-Tr. vom 9. März und 10. Juni 1853 (J. M. Bl. S. 209; Arch. I, S. 555—556). Dagegen tritt die Regel des Art. 101 ein bei Gewerbe-Polizei-Kontraventionen, bei denen auch dann, wenn die Handlung des Kontravenienten zugleich ein Steuervergehen enthält, nur der Rekurs zulässig ist. Ob.-Tr. (Pr. 19) vom 11. Februar 1853 (Entsch. 24, S. 457). Vergl. zu §. 165.

2. Der Angeklagte ist zur Einlegung der Appellation innerhalb der gesetzlichen Frist auch dann berechtigt, wenn er sich bei dem Erkenntnisse erster Instanz ausdrücklich beruhigt hatte. Ob.-Tr. vom 19. und 25. Mai 1853 (Arch. I, S. 372–373).

3. Ueber die Appellationsfristen s. die näheren Bestimmungen in den §§. 127 ff.

4. Eine nach Art. 101, Abs. 2 des Ges. vom 3. Mai 1852 unzulässige Abweichung des Appellations-Gerichts von der thatsächlichen Feststellung des ersten Richters, über die wesentlichen Merkmale der strafbaren Handlung, enthält eine Verletzung einer wesentlichen Vorschrift des Verfahrens, welche die Vernichtung des Appellations-Erkenntnisses und des mündlichen Verfahrens zweiter Instanz und die Zurückweisung der Sache zur anderweiten Verhandlung und Entscheidung in die zweite Instanz zur Folge hat. Präj. 36 des Ob.-Tr. vom 28. Mai 1853 (Entsch. B. 25, S. 442; Arch. I, S. 552–553) und 8. Decbr. 1853 (J. M. Bl. 1854, S. 87—88). Ein Erk. vom 30. Mai 1850 (Grundsätze, I. Fortsetzung, S. 19) nahm an: Wenn der Appellationsrichter wider die Vorschrift des §. 126 von dem durch den ersten Richter festgestellten Thatbestand abweicht und als Folge davon ein Strafgesetz außer Anwendung läßt, welches, wäre der durch den ersten Richter festgestellte Thatbestand der Entscheidung zum Grunde gelegt, hätte angewendet werden müssen, so ist zugleich das Strafgesetz verletzt, die Entscheidung des Appellationsrichters daher zu vernichten.

5. Auch dann, wenn der Beweis durch Schriften geführt ist, welche in den Akten dem Appellationsrichter vorliegen, kann dieser von der Auslegung und den daraus gefolgerten thatsächlichen Feststellungen des ersten Richters nicht ohne Weiteres, sondern nur dann abgehen, wenn er eine Wiederholung des Beweises durch Vorlegung aller oder einiger der zum Beweise producirten Schriften bei der mündlichen Verhandlung vornimmt. Präj. 42 des Ob.-Tr. vom 22. Juni 1853 (Entsch. B. 25, S. 364—368; Arch. I, S. 553). Wenn der Thatbestand einer strafbaren Handlung nach der Anklage in einem Erzeugnisse der Presse gefunden werden soll, so kann die den Appellationsrichter zur Abweichung von der thatsächlichen Feststellung des ersten Richters ermächtigende Wiederholung der Beweisaufnahme durch abermalige Vorlegung und Vorlesung der fraglichen Druckschrift bewirkt werden. Ist aber eine solche abermalige Vorlegung und Verlesung nicht erfolgt, so darf, in Ermangelung einer sonstigen neuen Beweisaufnahme, der Appellationsrichter den Inhalt jener Schrift nicht in anderer Weise qualifiziren, als es der erste Richter gethan hatte. Erk. des Ob.-Tr. v. 8. Decbr. 1853 (J. M. Bl. 1854, S. 42–44).

6. Wenn der Richter erster Instanz mildernde Umstände nicht festgestellt hat, so ist der Appellationsrichter nicht befugt, ohne neue oder wiederholte

c. Verfahren des Appellationsgerichts, wenn in erster Instanz eine Nichtigkeit begangen oder in Betreff der Kompetenz gefehlt ist.

Art. 102. Findet das Appellationsgericht, dass das Urtheil erster Instanz oder das demselben vorhergegangene Verfahren an einer Nichtigkeit leidet, so hebt es das angegriffene Urtheil auf und erkennt zugleich anderweit in der Sache selbst, nach Befinden auf Grund eines neuen Verfahrens. Es ist jedoch befugt, aus wichtigen Gründen die Sache zur anderwei-

---

Beweisaufnahme mildernde Umstände anzunehmen. Erk. des Ob.-Tr. vom 19. und 20. Octbr. 1853 (J. M. Bl. 1853, S. 416; Arch. I, S. 696). Dagegen nahm ein Erk. vom 28. Mai 1853 (Arch. I, S. 373) an, daß in Fällen, wo die Gesetzgebung während des Laufes der Appellations-Instanz sich ändert und die Zulässigkeit der Annahme mildernder Umstande bei Vergehen, für welche dieselben früher nicht anerkannt waren, ausspricht, nun auch dem Appellationsrichter die selbstständige Feststellung solcher mildernden Umstände auf Grund aktenmäßiger Thatsachen ohne neue Beweisaufnahme zustehe. Anerkannt ist zwar, daß die Qualifikation von Thatsachen als mildernde Umstände eine thatsächliche Feststellung überhaupt und selbst dann ist, wenn die Thatsachen an sich als festgestellt zu erachten sind, es sich also nur darum handelt, ihnen die im Gesetz bestimmte mildernde Wirkung beizulegen; daß also insoweit das Prinzip des §. 126 der V. vom 3. Januar 1849 und des Art. 101 des Ges. vom 3. Mai 1852 Platz greift, daß der Appellationsrichter, wenn er in eine neue Beweisaufnahme nicht eingeht, auch insoweit an die Feststellung des ersten Richters, welcher durch die Anwendung der Hauptstrafe die mildernde Wirkung der Thatsachen implicite verneint hat, gebunden sei. Allein der Gesichtspunkt ist für durchgreifend zu erachten, daß das neue Gesetz, wenn es nach Art. IV. des Einführ.-Ges. z. Strafgesetzbuch sofort wirksam werden soll, den Appellationsrichter auch in den Stand setzen muß, diese Wirksamkeit auch noch in der Appellations-Instanz eintreten zu lassen, zu diesem Zwecke also die Grundlage zu suchen, welche dazu erforderlich ist; daß ferner das in jenen Vorschriften ausgedrückte Verhältniß des zweiten zum ersten Richter eine unveränderte Lage der Gesetzgebung voraussetzt, daß also, wo die Gesetzgebung im Laufe der zweiten Instanz verändert ist, auch jenes Verhältniß geändert und durch die Anwendung der Hauptstrafe von Seiten des ersten Richters nicht anzunehmen ist, derselbe habe die mildernde Wirkung der Thatsachen implicite verneint, da ihm das Gesetz zur Zeit seines Urtels eine solche Prüfung gar nicht gestattet hatte.

Ueber die Nothwendigkeit der Prüfung der in zweiter Instanz vorgebrachten mildernden Umstände, s. unten Note 9.

7. Der Appellationsrichter ist berechtigt und verpflichtet, bei einem Rechtsirrthum des ersten Richters der von diesem festgestellten That eine andere (jedoch, wenn der Angeklagte allein appellirt, nicht eine schwerere) Qualifikation (Bezeichnung) zu geben, als dies Seitens des ersten Richters geschehen ist. Ob.-Tr. vom 17. Oktober 1855 und 19. Juni 1856 (Arch. III, S. 821 u. IV, S. 679). Vergl. Ob.-Tr. vom 25. März 1850 (Grundsätze, I. Fortsetzung, S. 18).

8. Die Vorschriften des Art. 101 und 31 des Ges. vom 3. Mai 1852 hindern den Appellationsrichter nicht, A b l e i t u n g e n und S c h l ü s s e des ersten Richters, durch welche dieser auf thatsächliche Ergebnisse gelangt ist, zu prüfen und zu berichtigen, indem die allegirten Vorschriften, wie die ältere des §. 126 der V. vom 3. Januar 1849 auf dem Prinzipe beruhen, „daß die mündliche Verhandlung die eigentliche Erkenntnißquelle für die Thatfrage bildet und die Beurtheilung des Gewichtes und der Kraft des Beweises, sowohl in Betreff der einzelnen Beweismittel, als des aus ihrer Verbindung hervorgehenden Ergebnisses dem Appellationsrichter so lange nicht möglich ist, als ihm jenes Mittel fehlt, woran die gedachte Beurtheilung geknüpft werden soll," dies Prinzip aber nicht eintritt, wo es sich um reine Verstandes-Operationen handelt, welche von der Unmittelbarkeit der Wahrnehmung des thatsächlichen Stoffes nicht bedingt sind und kein Grund obwaltet, den Appellationsrichter in dieser Beziehung zu beschränken. Erk. des Ob.-Tr. vom 22. October 1852 wider S c h i l l e r.

ten Verhandlung und Entscheidung in die erste Instanz zurück zu verweisen.

Ebenso spricht das Erk. vom 20. Januar 1854 wider Padrock aus, daß der Appellationsrichter, wenn er aus dem unmittelbar erwiesenen Hergange weitere Schlüsse über die zum Grunde liegenden faktischen Verhältnisse zieht, nur die ihm obliegende Funktion ausübt und dadurch eine Prozeßvorschrift nicht verletzen kann.

Aus der im §. 22 ausgesprochenen Verpflichtung des ersten Richters, die Gründe seiner Ueberzeugung anzugeben, folgt, daß dem Appellationsrichter die Prüfung dieser Gründe anvertraut und ihm also gestattet ist, dieselben, insofern sie nicht aus der mündlichen Verhandlung entnommene, ausdrücklich festgestellte Thatsachen, sondern rechtliche oder faktische Ansichten und Vermuthungen enthalten, anzunehmen oder zu verwerfen. Ob.-Tr. vom 17. Juli 1850 (Grundsätze, I. Fortsetzung, S. 17—18). Vergl. Ob.-Tr. vom 5. Oktober 1854 (Entsch. 28, S. 377).

Ein Erk. des Ob.-Tr. vom 15. Juni 1850 (Grundsätze, I. Forts., S. 18 bis 19) nimmt an, daß der Appellationsrichter die vom ersten Richter festgestellten Thatsachen nach Anlaß, Wirkung und Erfolg zu würdigen hat und daher den §. 126 nicht verletzt, wenn er nur ein fahrlässiges Vergehen annimmt, während der erste Richter ein vorsätzliches angenommen hatte.

9. Auch der Staatsanwalt ist befugt, dasjenige, was der erste Richter als feststehend angenommen hat, durch neue Thatsachen oder neue Beweismittel anzufechten. Der Appellationsrichter muß daher die erst in zweiter Instanz vorgebrachten erschwerenden Umstände prüfen. Ob.-Tr. vom 13. April 1853 (J. M. Bl. S. 210—211).

Stellt ein Angeklagter in der Appellationsschrift die Behauptung auf, es seien mildernde Umstände vorhanden und giebt er die Verhältnisse, aus welchen diese folgen sollen, so wie die Beweismittel für dieselben an, so verletzt der Appellationsrichter, welcher in seinem Urtheile sich über das Vorhandensein derselben gar nicht ausspricht, wesentliche Grundsätze des Verfahrens. Ob.-Tr. vom 14. April 1853 (Oppenhoff, S. 32, Note 8). Dagegen nimmt ein Erk. des Ob.-Tr. vom 3. Mai 1855 an, daß kein Gesetz den Richter in Abtheilungssachen verpflichte, sich über die Behauptung, daß mildernde Umstände vorlägen, ausdrücklich auszusprechen; erkläre er das angewendete Strafmaaß für angemessen, so liege darin, daß es nach allen ermittelten Umständen angemessen, Gründe zur Milderung also nicht vorhanden seien (Oppenhoff, a. a. O.). Vergl. Note 6.

10. Eine Abweichung von der thatsächlichen Feststellung des ersten Urtheils kann auf Grund von Akten, welche erst in zweiter Instanz beigebracht werden, nicht erfolgen, wenn nicht in dem Audienztermine zweiter Instanz eine Beweisaufnahme durch Vorlegung der Akten stattgefunden hat. Erk. des Ob.-Tr. vom 2. Novbr. 1853 (J. M. Bl. 1854, S. 14—15). Auch muß, wenn die Beweisaufnahme durch Vorlesung eines Dokumentes geschieht, diese Vorlesung als ein Akt der Beweisaufnahme ausdrücklich bezeichnet werden, um der Partei die Gelegenheit zu geben, ihre Rechte in Beziehung auf die Folgen, welche aus solcher neuen oder wiederholten Beweisaufnahme für die Entscheidung der Sache sich ergeben können, und welche dadurch von dem Richter vorbereitet werden, wahrzunehmen. Ob.-Tr. vom 12. Januar 1855 (Arch. III, S. 251) u. 14. Septbr. 1855 (Arch. III, S. 679).

11. Die Vereidung eines in erster Instanz nicht vereideten Zeugen ist als ein neues Beweismittel zu betrachten. Ob.-Tr. v. 12. April 1850 (Grundsätze, I. Fortsetzung, S. 17), und Kammergericht vom 2. Februar 1850 (Arch. I, S. 65—66).

12. Wenn es sich um die Feststellung innerer Thatsachen (dolus oder culpa, Absicht rechtswidriger Zueignung) handelt, so hat die bloße persönliche Abhörung des Angeklagten durch den Appellationsrichter den Charakter einer neuen, zu einer abweichenden Feststellung berechtigenden Beweisaufnahme. Ob.-Tr. v. 29. März u. 6. Juli 1855 (Arch. III, S. 554—555).

13. Die Statthaftigkeit der Einholung eines Gutachtens des Medizinal-Kollegiums, welches von dem Appellanten zur Widerlegung und

Wenn der erste Richter sich mit Unrecht für kompe–

Beseitigung der sich auf das Gutachten der Gerichtsärzte gründenden thatsächlichen Feststellungen des ersten Richters unter Angabe bestimmter Punkte und Fragen angerufen wird, ist auch nach dem gegenwärtigen Verfahren keinem Zweifel unterworfen und der Appellationsrichter, wenn er diese für die zweite Instanz beantragte neue Beweis-Aufnahme für erheblich erachtet, nach §. 126 und Art. 101 berechtigt und verpflichtet, die Einholung des Superarbitriums zu veranlassen. Ob.-Tr. v. 13. November 1856 (J. M. Bl. S. 375–377). Die Nothwendigkeit der Einholung eines Superarbitriums haben die Instanzgerichte nach den obwaltenden Umständen zu prüfen; die betreffende Entscheidung unterliegt der Nichtigkeits-Beschwerde nicht. Ob.-Tr. v. 22. März 1855 (J. M. Bl. S. 152–154) u. v. 13. Nov. 1856 (J. M. Bl. S. 375–377).

14. Wenn das Appellations-Urtel vernichtet und die Sache in die zweite Instanz zurückgewiesen ist, so begründet es keine Nichtigkeit, wenn die Aussagen der bei der ersten Verhandlung vernommenen Zeugen bei der anderweitigen Verhandlung nur verlesen worden sind, sofern dieselben Gerichtsmitglieder, welche der ersten Verhandlung beigewohnt hatten, auch in der neueren Verhandlung wieder als Richter fungirt haben. Es ist dem Gewissen der Richter überlassen, inwieweit sie sich noch in der hinreichenden Kenntniß des vollständigen Inhalts der früheren Verhandlung befinden. Ob.-Tr. v. 19. Sept. 1855 (Arch. III, S. 678–679). Vgl. auch Ob.-Tr. v. 27. Jan. 1854 (J. M. Bl. S. 129 bis 130, Arch. II, S. 245–246).

15. Der Appellationsrichter ist zur Prüfung und Beurtheilung der in zweiter Instanz gemachten Anträge auf Erhebung einer neuen Beweisaufnahme verpflichtet, und muß namentlich in den Urtelsgründen angeben, ob aus faktischen oder aus Rechtsgründen der in zweiter Instanz angetretene Beweis für unerheblich erachtet worden ist. Ob.-Tr. v. 27. Okt. und 17. Nov. 1852 (Arch. I, S. 228), 18. März 1853 (J. M. Bl. S. 215), 7. Sept. 1853 (J. M. Bl. 1854, S. 161, Arch. I, S. 552), 28. und 30. Sept. 1853 (J. M. Bl. S. 437–438), und 7. Dez. 1853 (J. M. Bl. 1854, S. 162). — Auch der Defensionalbeweis erster Instanz ist vom Appellationsrichter zu berücksichtigen, zumal wenn der Angeklagte — sei es auch nur durch indirekte Hinweisung — sich auf denselben beruft. Ob.-Tr. v. 13. Sept. 1854 (Arch. II, Seite 676).

16. Es ist nicht als ein Verstoß gegen das Gesetz anzusehen, wenn der Appellationsrichter Zeugen zunächst nur vorläufig zu dem Behufe vernehmen läßt, um zu ermitteln, ob sie etwas zur Sache Erhebliches würden bekunden können und wenn er demnächst, nach Prüfung dieser vorläufigen Vernehmungen und Zusammenstellung derselben mit den vom ersten Richter für seine Feststellungen angegebenen Gründen, befindet, daß die förmliche Vernehmung dieser Personen nicht geeignet erscheine, die vom ersten Richter als bewiesen angenommenen, erheblich erachteten Thatsachen als unrichtig darzustellen, deshalb die Vorladung und Vernehmung derselben unterläßt und die Feststellung des ersten Richters seiner Entscheidung zum Grunde legt. Ob.-Tr. vom 4. Mai 1854 (Arch. II, S. 676–677). Das hier gebilligte Verfahren ist im Interesse der Kostenersparung durch allg. Verf. des J. M. v. 25. Nov. 1850, Nr. 5 (J. M. Bl. S. 399) empfohlen.

17. Der Appellationsrichter ist befugt, die Erhebung solcher Beweise, durch welche nur die Beweiskraft eines der erstrichterlichen Feststellung mit zum Grunde liegenden Beweismittels angefochten wird, deshalb abzulehnen, weil, abgesehen von diesem Beweismittel, die betreffende Feststellung durch andere Beweise vollständig gerechtfertigt werde. Ob.-Tr. (Pr. 195 Plen) v. 26. Nov. 1855 (Entsch. 31, S. 344–354. Arch. IV, S. 45–46). Dagegen hatte das Ob.-Tr. in dem Erk. v. 20. Juli 1850 (Entsch. 19, S. 471–474. Grundsätze, I. Fortsetzung, S. 20. Arch. IV, S. 40) angenommen: „Wenn in zweiter Instanz neue Thatsachen und Beweismittel beigebracht sind, so ist es das Recht und die Pflicht des Appellationsrichters, die Thatfrage mit Berücksichtigung des aus den neuen Thatsachen und Beweismitteln hervorgegan-

tent erklärt hat, so kann das Appellationsgericht niemals in der Sache selbst erkennen.

---

genen Ergebnisses selbstständig zu würdigen, insbesondere zu erwägen, ob und in wie weit die aus anderen Erkenntnißquellen abgeleitete Ueberzeugung des ersten Richters von der Schuld des Angeklagten noch bestehen kann. Ist daher z. B. die Ueberzeugung des ersten Richters von der Schuld des Angeklagten auf die Bezüchtigung des Mitangeklagten und zugleich auf einen diese Bezüchtigung unterstützenden thatsächlichen Umstand gestützt worden, und ist in zweiter Instanz der Beweis darüber angetreten, daß dieser letztere Umstand sich anders verhalte, so ist es der freien, durch §. 126 nicht beschränkten Beurtheilung des Appellationsrichters anheimgestellt, ob und in wie fern die sodann gegen den Angeklagten allein noch stehen bleibende, durch keine andere Thatumstände unterstützte Bezüchtigung des Mitangeklagten ausreiche, die Ueberzeugung von der Schuld zu begründen. Wenn daher der Appellationsrichter mit Verkennung dieses Grundsatzes die Aufnahme des Beweises über eine erhebliche Thatsache blos deshalb versagt, weil nicht zu übersehen sei, ob die Ueberzeugung des ersten Richters von der Schuld des Angeklagten nicht schon durch die bloße Bezüchtigung des Mitangeklagten begründet worden, so versagt der Appellationsrichter nicht blos dem Angeklagten das rechtliche Gehör, sondern er verletzt auch das Strafgesetz, insofern die zur Anwendung erforderliche thatsächliche Unterlage mangelt und es ist demnach das von ihm abgefaßte Erkenntniß nichtig." Derselbe Grundsatz war auch noch in einem Erk. v. 24. Nov. 1854 (Entsch. 31, S. 349—350. Arch. III, S. 118 u. IV, S. 38—39) festgehalten worden. S. die Erörterungen im Arch. IV, S. 31—46.

18. Bei dem Beschluß auf theilweise Wiederholung der Beweisaufnahme erster Instanz ist dem Appellationsrichter nur die Auswahl unter den Beweismitteln, nicht aber eine Theilung des einzelnen Beweismittels gestattet. Ist daher in erster Instanz ein Sachverständiger, welcher ein schriftliches Gutachten abgegeben hatte, über dasselbe mündlich vernommen worden, so genügt es nicht, wenn in zweiter Instanz lediglich die Vorlesung des schriftlichen Gutachtens erfolgt. Ob.-Tr. v. 29. Juni 1855 (Arch. III, S. 555).

19. Ueber die Reproduktion der Beweisaufnahme durch Vorlesung eines bei den Akten befindlichen Dokuments und die Nothwendigkeit der Mittheilung des Zweckes der Vorlegung, s. oben, Note 10.

20. Wenn in den im Wege des Civil-Prozesses verhandelten Injuriensachen von dem Appellationsrichter die Aussagen der in erster Instanz vernommenen Zeugen bei der mündlichen Verhandlung in zweiter Instanz nochmals verlesen und zur Debatte gestellt worden sind, so ist dies als eine Wiederholung der in erster Instanz stattgefundenen Beweisaufnahme anzusehen, auf Grund deren der Appellationsrichter für befugt zu halten ist, eine anderweitige thatsächliche Feststellung vorzunehmen. Ob.-Tr. (Pr. 168) vom 11. Oktober 1855 (Entsch. 31, S. 473—474 u. 33, S. 243—246. Arch. IV, S. 221—222).

21. Die Bedenken des Appellationsrichters gegen die thatsächliche Feststellung des ersten Richters brauchen in keinem Falle speziell angegeben zu werden. Ob.-Tr. v. 10. Nov. 1853 (Lanz, S. 61).

22. Die freie Beurtheilung des Appellationsrichters erstreckt sich auch bei nur theilweiser Wiederholung der Beweisaufnahme auf die ganze Thatfrage und also auch auf diejenigen Theile und Momente derselben, rücksichtlich deren eine neue Beweisaufnahme nicht stattgefunden hat. Ob.-Tr. v. 9. u. 16. Febr. 1855 (Arch. III, S. 404).

23. Wenn auf die Appellation des Angeklagten, welcher mehrerer strafbaren Handlungen in erster Instanz schuldig befunden ist, in zweiter Instanz eine dieser Handlungen nicht als strafbar angesehen wird, so muß auch das Gesammtstrafmaaß entsprechend herabgesetzt werden, weil das entgegengesetzte Verfahren die zu Gunsten des Angeklagten eingetretene Rechtskraft des ersten Urtels verletzen würde. Ob.-Tr. v. 4. Jan 1856 (Arch. IV, S. 220—221).

24. Ueber die Anwendung des Grundsatzes, daß nicht in pejus erkannt werden darf, s. die Noten zu Art. 102.

Hat der erste Richter sich mit Unrecht für **inkompetent** erklärt, so kann eine Entscheidung in der Sache selbst nur dann ergehen, wenn die Beweisaufnahme vollständig vor dem Appellationsgerichte stattgefunden hat.

Art. 103. Die Bestimmungen des Art. 101 im zweiten und dritten Absatze und des Art. 102 finden auch bei Ehrverletzungen und leichten Misshandlungen Anwendung, welche im Wege des Civilprozesses verhandelt werden.

d Beginn der Appellationsfrist. §. 127. Die zehntägige Appellationsfrist beginnt mit dem Ablaufe des Tages, an welchem das erste Urtheil verkündet worden ist. Hat die Verkündung des Urtheils in Abwesenheit des Angeklagten stattgefunden, so nimmt die Appellationsfrist für denselben erst mit dem Ablaufe desjenigen Tages ihren Anfang, an welchem ihm die Ausfertigung des Urtheils behändigt worden ist.

---

25. Ueber die Fassung der Appellations-Urtel, s. die allg. Verf. des J. M. v. 29. März 1853 (J. M. Bl. S. 134—138) im Anhange.

Zu Art. 102. 1. Ueber die Bedeutung des Art. 102, s. **Voitus** im Arch II, S. 635.

2. Auch wenn auf die nur von dem Angeklagten eingelegte Nichtigkeits-Beschwerde oder Appellation ein Erkenntniss wegen Verletzung von Grundsätzen des Verfahrens — resp. das Verfahren selbst gänzlich oder theilweise — vernichtet oder in Gemässheit des Art. 102 aufgehoben, und die Sache zur anderweitigen Verhandlung und Entscheidung in die frühere Instanz zurückgewiesen wird, oder auch auf den Grund einer neuen Verhandlung eine Entscheidung in zweiter Instanz ergeht, ist das Gericht der betreffenden Instanz nicht befugt, auf eine höhere als die im vernichteten oder aufgehobenen Erkenntnisse verhängte Strafe zu erkennen. Ob.-Tr. (Pr. 189, Plen.) vom 12. Nov. 1855 (Entsch. 31, S. 326—341. Arch. IV, S. 79—82) und in den Erk. v. 7. Jan. 1852 (Arch. IV, S. 71), v. 11. Jan. 1854 (Präj 130, Entsch. 29, S 454—457) und v. 25. April 1856 (Arch. IV, S. 545). — Vgl. die Erörterungen im Arch. III, S. 69—82, insbesondere die Ausführung des General-Staatsanwalts a. a. O. S. 77—79, in welcher die Ansicht des Ob.-Tr. bekämpft wird.

Eine unzulässige reformatio in pejus liegt auch dann vor, wenn in einem der vorgedachten Fälle die Verweisung der Sache vor das Schwurgericht ausgesprochen wird. Ob.-Tr. v. 13. Mai und 7. Sept. 1853 (Arch. I, S. 553—554 u. IV, S. 70).

3. Zur Auffindung und Annahme einer Nichtigkeit des ersten Urtels bedarf es für den Appellationsrichter keiner speziellen Rüge derselben Seitens des Appellanten, sondern nur der Appellation überhaupt. Ob.-Tr. v. 31. März 1853 (**Lanz**, S. 63).

Zu Art. 103. S. Note 3 zu Art. 13, oben, S 30, Note 20 zu §. 126 und Art. 101.

Zu §. 127. 1. Auch bei Uebertretungssachen, in welchen die Appellation gegen das Erkenntniß des Einzelrichters zulässig ist, sind die allgemeinen Vorschriften wegen Berechnung der Appellationsfrist maßgebend. Ob.-Tr. vom 4. April 1856 (Arch. IV, S. 544—545).

2. Die im §. 127 und im Art. 110 vorgeschriebenen präklusivischen Fristen laufen von der im Art. 32 zugelassenen Verkündung eines noch nicht mit Gründen schriftlich abgefaßten Erkenntnisses nur, wenn aus dem Sitzungsprotokolle ersichtlich ist, daß die Verkündung unter mündlicher Mittheilung der Gründe stattgefunden hat. Ob.-Tr. (Pr. 78) v. 9. Febr. 1854 (Entsch. 27, S. 147

§. 128. Die Appellation ist bei dem Gerichte der ersten Instanz entweder mündlich zum Protokoll oder schriftlich anzumelden. e. Anmeldung der Appellation und Rechtfertigung derselben.

---

bis 151. J. M. Bl. S. 175. Arch. II, S. 247); ebenso Ob.-Tr. v. 17. Sept. 1851 (Arch. I, S. 66) und 4. April 1856 (Arch. IV, S. 544—545).

3. Ist der Angeklagte im Audienztermine erster Instanz nicht anwesend, wenn auch durch einen mit Vollmacht versehenen Vertheidiger vertreten, so nimmt die Frist erst mit Ablauf des Tages der Insinuation des Urtels ihren Anfang. Ob.-Tr. v. 4. April 1856 (Arch. IV, S. 544—545).

4. Wenn die Appellationsanmeldung dergestalt rechtzeitig am Orte des Gerichts erster Instanz eingetroffen ist, daß die Präsentation derselben innerhalb der gesetzlichen Frist noch möglich gewesen, so kann der Umstand, daß dieselbe nicht von der Post abgeholt und aus diesem Grunde erst nach Ablauf der Frist präsentirt worden, dem Appellanten nicht nachtheilig werden, da die Rechte desselben nicht von den zufälligen Einrichtungen in Bezug auf das Abholen der Briefe von der Post abhängig sein können. Ob.-Tr. v. 12. Dez. 1855 (Arch. IV, S. 221). Vergl. auch Arch. III, S. 118. Früher hatte das Ob.-Tr. in dem Erk. v. 6. März 1853 (Arch. I, S. 554) die entgegengesetzte Ansicht gebilligt.

5. In einem Gutachten des Ob.-Tr. vom 21. Januar 1850 (J. M. Bl. für 1850, S. 97—100 u. Grundsätze S. 16) ist folgender Grundsatz angenommen: „In Strafsachen ist die zur Anmeldung der Appellation angeordnete zehntägige Frist gewahrt, wenn innerhalb derselben der Angeschuldigte entweder in Person, oder durch einen mit Vollmacht versehenen Stellvertreter, oder durch eine solche Person, der die Gesetze die Eigenschaft eines vermutheten Bevollmächtigten beilegen, bei dem Richter erster Instanz anmeldet, und ist es keineswegs erforderlich, daß noch innerhalb der Frist die Vollmacht nachgebracht werde. Geschieht die Anmeldung, obwohl rechtzeitig, durch einen solchen Stellvertreter, welcher weder ausdrückliche, noch eine gesetzlich vermuthete Vollmacht für sich hat, so ist die Frist dennoch für gewahrt zu achten, wofern nach Ablauf derselben der Angeklagte die Anmeldung nachträglich, sei es ausdrücklich, oder durch konkludente Handlungen genehmigt." — Vergl. Note 5 u. 6 zu Art. 109.

6. Wenn der verhaftete Angeklagte innerhalb der Frist die Vorführung vor den Untersuchungsrichter Behufs Einlegung der Appellation verlangt, aber nicht erreicht hat, ihm demnach bei der Beschränkung seiner Freiheit nicht die gehörige Benutzung der Frist verstattet gewesen ist, so kann seine verspätete Appellation nicht für nicht devolvirt erklärt werden, weil hierdurch die ordnungsmäßige Anwendung der Strafgesetze gehindert werden würde. Ob.-Tr. v. 17. Sept. 1851 (Arch. I, S. 66).

7. Ueber die Zulässigkeit der Einlegung der Appellation, wenn der Angeklagte sich bei dem Urtel erster Instanz schon ausdrücklich beruhigt hatte, s. Note 2 zu §. 126 u. Art 101.

Zu §. 128. 1. Die Vorschrift der Krim.-Ordn. §. 518, nach welcher jede Aeußerung des Angeklagten, welche eine Unzufriedenheit mit dem Erkenntniß anzeigt, als eine Einwendung des Rechtsmittels der weitern Vertheidigung angesehen werden soll, ist zwar nur für den Untersuchungsprozeß erlassen, jedoch durch Art. 147 des Ges. v. 3. Mai 1852 nicht ausdrücklich aufgehoben und daher nach §. 183 der Verordn. v. 3. Jan. 1849 noch insoweit geltend, als sie sich mit den Bestimmungen dieser beiden Gesetze vereinbaren läßt. Die Umwandlung des Untersuchungsprozesses in den Anklageprozeß, hat den für den erstern ebenso wie für den letztern geltenden gemeinrechtlichen Grundsatz, daß zur Berufung überhaupt nur die Form der richterlichen Imploration genügt, unberührt gelassen, weil er eben dem Wesen des Anklageprozesses nicht widerspricht, und dem Interesse des Staates selbst entspricht, welcher durch die Anklage nur allein die Ermittelung des wahren Rechtes verfolgt. In Art. 106 f. des Ges. v. 3. Mai 1852 macht das Gesetz nur das Rechtsmittel der Nichtigkeitsbeschwerde von der Angabe bestimmter Beschwerdepunkte abhängig, während es bei dem Rechtsmittel der Appellation nur die Folge eintreten

§. 129. Die Angabe der Beschwerden, sowie deren Rechtfertigung und die Anführung neuer Thatsachen oder Beweismittel können gleichzeitig mit der Appellationsanmeldung erfolgen, müssen aber, wenn dies unterblieben ist, innerhalb der auf den Tag dieser Anmeldung nächstfolgenden zehn Tage geschehen. Das Gericht ist jedoch ermächtigt, diese Frist auf den Antrag des Appellanten den Umständen nach angemessen zu verlängern.

Verfügung auf die Appellation.

§. 130. Die Appellationsschrift wird dem Appellaten mit der Aufforderung mitgetheilt:

binnen einer Frist von zehn Tagen anzuzeigen, ob und welche neue Thatsachen oder Beweismittel er seinerseits anzuführen habe.

Hat der Staatsanwalt appellirt und ist der Angeklagte verhaftet, so wird diesem der Inhalt der Appellationsschrift vorgelesen und die eben gedachte Aufforderung zum Protokoll bekannt gemacht; besitzt er einen Vertheidiger, so ist diesem auf Verlangen Abschrift der Appellationsschrift zuzustellen.

---

läßt, daß, in Ermangelung einer solchen Angabe und ihrer Begründung durch neue Thatsachen oder Beweismittel, der Appellationsrichter nur nach Lage der Akten zu erkennen hat, sofern er nicht selbst eine Wiederholung der Beweisaufnahme anordnen will. Ob.-Tr. v. 17. März 1853 (Arch. I, S. 372). Vergl. Ob.-Tr. v. 2. März 1855 (Arch. III, S. 681) unten zu Art. 110. Auch in dem Erk. vom 11. Februar 1853 (Arch. I, S. 553) ist die [mündlich in der Audienz erklärte Einlegung der Appellation für rechtlich wirksam erachtet.

2. Durch die von einem des Schreibens unkundigen Angeklagten unterkreuzte, aber durch einen Rechtsanwalt attestirte, innerhalb der Frist angebrachte Appellationsanmeldung wird das Rechtsmittel der Appellation gewahrt. Ob.-Tr. v. 19. Juni 1850 (Grundsätze, I. Fortsetzung, S. 21).

Zu §. 129. 1. Der Richter erster Instanz ist auch nach Ablauf der im §. 129 zur Einführung der Appellation und zur Anführung von Novis bestimmten Frist befugt, eine Nachfrist zur Rechtfertigung der Appellation mit rechtlicher Wirkung zu gewähren, vorausgesetzt, daß das Gesuch des Appellanten um Ertheilung der Nachfrist innerhalb der gesetzlichen Frist dem ersten Richter zugekommen ist. Beschl. des Kammergerichts v. 26. Sept. 1851 (Arch. I, S. 66). Das innerhalb der gesetzlichen Frist eingelegte Rechtsmittel bleibt durch das mit der Einlegung verbundene motivirte Fristgesuch bis zum Erlaß der richterlichen Verfügung in seinem vollen Umfange erhalten. Ob.-Tr. v. 12. Dez. 1851 (Arch. I, S. 66).

2. Die im §. 129 zugelassene Frist ist erst vom Tage der Bekanntmachung der Bewilligung an den Interessenten, nicht vom Tage der Verfügung, zu berechnen. Ob.-Tr. v. 16. März 1855 (Arch. III, S. 555).

Zu §. 130. 1. Aus der Unterlassung der Aufforderung zur Anzeige der Nova folgt nicht die Nichtigkeit des Verfahrens, zumal wenn der Appellat sich vor dem Appellationsrichter stillschweigend bei dem Verfahren beruhigt hat. Ob.-Tr. v. 9. Juli 1856 (IV, S. 680).

2. Auch im Falle der Appellation des Staatsanwalts im Interesse des Angeklagten muß dem letzteren die Appellationsschrift mitgetheilt werden, da es gar nichts Widersprechendes hat, wenn Staatsanwalt und Angeklagter übereinstimmend die Verwirklichung des wahren Rechts vor dem Richter beantragen, der Angeklagte aber auch neue, der Staatsanwaltschaft unbekannt gebliebene Thatsachen oder Beweismittel anzuführen haben könnte. Ob.-Tr. v. 9. März 1850 (J. M. Bl S. 151).

3. Wenn auch §. 130 die abschriftliche Mittheilung der Gegenerklärung des

Zu §§. 129 und 130 der Verordnung.

Art. 104. Das Gericht ist ermächtigt, auf den Antrag des Appellaten die Frist zur Gegenerklärung auf die Appellationsschrift den Umständen nach angemessen zu verlängern.

Das Appellationsgericht kann aus besonderen Gründen die Appellationsschrift, sowie die Gegenschrift auch noch nach Ablauf der Fristen zulassen.

Art. 105. Wenn die Appellation angemeldet, eine Appellationsschrift aber nicht eingegangen ist, so wird mit der Appellationsanmeldung nach §. 130 der Verordnung verfahren.

Appellaten an den Appellanten nicht ausdrücklich vorschreibt, so ist doch die Nothwendigkeit einer solchen Mittheilung dann, wenn auf Grund dieser Gegenerklärung ein neuer Beweis gegen den Appellanten selbst veranlaßt wird, daraus zu folgern, daß unter der gedachten Voraussetzung die Gegenerklärung lediglich aus dem Gesichtspunkte einer Ergänzung der Anklageschrift für das Verfahren in Appellatorio zu betrachten ist, und der mit neuen Beweismitteln versehenen Appellationsschrift des Appellanten völlig gleichsteht. Ob.=Tr. v. 12. Mai 1854 (Arch. IV, S. 677—678).

4. Dem Angeklagten muß auf sein Verlangen Abschrift von der auf Antrag des Staatsanwalts vorgenommenen kommissarischen Beweisverhandlung gegeben werden. Ob.=Tr. v. 12. Mai 1854 (Arch. IV, S. 677—678).

5. Wenn dem Beamten der Staatsanwaltschaft nach §. 130 eine Appellationsschrift vorzulegen, resp. abschriftlich mitzutheilen ist, so wird die Verfügung am zweckmäßigsten in der Form zu erlassen sein, daß die Vorlegung resp. Mittheilung „in Gemäßheit des §. 130 der V. v. 3. Januar 1849" erfolgt. Allg. Verf. des J. M. v. 21. April 1853, Nr. 5 (J. M. Bl. S. 167).

Zu Art. 104. Ergiebt sich in dem Falle des Alinea 2 des Art. 104 des Ges. v 3. Mai 1852 aus dem Erkenntnisse zweiter Instanz, dass der Appellationsrichter sich seiner Befugniss, die nach §. 129 der V. v. 3. Januar 1849 verspätete Appellationsschrift noch zuzulassen, nicht bewusst war, und demzufolge die Würdigung der Frage der Zulassung ganz unterlassen hat, so liegt eine Verletzung des Art. 104 wegen Nichtanwendung vor und das Erkenntniss ist nichtig. Ob.-Tr. (Pr. 77) v. 2. Februar 1854 (Entsch. 27, S. 427—429, J. M. Bl. 1854, S. 162—163, Arch. II, S. 246 u. 411).

Der vorstehend ausgesprochene Grundsatz findet auch dann Anwendung, wenn neue Thatsachen oder Beweismittel erst in dem Audienztermine vor dem Appellationsrichter vorgebracht werden. Ob.-Tr. (Pr. 199) v. 14. März 1856 (Entsch. 32, S. 477, und 33, S 247—251, Arch. IV, S. 375—376).

An und für sich aber begründet der Umstand, dass der Appellationsrichter von seiner Befugniss, eine Appellationsschrift noch nach Ablauf der Frist zuzulassen, keinen Gebrauch gemacht hat, keine Nichtigkeit. Ob.-Tr. v. 17 Febr. 1853 (Lanz, S. 64). Eben so heisst es in dem Erk. des Ob.-Tr. v. 20. Februar 1855 wider Pauer: Wenn Angeklagter, nachdem er die Appellation angemeldet und gerechtfertigt, erst in der Audienz neue Thatsachen beibringt und unter Beweis stellt, so sind diese nach Ausweis der in den §§. 127, 129 der V. v. 3. Jan. 1849 enthaltenen Vorschriften als verspätet nicht zu berücksichtigen, insofern nicht besondere Gründe den Appellationsrichter veranlassen, von der im Art. 104 des Ges. vom 3. Mai 1852 demselben beigelegten Befugniss Gebrauch zu machen. Wenn nun der Appellationsrichter das Vorhandensein solcher Gründe nicht findet, vielmehr feststellt, dass das verspätete Anführen durch nichts entschuldigt sei, so ist die Beschwerde über unterbliebene Erhebung des Beweises unbegründet.

§. 131. Weiset das Gericht erster Instanz die Appellation als nicht rechtzeitig angemeldet zurück, so kann der Zurückgewiesene hierüber innerhalb einer zehntägigen präklusivischen Frist, welche mit dem Ablaufe des Tages beginnt, an dem ihm die zurückweisende Verfügung bekannt gemacht worden ist, bei dem Appellationsgericht Beschwerde führen. Bei der Entscheidung dieses Gerichts muß es bewenden.

Verhandlung und Entscheidung zweiter Instanz. §. 132. Die Verhandlung und Entscheidung zweiter Instanz erfolgt von einer aus fünf Mitgliedern nebst einem Gerichtsschreiber bestehenden Abtheilung des zuständigen Appellationsgerichts.

Zusatz 19. Für den Bezirk der Fürstenthümer Hohenzollern-Hechingen und Hohenzollern-Sigmaringen bildet das Appellationsgericht zu Arnsberg das Gericht zweiter Instanz, mit allen den Appellationsgerichten in den Verordnungen vom 2. und 3. Januar 1849 beigelegten Funktionen. Es soll jedoch — für die Rekurse und Appellationen in Strafsachen das Kreisgericht an die Stelle des Appellationsgerichts treten. Die für Strafsachen zweiter Instanz zu bildende besondere Abtheilung des Kreisgerichts kann nicht entscheiden, wenn nicht wenigstens fünf Mitglieder anwesend sind. §. 4 des Ges. vom 30. April 1851 (G. S. S. 189).

§. 133. Dem Ober-Staatsanwalte liegt der Betrieb der Sache in zweiter Instanz ob.

§. 134. Nachdem die Akten bei dem Gerichte zweiter Instanz eingegangen sind, bestimmt dasselbe einen Termin zum mündlichen Verfahren und ladet dazu den Ober-Staatsanwalt, den Angeklagten, sofern derselbe nicht verhaftet ist, sowie diejenigen Zeugen vor, deren Abhörung mit Bezug auf die Vorschrift des §. 126 für erforderlich erachtet wird.

Ist der Angeklagte verhaftet, so kann er im Termin nur durch einen Vertheidiger vertreten werden, der ihm auf seinen Antrag von Amtswegen bestellt werden muß. Auch dem nicht verhafteten Angeklagten steht frei, sich im Termine durch einen mit Vollmacht zu versehenden Vertheidiger vertreten zu lassen.

Zu §. 131. Ueber die beschränkte Zulassung der Beschwerde an das Ober-Tribunal im Falle des §. 131 s. Art. 13.

Zu §. 132. Es begründet keine Nichtigkeit, wenn ein Mitglied der Rathskammer, welche die, hiernächst im Wege der Beschwerde eingeleitete, Anklage zurückgewiesen hat, demnächst auch in zweiter Instanz als Mitglied des Gerichtshofes an der Urtelsfassung Theil nimmt, da eine Verletzung des Verfahrens durch diesen Umstand weder aus einer gesetzlichen Vorschrift, noch aus den Fundamental-Grundsätzen des Strafverfahrens hergeleitet werden kann. Ob.-Tr. v. 14. April 1853 (Arch. I, S. 369—370).

Zu §. 133. Der §. 133 hat, indem er dem Ober-Staatsanwalte die Verhandlung in Appellatorio zuweist, dessen Vertretung durch einen Staatsanwalt nicht ausgeschlossen. Ob.-Tr. v. 21. Sept. 1855 wider Doetterling.

Zu §. 134. 1. Wenn auch der nicht verhaftete Angeklagte für die zweite Instanz einen mit Vollmacht versehenen Vertheidiger bestellt hat, so

§. 135. Erachtet das Appellationsgericht aus besonderen Gründen das persönliche Erscheinen des Angeklagten für nothwendig, so kann es die Vorführung oder Gestellung desselben anordnen.

§. 136. Bei dem mündlichen Verfahren, dessen Leitung dem Vorsitzenden gebührt, giebt zuerst ein aus der Zahl der Gerichtsmitglieder zu ernennender Referent mündlich eine Darstellung der bis dahin stattgehabten Verhandlungen.

Hierauf wird der Appellant mit seinen Beschwerden, der Appellat mit seinen Gegenerklärungen, und nach der Beweisaufnahme, wenn eine solche Statt findet, der Staatsanwalt mit seinen Anträgen, in allen Fällen aber zuletzt der Angeklagte oder sein Vertheidiger gehört und hierauf das Urtheil gefällt.

---

genügt doch nicht die Vorladung des letzteren allein zur Audienz, vielmehr muß auch die persönliche Vorladung des Angeklagten selbst erfolgen. Ob.-Tr. vom 17. Juni 1854 (Arch. II, S. 678), v. 12. Dez. 1855 (J. M. Bl. 1856, S. 42) u. 13. Febr. 1856 (Arch. IV, S. 222). Eben so wenig genügt die Vorladung des den nicht verhafteten Angeklagten auf ihren Antrag bestellten Vertheidigers. Ob.-Tr. v. 14. Sept. 1855 (Arch. III. S. 679).

2. Dagegen ist es nicht erforderlich, daß außer dem nicht verhafteten und zu dem Audienztermine persönlich vorgeladenen Angeklagten auch dessen Vertheidiger vorgeladen werde. Ob.-Tr. v. 18. Juni 1856 (Arch. IV, S. 545). Vergl. J. M. Bl. 1851, S. 295.

3. Auch dem verhafteten Angeklagten muß der für die öffentliche mündliche Verhandlung in zweiter Instanz bestimmte Termin selbst dann bekannt gemacht werden, wenn er zu seiner Vertretung einen mit Vollmacht versehenen Vertheidiger bestellt hat und letzterer vorgeladen wird. Geschieht dies nicht, so wird ein wesentlicher Grundsatz des Verfahrens verletzt. Ob.-Tr. (Pr. 198) v. 17. Jan. 1856 (Entsch. 31, S. 477—478 und 33, S. 238—243). Vergl. auch Note 5.

4. Dem verhafteten Angeklagten muß nicht nothwendig ein Vertheidiger bestellt werden. Die Vertheidigung des Angeklagten wird in der Appellations-Instanz nach den überhaupt für die Vertheidigung geltenden Grundsätzen beurtheilt. Der §. 134 hat hierin Nichts geändert. Die Vertheidigung ist vielmehr auch im Falle der Verhaftung des Angeklagten dem eigenen Ermessen desselben anheim gegeben und wenn er nicht selbst einen Vertheidiger ernennt, die Zuordnung desselben von seinem Antrage abhängig gemacht. Ob.-Tr. v. 2. Marz 1850 (J. M. Bl. S. 122—124, Grundsätze, I. Fortsetzung, S. 7).

5. Dem verhafteten Angeklagten, welcher nicht persönlich zur Audienz zweiter Instanz vorgeführt wird, ist dieser Audienztermin, sowie, wenn ihm auf seinen Antrag ein Vertheidiger zugeordnet wird, die Person des letzteren bekannt zu machen. Ist diese Bekanntmachung unterlassen oder in dem letzteren Falle nicht so rechtzeitig erfolgt, daß er den Vertheidiger mit Information versehen kann, so enthält das Verfahren eine nach Art. 108, Nr. 5, zu beurtheilende Beschränkung der Vertheidigung. Ob.-Tr. (Pr. 131) v. 26. Jan. 1855 (Entsch. 29, S. 472 u. 30, S. 369—372, Arch. III, S. 252) u. 19. April 1855 (J. M. Bl. S. 200—201).

6. Die Vorschrift des §. 134 über das Verfahren gegen verhaftete Angeklagte kann bei ihrer allgemeinen Fassung in dem weiteren Sinne, und zwar dahin aufgefaßt werden, daß jeder sich in Verhaft befindende Angeklagte, auch wenn die Haft nicht wegen der zu verhandelnden, sondern wegen einer anderweiten Anklage stattfinden sollte, kein Recht habe, seine Vorführung in dem in zweiter Instanz anstehenden Audienztermin zu verlangen, auch wenn er die Kosten der Reise vorschießt. Ob.-Tr. v. 27. Mai u. 24. November 1854 (Arch. II, S. 541 u. III, S. 118—119). Vergl. auch die Note zu §§. 49, 50 oben S. 75.

Hat sowohl der Staatsanwalt als der Angeklagte appellirt, so wird über beide Appellationen zugleich entschieden.

In allen übrigen Beziehungen kommen bei dem mündlichen Verfahren zweiter Instanz die für die erste Instanz ertheilten Vorschriften ebenfalls zur Anwendung.

§. 137. (Aufgehoben durch Art. 147; vergl. Art. 101, 129).

§. 138. (Aufgehoben durch Art. 147; verdl. Art. 106).

§. 139. (Aufgehoben durch Art. 147; vergl. Art. 107).

§. 140. (Aufgehoben durch Art. 147; vergl. Art. 108).

§§. 141, 142. (Aufgehoben durch Art. 147; vergl. Art. 109).

§. 143. (Aufgehoben durch Art. 147; vergl. Art. 110).

Statt §§. 138 – 143 der Verordnung.

2) Nichtigkeitsbeschwerde. Art. 106. Die Urtheile der Schwurgerichtshöfe und die in der Appellations-Instanz ergangenen Urtheile können durch Nichtigkeitsbeschwerde angefochten werden.

Zu §. 136. 1. Ueber die Anfertigung der Referate, Rechtsgutachten und Erkenntnisse in Untersuchungssachen aus der Appellations-Instanz, s. die Frankfurter Instruktion im J. M. Bl. 1853, S. 383—392.

2. Ueber die beschränkte Zulässigkeit einer kommissarischen Beweisaufnahme und die Nothwendigkeit der Benachrichtigung des Angeklagten von der Anordnung einer solchen, s. die Noten 1—3 zu §. 21 oben S. 39 u. 40.

3. Wegen der Unzulässigkeit der Vorlegung neuer, erst in der Audienz vorgebrachter Beweismittel, von welchen der in der Audienz nicht anwesende Angeklagte keine Kenntniß erhalten hatte, s. die Note zu §. 32 oben S. 65.

Zu Art. 106. 1. Das Gesetz, indem es gegen Erkenntnisse der Geschworenengerichte das Rechtsmittel der Nichtigkeitsbeschwerde gestattet, unterscheidet nicht, ob der Gerichtshof sein Erkenntniss auf den Ausspruch der Geschworenen gestützt hat, oder ob dies nicht geschehen ist. Die Nichtigkeitsbeschwerde findet daher auch im letzteren Falle statt. Ob.-Tr. v. 29. Juni 1850 (Grundsätze, I. Forts., S. 21). — Ein Erk. des Ob.-Tr. v. 14. Nov. 1849 (J. M. Bl. S. 503—505), welches die Zulässigkeit der Nichtigkeitsbeschwerde gegen ein ohne Mitwirkung von Geschworenen erlassenes Erkenntniss ebenfalls aussprach, bezog sich zunächst nur auf das frühere schwurgerichtliche Kontumazialverfahren. Beide Präjudizien sind jetzt durch die Fassung des Art. 106 („Schwurgerichtshöfe" statt des im §. 138 der Verordn. v. 3. Januar 1849 gebrauchten Ausdrucks „Geschworenengerichte") bestätigt.

2. Wenn in Strafsachen das gegen das Erkenntniss des Einzelrichters eingelegte Rechtsmittel von dem zweiten Richter, statt als Rekurs, unrichtig als Appellation behandelt ist, so ist die Nichtigkeitsbeschwerde an und für sich, mithin von Seiten der Staatsanwaltschaft ohne Ermächtigung des Justiz-Ministers, zulässig. Es können jedoch keine andere Nichtigkeitsgründe geltend gemacht werden, als diejenigen, welche die Frage betreffen, ob die Appellation oder der Rekurs statthaft gewesen. Ob.-Tr. (Pr. 164, Plen.) v. 9. Juli 1855 (Entsch. 31, S. 361—367, J. M. Bl. S. 367—369, Arch. III, S. 821). Durch diesen Pl.-Beschl. ist das Pr. 129 des Ob.-Tr. v. 11. Jan. 1855 (Entsch. 29, S. 457—463, Arch. III, S. 252) bestätigt; dagegen sind die älteren Entscheidungen v. 9. Nov. 1853 und v. 10. Februar 1854 (Entsch. 31, S. 362, Arch. II, S. 106), welche die Ermächtigung des Just.-Min. forderten, dadurch beseitigt. Der Beschluss bezieht sich auf die Untersuchungen wegen der Gewerbe-Polizei-Kontraventionen,

Art. 107. Die Nichtigkeitsbeschwerde findet Statt: a. Nichtigkeitsgründe.

1) wegen Verletzung oder unrichtiger Anwendung eines Gesetzes oder eines Rechtsgrundsatzes;

2) wegen Verletzung oder unrichtiger Anwendung wesentlicher Vorschriften oder Grundsätze des Verfahrens.

---

die zugleich ein Steuervergehen enthalten, da bei ihnen manche Appellationsgerichte das Rechtsmittel der Appellation zulassen, während das Ob.-Tr. nur den Rekurs für zulässig erklärt. S. hierüber Note 1 zu §. 126 und Art. 101 (S. 147) und die Noten zu §§. 165 ff.

3. Ueber die Widerruflichkeit der ausdrücklichen Beruhigung bei einem ungünstigen Erkenntnisse führen die Erk. des Ob.-Tr. vom 19. u. 25. Mai 1853 (Arch. I, S. 372—373) aus: Der §. 536 der Crim.-Ordn. macht die Vollstreckbarkeit eines überhaupt noch ein Rechtsmittel zulassenden Straferkenntnisses von der Erklärung des Verurtheilten, dass er sich bei demselben beruhigen wolle, oder von dem Ablaufe der zur Abgabe dieser Erklärung bestimmten Frist abhängig. Diese Vorschrift kann aber nicht ausser Verbindung mit §. 518 der Crim.-Ordn. aufgefasst werden, wonach das Rechtsmittel dergestalt begünstigt wird, dass der Berufung auf die zweite Instanz selbst nach Ablauf der Frist niemals das Gehör versagt werden soll. Bei der Gleichstellung des Ablaufs der Frist und der ausdrücklichen Beruhigung des Angeklagten erscheint es, mit Rücksicht auf die Grundsätze des gemeinen Prozesses (Tittmann, 2. Ausgabe, §. 906, III, 639), gerechtfertigt, nach der Crim.-Ordn. ein eingelegtes Rechtsmittel auch dann noch zuzulassen, wenn der Angeklagte vorher bei der angefochtenen Entscheidung sich ausdrücklich beruhigt hatte. Hiermit stimmt auch die ältere Praxis der Preussischen Gerichte überein (vergl. Ergänzungen zu §. 518 Crim.-Ordn.). Nach den neueren Strafprozessgesetzen v. 3. Jan. 1849 und 3. Mai 1852 sind die Fristen zur Einlegung der Rechtsmittel zwar streng präklusivisch; um so mehr aber muss angenommen werden, dass innerhalb derselben dem Angeklagten freie Entschliessung und selbst ein Wechsel in derselben zustehe, zumal die neuern Gesetze Nichts enthalten, was der Zurücknahme einer ausdrücklichen Beruhigung bei einer ergangenen Entscheidung, vorausgesetzt, dass die Frist zur Einlegung des Rechtsmittels noch läuft, entgegenstände.

Zu Art. 107. 1. Durch die Fassung des Art. 107, Nr. 1, ist die Bestimmung des §. 139 der V. vom 3. Januar 1849, welche die Nichtigkeitsbeschwerde nur bei Verletzung eines Strafgesetzes zuliess, dieselbe daher bei irrthümlicher Feststellung civilrechtlicher Fragen ausschloss — vergl. Ob.-Tr. v. 5. Juni 1850 (Grundsätze, I. Forts., S. 22—23) — aufgehoben.

2. Dem Richter der Nichtigkeitsbeschwerde steht es nicht zu, die von dem Appellationsrichter als wahr festgestellten Thatsachen, wozu auch die innere Thatsache des verbrecherischen Bewusstseins und die Absicht gehört, einer formellen oder materiellen Kritik zu unterwerfen, wofern nur die thatsächliche Feststellung selbst keine unrichtigen Rechtsprinzipien eingemischt oder einen Grundsatz des Strafrechts dabei ausser Acht gelassen hat. Ob.-Tr. vom 10. Juli 1850 (Grundsätze, I. Forts., S. 22).

3. Eine Nichtigkeitsbeschwerde lässt sich auf Art. 107, Nr. 1 nur dann gründen, wenn dem Instanzrichter eine Verletzung des Strafgesetzes vorgeworfen werden kann; sie ist also nicht begründet, wenn der Instanzrichter das zur Zeit der Abfassung seines Urtels in Kraft bestehende Strafgesetz richtig angewendet hat, dieses Gesetz aber durch ein nach Erlass des Urtels, jedoch vor Eintritt der Rechts-

Art. 108. Eine Verletzung wesentlicher Vorschriften des Verfahrens ist **insbesondere** vorhanden:

1) wenn Vorschriften verletzt sind, deren Beobachtung bei Strafe der Nichtigkeit vorgeschrieben ist;
2) wenn die gesetzlichen Bestimmungen über die Kompetenz verletzt sind;
3) wenn an der Hauptverhandlung und Entscheidung nicht die gesetzlich vorgeschriebene Zahl von Richtern Theil genommen hat, oder wenn bei der Hauptverhandlung ein Gerichtsschreiber nicht zugezogen ist;
4) wenn das Urtheil erlassen worden ist, ohne dass vorher die Staatsanwaltschaft mit ihrem Antrage gehört worden;
5) wenn unzulässigerweise dem Angeklagten die Vertheidigung abgeschnitten oder wesentlich beschränkt worden ist, oder wenn ohne gesetzlichen Grund das Hauptverfahren in Abwesenheit des Angeklagten Statt gefunden hat;
6) wenn ein rechtzeitig angebrachtes, gesetzlich zulässiges Rechtsmittel als unstatthaft zurückgewiesen, oder wenn ein verspätetes oder sonst gesetzlich unstatthaftes Rechtsmittel zugelassen worden ist;
7) wenn ohne das Vorhandensein der gesetzlichen Voraussetzungen die Mitwirkung der Geschworenen ausgeschlossen worden ist.

---

kraft desselben, ergangenes milderes Strafgesetz geändert worden ist. S. die Erörterungen und das Erk. des Ob.-Tr. v. 9. Juli 1856 (Arch. IV, S. 689). Vgl. auch die Note 2 zu Art. 116.

4. Wenn die erkannte Strafe innerhalb der Grenzen des Gesetzes verblieben ist, und nicht etwa gesetzliche Verschärfungs- oder Milderungsgründe vorhanden sind, so kann das ergangene Erkenntniss aus dem Grunde, weil die Strafe entweder höher oder niedriger hätte festgestellt werden sollen, im Wege der Nichtigkeitsbeschwerde nicht angefochten werden. Ob.-Tr. v. 28. Nov. 1849 (Grundsätze, Seite 17).

5. Der Angeklagte kann die Vernichtung des Erkenntnisses wegen Verletzung des Strafgesetzes nicht deshalb fordern, weil eine mildere Strafe zur Anwendung gebracht ist, als hätte angewendet werden sollen. Ob.-Tr. v. 28. Nov. 1849 (Grundsätze, S. 17). Vergl. das Erk. des Ob.-Tr. v. 1. Juni 1855 (Arch. III, S. 563), in welchem angenommen ist, dass kein Angeklagter seine Bestrafung als ein Recht in Anspruch nehmen könne.

6. Die Bestimmungen des Art. 107, Nr. 2 und des Art. 108 finden mit Rücksicht auf Art. 101—103 auch bei Ehrverletzungen und leichten Misshandlungen Anwendung, welche im Wege des Civilprozesses verhandelt werden. Ob.-Tr. v. 9. Sept. 1853 (Arch. I, S. 696—697). Vgl. indessen Note 20 zu §. 126 u. Art. 101.

7. Die gegen ein Appellations-Erkenntniss eingelegte Nichtigkeits-Beschwerde kann nicht durch solche Beschwerde-Punkte begründet werden, die nur die Auffassung des Sachverhältnisses und das Verfahren in **erster** Instanz betreffen, und welche der Implorant schon in der Appellations-Instanz hätte geltend machen können. Ob.-Tr. vom 3. Febr. 1853, 21. Sept. 1854, 21. Juni 1855. (**Lanz**, Seite 68.)

In anderen, als den vorstehend bezeichneten Fällen unterliegt es der Beurtheilung des Ober-Tribunals, ob eine Vorschrift oder ein Grundsatz des Verfahrens, auf deren Verletzung die Nichtigkeits-Beschwerde gegründet ist, als wesentlich zu betrachten sei.

Art. 109. Die Nichtigkeits-Beschwerde steht sowohl der Staatsanwaltschaft als dem Angeklagten zu. Die Verletzung von Vorschriften, welche lediglich im Interesse des Angeklagten gegeben sind, kann jedoch von der Staatsanwaltschaft nicht zu dem Zwecke geltend gemacht werden, um eine Vernichtung des Urtheils zum Nachtheil des Angeklagten herbeizuführen. h. Befugniss der Staatsanwaltschaft und des Angeklagten zur Einlegung der Nichtigkeitsbeschwerde.

Wenn der Angeklagte von den Geschworenen für nicht schuldig erklärt worden ist, so steht der Staatsanwaltschaft die Nichtigkeits-Beschwerde nicht zu. Diese Beschränkung bezieht sich nicht auf die Fälle, in welchen durch die Zusammen-

---

Zu Art. 108. 1. Die in Nr. 1 allegirten Vorschriften, deren Beobachtung bei Strafe der Nichtigkeit vorgeschrieben ist, finden sich in den §§. 14, 93, 95, in den Art. 56, 73, 81, 83, 84, 93, 118, so wie im Art. XXIV. des Einführ.-Ges. v. 14. April 1851.

2. Die Kompetenzbestimmungen, deren Nr. 2 erwähnt, sind enthalten in den §§. 27, 38, 60 der Verordn. v. 3. Januar 1849, in den Art. XIII, XIV, XXI—XXIII des Einführ.-Ges. vom 14. April 1851, Art. I—IV des Gesetzes v. 22. Mai 1852, in dem Gesetze v. 14. April 1856 und dem Gesetze v. 25. April 1853, den Art. 2—10, 102—120 des Gesetzes v. 3. Mai 1852.

3. Rücksichtlich der Bestimmung in Nr 3 vergl. besonders die in Note 5 und 6 zu §. 38 (S. 70) und in den Noten zu §. 60 und Art. 52 (S. 81) mitgetheilten Entscheidungen des Ob.-Tr. — Ein auf Art. 108, Nr. 3 gegründeter Angriff gegen ein Schwurgerichts-Urtel wegen angeblicher Pflichtwidrigkeit eines Geschworenen (derselbe sollte während der Verhandlung geschlafen haben) ist unzulässig. Ob.-Tr. v. 8. Sept. 1854 (Arch. II, S. 800). S. zu §. 93.

4. Zu Nr. 4 s. die Note 5 zu §. 14 (S. 31). — Hat in erster Instanz das bei Strafe der Nichtigkeit vorgeschriebene mündliche Verfahren nicht stattgefunden und ist die Staatsanwaltschaft mit ihrem Antrage nicht gehört worden, so sind die Verhandlungen erster Instanz nichtig und als nicht vorhanden zu betrachten. Der Appellationsrichter ist daher auf Anrufen der Staatsanwaltschaft so berechtigt, als verpflichtet, die Nichtigkeit des Verfahrens durch Erkenntniss auszusprechen. Unterlässt er dies und erkennt in der Sache selbst, so unterliegt ein solches der rechtlichen Grundlage entbehrendes Appellations-Urtel der Vernichtung. Ob.-Tr. v. 27. Mai 1850 (Grundsätze, I. Fortsetzung, S. 6—7). Vgl. hierzu Art. 102 u. 117.

5. Der hauptsächlichste Fall der in Nr. 5 als Nichtigkeitsgrund bezeichneten Beschränkung der Vertheidigung ist die ungerechtfertigte oder nicht gehörig motivirte Ablehnung eines von dem Angeklagten angetretenen Beweises. S. hierüber die Noten zu §. 52, ferner die allg. Verf. des J. M. v. 27. Juni 1855 (J. M. Bl. S. 198 bis 199), unten zu Art. 110. — Beschränkung der Vertheidigung ist auch die Bestellung eines gemeinschaftlichen Vertheidigers für solche Angeklagte, deren Interessen kollidiren. Ob.-Tr. v. 3. November 1854 (Arch. III, S. 123—124, Note 3 zu Art. 21). — Die Abführung einzelner Angeklagten während der Verhandlung über solche Anklage-

setzung des Schwurgerichts, oder durch die Stellung oder Nichtstellung von Fragen an die Geschworenen eine Nichtigkeit begründet wird.

---

punkte, bei welchen sie nicht unmittelbar betheiligt sind, enthält eine Verletzung des Art. 108, Nr. 5, da bei einer auf einem gemeinsamen Thatbestande, auf dem Zusammenhange der Materie und der Verbindung unter den Angeklagten beruhenden Anklage, für welche nur Ein Schwurgericht gebildet und gegen Alle zugleich die mündliche Verhandlung eingeleitet und geschlossen wird, die Untrennbarkeit der mündlichen Verhandlung und namentlich der Beweisaufnahme das Recht aller Angeklagten begründet, bei allen Verhandlungen anwesend zu sein, um ihre Vertheidigungsmittel geltend zu machen, resp. aus den Verhandlungen das Geeignete bei der Benutzung zur Vertheidigung zu entnehmen. Dem von der Verhandlung widerrechtlich Ausgeschlossenen liegt nicht ob, zur Begründung seiner Beschwerde nachzuweisen, dass die in seiner Abwesenheit stattgefundenen Verhandlungen Vertheidigungs-Momente für ihn ergeben haben würden. Ob.-Tr. v. 24. Febr. 1853 (Arch. I, S. 223—224).

6. Zu Nr. 6 s. besonders die Noten zu §§. 127 ff. u. Art. 104.

7. Zu Nr. 7 s. die in den Noten zu Art. 75 mitgetheilten Entscheidungen des Ob.-Tr.

8. Welche Vorschriften und Grundsätze des Verfahrens das Ob.-Tr. gemäss dem Schlusssatze des Art. 108 als wesentliche betrachtet hat, ist bei den betreffenden Gesetzesstellen angegeben. Im Allgemeinen ist zu bemerken, dass das Ob.-Tr. eine strenge Beobachtung der vorgeschriebenen Formen des Verfahrens herbeizuführen bemüht ist und nur sehr wenige der gesetzlichen Vorschriften als nicht wesentliche bezeichnet hat.

Zu Art. 109. 1. Gegen ein Appellations-Urtel kann nur der Ober-Staatsanwalt, nicht der für das Stadt- oder Kreis-Gericht bestellte Staatsanwalt, die Nichtigkeits-Beschwerde einlegen. Die von dem Letzteren, wenn auch im Auftrage des Ober-Staatsanwalts und mit Einreichung der Autorisation desselben, gegen ein solches Urtel angebrachte Nichtigkeits-Beschwerde ist unstatthaft. Ob.-Tr. (Pr. 94) v. 11. Mai 1854 (Entsch. 28, S. 385—387. Arch. II, S. 810) und vom 27. Mai 1854 (J. M. Bl. S. 294—295). Ein Erk. des Ob.-Tr. v. 1. Juni 1850 (Grundsätze, I. Fortsetzung, S. 23) hatte dagegen angenommen, dass die Beschwerde des Staatsanwalts dann zuzulassen sei, wenn derselbe hierbei im Auftrage des Ober-Staatsanwalts handle.

2. Wenn der Staatsanwalt gegen das erste Erkenntniss kein Rechtsmittel eingelegt hat und auf die von dem Angeklagten eingelegte Appellation das erste Erkenntniss bestätigt worden, so steht dem Staatsanwalt die Nichtigkeits-Beschwerde gegen das Appellations-Urtel nicht zu, da das erste Erkenntniss gegen ihn rechtskräftig geworden ist. Ob.-Tr. v. 23. Jan. 1850 (Grundsätze, S. 18—19). Indessen kann in diesem Falle der Staatsanwalt im Interesse des Angeklagten die Nichtigkeits-Beschwerde einlegen, da, wenn durch ein zu Gunsten des Angeklagten, sei es von ihm oder von dem Staatsanwalt, eingelegtes Rechtsmittel die Sache zu Gunsten des Angeklagten rechtshängig geblieben ist, diese Rechtshängigkeit sowohl von dem Einen, als dem Anderen verfolgt werden kann. Ob.-Tr. v. 8. Nov. 1852 (J. M. Bl. 1853, S. 188. Arch. I, S. 63).

3. Ueber die Befugniss des Staatsanwalts, zu Gunsten des Angeklagten Rechtsmittel einzulegen und die in Folge der gesetzlichen Stellung des Staatsanwalts eintretende Möglichkeit, dass ein gegen den Angeklagten eingelegtes Rechtsmittel gleichwohl die Herabsetzung der Strafe, gegen deren Eintritt er selbst nicht remedirt

Art. 110. **Die Nichtigkeits-Beschwerde ist innerhalb einer präklusivischen Frist von zehn Tagen bei dem Gerichte,** c. Frist und Form.

---

hat, bewirken kann, s. §. 6, Art. 1, Note 4 zu §. 6 (S. 13) und Note 2 u. 3 zu Art. 1 (S. 19—20).

4. Wenn der Angeklagte bei dem ihn zur Strafe verurtheilenden Erkenntnisse sich beruhigt, der Staatsanwalt aber in seinem Interesse die Appellation eingelegt hat, so ist die Sache auch zu Gunsten des Angeklagten rechtshängig geblieben und derselbe befugt, gegen das, das erste Erkenntniss bestätigende Appellations-Erkenntniss die Nichtigkeits-Beschwerde einzulegen. Ob.-Tr. (Pr. 118) v. 15. Nov. 1854 (Entsch. 29, S. 280—282). Vgl. Note 2.

5. Von dem Vater eines Angeklagten, welcher bereits das 16. Lebensjahr vollendet hat, kann nicht selbstständig gegen ein wider den Letzteren ergangenes Erkenntniss die Nichtigkeits-Beschwerde erhoben werden. Ob.-Tr. (Pr. 142) vom 15. März 1855 (Entsch 29, S. 474 und 30, S. 390—393. Arch. III, S. 403.) In den Gründen dieses Erkenntnisses ist ausgesprochen, dass die Bestimmung des §. 519 der Crim-O., wonach in den Fällen des §. 436, ausser dem Angeklagten auch der Vertheidiger darüber, ob er von dem Rechtsmittel Gebrauch machen wolle, befragt und derselbe hierzu auf Verlangen selbst gegen den Willen des Angeschuldigten verstattet werden soll, als aufgehoben betrachtet werden müsse, dass ferner die Bestimmung des §. 435 der Crim.-O., wonach Eltern, Kinder, Ehegatten und Geschwister u. s. w. auf die Vertheidigung dringen können, selbst wenn der Angeklagte darauf verzichtet, sich an sich schon nicht dahin verstehen lässt, dass diesen Personen die Befugniss zustehen solle, selbstständig und wider Willen des Angeklagten in dessen Interesse das Rechtsmittel einzulegen, überdies aber diese Bestimmung und die übrigen hiermit in Verbindung stehenden, die Vertheidigung des Angeklagten betreffenden Bestimmungen der Crim.-O. durch §. 16 und Art. 21 insofern eine wesentliche Abänderung erlitten haben, als darnach dem, wegen eines Verbrechens Angeklagten zur Verhandlung vor dem Schwurgericht ein Vertheidiger von Amtswegen zugeordnet werden muss, in allen anderen Fällen aber der Angeklagte kein Recht hat, die Zuordnung eines Vertheidigers zu verlangen. — In Bezug auf den Vertheidiger führt schon ein Erk. des Ob.-Tr. v. 30. Mai 1854 aus, dass derselbe auch in Kapitalsachen nicht befugt sei, gegen den Willen des Angeklagten Rechtsmittel einzulegen (Arch. II, S. 541), während das Pr. 56 v. 6. Okt. 1853 (Entsch. 26, S. 477. Arch. II, S. 83), den gemäss Art. 21 zur Verhandlung vor dem Schwurgericht zugeordneten Vertheidiger für berechtigt erklärte, Namens des Angeklagten die Nichtigkeits-Beschwerde einzulegen, ohne dass dazu eine besondere Vollmacht oder Genehmigung des Angeklagten oder die Mitunterschrift desselben unter der Anmeldungs- oder Rechtfertigungsschrift erforderlich sei. — Der Just. Min. hat durch allg. Verf. v. 5. Dez. 1853, Nr 7 (J. M. Bl. S. 419) angeordnet: „Wenn eine Anmeldungsschrift nur von einem mit Vollmacht nicht versehenen Vertheidiger vollzogen worden ist, so muss, Falls der Angeklagte sich in Haft befindet, von demselben sofort — damit die Frist möglichst gewahrt werde — eine Erklärung darüber erfordert werden, ob er die Einlegung des Rechtsmittels genehmige. Eben so ist zu verfahren, wenn für einen verhafteten Angeklagten eine Rechtfertigungsschrift eingeht, welche nicht von diesem selbst, sondern nur von einem mit besonderer Vollmacht zur Einlegung der Nichtigkeits-Beschwerde nicht versehenen Vertheidiger unterzeichnet worden ist und der Angeklagte auch vorher nicht das Rechtsmittel selbst angemeldet hat."

welches das Urtheil erster Instanz erlassen hat, anzumelden. Diese Frist beginnt mit dem Ablaufe des Tages, an welchem das angegriffene Urtheil verkündet worden ist.

Die Anmeldung hat keine Wirkung, wenn nicht rechtzeitig eine Angabe der Beschwerdepunkte erfolgt. Die Frist hierzu ist ebenfalls eine zehntägige; sie beginnt für die Staatsanwaltschaft mit dem Ablaufe des Tages, an welchem ihr das mit Gründen abgefasste Erkenntniss vorgelegt ist, — für den Angeklagten mit dem Ablaufe des Tages, an welchem ihm die sofort nach der Anmeldung von Amtswegen zu ertheilende Ausfertigung des Urtheils behändigt worden ist.

Hat die Verkündung des Urtheils in Abwesenheit des Angeklagten stattgefunden, so läuft die zehntägige Frist von dem in dem vorhergehenden Absatze bezeichneten Zeitpunkte an,

---

6. Personen weiblichen Geschlechts können, wenn sie auch — wie die Ehefrau — zu denjenigen gehören, welche die Vermuthung einer Vollmacht für sich haben, im Strafverfahren weder als Vertheidiger, noch als Vertreter zugelassen werden, insbesondere können sie, wenn sie auch bevollmächtigt worden, für einen Anderen eine Nichtigkeits-Beschwerde weder anmelden noch rechtfertigen. Ob.-Tr. v. 14. Nov. 1856 (J. M. Bl. S. 377—378). Vergl. dagegen J. M. Bl. 1850, S. 97—100, oben Note 5 zu §. 127.

7. Wenn die Vollmacht des Vertheidigers auch nur auf Vertretung des Angeklagten in der Appellationsinstanz geht, so ist der Vertheidiger gleichwohl zur Einlegung der Nichtigkeits-Beschwerde für legitimirt zu erachten. Ob.-Tr. v. 12. Dez. 1849 (Grundsätze S. 19) u. 15. Okt. 1856 wider Gillet.

8. Die Vorschrift des Art. 109, wonach der Staatsanwaltschaft die Nichtigkeits-Beschwerde nicht zusteht, wenn der Angeklagte von den Geschworenen für nicht schuldig erklärt worden ist, findet auch auf den Fall Anwendung, wenn der Angeklagte zwar der Hauptthat durch die Geschworenen für schuldig erkannt worden, aber die die That begleitenden erschwerenden Umstände zum Vortheil des Angeklagten für nicht erwiesen angenommen worden sind. Ob.-Tr. (Pr. 121, Plen.) v. 13. Nov. 1854 (Entsch. 29, S. 446—450, Arch. III, S. 31) und 5. Mai 1855 (Arch. III, S. 667). Vergl. die Abhandlung „über die Wirksamkeit eines zu Gunsten des Angeklagten abgegebenen Verdikts“ im Arch. III, S. 22—31.

9. Wenn der Ausspruch der Geschworenen unzweideutig feststellt, dass der Angeklagte der angeschuldigten That schuldig sei, gleichwohl der Gerichtshof ohne gesetzlichen Grund die Geschworenen zur Verbesserung ihres Spruches veranlasst und der zweite Ausspruch den Angeklagten nicht schuldig erklärt, so ist nicht eine solche Verneinung der Schuld vorhanden, welche die Nichtigkeits-Beschwerde der Staatsanwaltschaft ausschliesst. Ob.-Tr. v. 12 April 1850 (Grundsätze, I Forts., S. 17—18). S. Note 8 zu Art. 97.

10. Die Nichtigkeits-Beschwerde der Staatsanwaltschaft ist auch rücksichtlich des für nicht schuldig Erklärten nicht ausgeschlossen, wenn bei der Fragestellung wesentlich von dem Gesichtspunkt der Anklage abgewichen, namentlich das Verhältniss der Thäterschaft und Theilnahme umgekehrt und demnach die Anklage gar nicht erledigt worden. Ob.-Tr. vom 18. Januar 1854 (Arch. II, S. 403). S. Note 3 zu Art. 81.

zugleich für die Anmeldung und für die Angabe der Beschwerdepunkte.

Die Anmeldung und die Angabe der Beschwerdepunkte muss schriftlich geschehen; der Angeklagte kann sie auch zu Protokoll erklären, zu dessen Aufnahme die Mitwirkung eines Richters nicht erforderlich ist. Erfolgt sie Seitens des Angeklagten mittelst einer Schrift, so muss dieselbe von einem zum Richteramte befähigten Rechtsverständigen legalisirt sein.

Zu Art. 110. 1. Ueber die Berechnung der Anmeldungsfrist von Verkündung des Urtels mit Gründen und über die ohne Schuld des Angeklagten verspätete Präsentation der Anmeldungsschrift, s. die Noten zu §. 127. — Die Anmeldung der Nichtigkeits-Beschwerde ist für rechtzeitig zu halten, wenn der verhaftete Angeklagte sich rechtzeitig zu seiner Vernehmung gemeldet hat und diese verspätet worden ist. Ob.-Tr. v. 8. Dez. 1853 wider Krautwald. Vgl. Note 6 zu §. 127.

2. Ein minderjähriger Angeklagter, der jedoch das 16. Lebensjahr bereits vollendet hat, kann sich des von ihm eingelegten Rechtsmittels der Nichtigkeits-Beschwerde selbstständig — ohne dass es der Zustimmung, resp. Zuziehung, des Vaters, Vormundes oder Vertheidigers bedarf — begeben. Ob.-Tr. (Pr. 86) v. 23. März 1854 (Entsch. 27, S. 429—432. Arch. II, S. 541).

3. Die verspätete Angabe der zur Rechtfertigung einer rechtzeitig angemeldeten Nichtigkeits-Beschwerde dienenden Beschwerdepunkte macht das ganze Rechtsmittel auch dann unstatthaft, wenn das Kreisgericht selbst in einer an den zugeordneten Offizialanwalt gerichteten Verfügung die Dauer der zur Rechtfertigung gewährten Frist unrichtig angegeben hat und letztere innegehalten worden ist. Bescheid des Ob.-Tr. v. 15. Febr. 1854 (J. M. Bl. 1854, S. 176—177).

4. Die Frist zur Angabe der Beschwerdepunkte kann nicht verlängert werden. Ob.-Tr. v. 16. Nov. 1853 (J. M. Bl. 1854, S. 20) und allg. Verf. des J. M. v. 5. Dez. 1853 Nr. 6 (J. M. Bl. S. 419). — Der Vorbehalt einer nachträglichen Angabe der Beschwerdepunkte und Rechtfertigung der Beschwerde durch einen Rechtsanwalt ist unzulässig und eine Wiedereinsetzung in den vorigen Stand gegen den Ablauf der Frist aus diesem Grunde nicht zulässig, da der Angabe der Beschwerdepunkte bei der protokollarischen Vernehmung Nichts entgegensteht. Ob.-Tr. v. 8. Dez. 1853 wider Krautwald.

5. Ein nicht verhafteter Verurtheilter, welcher binnen zehn Tagen nach Empfang der Ausfertigung des Urtels gegen dasselbe die Nichtigkeits-Beschwerde beim Gericht zu Protokoll nur angemeldet und dabei die Angabe der Beschwerdepunkte bis zu einer, über den Ablauf der zehn Tage hinausgehenden Zeit vorbehalten, oder um Bewilligung einer über diesen Ablauf hinausgehenden Frist zu dieser Angabe gebeten hat, ist, auch wenn er von dem aufnehmenden Beamten nicht sofort zu Protokoll über die Unzulässigkeit solchen Vorbehalts oder Gesuches bedeutet worden ist, nach Ablauf jener zehn Tage mit der Angabe seiner Beschwerdepunkte nicht mehr zu hören. Ob.-Tr. (Pr. 206, Plen.) v. 16. Juni 1856 (Entsch. 33, S. 478 bis 479. Arch. IV, S. 359—360). Vgl. die Abh. „über die Mitwirkung des Richters bei Einlegung der Nichtigkeits-Beschwerde durch den Angeklagten" im Arch. IV, S. 354—360. — Früher war das Ob.-Tr. anderer Ansicht: s. den Beschl. v. 28. März 1855 (J. M. Bl, S. 159 bis 160) u. v. 21. Dez. 1855 (Arch. IV, S. 222). — Im Arch. IV, S. 360 wird darauf hingewiesen, wie in dem vorstehenden Prinzip dringende Veranlassung für die instruirenden Gerichte gegeben sei, der Auf-

d. Wesentlicher Inhalt der Beschwerdepunkte.

Art. 111. Aus der Angabe der Beschwerdepunkte muss hervorgehen, ob die Nichtigkeits-Beschwerde auf Verletzung oder unrichtige Anwendung eines Gesetzes oder eines Rechtsgrundsatzes, oder ob sie auf Verletzung oder unrichtige An-

---

nahme der Nichtigkeits-Beschwerde unerfahrener Personen die möglichste Sorgfalt in allen den Fällen zu widmen, in welchen durch die protokollarische Anbringung gesetzlich unzulässiger Anträge in Beziehung auf diese Beschwerde die Gefahr eines Verlustes des Rechtsmittels erwächst.

6. Im Strafverfahren findet auf mehrere Mitangeklagte die Bestimmung der Verordnung v. 5. Mai 1838, §. 3 litt. a. (G. S. S. 273), — nach welcher beim Vorhandensein von Litisconsorten nur Einem derselben Ausfertigung des Erkenntnisses zuzustellen ist und die übrigen Theilnehmer hiervon, unter Beifügung einer Abschrift des Tenors der Entscheidung, zu benachrichtigen sind — keine Anwendung. Ob.-Tr. (Pr. 153) v. 3. Mai 1855 (Entsch. 30, S. 472 und 32 S. 292—294. Arch. III. S. 677—678).

7. Auch in dem Falle, wo nach erfolgter Anmeldung der Nichtigkeits-Beschwerde durch den verhafteten Angeklagten diesem eine Ausfertigung des Erkenntnisses desshalb nicht behändigt werden kann, weil derselbe inzwischen entflohen ist und latitirt, vertritt der vierzehntägige Aushang einer (vollständigen) Ausfertigung des Erkenntnisses an der Gerichtsstelle (Art. 50) die Stelle jener Behändigung dergestalt, dass die zehntägige Frist zur Angabe der Beschwerdepunkte zu laufen beginnt (Art. 110, Absatz 2) und nach fruchtlosem Ablaufe derselben die Nichtigkeits-Beschwerde zurückgewiesen werden kann. Ob.-Tr. (Pr. 4) v. 12. Jan. 1853 (Entsch. 24, S. 474. Arch. I, S. 371).

8. Der Just. Min. bemerkt in der allg. Verf. vom 9. August 1852 (J. M. Bl. S. 282), dass die im Art. 110 verordnete, sofort nach der Anmeldung der Nichtigkeits-Beschwerde von Amtswegen eintretende Ertheilung einer Urtels-Ausfertigung auch dann nicht entbehrlich sei, wenn sofort mit der Anmeldung des Rechtsmittels dessen Rechtfertigung zu Protokoll gegeben oder in einer legalisirten Schrift ausgeführt worden. Die Gerichte werden desshalb angewiesen, auf sofortige Ertheilung der Ausfertigung zu halten. Ausnahmen seien zwar nicht unbedingt ausgeschlossen, jedoch nur mit grosser Vorsicht zu machen. Das K. Ob.-Tr. habe bisher nur in dem Falle eine Ausnahme für zulässig erachtet, wenn dem Angeklagten bei Aufnahme der Nichtigkeits-Beschwerde das Urtel vorgelesen war und er dabei auf Mittheilung einer Ausfertigung ausdrücklich verzichtet hatte.

Ferner ist durch die allg. Verf. v. 5. Dez. 1853 (J. M. Bl. S. 418 bis 420) Folgendes angeordnet:

1) Die Ausfertigung des Urtheils, welche dem Angeklagten ertheilt werden muss, ist demselben

a) in dem Falle, wo in seiner Abwesenheit das Urtheil verkündet worden ist, ungesäumt nach der Verkündung und bei Appellations-Urteln nach dem Eingange derselben bei dem Gerichte erster Instanz;

b) in dem Falle, wo der Angeklagte, in dessen Gegenwart das Urtheil verkündet worden, die Nichtigkeits-Beschwerde rechtzeitig angemeldet hat, sofort nach der Anmeldung

zu behändigen.

Dabei ist zu beachten, dass das Urtheil mit den Gründen verkündet werden, und dass die Befolgung dieser Vorschrift aus dem Protokoll über die mündliche Verhandlung ersichtlich sein muss.

wendung wesentlicher Vorschriften oder Grundsätze des Verfahrens gegründet wird.

Wenn das Protokoll einen Vermerk über die Publikation auch der Gründe nicht enthält, so ist nach der Bestimmung unter a. zu verfahren.

2) Bei Ausfertigung der in der Appellationsinstanz ergangenen Urtheile ist in der Praxis ein verschiedenes Verfahren beobachtet worden. — Zur Beseitigung dieser Verschiedenheiten und der damit verbundenen Weiterungen ist bestimmt, dass

a) diejenigen Ausfertigungen, deren Behändigung an die Angeklagten desshalb erforderlich ist, weil die Verkündung des Urtheils in ihrer Abwesenheit stattgefunden hat, den Gerichten erster Instanz zugleich mit der für die Akten derselben bestimmten Urschrift oder Ausfertigung des Urtheils von dem Appellationsgerichte zu übersenden sind; dass dagegen

b) diejenigen Ausfertigungen, welche erst in Folge der Anmeldung der Nichtigkeits-Beschwerde oder aus anderen Gründen etwa noch erforderlich werden, von den Gerichten erster Instanz auf Grund des in Urschrift oder in Ausfertigung zu den Akten gelangten Appellations-Urtheils zu bewirken sind.

3) Die dem Angeklagten nach erfolgter Anmeldung der Nichtigkeits-Beschwerde zu ertheilende Ausfertigung des angefochtenen Erkenntnisses ist, auch wenn die Anmeldung nur von dem Vertheidiger ausgegangen ist, dem Angeklagten selbst zu ertheilen.

4) Ueber die Behändigung der Urtheilsausfertigung ist ein Insinuations-Dokument zu den Akten zu bringen.

In dem begleitenden Bericht, mit welchem die Akten dem Ob.-Tr. zur Entscheidung auf die erhobene Nichtigkeits-Beschwerde eingereicht werden, ist das Aktenfolium anzugeben, auf welchem sich das Insinuations-Dokument befindet.

9. Die „Abwesenheit" des Angeklagten bei der Verkündigung des Urtels ist wörtlich zu nehmen. Die Anwesenheit des erwählten oder zugeordneten Vertheidigers allein genügt also nicht, um diejenigen Vorschriften anwendbar zu machen, welche in Beziehung auf die Fristen für den anwesenden Angeklagten gelten. Ob.-Tr. vom 12. Febr. 1851, 3. Febr. und 2. März 1853 (Arch. I, S. 229). Vergl. Note 3 zu §. 127. Der Just. Min. hat sich mit dieser Ansicht einverstanden erklärt und die Gerichte angewiesen, dem Angeklagten auch in dem Falle, wo er bei Verkündung des Urtheils nicht persönlich anwesend, aber durch einen Vertheidiger vertreten gewesen ist, jedesmal eine Ausfertigung von Amtswegen zu ertheilen. Allg. Verf. v. 30. April 1853 (J. M. Bl. S. 174—175).

10. Ueber die Frage, ob die blosse Unzufriedenheitserklärung als Anmeldung des Rechtsmittels gelten könne, s. die Erk. des Ob.-Tr. v. 19. u. 25. Mai 1853 (Arch. I, S. 372—373), oben Note 1 zu §. 128. Nach den dort mitgetheilten Entscheidungsgründen scheint das Ob.-Tr. jene Frage in Bezug auf die Nichtigkeits-Beschwerde zu verneinen.

11. Nur der Angeklagte selbst, nicht dessen (legitimirter) Vertheidiger oder Vertreter kann die Beschwerde zu Protokoll geben. Ob.-Tr. v. 20. Febr. 1850 (Grundsätze, S. 19—20).

12. Die Vorschrift des Art. 110, wonach die Anmeldung der Nichtigkeits-Beschwerde und die Angabe der Beschwerdepunkte von Seiten des Angeklagten auch zu Protokoll erklärt werden kann, zu dessen Aufnahme die Mitwirkung eines Richters nicht erforderlich ist, setzt voraus, dass das Protokoll ein gerichtliches, d. h. ein bei dem Gerichte erster Instanz durch einen Gerichtsschreiber, Aktuarius oder vereidigten Protokollführer aufgenommenes Protokoll ist. Die Anmeldung der Nichtigkeits-Beschwerde, welche seitens des Ange-

Im ersteren Falle kann das Rechtsmittel nicht aus dem Grunde zurückgewiesen werden, weil das Gesetz oder der Rechtsgrundsatz gar nicht oder unrichtig bezeichnet worden ist

---

klagten in einem andern als einem gerichtlichen Protokolle erfolgt ist, hat keine Wirkung. Ob.-Tr. (Pr. 81) v. 23. Febr. 1854 (Entsch. 27, S. 432—434, J M. Bl. S. 184—186, Arch. II, S. 247, 411). Durch allg. Verf. v. 5 Dez. 1853, Nr. 8 (J. M Bl. S. 419) sind die Gerichte angewiesen, dafür Sorge zu tragen, dass der Angeklagte, welcher gegen einen Beamten der Gefangen-Anstalt die Absicht, eine Nichtigkeits-Beschwerde einzulegen, ausgesprochen hat, ungesäumt und möglichst innerhalb der gesetzlichen Frist über die Anmeldung der Nichtigkeits-Beschwerde und die Angabe der Beschwerdepunkte zu Protokoll vernommen werde. Wird dem verhafteten Angeklagten erst in Folge der Anmeldung der Nichtigkeits-Beschwerde eine Urtels-Ausfertigung ertheilt, so ist er innerhalb zehn Tagen nach Zustellung derselben über die Angabe der Beschwerdepunkte zu vernehmen, selbst wenn er dies nicht besonders beantragt.

13. Auch die Anmeldung der Nichtigkeits-Beschwerde muss, wenn sie nicht zu Protokoll erfolgt, in einer legalisirten Schrift geschehen. Die legalisirte spätere Rechtfertigung sanirt den Mangel einer unförmlichen Anmeldung nicht. Ob.-Tr. vom 2. März 1853. (Arch. I, S. 228—229). Der Just. Min. bemerkt mit Rücksicht hierauf, dass es ordnungswidrig sei, wenn dem Angeklagten auf dessen nicht legalisirte Anmeldungsschrift eine Ausfertigung des Urtels ertheilt werde. Der Angeklagte werde dadurch in dem Irrthum bestärkt, dass die Anmeldung gesetzlich geschehen sei und dass ihm nach Behändigung der Ausfertigung noch eine zehntägige Frist zur Angabe der Beschwerdepunkte offen stehe. Die Gerichte sollen vielmehr in den Fällen, wo eine nicht legalisirte Anmeldungsschrift eingeht, dieselbe dem Angeklagten schleunigst zurückstellen, mit dem Eröffnen, dass diese Anmeldung nicht berücksichtigt werden könne, weil sie weder von einem zum Richteramte befähigten Rechtsverständigen legalisirt, noch zu Protokoll erklärt sei, und dass dem Angeklagten überlassen bleiben müsse, die Anmeldung in der gesetzlichen Form zu bewirken. Allg. Verf. v. 30. April 1853 (J. M. Bl. S. 174—175).

14. Die Vorschrift, dass die nicht zu Protokoll erklärte Nichtigkeits-Beschwerde in einer legalisirten Schrift enthalten sein muss, hat nicht die Beglaubigung der Unterschrift des Angeklagten, sondern die Gewähr, dass den gesetzlichen Erfordernissen über den Inhalt der Nichtigkeits-Beschwerde genügt werde, vor Augen; sie kann daher nicht durch die blosse Thatsache ersetzt werden, dass der Angeklagte eine von keinem Rechtsverständigen legalisirte Schrift bei Gericht überreicht und hierbei sich zu dem Inhalte der Schrift und zu seiner darunter befindlichen Unterschrift bekennt. Ob.-Tr. v. 21. Sept. 1854 (J. M. Bl. S. 391, Arch. II, S. 810—811) u. v. 11. Sept. 1856 (J. M. Bl. S. 284). — Will der Angeklagte, welcher sich zur protokollarischen Aufnahme der Nichtigkeits-Beschwerde meldet, statt seine Beschwerden dem Beamten mündlich vorzutragen, die Nichtigkeits-Beschwerde ganz oder zum Theil durch Ueberreichung eines nicht legalisirten Schriftsatzes begründen, so ist er über die Unzulässigkeit dieses Verfahrens zu bedeuten, der Schriftsatz jedoch, Falls der Angeklagte bei seinem Verlangen beharrt, zu den Akten zu nehmen. Allg. Verf. des J. M. v. 5. Dez. 1853, Nr. 9 (J. M. Bl. S. 420).

15. Wenn auch von einem Rechtsverständigen nur die Unterschrift des Imploranten attestirt ist, so ist die Beschwerdeschrift für legalisirt zu erachten. Ob.-Tr. v. 15. Juni 1853 (Arch. I, S. 697). S. dagegen die in Note 14 mitgetheilten Erk. des Ob.-Tr.

16. Ein unfreiwillig durch Erkenntniss entlassener Richter besitzt

Im letzteren Falle genügt es, wenn diejenigen Thatsachen, welche der Beschwerde zur Grundlage dienen, als solche hervorgehoben werden.

§. 144. Das Gericht theilt die Beschwerde des Angeklagten dem Staatsanwalte, die des Staatsanwalts dem Angeklagten und dessen Vertheidiger zur Gegenerklärung innerhalb einer zehntägigen präklusivischen Frist in Abschrift mit und sendet nach Ablauf dieser Frist die Akten, unter Benachrichtigung der Parteien, an das Ober-Tribunal. e. Verhandlung und Entscheidung.

---

nicht die Fähigkeit zum Richteramt. Ob.-Tr. v. 22. September 1852 wider Temme.

Referendarien sind nicht unbedingt zum Richteramte befähigt, sondern nur zur zeitweisen Funktion eines Hülfsrichters bei den Gerichten erster Instanz qualifizirt (Art. XV des Ges. v. 26. April 1851), so dass es, um einen Referendarius augenblicklich als befähigt anzusehen, noch erst einer vorgängigen, höheren Orts erfolgenden Bestellung oder Anweisung bedarf. Wo eine solche nicht vorliegt, wohnt auch dem Referendar die Eigenschaft nicht bei, in Gemässheit des Art. 110 eine Schrift zu legalisiren. Dies gilt aber in erhöhtem Grade da, wo der Referendar aus dem Amte geschieden ist und sonach aufgehört hat, Referendar zu sein, sollte ihm auch dabei das Recht des Wiedereintritts in Folge ausdrücklichen Vorbehalts zustehen. Ob.-Tr. v. 7. Mai 1856 (Arch. IV, S. 546).

Ein Auskultator ist zur Anfertigung oder Legalisation der Nichtigkeits-Beschwerde auch dann nicht befugt, wenn er dem Angeklagten als Vertheidiger zugeordnet war. Ob.-Tr. v. 11. Sept. 1856 (J. M. Bl. S. 284, Arch. IV, S. 815).

Zu Art. 111. 1. Der J. M. bemerkt in der allg. Verf. vom 9. August 1852 (J. M. Bl. S. 282), dass zwar zur Aufnahme des Protokolles über die Anmeldung der Nichtigkeits-Beschwerde und über die Angabe der Beschwerdepunkte die Mitwirkung eines Richters nicht erforderlich ist, dass aber diese Vorschrift (Art. 110, Alinea 4) die Gerichte nicht von der Verpflichtung entbindet, dafür Sorge zu tragen, dass die Aufnahme der Protokolle, welche die Angabe der Beschwerdepunkte enthalten, möglichst durch richterliche, oder doch nur durch solche Beamte erfolge, welchen die zu diesem Geschäfte erforderlichen Rechtskenntnisse beiwohnen. — In der allg. Verf. v. 27. Juni 1855 (J. M. Bl. S. 198—199) wird diese Anweisung wiederholt und hinzugefügt, dass der betreffende Beamte jedesmal bei seiner Unterschrift unter dem Protokoll auch seine amtliche Stellung angebe, damit die Qualifikation nöthigenfalls geprüft werden könne. In Betreff der auf eine Verletzung wesentlicher Grundsätze des Verfahrens zu gründenden Beschwerden ist in der gedachten Verfügung besonders auf die häufigen Verletzungen des Art. 108, Nr. 5, aufmerksam gemacht. Vergl. die Note 5 zu Art. 108.

2. In der Erklärung des Imploranten, „er halte das Strafmaass für zu hoch angenommen", ist eine den Art. 107, Nr. 1, und 111 des Ges. v. 3. Mai 1852 entsprechende Beschwerde über unrichtige Anwendung des Strafgesetzes zu finden, welche nach Art. 111, Alinea 2 das. dem Nichtigkeitsrichter, auch ohne spezielle Bezeichnung des verletzten Gesetzes, die Pflicht auferlegt, zu prüfen, ob das Geschworenen-Verdikt die Verurtheilung des Imploranten in der geschehenen Weise rechtfertigt. Erk. des Ob.-Tr. v. 22. Februar 1854 wider Pfeiffer.

Zu §. 144. 1. Wenn die Nichtigkeits-Beschwerde des Angeklagten auf Verletzung wesentlicher Vorschriften des Verfahrens gestützt wird und daher dem

§. 145. Die Entscheidung über die Nichtigkeits-Beschwerde erfolgt auf mündlichen Vortrag von einem aus sieben Mitgliedern bestehenden Senate des Ober-Tribunals in öffentlicher, nur durch Aushang an der Gerichtsstelle bekannt zu machender Sitzung, in welcher die Staatsanwaltschaft, sowie ein etwa erschienener Vertreter des Angeklagten zu hören ist.

Zusatz 20. Gesetz, betreffend die Erhaltung der Einheit der Rechtsgrundsätze in den richterlichen Entscheidungen des Ober-Tribunals, vom 7. Mai 1856 (G. S. S. 293—294).

§. 1. Die Bestimmungen der Kabinetsordre vom 1. August 1836 (G. S. S. 218), die Erhaltung der Einheit der Rechtsgrundsätze in den richterlichen Entscheidungen betreffend, kommen bei allen Civilsenaten des Ober-Tribunals, so wie dem Senate für Strafsachen, zur Anwendung.

§. 2. Die Entscheidungen des Plenums des Ober-Tribunals über streitig gewordene Rechtsfragen erfolgen unter Mitwirkung der Mitglieder aller Senate.

In Strafsachen, in Sachen aus dem Gebiete des Rheinischen

---

erkennenden Richter die Prüfung der Thatsachen obliegt, welche der Beschwerde zur Grundlage dienen, so dürfen die Mittel, welche das Gesetz zur Vorbereitung und Erleichterung dieser Prüfung an die Hand giebt, nicht unbenutzt gelassen werden. Die Beamten der Staatsanwaltschaft werden daher veranlaßt, sich in derartigen Fällen über die Richtigkeit oder Unrichtigkeit der in der Nichtigkeits-Beschwerde hervorgehobenen Thatsachen, unter Verweisung auf die betreffenden Stellen der Akten, speziell zu äußern. Insbesondere hat, wenn die ungerechtfertigte Aussetzung eines Entlastungsbeweises behauptet wird, die Gegenerklärung sich darüber zu verbreiten, ob und wo der Angeklagte die betreffenden Zeugen oder sonstigen Beweismittel wirklich angegeben hat, und ob und wo darauf eine Verfügung oder ein Beschluß des Gerichts ergangen ist. Allg. Verf. vom 27. Juni 1855, Nr. 3 (J. M. Bl. S. 199).

2. Durch den Schlußsatz des Art. 50, welcher die Mittheilung von Rechtfertigungsschriften auf dem dort im Gesetze bezeichneten Wege an latitirende Parteien für unnöthig erklärt, ist die Vorschrift des **§. 144** wegen Benachrichtigung der Parteien von der Absendung der Akten an das Ober-Tribunal auf die eingelegte Nichtigkeits-Beschwerde nicht aufgehoben. Diese Benachrichtigung muß daher in solchem Falle gleichfalls durch Affixion an der Gerichtsstelle erfolgen. **Ob.-Tr. v. 9. März u. 22. Juni 1854 (Arch. II, S. 676).**

3. Da die Benachrichtigung der Parteien von der Absendung der Akten an das Ober-Tribunal die Stelle der nicht erfolgenden Vorladung vor das K. Ober-Tribunal vertritt, so muß aus den Akten, welche dem letzteren eingereicht werden, ersichtlich sein, daß die Benachrichtigung des Staatsanwalts und des Angeklagten von der verfügten Absendung der Akten angeordnet worden. Die Gerichte haben daher darauf zu achten, daß dies regelmäßig geschehe. **Allg. Verf. des J. M. v. 27. Juni 1855, Nr. 4 (J. M. Bl. S. 199).**

4. Akten und Verhandlungen sind dem Ober-Tribunal nicht mittelst bloßer Marginal-Verfügung einzureichen, vielmehr sind die Berichte stets in expedirter Form zu erstatten und die denselben beizufügenden Akten nach dem Aktenzeichen und der Folienzahl zu bezeichnen, oder wenn zahlreiche Aktenstücke in einer Sache eingesandt werden, eine besondere Spezifikation derselben beizufügen. Außerdem ist in allen Fällen, wenn der Angeklagte sich in Haft befindet, dies durch die Bezeichnung „Haftsache" auf dem Berichte anzudeuten. **Allg. Verf. des J. M. v. 14. April 1851 (J. M. Bl. S. 167—168).**

Rechtsverfahrens und in Ehesachen (Verordnung vom 28. Juni 1844, G. S. S. 189) wird vor Erlassung der Plenar-Entscheidung der General-Staatsanwalt mit seinem Antrage gehört.

§. 3. Zur Abfassung gültiger Beschlüsse einer Abtheilung des Senats für Strafsachen ist die Theilnahme von wenigstens sieben Mitgliedern erforderlich. Die Zahl der Mitglieder muß immer eine ungerade sein.

§. 4. Die Entscheidung einer Strafsache erfolgt durch die vereinigten Abtheilungen des Senats für Strafsachen:

1) wenn es sich um eine Beschwerde oder Nichtigkeits-Beschwerde in Sachen handelt, welche in Gemäßheit des Gesetzes vom 25. April 1853 (G. S. S. 162) zur Kompetenz des Kammergerichts gehören;
2) wenn eine Abtheilung beschließt, von einem durch sie selbst, oder durch die andere Abtheilung, oder durch einen Civilsenat bisher behaupteten Rechtsgrundsatze, oder einer bis dahin befolgten Auslegung und Anwendung einer gesetzlichen Vorschrift abzugehen;
3) wenn eine Abtheilung in einer Sache wegen der Wichtigkeit oder Zweifelhaftigkeit der dabei zu entscheidenden Rechtsfrage die Verweisung derselben an die vereinigten Abtheilungen für angemessen erachtet, oder wenn der General-Staatsanwalt mit Ermächtigung des Justizministers darauf anträgt.

Der Senat für Strafsachen ist beschlußfähig, wenn mit Einschluß des Vorsitzenden wenigstens eilf Mitglieder Theil nehmen.

§. 5. Die nachstehenden Bestimmungen der Kabinetsordre vom 1. August 1836 werden hierdurch aufgehoben:

1) Die Bestimmungen unter Nr. 3, wonach die Entscheidung des Plenums auch dann eintreten soll, wenn ein Senat von einem durch ihn selbst bisher behaupteten Rechtsgrundsatze, oder einer durch ihn selbst bis dahin befolgten Auslegung und Anwendung einer gesetzlichen Vorschrift abzugehen beschließt.

   Dagegen bleibt jedem Senate unbenommen, in einem solchen Falle die betreffende Rechtsfrage an das Plenum zu bringen.
2) Die Bestimmung unter Nr. 4, wonach keiner der Referenten im Plenum aus den Mitgliedern des Senats gewählt werden soll, welcher die streitige Rechtsfrage an das Plenum gebracht hat.
3) Die Bestimmung unter Nr. 5, wonach, wenn das Plenum von einem früheren Beschlusse abweichen sollte, das Ober-Tribunal nach vorgängiger Entscheidung der vorliegenden Rechtssache, auf Einholung einer deklaratorischen Vorschrift anzutragen hat.

   Der abweichende neuere Beschluß hat die Kraft eines ersten Beschlusses.

Zu §. 145 der Verordnung.

Art. 112. Wenn bei Anmeldung der Nichtigkeits-Beschwerde oder bei Angabe der Beschwerdepunkte die in dem

Art. 110 vorgeschriebenen Fristen oder Formen nicht beobachtet sind, so weiset das Gericht erster Instanz die Nichtigkeits-Beschwerde durch Verfügung zurück. Gegen diese Verfügung findet Beschwerde an das Ober-Tribunal binnen einer zehntägigen präklusivischen Frist Statt, welche mit dem Ablaufe des Tages beginnt, an dem die Verfügung dem Zurückgewiesenen bekannt gemacht worden ist.

Art. 113. Ist die Zurückweisung der Nichtigkeits-Beschwerde durch das Gericht erster Instanz nicht erfolgt, obgleich bei Anmeldung des Rechtsmittels oder bei Angabe der Beschwerdepunkte die in dem Art. 110 vorgeschriebenen Fristen oder Formen nicht beobachtet sind, oder ist rücksichtlich der Angabe der Beschwerdepunkte der Bestimmung des Art. 111 nicht genügt, so kann, nach vorgängiger Erklärung der Staatsanwaltschaft bei dem Ober-Tribunale, die Beschwerde von dem Gerichtshofe ohne mündliches Verfahren zurückgewiesen werden.

Art. 114. In allen Fällen, wo eine mündliche Verhandlung Statt findet, hat die Staatsanwaltschaft bei dem Ober-Tribunal ihren Antrag am Schlusse der Verhandlung zu stellen.

§. 146. (Aufgehoben durch Art. 147; vergl. Ges. vom 17. März 1852 §. 6).

Zusatz 21. Gesetz, betreffend die Vereinigung der beiden obersten Gerichtshöfe, vom 17. März 1852, §. 6 (G. S. S. 74).

Die Verrichtungen der Staatsanwaltschaft bei dem Ober-Tribunale werden durch einen General-Staatsanwalt und eine dem Bedürfnisse entsprechende Zahl von Vertretern desselben wahrgenommen. Die letzteren führen den Titel „Ober-Staatsanwalt."

§. 147. Nur die beim Ober-Tribunale angestellten Justizkommissarien haben das Recht, die Angeklagten vor dem Gerichtshofe zu vertreten.

§. 148, 149. (Aufgehoben durch Art. 147; vergl. Art. 115-118).

Statt §§. 148 und 149 der Verordnung.

Art. 115. Ist die Nichtigkeits-Beschwerde begründet, so vernichet das Ober-Tribunal das angefochtene Urtheil.

Art. 116. Liegt der Grund der Vernichtung nicht in

Zu Art. 112. Ueber die Behändigung desjenigen Bescheides, mit welchem das Gericht erster Instanz in Gemässheit des Art. 112 eine eingelegte Nichtigkeits-Beschwerde zurückgewiesen hat, ist ein Insinuations-Dokument zu den Akten zu bringen. Allg. Verf. des J. M. v. 5. Dez. 1853, Nr. 5 (J. M. Bl. S. 419).

Mängeln des Verfahrens, so erkennt der Gerichtshof in der Sache selbst, oder verweiset, wenn es noch auf thatsächliche Ermittelungen ankommt, die Sache zur anderweiten Verhandlung und Entscheidung an das Gericht der betreffenden Instanz.

Art. 117. Wird das Urtheil wegen Mängel des Verfahrens vernichtet, so hat der Gerichtshof zugleich die gänzliche oder theilweise Vernichtung des Verfahrens auszusprechen, und die Sache zur anderweiten Verhandlung und Entscheidung an das von ihm zu bezeichnende Gericht zu verweisen.

Art. 118. Das Gericht, an welches die Sache verwiesen worden ist, muss sich der Verhandlung und Entscheidung unterziehen; es ist auch gehalten, die Rechtsgrundsätze, welche das Ober-Tribunal aufgestellt und der ausgesprochenen Vernichtung zum Grunde gelegt hat, als maassgebend anzuerkennen und der ferneren Verhandlung und Entscheidung gleichfalls zum Grunde zu legen, bei Strafe der Nichtigkeit.

Zu Art. 116. 1. Wenn eine Nichtigkeits-Beschwerde wegen Verletzung eines Rechtsgrundsatzes für begründet erachtet, in der Sache selbst aber die nämliche Entscheidung, wie in dem angefochtenen Erkenntnisse enthalten war, beschlossen wird, so muss die Vernichtung des angefochtenen Erkenntnisses und demnächst die Entscheidung der Sache ausgesprochen werden. Ob.-Tr. (Pr. 117) v. 9. Okt. 1854 (Entsch. 28, S. 477—478).

2. Wenn der Nichtigkeitsrichter aus irgend einem Grunde, sei es wegen Verletzung des Verfahrens oder wegen Verletzung eines Strafgesetzes, das angegriffene Urtel vernichtet und alsdann, wie dies in dem letzteren Falle geschehen darf, selbst erkennt, so hat er nun die Befugniss des erkennenden Instanzrichters selbst erhalten; er erkennt nun nach der jetzigen Lage der Gesetzgebung und wendet das erst während der Nichtigkeitsinstanz ergangene mildere Gesetz an. Weist er aber in Folge der Vernichtung wegen Mängel des Verfahrens in die Instanz zur Beseitigung dieser Mängel zurück, so hat der dann von Neuem erkennende Instanzrichter ebenso nur nach der jetzigen Lage der Gesetzgebung zu erkennen. Ob.-Tr. v. 9. Juli 1856 (Arch. IV, S. 689).

Zu Art. 117, 118. 1. Ueber den Grundsatz, dass das Instanzgericht, an welches die Sache auf Grund einer nur von dem Angeklagten eingelegten Nichtigkeits-Beschwerde verwiesen wird, nunmehr nicht auf eine härtere Strafe, als die in dem vernichteten Urtel verhängte, erkennen darf, s. die in Note 2 zu Art. 102 mitgetheilten Entscheidungen. Das daselbst allegirte Pr. 130 v. 19. Jan. 1855 ist auch abgedruckt im Arch. III, S. 251—252.

2. Ist ein in der Appellations-Instanz ergangenes Erkenntniss wegen Verletzung einer materiellen Gesetzesvorschrift vernichtet, und die Sache auf Grund des Art. 116 an das Gericht zweiter Instanz zurückverwiesen worden, so kann dieses, wenn es jetzt Bedenken gegen die (früher von ihm festgehaltene) thatsächliche Feststellung der ersten Instanz hegt, dieselbe auf den Grund einer neuen Beweisaufnahme abändern, und demgemäss dasjenige Strafgesetz für unanwendbar erklären, dessen Anwendbarkeit das Ob.-Tr. im Hinblick auf die frühere Feststellung bereits anerkannt hatte, sobald es nur

§. 150. Eine Ausfertigung des Urtels des Ober-Tribunals ist dem Gerichte zur Verkündung oder Behändigung an den Angeklagten zu übersenden, auch auf Verlangen dem Staatsanwalte zuzustellen.

3. Restitution. **§. 151.** Gegen jedes rechtskräftige Urtheil kann der Verurtheilte zu jeder Zeit das Rechtsmittel der Restitution einwenden, wenn er darzuthun vermag, daß das Urtheil auf eine falsche Urkunde oder auf die Aussage eines meineidigen Zeugen gegründet ist.

---

nicht gegen die vom Ob.-Tr. so angenommenen Rechtsgrundsätze verstösst. Ob.-Tr. v. 30. Okt. 1856 (J. M. Bl. S. 360–363).

3. Wenn im Falle des Art. 117 die Verhandlung und Entscheidung der Sache „an dasselbe Schwurgericht" zurückgewiesen wird, dieses Schwurgericht aber, in Folge inzwischen ergangener Anordnung der kompetenten Behörden, bei der nunmehr eintretenden zweiten Verhandlung an einem andern Orte Sitzung hält, als bei der ersten, so begründet dieser Umstand nicht die Inkompetenz. S. den Fall und das Erk. des Ob.-Tr. v. 7. Dez. 1853 im Arch. II, S. 84–85.)

Zu §. 150. Erkenntnisse, welche auf eine gegen Appellations-Urtheile eingewendete Nichtigkeits-Beschwerde ergehen, sind von den Gerichten erster Instanz dem Appellationsgerichte zur Kenntnißnahme abschriftlich einzusenden. Allg. Verf. des J. M. v. 13. Nov. 1849, §. 26 (J. M. Bl. S. 467).

Zu §. 151. 1. Nur dem Verurtheilten, nicht auch dem Staatsanwalte, ist das Rechtsmittel der Restitution gegeben. Dieser kann auch in der Form der Wiederaufnahme der Untersuchung oder der neuen Anklage die rechtskräftige Entscheidung nicht anfechten. S. hierüber die Abh. im Arch. II, S. 785 bis 791, ferner die Abh. von Dr. Kueßner im Arch. III, S. 198–212, von Dr. Berner im Arch. III, S. 472–496. Das Ob.-Tr. hat in dem Erk. v. 25. Mai 1853 (J. M. Bl. S. 376. Arch. I, S. 374–375) angenommen, daß gegen einen Freigesprochenen wegen desselben Verbrechens eine neue Verfolgung wegen neu aufgefundener Beweisstücke nicht eingeleitet werden könne, ferner in dem Erk. v. 10. Juni 1853 (Arch. I, S. 557–558) und vom 10. Okt. 1855 (Arch. III, S. 822–823): daß eine erhobene Anklage durch die auf dieselbe ergehende richterliche Entscheidung nicht bloß von dem Gesichtspunkte aus erledigt wird, unter welchen dieselbe die ihr zum Grunde liegenden Thatsachen als strafbar gebracht hat, sondern auch von allen übrigen Gesichtspunkten aus, unter welchen sie selbige als strafbar hätte bringen können, daß daher der Angeklagte im Falle einer Freisprechung nach allen Richtungen hin freigesprochen zu erachten ist, also auch von einem Gesichtspunkte aus, unter welchem die Anklage die ihr zum Grunde liegenden Thatsachen hätte bringen können (andere Qualifikation), nicht weiter verfolgt werden darf, daß endlich von dieser Regel nur dann eine Ausnahme stattfindet, wenn der Gerichtshof bei der Verhandlung der Sache eine anderweite Verfolgung (gemäß Art. 30 u. 86) wegen bestimmter Thatsachen vorbehalten hat. Endlich ist in dem Erk. v. 22. Sept. u. 27. Okt. 1854 (Arch. II, S. 789–790) angenommen, daß auch gegen den Verurtheilten, wenn eine zu niedrige Strafe gegen ihn rechtskräftig verhängt ist, namentlich auch dann, wenn es ihm gelungen ist, frühere Bestrafungen zu verheimlichen und dadurch der Rückfallsstrafe zu entgehen, ein neues Verfahren nicht eingeleitet werden dürfe, und dieses Prinzip ist durch Präj. 154 (Plen.) v. 16. April 1855 (Entsch. 30, S. 372–380. J. M. Bl. S. 192. Arch. III, S. 385–390) dahin erweitert: „Der Umstand, daß ein Strafverfahren gegen eine bestimmte Person unter einem falschen Namen stattgefunden hat, hindert die Rechtskraft des mit dieser falschen Bezeichnung ergangenen contradictorischen Erkenntnisses auch dann nicht, wenn der Angeklagte seinen Namen arglistig verheimlicht hat und dadurch der Anwendung der Rückfallsstrafe entgangen ist." Zu bemerken ist, daß das Ob.-Tr. früher — vor Publikation des Gesetzes vom 3. Mai 1852 — in Bezug auf die Zulässigkeit einer neuen Qualifikation der zur Anklage gestellten strafbaren Handlung in dem Erk. vom 23. Januar 1852 (Entsch. 23, S. 230—235) und in einem im J. M. Bl. 1851, S. 61—64) mitgetheilten Urtel die seiner jetzigen Ausführung entgegengesetzte Ansicht gehabt, daß dasselbe auch sowohl vor, als nach Publikation jenes Gesetzes in den Erk. v. 11. April 1850, v. 2. August 1852 und v. 3. Jan. 1855 (Arch. III, S. 385—386) die nachträgliche Verfolgung des Rückfalls zugelassen hat.

Ist die Erhebung einer neuen Anklage gemäß Art. 30, 86 ausdrücklich vorbehalten, so wird durch den Inhalt des Vorbehalts die nicht zu überschreitende Grenze des neuen Untersuchungsverfahrens bezeichnet, während die etwa außerdem noch vorhandenen Gesichtspunkte, welchen die Handlungen des Angeklagten unterworfen werden mochten, durch die Rechtskraft des Erkenntnisses, in welchem der Vorbehalt ausgesprochen ist, beseitigt werden. Wird demnach die Anklage auf solche andere, nicht vorbehaltene Gesichtspunkte ausgedehnt, so muß hierin ein Verstoß gegen die Rechtsregel der res judicata gefunden werden. Ob.-Tr. v. 22. Febr. 1856 (Arch. IV, S. 374—375). Vgl. Note 8 zu Art. 86.

Die unter der Herrschaft der früheren Prozeßgesetze, also der Kriminal-Ordnung allein, erkannte vorläufige Freisprechung, schließt gemäß §. 414 der Krim.-Ordn. eine neue Verfolgung auf Grund neuer Beweise durch eine nach den jetzt geltenden Prozeßgesetzen zu erhebende und zu erledigende Anklage nicht aus. Ob.-Tr. v. 18. Okt 1854 (Arch. II, S. 790). Eben so ist neue Anklage nach einer im Auslande erkannten vorläufigen Freisprechung zulässig. Ob.-Tr. v. 8. März 1854 (Arch. II, S. 790—791).

Wenn der Verbreiter einer Druckschrift unter der früheren Gesetzgebung freigesprochen worden ist, so hindert dies nicht die Einleitung des nach der jetzigen Gesetzgebung zulässigen selbstständigen Verfahrens wegen Vernichtung der Druckschrift. Ob.-Tr. v. 30. Mai 1856 (Arch. IV, S. 547—550).

2. Ueber die Frage, ob die Bestimmungen der V. v. 3. Jan. 1849 über das Rechtsmittel der Restitution auch auf die schon vor Emanation dieser Verordnung nach den Bestimmungen der Krim. Ordn. entschiedenen Sachen anzuwenden seien, hat sich der Just. Min. in einem Reskr. v. 16. April 1851 dahin ausgesprochen: „Die Kriminal-Ordnung handelt am Schlusse des von dem (ordentlichen) Rechtsmittel der weitern Vertheidigung handelnden 5. Titels und unter dem Marginale: „In welchen Fällen noch ein weiteres Rechtsmittel stattfindet," über die Fälle, wo Jemand wegen vorschriftsmäßig nachzuweisender Unschuld Restitution nachsucht (§. 532) oder das Erkenntniß wegen Verletzung der Vorschriften über Besetzung des Gerichts angreift (§. 533). Hierdurch wird die Annahme gerechtfertigt, daß auch die Restitution als ein, wenngleich außerordentliches Rechtsmittel und das Verfahren darüber als eine Fortsetzung der früheren Untersuchung, als eine Instanz anzusehen sei, die dadurch, dem §. 184 der V. v. 3. Jan. 1849 gemäß, in dem früheren Verfahren zu verhandeln ist. Trotz der im §. 156 dieser Verordnung geschehenen Aufhebung der §§. 532, 588, 589 der Krim.-Ordn. müssen die materiellen Bestimmungen derselben noch jetzt die Norm für die Prüfung von Restitutionsgesuchen gegen ältere Erkenntnisse bilden. Daraus folgt aber, daß auch die formellen Bestimmungen der Krim.-Ordn. dabei maßgebend bleiben." (Arch. I, S. 66—67.)

3. In einem Falle, in welchem die Vorladung zu dem Audienztermine nicht dem Angeklagten, sondern durch ein Versehen des Postboten einer andern Person zugestellt worden war, hat nach der Mittheilung im Arch. I, S. 556 das kompetente Kreisgericht die Restitution zugelassen, weil das Insinuations-Dokument, welches die Behändigung an den Angeklagten bescheinigte, falsch und das ohne rechtliches Gehör des Angeklagten erlassene Kontumazial-Urtel auf jene falsche Urkunde basirt sei.

4. Ein Angeklagter, welcher wegen versuchten schweren Diebstahls mit Rücksicht auf die vorgelegten Vorakten als rückfällig verurtheilt worden, hat Restitution nachgesucht, da jene Vorakten nicht seine Person betrafen. Das Gesuch ist von dem Gericht für begründet erachtet worden, da jene Vorakten „falsch" gewesen und somit das frühere Urtel auf „falsche Urkunden" gestützt worden sei.

§. 152. Das Restitutionsgesuch muß bei dem Gerichte, welches in erster Instanz erkannt hat, angebracht werden.

§. 153. Kann derjenige, welcher die Fälschung oder den Meineid begangen haben soll, noch belangt werden, so muß das angeblich von ihm verübte Verbrechen durch eine gegen ihn zu veranlassende gerichtliche Untersuchung erst rechtskräftig festgestellt werden, bevor dem Restitutionsgesuche Statt gegeben werden kann.

In anderen Fällen wird das von dem Angeklagten eingereichte Restitutionsgesuch zunächst dem Staatsanwalte mitgetheilt, um, wenn es ihm erforderlich erscheint, eine gerichtliche Voruntersuchung über die zur Begründung der Restitution angeführten Thatsachen zu veranlassen und alsdann das Gesuch mit seiner Erklärung darüber wieder vorzulegen.

§. 154. Wird das Restitutionsgesuch von dem Gerichte als unbegründet zurückgewiesen, so steht dem Imploranten frei, innerhalb der nächsten zehn Tage nach dem Empfange des Bescheides bei dem Gerichte der höheren Instanz Beschwerde zu führen. Eine weitere Beschwerdeführung ist unzulässig.

§. 155. Wird ein Restitutionsgesuch für begründet erachtet, so hat das Gericht sofort das mündliche Verfahren nach der für die in Rede stehende Gesetzes-Uebertretung vorgeschriebenen Form zu erneuern und unter Aufhebung seines früheren Urtheils ein

---

Der Just. Min. hat in der Verf. v. 24. Nov. 1853 — I. 4827 — dies Verfahren gemißbilligt, indem er bemerkt: „Wenn das Gesetz zur Begründung der Restitution fordert, daß das ergangene Urtheil auf falsche Urkunden gestützt sei, so kann damit nur gemeint sein, daß die betreffenden Dokumente materiell Unwahres enthalten oder in der äußeren Form gefälscht sind. Beides war hier nicht der Fall, es waren nur Vorakten, welche an sich ganz richtig waren, aber aus Irrthum auf den Angeklagten bezogen werden. Die Vorakten selbst konnten nicht falsch genannt werden. Es hätte deshalb nur Veranlassung vorgelegen, im Wege der Gnade die Herabsetzung der erkannten Strafe zu erwirken."

5. In einem, Arch. II, S. 413—414 unter Nr. 2 mitgetheilten Falle ist von einem Kreisgericht gegen ein Erkenntniß, welches auf die durch entschuldbaren Irrthum eines Zeugen geschehene Rekognition des Angeklagten gegründet war, die Restitution zugelassen, obwohl eine Anklage gegen den Zeugen nicht einmal wegen fahrlässigen Meineids zulässig erschien.

6. Das Rechtsmittel der Restitution gegen ein rechtskräftiges Strafurtel kann nicht auf den Nachweis gestützt werden, daß das Urtel auf falsche Bezüchtigung geständiger Mitangeklagten gegründet ist. Ob.-Tr. (Pr. 115, Plen.) v. 30. Okt. 1854 (Entsch. 29, S. 283—290. Arch. III, S. 119). Nach dem Pr. 89 v. 10. März 1854 (Entsch. 27, S. 434—439. Arch. II, S. 411—413) war das Ob.-Tr. früher entgegengesetzter Ansicht.

Zu §. 152. Das Gericht erster Instanz ist auch in Schwurgerichtssachen allein kompetent, über die Zulassung des Restitutionsverfahrens zu befinden. Eine Konkurrenz des Anklagesenats tritt dabei nicht ein. Ob.-Tr. v. 8. Dez. 1849 (Grundsätze, S. 20) und v. 3. Febr. 1854 (Entsch. 28, S. 389 bis 390. Arch. II, S. 235—236).

Zu §§. 154, 155. 1. Ueber die beschränkte Zulassung der Beschwerde an das Ob.-Tr. im Fall des §. 154, s. Art. 13.

2. Wenn der Angeklagte durch den Beschluß des kompetenten Gerichts

neues zu fällen, gegen welches die gewöhnlichen Rechtsmittel zulässig sind.

§. 156. Die §§. 532, 588, 589 der Kriminalordnung treten außer Kraft.

§. 157. Durch Einlegung eines Rechtsmittels von Seiten des Staatsanwalts darf die Freilassung des in Haft befindlichen Angeklagten, wenn das Urtheil eine Freiheitsstrafe gegen ihn nicht verhängt hat, niemals verzögert werden.

4. Vorschriften über die Folgen der Einlegung eines Rechtsmittels auf die Haft des Angeklagten.

Zu §. 157 der Verordnung.

Art. 119. Wenn neue Verdachtsgründe hervortreten, so kann die Wiederverhaftung des freigelassenen Angeklagten jederzeit verfügt werden.

§. 158. Ist der Angeklagte zu einer Freiheitsstrafe verurtheilt, so hält das vom Staatsanwalte gegen das Urtheil eingelegte Rechtsmittel den Antritt der Strafe nicht auf.

§. 159. Dagegen wird durch die Einlegung der Appellation oder Nichtigkeits-Beschwerde von Seiten des Angeklagten die Vollstreckung der Strafe aufgehalten. Eine vorläufige Abführung des zu einer Freiheitsstrafe Verurtheilten nach der Strafanstalt ist, selbst mit dessen Einwilligung, nicht ferner zulässig. Das Gericht ist jedoch befugt und verpflichtet, die erforderlichen Sicherungsmaaßregeln gegen den Verurtheilten zu treffen.

---

gegen seine frühere Verurtheilung restituirt ist und auf Grund dieses Beschlusses demnächst die Erneuerung der Hauptsache stattgefunden hat, so kann das in der letzteren ergangene Urtel aus dem Grunde, weil die Restitution aus den dafür angeführten Gründen überhaupt nicht hätte zugelassen werden sollen, von der Staatsanwaltschaft nicht ferner angefochten werden. Ob.-Tr. (Pr. 106) vom 6. Okt. 1854 (Entsch. 28, S. 387—395. Arch. III, S. 119). In dem Erk. v. 10. März 1854 (Entsch. 27, S. 434—439. Arch. II, S. 411—413) war die entgegengesetzte Ansicht indirekt gebilligt.

3. Ueber den Umfang der Erneuerung des Verfahrens nach Verstattung zur Restitution, insbesondere darüber, ob die Erneuerung in dem ganzen Umfange der früheren Anklage oder nur in dem minderen Umfange desjenigen Verbrechens oder Vergehens, dessen der Angeklagte in dem früheren Verfahren wirklich für schuldig erachtet worden ist, stattgefunden habe, s. die Bemerkungen im Arch. II, S. 414.

Zu §§. 158, 159. 1. Die Vollstreckung erkannter Zuchthausstrafe beginnt, auch wenn der Verurtheilte sich in Untersuchungshaft befindet, erst mit dem Tage der wirklich erfolgten Ablieferung in das Zuchthaus. Dies ist nicht allein in der Min. Verf. v. 27. Mai 1840 (J. M. Bl. S. 190) unter Nr. II, 2, ausdrücklich bestimmt, sondern es folgt auch aus der Betrachtung, daß eine gesetzliche Vorschrift nicht vorhanden ist, welche den Richter berechtigt, auf eine zu vollstreckende Zuchthausstrafe die Untersuchungshaft des Verurtheilten, gleichviel in welchem Umfange, als Strafverbüßung anzurechnen. Ueber den Beginn der Strafzeit entscheidet auch nicht die Publikation des Strafurtheils, vielmehr nur die wirkliche Ablieferung in das Zuchthaus, insofern diese nicht wegen Ueberfüllung des Zuchthauses einstweilen behindert worden ist. Beschl. des Ob.-Tr. v. 8. Febr. 1856 (J. M. Bl. S. 83—84. Arch. IV, S. 387).

Dasselbe ist in einem Falle angenommen, in welchem die Ablieferung der Verurtheilten in Folge eines gesetzlichen Hindernisses (§. 566 Crim.-O.) unzulässig gewesen war. Ob.-Tr. v. 6. Sept. 1854 (Arch. II, S. 686—687).

5 Aufhebung des Rechtsmittels der Aggravation. §. 160. Das Rechtsmittel der Aggravation findet in den nach dieser Verordnung behandelten Untersuchungssachen nicht ferner Statt.

Abschnitt V.

Von dem Verfahren bei Untersuchung der Polizeivergehen.

§§. 161—163. (Aufgehoben durch Art. 147; vergl. Art. 120).

§. 164. (Aufgehoben durch Art. 147; vergl. Art. 128).

Statt §§. 161 bis 164 der Verordnung.

Uebertretungen, Kompetenz und Verfahren. Art. 120. Die Untersuchung und Entscheidung erster Instanz in Ansehung der Uebertretungen und der nach Art. XX. des Einführungsgesetzes zum Strafgesetzbuch zur Kompetenz der Polizeirichter gewiesenen strafbaren Handlungen erfolgt durch Einzelrichter (Polizeirichter). Bei der Hauptverhandlung ist ein Gerichtsschreiber zuzuziehen.

Wegen Verwaltung der Geschäfte der Staatsanwaltschaft

Die in diesen Beschlüssen in Bezug genommene Ministerial-Verfügung vom 27. Mai 1840 läßt die Anrechnung auf die Zuchthausstrafe nur dann zu, wenn die Ablieferung in das Zuchthaus durch die Ueberfüllung desselben gehindert oder wenn der Verurtheilte im Gefängnisse wahnsinnig geworden und in eine Irrenanstalt gebracht worden ist.

2. Die Gefängnißstrafe ist dem verhafteten Angeklagten, wenn er kein Rechtsmittel gegen das verurtheilende Erkenntniß einlegt, vom Tage der Verkündung des Urtels an, zu rechnen. Ob.-Tr. v. 14. Juni 1854 (Arch. II, S. 820—821). Die Berechnung des Antritts der Gefängnißstrafe des verhafteten Verurtheilten vom Tage der mündlichen Eröffnung des Appellationsurtels entspricht den Grundsätzen, welche die allg. Minist.-Verordn. vom 27. Mai 1840 (J. M. Bl. S. 190) mit Rücksicht auf §§. 557, 560 der Crim.-Ordn. gebilligt hat, indem hiernach bei Vollstreckung erkannter Gefängnißstrafen im Allgemeinen der Beginn der Strafzeit, falls der in Untersuchungshaft befindliche Verurtheilte ein Rechtsmittel nicht einlegt, vom Tage der Publikation des Urtels an zu rechnen ist. In dieser zu Gunsten der in Haft befindlichen Verurtheilten getroffenen Anordnung ist nichts geändert, weder dadurch, daß das Appellationsurtel in Abwesenheit des verhafteten Angeklagten verkündet und dasselbe in Ausfertigung ihm erst später behändigt wird, noch durch die im §. 159 der Verordn. vom 3. Januar 1849 gegebene Vorschrift, da auch diese, sich lediglich auf die in der Crim.-Ordn. gestattete, vorläufige Strafantretung beziehende Vorschrift, die Frage, von welchem Zeitpunkt ab in Ansehung des zu einer Gefängnißstrafe Verurtheilten, die Strafzeit zu berechnen ist? nicht berührt. Das nächstdem in Rechtskraft übergehende Straferkenntniß existirt rechtlich auch für den ohne persönliche Anwesenheit verurtheilten Angeklagten schon mit dem Zeitpunkte der mündlichen Publikation in der Audienz, wenigstens soweit es sich von seinem Vortheile handelt. Bescheid des Ob.-Tr. v. 1. Okt. 1856 (Arch. IV, S. 816-817).

3. Die Frage, ob die im §. 159 vorgeschriebene suspensive Wirkung der vom Angeklagten eingelegten Nichtigkeits-Beschwerde auch dann eintrete, wenn die letztere selbstständig und ohne Konkurrenz des Angeklagten von solchen Personen eingelegt wird, welchen das Gesetz vermöge ihres persönlichen Verhältnisses zum Angeklagten ein selbstständiges Recht der Vertheidigung giebt? ist bejaht in einem Beschl. des Kammergerichts v. 9. Nov. 1852 (Arch. I, S. 67).

kommen die Bestimmungen des §. 28 der Verordnung zur Anwendung.

Art. 121. Uebertretungen derselben Art können, auch wenn sie verschiedenen Personen zur Last gelegt werden, in einer einzigen Anklageschrift zusammengefasst werden.

a. Mandatsverfahren.

Art. 122. Wenn weder der Beschuldigte vorgeführt wird, noch die Verhaftung desselben erforderlich ist, so kann der Polizeianwalt bei dem Polizeirichter den Antrag stellen, dass die verwirkte Strafe ohne vorgängige Hauptverhandlung durch eine Strafverfügung festgesetzt werde.

Dieser Antrag muss die Angabe der Thatsachen, durch welche die Uebertretung begangen sein soll, die dafür vorhandenen Beweise, sowie die Anführung der anzuwendenden Strafvorschrift enthalten, und auf eine bestimmte, nach Art und Höhe zu bezeichnende Strafe gerichtet sein.

Art. 123. Der Polizeirichter hat, wenn nicht besondere Bedenken entgegenstehen, die von ihm für angemessen erachtete Strafe durch Verfügung festzusetzen.

Ist die festgesetzte Strafe geringer oder von anderer Art als die beantragte, so wird die Strafverfügung zunächst dem Polizeianwalte mitgetheilt, und erst dann nach Art. 124 dem Beschuldigten zugestellt, wenn der Polizeianwalt nicht innerhalb dreier Tage nach der ihm gewordenen Mittheilung die Einleitung des mündlichen Verfahrens beantragt.

Art. 124. Die Strafverfügung muss enthalten:

Zu Art. 120. 1. S. die Zusätze und Noten zu §§. 27 u. 28 oben S. 57—64. — Das S. 62, Note 3, mitgetheilte Pr. 111 des Ob.-Tr. v. 20. Okt. 1854 (Entsch. 29, S. 291—292, Arch. III, S. 125) ist beseitigt durch Pr. 144 (Plen.) v. 12. März 1855 (Entsch. 30, S. 144 und 31, S. 298—300, Arch. III, S. 252), welches annimmt: „Bei dem Betriebe eines Gewerbes im Umherziehen und namentlich des Hausirhandels ohne Gewerbeschein, ist nicht die Strafbestimmung der Gewerbe-Ordnung vom 17. Januar 1845, vielmehr sind nur die, eine Steuerstrafe anordnenden Strafbestimmungen des Reglements v. 28. April 1824, §§. 26—28, anwendbar, und es gelten dabei für das Verfahren die Vorschriften des Art. 135 ff. des Gesetzes v. 3. Mai 1852, so dass das Rechtsmittel der Nichtigkeits-Beschwerde zulässig ist.“

2. Ueber die vorläufige Straffestsetzung wegen Uebertretungen, s. Gesetz v. 14. Mai 1852 (G. S. S. 245—247) im Anhange.

3. Ueber die fortdauernde Kompetenz der administrativen Polizeibehörden zur vorläufigen civilrechtlichen Entscheidung in Gesindesachen und zur Festsetzung von Pfandgeld und Kosten und Ausmittelung des Schadens in Feldpolizei-Sachen, s. die Cirk.Verf. der Min. des Inn. u. für landwirthsch. Angel. v. 18. Mai 1849 u. des Just. Min. v. 18. Sept. 1849 (J. M. Bl. 1849, S. 396—397).

4. Ueber das administrative Strafverfahren rücksichtlich der Zuwiderhandlungen gegen die Vorschriften über die Erhebung öffentlicher Abgaben und Gefälle, insbesondere der Steuern, Zölle, Postgefälle und Kommunikationsabgaben, s. unten Art. 135—146 und die Noten zu denselben.

1) die Beschaffenheit der Uebertretung, sowie die Zeit und den Ort derselben;
2) die dafür angegebenen Beweise;
3) die Festsetzung der Strafe und des Kostenpunktes, unter Anführung der Vorschrift, auf welche dieselbe sich gründet, und falls eine Geldbusse ausgesprochen ist, unter Bezeichnung der Kasse, an welche dieselbe gezahlt werden soll;
4) die Eröffnung, dass der Beschuldigte, wenn er sich durch die Strafverfügung beschwert finden sollte, innerhalb einer zehntägigen Frist, von dem Tage nach der Zustellung der Verfügung an gerechnet, seinen Einspruch dagegen bei dem Polizeirichter schriftlich oder zu Protokoll anzumelden, und zugleich die zu seiner Vertheidigung dienenden Beweismittel anzuzeigen habe; dass aber, falls in dieser Frist ein Einspruch nicht eingehe, die Strafverfügung Rechtskraft erlangen und gegen ihn vollstreckt werden würde.

Die Verfügung wird dem Beschuldigten in beglaubigter Form zugestellt.

Art. 125. Wenn in der zehntägigen Frist ein Einspruch nicht erhoben wird, so erlangt die Strafverfügung die Kraft eines vollstreckbaren Urtheils, wogegen ein weiteres Rechtsmittel nicht Statt findet, jedoch vorbehaltlich der Bestimmungen des Art. 130.

In dem entgegengesetzten Falle wird das Hauptverfahren eingeleitet, ohne dass es der Einreichung einer Anklageschrift bedarf, und ohne dass über die Eröffnung der Untersuchung Beschluss gefasst wird.

Art. 126. Erscheint der Beschuldigte in dem zur Hauptverhandlung angesetzten Termine nicht, so wird der Einspruch durch Urtheil verworfen, ohne dass eine weitere Verhandlung Statt findet.

Art. 127. Wenn der Beschuldigte in dem angesetzten Termine persönlich oder durch einen Vertreter erscheint, so wird in Gemässheit des Art. 128 zur Hauptverhandlung geschritten. Der Polizeirichter ist befugt, auch auf eine andere Strafe zu erkennen, als in der Strafverfügung festgesetzt war.

b. Verfahren, wenn ein Mandat nicht erlassen wird.

Art. 128. Wird eine Strafverfügung nicht erlassen, oder wird derselben im Fall des letzten Absatzes des Art. 123

Zu Art. 124. Rücksichtlich der in Art. 124, Nr. 3, angeordneten Bezeichnung der Kasse, an welche die Geldbusse gezahlt werden soll, s. die Abh. von Korb: „die Geldstrafen und die bestehenden Grundsätze über die Berechtigung zu deren Erhebung, so wie über ihre Einziehung und Verrechnung bei den Gerichten“, im J. M. Bl. 1852, S. 363—372, auch besonders abgedruckt im Verlage von C. Heymann, Berlin, 1852. 8.

keine **Folge gegeben**, so findet das in den §§. 29—35 und 37 der Verordnung vorgeschriebene Verfahren Statt.

c. Rekurs.

§. 165. Gegen das Urtheil erster Instanz ist sowohl der Angeschuldigte als der Polizeianwalt innerhalb einer zehntägigen präklusivischen Frist, deren Anfang nach der wegen der Appellationsfrist gegebenen Vorschrift zu bestimmen ist, das Rechtsmittel des Rekurses einzulegen berechtigt.

Zusatz 22. Gesetz, den Diebstahl an Holz und anderen Waldprodukten betreffend, vom 2. Juni 1852, §. 38 (G. S. S. 314).

Das Rechtsmittel des Rekurses steht (in Holzdiebstahlssachen) dem Beschuldigten nur zu, wenn er zu einer Geldbuße von wenigstens fünf Thalern oder unmittelbar zu einer Gefängnißstrafe (§. 9) verurtheilt worden ist; dem Polizei-Anwalte, wenn auf Freisprechung erkannt, oder wenn das Strafgesetz verletzt oder unrichtig angewendet worden ist.

Hat der Polizeirichter sich mit Unrecht für zuständig oder für unzuständig erklärt, so ist das Rechtsmittel in allen Fällen zulässig.

Im Bezirke des Appellationsgerichtshofes zu Köln findet die Appellation nach den vorstehenden Bestimmungen Statt; der Einspruch gegen Kontumazial-Urtheile ist nicht zulässig.

§. 166. Der Rekurs kann auf neue Beweismittel über bereits angeführte Thatumstände nicht gegründet werden, auf neue Thatumstände aber nur in soweit, als dieselben bei der Anführung zugleich bescheinigt werden.

§. 167. Die Anbringung des Rekurses muß bei dem Polizeirichter mündlich zum Protokoll oder schriftlich geschehen. Eine besondere Frist zur Rechtfertigung des Rekurses ist nicht zu gestatten.

§. 168. Die Entscheidung über den Rekurs gebührt einer aus drei Mitgliedern bestehenden Abtheilung des Appellationsgerichts.

Zusatz 23. Gesetz über die Gerichtsorganisation, das mündliche und öffentliche Verfahren in Untersuchungssachen u. s. w. in den Fürstenthümern Hohenzollern-Hechingen und Hohenzollern-Sigmaringen,

---

Zu §. 165. Für die nach der Gewerbe-Ordnung vom 17. Jan. 1845 zu ahndenden Gewerbe-Polizei-Contraventionen ist der Einzelrichter auch dann kompetent, wenn die Handlung des Contravenienten zugleich ein Steuervergehen enthält; auch ist in einem solchen Falle von dem Erkenntnisse des Einzelrichters nur der Recurs und kein ferneres Rechtsmittel zulässig. Pr. 19 des Ob.-Tr. v. 11. Februar 1853 (Entsch. Bd. 24, S. 457—460, Arch. I, S. 229). S. indessen Note 1 zu Art. 120. — Bei dem Betriebe eines Gewerbes im Umherziehen, und namentlich des Hausirhandels ohne Gewerbeschein, gelten die Vorschriften der Art. 135 ff., so daß das Rechtsmittel der Nichtigkeits-Beschwerde zulässig ist. Ob.-Tr. (Pr. 144, Plen.) v. 12. März 1855 (Entsch. 31, S. 298—300, Arch. III, S. 252). — Vergl. Note 3 zu Art. XX, Einführ.-Ges. (oben S. 62).

vom 30. April 1851, §. 4 (G. S. S. 189), s. oben in dem Zusatz zu §. 132.

§. 169. Findet die Abtheilung bei Prüfung der Akten, daß der Rekurs nicht zulässig, oder, wenn dabei nur auf die Verhandlungen in erster Instanz Bezug genommen ist, nicht begründet sei, so weist sie den Rekurrenten durch eine Verfügung zurück, gegen welche ein weiteres Rechtsmittel nicht gestattet ist.

§. 170. In allen anderen Fällen bestimmt die Deputation, unter Mittheilung der Rekursschrift an die Gegenpartei, einen Termin zum mündlichen Verfahren. Gegen das auf den Rekurs abgefaßte Urtheil findet ein weiteres Rechtsmittel nicht Statt.

Zu §§. 169 und 170 der Verordnung.

d Nichtigkeitsbeschwerde für besondere Fälle.

Art. 129. Wenn die Staatsanwaltschaft bei dem Appellationsgerichte zur Aufrechthaltung wesentlicher Grundsätze des Rechts oder des Verfahrens, oder im Interesse der Einheit der Rechtsprechung die Aufhebung der Verfügung (§. 169 der Verordnung) oder die Vernichtung des Urtheils (§. 170 der Verordnung) für nothwendig erachtet, so ist sie, jedoch nur mit ausdrücklicher Ermächtigung des Justizministers, be-

---

Zu §. 169. Ueber die Zulässigkeit der Nichtigkeits-Beschwerde, wenn das gegen das Erkenntniß des Einzelrichters eingelegte Rechtsmittel von dem zweiten Richter, statt als Rekurs, unrichtig als Appellation behandelt ist, s. Ob.-Tr. (Pr. 164, Plen.) v. 9. Juli 1855 (Entsch. 31, S. 361—367, J. M. Bl. S. 367, Arch. III, S. 821) oben Note 2 zu Art. 106.

Zu §. 170. Die allg. Verfügung des Justiz-Minister v. 22. April 1850 (J. M. Bl. S. 134—135) bemerkt: „Der Justizminister hat aus mehreren bei ihm eingegangenen Berichten ersehen, daß die Königlichen Appellationsgerichte bei der Ausfertigung der im kontradiktorischen Verfahren abgefaßten Rekursbescheide eine verschiedene Form beobachten, indem Einige die Ueberschrift: „Im Namen des Königs" und den Schluß: „Von Rechts wegen" gebrauchen, Andere den Schlußsatz: „Von Rechts wegen" fortlassen, Andere endlich weder jene Ueberschrift, noch diesen Schlußsatz aufnehmen.

Der Justiz-Minister ist der Ansicht, daß die im kontradiktorischen Verfahren abgefaßten Rekursbescheide als wirkliche Erkenntnisse anzusehen, und dieselben demgemäß nach Vorschrift des §. 33 der Verordnung vom 2. Januar 1849 (G. S. 1849 S. 11) und des Art. 86 der Verfassungs-Urkunde v. 31. Jan. 1850 (G. S. 1850 S. 30) mit der Ueberschrift: „Im Namen des Königs" und am Schlusse mit der für Erkenntnisse gebräuchlichen Formel: „Von Rechts wegen" auszufertigen sind. Denn die Rekursbescheide sind nach §. 34 der Verordnung vom 2. Januar 1849 gleich den übrigen in letzter Instanz ergehenden Erkenntnisse definitive Entscheidungen auf ein kontradiktorisches Verfahren, und haben mit den Erkenntnissen gleiche Kraft, da aus ihnen, wie aus den letzteren, die Exekution vollstreckt werden kann. Der Umstand, daß sie in der Allerhöchsten Ordre vom 8. August 1832, Nr. 3d. (G. S. S. 199) Resolutionen genannt werden, ist nicht geeignet, eine Abweichung von der für die übrigen Erkenntnisse vorgeschriebenen Form der Ausfertigung zu rechtfertigen.

Um in dieser Beziehung ein gleichmäßiges Verfahren herbeizuführen, werden die Königl. Appellationsgerichte und der Justizsenat zu Ehrenbreitstein hierdurch aufgefordert, die Rekursbescheide künftig in der im §. 33 der Verordnung vom 2. Januar 1849 vorgeschriebenen Form mit dem Schlusse: „Von Rechts wegen" auszufertigen."

rechtigt, innerhalb sechs Wochen nach der Bekanntmachung der Verfügung oder nach der Verkündung des Urtheils die Beschwerde oder Nichtigkeits-Beschwerde zu erheben.

Die Anzeige der Staatsanwaltschaft, dass sie die Ermächtigung nachgesucht habe, hemmt die Vollstreckung des Urtheils, bis die Ermächtigung versagt, oder die Entscheidung des Ober-Tribunals ergangen ist.

Wird die Vernichtung ausgesprochen, und ergeht in Folge derselben eine dem Beschuldigten nachtheiligere Entscheidung, so ist der Justizminister berechtigt, die Nichtvollstreckung derselben, insoweit sie dem Beschuldigten nachtheiliger ist, zu verfügen.

§. 171. (Aufgehoben durch Art. 147; vergl. Art. 122, 123).

§. 172. (Aufgehoben durch Art. 147; vergl. Art. 124—126).

§. 173. (Aufgehoben durch Art. 147; vergl. Art. 127).

§§. 174—177. (Aufgehoben durch Art. 147; vergl. Art. 130).

Abschnitt VI.

Von den Kosten des Untersuchungsverfahrens.

§. 178. Mit der Verurtheilung des Angeklagten zu einer

Zu Art. 129. 1. Auch zur Beschwerde über die Zurückweisung von Anklagen wegen Uebertretungen ist die zur Einlegung von Nichtigkeits-Beschwerden erforderliche Ermächtigung des Justiz-Ministers beizubringen. Ob.-Tr. v. 3. Nov. 1852 (Arch. II, S. 103).

2. Ueber die Einlegung der Nichtigkeits-Beschwerde ohne Genehmigung des Justiz-Ministers in dem Falle, wenn ein Appellationsgericht in zweiter Instanz in einer Untersuchung erkannt hat, welche in erster Instanz zur Kompetenz des Polizeirichters gehört, s. Note 2 zu Art. 106.

3. Die im Art. 129 gestattete 6wöchentliche Frist zur Erhebung der Nichtigkeits-Beschwerde mit Ermächtigung des Justiz-Ministers, und zwar vom Tage der Verkündigung des angegriffenen Urtels an gerechnet, umfasst sowohl die Anmeldung, als auch die Rechtfertigung. Ob.-Tr. v. 23. Juni 1854 (J. M. Bl. S. 379, Arch. II. S. 679). Der Herr J. M. bemerkt mit Bezug auf diese Entscheidung, dass die Innehaltung der gesetzlichen Frist keine Schwierigkeiten habe, wenn die Ermächtigung rechtzeitig nachgesucht und, ohne deren Eingang abzuwarten, die Rechtfertigungsschrift ausgearbeitet werde. Allg. Verf. v. 8. Okt. 1854 (J. M. Bl. S. 378).

Zu Abschnitt VI. (Von den Kosten des Untersuchungs-Verfahrens.) 1. Ueber den Ansatz der Gerichtskosten und der Gebühren der Rechtsanwalte in Untersuchungssachen, s. das Gesetz vom 3. Mai 1853 (G. S. S. 170—176) und die allg. Verf. des Just.-Min. vom 9. Mai 1853 (J. M. Bl. S. 182—187).

2. Ueber die Verminderung der Untersuchungskosten, s. die allg. Verf. des Just.-Min. vom 3. Sept. 1849. (J. M. Bl. S. 387 — 388), vom 25. Nov. 1850 (J. M. Bl. S. 398—399) und vom 4. April 1854 (J. M. Bl. S. 147—149). Der wesentliche Inhalt dieser Verfügungen ist in den Noten zu denjenigen gesetzlichen Bestimmungen, auf welche die Anordnungen des Justiz-Ministers Bezug haben, wiedergegeben.

Strafe, sie möge in der ersten oder einer späteren Instanz erfolgen, ist zugleich die Verurtheilung desselben in alle Kosten des Verfahrens auszusprechen. Wird dagegen der Angeklagte für nicht schuldig erklärt, so hat derselbe die Kosten des Verfahrens nicht zu tragen und ist von der Verpflichtung hierzu, wenn ihm dieselbe durch ein Urtel früherer Instanz auferlegt war, freizusprechen.

Zusatz 24. Gesetz, betreffend den Ansatz der Gerichtskosten und der Gebühren der Rechtsanwalte in Untersuchungssachen, vom 3. Mai 1853, §. 3 (G. S. S. 171).

Wenn eine Untersuchung gegen mehrere Angeschuldigte gerichtet ist, so ist der bestimmte Tarifsatz von jedem zu einer Strafe Verurtheilten besonders und nach Maaßgabe der gegen ihn erkannten Strafe zu erheben.

Nur für die außer den tarifmäßigen Kostensätzen noch zum Ansatze kommenden, in dem fünften Abschnitte des Tarifs zum Gesetze vom 10. Mai 1851 verzeichneten Nebenkosten, haften alle in derselben Untersuchung verurtheilten Personen solidarisch, wenn nicht in dem Erkenntnisse für einen oder mehrere oder alle Verurtheilte etwas Anderes festgesetzt wird.

Diese solidarische Verbindlichkeit erstreckt sich nicht auf die jeden einzelnen Angeschuldigten oder Verurtheilten treffenden Detentions-, Verpflegungs- und Transportkosten.

Zu §. 178. 1. Der wegen Mangels an Unterscheidungsvermögen freigesprochene Angeklagte ist zur Tragung der Kosten nicht verpflichtet. Ob.-Tr. v. 6. April 1853 (Arch. I, S. 373–374). Vergl. die Abh. von Kisker im Arch. I, S. 138–140. — Vergl. dagegen das Erk. des vorm. Rhein. Revisions- und Kassationshofes vom 29. Juni 1852 (J. M. Bl. S. 304–305).

2. Wenn der Angeklagte vor rechtskräftiger Verurtheilung zu einer Strafe gestorben ist, so können die Kosten der Untersuchung nicht aus dem Nachlaß beigetrieben werden, da die Bestimmung des §. 610 der Crim.-Ordn. aufgehoben ist. Ob.-Tr. v. 5. Okt. 1853 (Arch. II, S. 106–107). Ueber die Frage, ob der Nachlaß zufolge §. 365, Tit. 9, Th. I A. L. R. die Kosten zu tragen habe, war in dem vorliegenden Falle nicht besonders entschieden. Goltdammer spricht sich (Arch. II, S. 107 Anm.) dahin aus, daß §. 365 cit. nicht mehr eine Norm für den Kriminalrichter, sondern lediglich ein Fundament für einen Civilanspruch zu sein scheine.

3. Ueber Begriff und Umfang der gerichtlichen Untersuchungskosten im Gebiete der Rheinischen Strafprozeß-Ordnung, s. das Erk. des Ob.-Tr. vom 26. Juni 1856 (Arch. IV, S. 681–683).

4. Nachdem durch die Verordnung vom 3. Januar 1849 für die Untersuchungen ein mündliches Verfahren eingeführt worden ist, während die Entscheidung über die (subsidiäre) Verbindlichkeit zur Kostenübertragung nach wie vor auf Grund schriftlicher Verhandlungen erfolgt, ist der §. 488 der Crim.-Ordn. insoweit für modifizirt zu erachten, als derselbe bestimmt, daß über diesen letzteren Punkt durch das Urtheil entschieden werden soll. Die Festsetzung darüber, ob die Kosten **in subsidium** dem Criminalfond oder einer zu deren Uebertragung subsidiarisch verpflichteten Stadt zur Last fallen, ist daher nunmehr durch eine besondere Resolution zu treffen. Allg. Verf. des Just.-Min. vom 11. Dez. 1851 (J. M. Bl. S. 386–387).

Die Bestimmungen über die subsidiäre Verbindlichkeit zur Tragung der Kosten und über die Regulirung des Kostenwesens liegen außerhalb der Grenzen des vorliegenden Werkes. Es möge deshalb hier nur auf das Gesetz, betreffend die

§. 179. Die Kosten eines ohne Erfolg eingelegten Rechtsmittels fallen demjenigen zur Last, welcher dasselbe eingewendet hat. Ist dies der Staatsanwalt, so werden sie niedergeschlagen. Bei der Versäumniß von Fristen und Terminen trägt der Säumige die dadurch verursachten Kosten.

Abschnitt VII.

Allgemeine Bestimmungen.

Zu Abschnitt VII. der Verordnung.

Art. 130. Die Wiedereinsetzung in den vorigen Stand gegen den Ablauf präklusivischer Fristen und gegen die Versäumniss des zur Verhandlung in Uebertretungssachen nach Art. 126 anberaumten ersten Termins kann nur ertheilt werden, wenn Naturbegebenheiten oder andere unabwendbare Zufälle die Versäumung der Frist oder des Termins herbeigeführt haben. *Wiedereinsetzung in den vorigen Stand gegen den Ablauf präklusivischer Fristen.*

Das Gesuch um Wiedereinsetzung muss binnen zehn Tagen nach dem Termine oder nach Ablauf der Frist, — wenn aber das Hinderniss erst später gehoben wird, von der Zeit der Wegräumung desselben an gerechnet, unter Angabe und Bescheinigung der Hinderungsgründe, schriftlich oder zu Protokoll angebracht werden.

Vor der Beschlussnahme ist die Staatsanwaltschaft mit ihrem Antrage zu hören. Eine Beschwerde über die Zurückweisung des Gesuchs steht dem Angeklagten innerhalb einer zehntägigen Frist zu, welche mit dem Ablaufe des Tages beginnt, an dem die Mittheilung des Beschlusses erfolgt ist. Der Staatsanwaltschaft bleibt nur vorbehalten, die Unstatthaftigkeit der Wiedereinsetzung bei der Hauptverhandlung geltend zu machen.

Entbindung der Städte von der Verpflichtung zur Tragung der Criminalkosten u. s. w., vom 1. August 1855 (G. S. S. 579—582) und auf die darauf bezüglichen allg. Verf. v. 28. August 1855 (J. M. Bl. S. 250—256), v. 1. Okt. 1855 (J. M. Bl. S. 318) und v. 26. Okt. 1855 (J. M Bl. S. 354), ferner rücksichtlich der subsidiarischen Haftung der Eltern und Kinder auf Pr. 2557 des Ob.-Tr. v. 23. Okt. 1854 (Entsch. 29, S. 108—114), rücksichtlich der Haftbarkeit des Ehemannes auf Pr. 2538 v. 13. Juli 1854 (Entsch. 28, S. 142—147) hingewiesen werden.

Zu §. 179. Dem Angeklagten fallen die Kosten des von ihm eingelegten Rechtsmittels auch dann zur Last, wenn dasselbe zwar die Herabsetzung der in der früheren Instanz erkannten Strafe, nicht aber die gänzliche Freisprechung des Angeklagten zur Folge hat. Ob.-Tr. vom 13. April 1855 (J. M. Bl. S. 144—145, Arch. III, S. 405) und vom 9. Juli 1856 (Arch. IV, S. 680-681).

Zu Art. 180. Die Wiedereinsetzung in den vorigen Stand gegen den Ablauf präklusivischer Fristen ist auch in den vor den Gerichtsabtheilungen anhängigen Untersuchungen, nicht bloss in Uebertretungssachen zulässig. Ob.-Tr. v. 4. Oktober 1854 (Arch. II, Seite 679).

Ermässigung und Verwandlung der Strafen, welche durch verschiedene Strafurtheile ausgesprochen sind.

Art. 131. Wenn die nämliche Person durch verschiedene Strafurtheile zu Strafen verurtheilt worden ist, deren Höhe zusammen dasjenige Maass übersteigt, welches bei gleichzeitiger Aburtheilung hätte inne gehalten werden müssen (Strafgesetzbuch §. 57), so sind die Strafen auf dieses Maass zurückzuführen. Freiheitsstrafen geringerer Art sind in einem solchen Falle in die der erkannten schwereren Art zu verwandeln. Eine solche Verwandlung muss auch dann eintreten, wenn verschiedene gegen die nämliche Person ergangene Strafurtheile, welche Freiheitsstrafen von schwererer und von geringerer Art verhängen, gleichzeitig zur Vollstreckung zu bringen sind.

Die Herabsetzung und Verwandlung geschieht durch das Gericht, bei welchem die Hauptverhandlung erster Instanz in Ansehung derjenigen strafbaren Handlung Statt gefunden, welche die schwerste Strafart, oder bei Strafen gleicher Art die schwerste Strafe nach sich gezogen hat, und falls hiernach mehrere Gerichte kompetent sein würden, durch dasjenige derselben, welches zuletzt erkannt hat.

Zu Art. 131. 1. Die Vorschrift des Art. 131 setzt voraus, dass die gleichzeitige Aburtheilung der verschiedenen selbstständigen Handlungen, durch welche mehrere Verbrechen oder Vergehen begangen worden, nach der Zeit dieser Begehung möglicher Weise hätte erfolgen können. Sie findet also keine Anwendung, wenn diejenigen strafbaren Handlungen, welche den Gegenstand des zuletzt ergangenen Strafurtheils bilden, erst begangen wurden, nachdem das frühere Strafurtheil bereits erlassen war und mithin zum Gegenstande desselben nicht gemacht werden konnte. Ob.-Tr. (Pr. 45) vom 11. Juli 1853, (Entsch. Bd. 25, S. 443 und 26, S. 190—192, Arch. I, S. 554—555).

2. Die Umwandlung der Strafe geringerer Art soll jederzeit und so lange stattfinden, als nicht die eine oder die andere Strafe vollständig verbüsst worden. Ob.-Tr. v. 29. u. 30. Sept. 1854 (J. M. Bl. S. 398—399, Arch. II, S. 811).

3. Bei Anwendung des Art. 131 kommt es auf den Ort, wo in den einzelnen Fällen die Vollstreckung bewirkt wird, nicht an. Von der Anwendung desselben kann daher aus der speziellen Rücksicht auf den Ort der Vollstreckung — nämlich dann, wenn in derjenigen Straf-Anstalt, in welcher der Verurtheilte untergebracht ist, sowohl Gefängniss-, als Zuchthausstrafen vollstreckt werden — um so weniger abgesehen werden, als die Verschiedenheit der Vollstreckungsorte keineswegs die einzige ratio des Art. 131 ist und als die Umstände, wegen deren zu gewissen Zeiten oder in gewissen Bezirken die Vollstreckung der Zuchthausstrafe in einer Gefangenen-Anstalt nicht vermeidlich erscheint, dem Wechsel unterworfen sind. R. des Just. Min. v. 30. Juni 1854. I. 2690.

4. Wenn ein Angeklagter, nachdem gegen ihn ein Erkenntniss ergangen ist, welches ihn zu dem höchsten Maasse zeitiger Freiheitsstrafe verurtheilt, wegen einer strafbaren Handlung verfolgt wird, über welche, mit Rücksicht auf die Zeit ihrer Verübung, in jener Untersuchung zugleich hätte verhandelt und entschieden werden können, so ist es nicht zulässig, wegen dieser That keine Strafe zu verhängen und auf dieselbe die bereits erkannte Strafe anzurechnen. Es muss vielmehr die gesetzliche Strafe ausgesprochen werden, jedoch

Art. 132. In jedem Urtheil, in welchem auf eine Geldbusse erkannt wird, ist zugleich auszusprechen, welche Freiheitsstrafe für den Fall, dass die Geldbusse nicht beigetrieben werden kann, an deren Stelle treten soll. Ist dies gleichwohl nicht geschehen und ergiebt sich bei der Vollstreckung, dass der Verurtheilte zur Entrichtung der Geldbusse unvermögend ist, so hat das Gericht, welchem die Strafvollstreckung zusteht, die Geldbusse in eine verhältnissmässige Freiheitsstrafe zu verwandeln. Substitution einer Freiheitsstrafe in den Fällen, wo auf Geldbusse erkannt wird.

Art. 133. In den Fällen der Art. 131 und 132 beschliesst das Gericht, ohne mündliches Verfahren, nach Vernehmung des schriftlichen Antrages der Staatsanwaltschaft. Die Beschwerde gegen den Beschluss findet nur innerhalb einer zehntägigen präklusivischen Frist Statt, welche mit dem Ablaufe des Tages beginnt, an dem die Bekanntmachung des Beschlusses erfolgt ist. Verfahren.

§. 180. Die Gerichte sind befugt, Personen, welche Störung in der öffentlichen Sitzung verursachen, aus dem Sitzungssaale entfernen zu lassen, auch nach Befinden der Umstände und nachdem die Staatsanwaltschaft darüber gehört worden, gegen solche Personen sofort eine Gefängnißstrafe bis zu acht Tagen festzusetzen und vollstrecken zu lassen. Störung der mündlichen Verhandlung;

---

mit der Maassgabe, dass dieselbe nur zu vollstrecken sei, Falls und insoweit die durch das früher ergangene Urtheil verhängte Strafe nicht zur Vollstreckung kommen sollte. Ob.-Tr. v. 18. Jan. 1856 (J. M. Bl. S. 66–67, Arch. IV, S. 243–243).

5. Der Art. 131 erleidet keine analoge Anwendung bei der Ueberschreitung der gesetzlichen Grenze der Polizei-Aufsicht. Ob.-Tr. v. 27. Jan. 1854 (Arch. II, S. 251—252).

Zu Art. 132. Ueber die Geldbussen bei Vergehen und ihre eventuelle Umwandlung, s. die §§. 17, 18 des Str. G. B., über die Geldbussen bei Uebertretungen den §. 335 das., über die Vollstreckung der Geldstrafe in den Nachlass des Verurtheilten, den §. 20 a. a. O. Vergl. ferner die Abh. von Korb im J. M. Bl. 1852, S. 363 bis 372 und die Abh. im J. M. Bl. 1856, S. 191–196.

Hier möge auch einer Entsch. des Ob.-Tr. vom 2. Dez. 1853 (J. M. Bl. 1854, S. 81. Arch. II, S. 107—108) Erwähnung geschehen, welche annimmt, dass die Befugniss des Just. Min., einer nicht vollstreckbaren Freiheitsstrafe eine Geldstrafe zu substituiren, durch die neuere Gesetzgebung nicht aufgehoben ist. Dasselbe Erkenntniss nahm an, dass bei dieser Umwandlung der §. 17 des Str. G. B. nicht maassgebend ist, während das Erk. v. 17. Okt. 1855 (Arch. III, S. 831 bis 832) anerkennt, dass für die Umwandlung der §. 17 des Str. G. B. einen analogen Maassstab bietet.

Zu §. 180. Nach der Verf. des Just. Min. vom 4. Aug. 1849 — I. 2967 — steht es dem Vorsitzenden des Gerichts zu, die Ruhe und Ordnung in der öffentlichen Sitzung aufrecht zu erhalten, so wie anderer Seits die Lokal-Polizeibehörde dafür zu sorgen hat, daß am Orte des Gerichts keine dessen Sicherheit und freie Wirksamkeit gefährdenden Excesse und Demonstrationen vorkommen und daß die erforderliche ausübende Macht zu Gebote stehe, um den etwaigen Anträgen des Gerichtsvorsitzenden sofort genügen zu können. Insbesondere wird es von dem Ermessen des Vorsitzenden abhängen, ob er in den

Zu §. 180 der Verordnung.

insbesondere durch den Angeklagten.

Art. 134. Wenn der Angeklagte die Verhandlung vor dem erkennenden Gerichte durch ungebührliches Betragen stört, und ungeachtet der Ermahnung und Verwarnung des Vorsitzenden nicht davon absteht, so kann das Gericht, nach Anhörung der Staatsanwaltschaft, unbeschadet der etwa sonst zu verhängenden Strafe, durch einen Beschluss anordnen, dass der Angeklagte entfernt, in das Untersuchungsgefängniss abgeführt, dort bis zur Beendigung der Verhandlung in Verwahrung gehalten und das Verfahren in seiner Abwesenheit fortgesetzt werde.

Dieser Beschluss kann jederzeit zurückgenommen und dem Angeklagten die Anwesenheit bei der Verhandlung gestattet werden.

Der Vertheidiger wird auch nach der Abführung des Angeklagten gehört, jedoch unbeschadet der Bestimmung des Art. 22.

Wird das Urtheil in Abwesenheit des Angeklagten verkündet, so ist ihm dasselbe durch den Gerichtsschreiber zu Protokoll bekannt zu machen.

Besonderes Verfahren für gewisse Untersuchungssachen.

§. 181. In dem Verfahren wegen Holzdiebstahls und bei

Gerichtssitzungen eine Militairwache für nothwendig erachtet. Wenn daher die auf der Rolle einer Schwurgerichts-Sitzung stehenden Sachen in Bezug auf Ruhe und Ordnung am Orte der Verhandlung Besorgnisse zu erregen geeignet erscheinen, so hat das Appellationsgericht dafür zu sorgen, daß die betr. Königl. Regierung rechtzeitig von der Nothwendigkeit besonderer Schutzmaaßregeln in Kenntniß gesetzt und um deren Gewährung angegangen werde. Wo es eines militairischen Schutzes nicht bedarf oder ein solcher nicht zu erlangen ist, muß die Polizeibehörde des Ortes requirirt werden, eine angemessene Zahl von Polizeibeamten oder Gensdarmen zur Aufrechthaltung der Ordnung in den öffentlichen Sitzungen und außerhalb derselben, sofern ein zahlreicher Besuch zu erwarten ist, abzuordnen. Da jedoch diese Beamten nicht überall in hinreichender Zahl disponibel sein werden, so ist die Maaßregel zu treffen, daß sie durch die bei dem Gerichte angestellten Gerichtsdiener und Gefangenenwärter, soweit dieselben nicht dem sonstigen Dienste obzuliegen haben, eventuell auf andere zweckmäßig erscheinende Weise Unterstützung erhalten. Die Aufrechthaltung der Ordnung in dem Sitzungssaale wird übrigens wesentlich erleichtert werden, wenn in den zur Aufnahme des Publikums bestimmten Raum jedesmal nur so vielen Personen der Zutritt gestattet wird, als in demselben bequem und ohne ein Gedränge zu veranlassen, Platz finden; zu dem Ende würde später kommenden Personen nur nach Maaßgabe des Austritts Anderer der Zugang zu gewähren sein. — In dem R. v 13. Okt. 1849 — I. 3950 — hat der Kriegsminister den Königl. General-Kommandos von den Ortschaften, welche Sitze der Schwurgerichte sind, Kenntniß geben lassen, um möglichst diejenigen Orte während der Sitzungs-Perioden der Schwurgerichte mit Garnison zu belegen, welche bisher ohne solche gewesen sind, event. solche Anordnungen zu treffen, daß auf Antrag der Regierungen für die Dauer der Gerichtssitzungen oder für einzelne Fälle während derselben die nöthige Mannschaft ohne Verzug dahin dirigirt werden kann.

S. ferner das R. des J. M. v. 19. Mai 1853 — I. 1578 — S. 32, Note 1 zu Art. 18.

Disziplinarsachen gegen Beamte wird durch die Vorschriften des vorliegenden Gesetzes nichts geändert.

(Untersuchungen wegen Steuerdefraudationen und Kontraventionen, sowie wegen Injurien gegen Beamte bei Ausübung ihres Amtes oder in Beziehung auf dasselbe, wozu auch Beleidigungen der im Dienste befindlichen Personen der bewaffneten Macht gehören, sind fortan nach Abschnitt II. und beziehungsweise Abschnitt III. dieser Verordnung zu behandeln und unterliegen auch hinsichtlich der Rechtsmittel den Vorschriften derselben.

Alle sonstigen Injurien, mit Ausnahme der schweren Realinjurien, können fortan nur im Wege des Civilprozesses verfolgt werden.)

Zusatz 25. Gesetz über die Einführung des Strafgesetzbuchs, vom 14. April 1851, Artikel XVI. (Ges. S. S. 97—98).

Wenn wegen Ehrverletzung und leichter Mißhandlung in den Fällen der §§. 102, 103, 152—156 und 189 die Staatsanwaltschaft einschreitet, so erfolgt die Entscheidung im Untersuchungsverfahren.

Schreitet die Staatsanwaltschaft nicht ein, so bleibt in den Landestheilen, in welchen die Verordnung über die Einführung des mündlichen und öffentlichen Verfahrens vom 3. Januar 1849 Gesetzeskraft hat, dem Verletzten die Verfolgung im Wege des Civilprozesses nach den bestehenden Vorschriften unbenommen. Die einfache Beleidigung (§. 343) kann nur im Wege des Civilprozesses verfolgt werden.

Im Bezirke des Rheinischen Appellationsgerichtshofes wird an der Befugniß des Verletzten, als Civilpartei aufzutreten, nichts geändert.

Zu §. 181. Ueber das Verfahren wegen Holzdiebstahls bestimmt jetzt das G. vom 2. Juni 1852 (G. S. S. 305—318), dessen auf das Verfahren bezügliche Vorschriften nebst dem im §. 49 des Gesetzes allegirten Gesetze vom 31. Jan. 1845 (G. S. S. 95—96) im Anhange abgedruckt sind.

Ueber die Dienstvergehen der Richter und die unfreiwillige Versetzung derselben auf eine andere Stelle oder in den Ruhestand, ist das Gesetz vom 7. Mai 1851 (G. S. S. 218—235) erlassen, rücksichtlich der Dienstvergehen der nichtrichterlichen Beamten, der Versetzung derselben u. s. w., das Gesetz vom 21. Juli 1852 (G. S. S. 465—488), in Bezug auf die Rechtsanwalte und Notarien gilt die Verordnung über die Bildung eines Ehrenraths, vom 30. April 1847 (G. S. S. 196—201). S. ferner das Gesetz, betreffend einige Abänderungen des Gesetzes vom 7. Mai 1851 und die Einführung eines Ehrenrathes für die Rechtsanwalte bei dem Ober-Tribunal, vom 26. März 1856 (G. S. S. 201—202).

Ueber die strafrechtliche Verfolgung von Beamten und deren Hemmung durch den Kompetenz-Konflikt, vergl. Note 5 und 6 zu §. 9 (S. 17—19). — Das Verfahren bei Kompetenz-Konflikten ist geregelt durch das Gesetz vom 8. April 1847 (G. S. S. 170—175), welches nach dem Erk. des Kompetenz-Gerichtshofes vom 8. März 1856 (J. M. Bl. S. 138—144) auch in Untersuchungs-Sachen Anwendung findet.

Zu §. 181 der Verordnung.

Verfahren wegen Zuwiderhandlungen gegen die Vorschriften über die Erhebung öffentlicher Abgaben u. s. w.

Art. 135. Hinsichtlich der Zuwiderhandlungen gegen die Vorschriften über die Erhebung öffentlicher Abgaben und Gefälle, insbesondere der Steuern, Zölle, Postgefälle und Kommunikationsabgaben, kommen die in den Artikeln 136—146 enthaltenen Bestimmungen zur Anwendung.

Zusatz 26. Gesetz über das Postwesen, vom 5. Juni 1852, §. 43 (G. S. S. 356).

Die Untersuchung und Entscheidung in Post- und Porto-Uebertretungssachen steht in den Fällen, wo nach §. 34 Verlust der Befugniss zur Treibung des Fuhrgewerbes eintritt, den Gerichten zu. In allen übrigen Fällen wird die Untersuchung summarisch von den Postämtern und Postexpeditionen oder von den Bezirks-Aufsichtsbeamten geführt. Diese können jedoch, so lange noch kein Strafbescheid erlassen worden ist, die Verweisung der Sache zum gerichtlichen Verfahren verfügen und ebenso kann der Beschuldigte während der Untersuchung bei der Postbehörde, und binnen zehn Tagen präklusivischer Frist, nach Eröffnung des von letzterer abgefassten Strafbescheides, auf rechtliches Gehör antragen. Der Strafbescheid wird alsdann als nicht ergangen angesehen.

Das hinsichtlich der Zuwiderhandlungen gegen die Vorschriften über die Erhebung der Zölle vorgeschriebene Verfahren bei der Untersuchung und Entscheidung im Verwaltungswege, tritt auch bei Post- und Porto-Uebertretungen ein.

Auf den eingelegten Rekurs hat das General-Postamt zu entscheiden.

Die Vorladung des Beschuldigten zu seiner Verantwortung im Verwaltungswege unterbricht die Verjährung.

Zu Art. 135. 1. S. Note 3 zu §. 27 (S. 61), Note 2 zu Art. XX des Einführungs-Gesetzes (S. 62), Note 1 zu Art. 120 und die Note zu §. 165.

2. Die auf §§. 243, 246 des Anhangs zur A. G. O. sich gründenden speziellen Anordnungen über das administrative Strafverfahren sind hier nicht aufgenommen. Nur die neue, im Postgesetz vom 2. Juni 1852 enthaltene Bestimmung ist oben im Zusatze zu Art. 135 wiedergegeben. Rücksichtlich der Steuersachen vergl. §§. 2, 4 der Declar. v. 20. Jan. 1820 (G. S. S. 33).

3. Die in den Art. 135—146 gegebenen Bestimmungen hinsichtlich des Untersuchungsverfahrens bei Zuwiderhandlungen gegen die Vorschriften über die Erhebung öffentlicher Abgaben und Gefälle, namentlich auch der Kommunikationsabgaben, finden auch Anwendung auf Chausseegeld-Kontraventionen auf den bevorrechteten Privat-Chausseen. Ob.-Tr. vom 16. Februar 1855 (Arch. III, S. 404—405).

4. Die im §. 59 des Gesetzes wegen Untersuchung und Bestrafung der Zollvergehen v. 23. Januar 1838 gedachte, abgesondert von der Untersuchung wider den eigentlichen Kontravenienten zur gerichtlichen Kognition gelangende subsidiarische Verhaftung — §. 19 des Gesetzes — wird nicht im Civilprozess-Verfahren, sondern im Untersuchungs-Verfahren nach Art. 136—146 des Ges. v. 3. Mai 1852 erörtert und entschieden. Präj. 59 des Ob.-Tr. v. 27. Okt. und

Art. 136. Insoweit nach den bisherigen Gesetzen ein administratives Strafverfahren zulässig ist, behält es dabei sein Bewenden. Jedoch soll in allen Fällen dem Angeschuldigten das Recht zustehen, während der Untersuchung oder während einer zehntägigen präklusivischen Frist auf rechtliches Gehör anzutragen. Die Frist beginnt mit dem Ablaufe des Tages, an dem die Bekanntmachung des in erster Verwaltungs-Instanz ergangenen Strafbescheides erfolgt ist. Wenn der Angeschuldigte von dieser Befugniss Gebrauch macht, so wird in dem Falle, wo ein Strafbescheid erlassen ist, das Hauptverfahren eingeleitet, ohne dass es der Einreichung einer Anklageschrift bedarf, und ohne dass über die Eröffnung der Untersuchung von dem Gerichte Beschluss gefasst wird.

Bis zum Beginne der Hauptverhandlung kann der Angeschuldigte, indem er sich bei dem ergangenen Strafbescheide beruhigt, den Antrag auf rechtliches Gehör zurücknehmen. Es fallen ihm jedoch alsdann auch die bis dahin erwachsenen Kosten der gerichtlichen Untersuchung zur Last.

Der Angeschuldigte, welcher zu einer Strafe gerichtlich verurtheilt wird, hat auch die durch das Verfahren im Verwaltungswege entstandenen Kosten zu tragen.

So lange noch kein Strafbescheid erlassen ist, kann die Verwaltungsbehörde in allen Fällen, selbst wenn es nur auf eine Ordnungsstrafe ankommt, sich der Entscheidung enthalten und wegen Einleitung des gerichtlichen Verfahrens das Erforderliche veranlassen.

---

10. Nov. 1853 (Entsch. Bd. 26, S. 434—437. J. M. Bl. 1854, S. 82. Arch. II, S. 111).

5. Ueber die Verrechnung der Strafgelder für Chaussee-Polizei- und Chausseegeld-Kontraventionen, s. die in dieser Beziehung noch wichtige allg. Verf. des Min. des Inn., des Handels, der Fin. und der Justiz v. 3. Mai 1850 (J. M. Bl. S. 171—172).

6. Durch allg. Verf. des J. M. v. 16. Dez. 1853 (J. M. Bl. S. 442) sind die Gerichte angewiesen, in allen Steuer-Kontraventionssachen, welche zur Entscheidung bei den Verwaltungsbehörden gelangt sind, sich der Annahme von Zahlungen auf die durch Resolut der Verwaltungsbehörden festgesetzten Beträge zu enthalten, vielmehr diejenigen, welche eine solche Zahlung anbieten, möge es der Angeschuldigte selbst oder ein Dritter für ihn thun, an die betreffende Verwaltungsbehörde zu verweisen. Dies gilt namentlich auch sowohl von den Fällen, wo die Verwandlung der von der Verwaltungsbehörde festgesetzten Beträge in Gefängnissstrafe durch die Gerichte bereits erfolgt ist, als auch dann, wenn vor erfolgter Verwandlung die Zahlung angeboten wird.

Zu Art. 136. 1. Der Art. 136 begründet nicht die Befugniss zur Provokation auf gerichtliche Entscheidung gegen Strafverbote der Polizeibehörden. Vielmehr ist gegen solche Verbote der Rechtsweg unzulässig. Erk. des Kompet.-Gerichtshofes v. 14. Januar 1854 (J. M. Bl. S. 164—165.)

2. Der Art. 136 hat nur dasjenige administrative Strafverfahren aufrecht erhalten, welches für die im Art. 135 erwähnten Zuwider-

Art. 137. Wenn es darauf ankommt, die im Verwaltungswege festgesetzte Geldbusse wegen Unvermögens des Verurtheilten in eine Gefängnissstrafe umzuwandeln, so sind die Verhandlungen an die Staatsanwaltschaft abzugeben, welche die Sache mit ihrem Antrage auf Strafumwandlung dem kompetenten Gerichte vorlegt. Es ist alsdann, ohne dass das Gericht die Entscheidung der Verwaltungsbehörde seiner Beurtheilung zu unterziehen hat, in Gemässheit der Art. 132 und 133 zu verfahren.

Art. 138. Die zur Verwaltung der betreffenden Abgaben oder Gefälle bestellte Behörde ist, wenn die Staatsanwaltschaft nicht einschreitet, befugt, die gerichtliche Anklage selbstständig zu erheben.

---

handlungen gegen die Vorschriften über die Erhebung öffentlicher Abgaben und Gefälle etc. eingeführt worden ist; jene Vorschrift bezieht sich nicht auf die früher allgemein bestehende oder speziell angeordnete Strafgewalt der Polizeibehörden, z. B. nicht auf die nach §. 177 der Gewerbe-Ordnung vom 17. Januar 1845 zu bestrafenden Gewerbepolizei-Uebertretungen; diese unterliegen vielmehr jetzt nur noch der richterlichen Kognition. Ob.-Tr. v. 30. Okt. 1856 (J. M. Bl. S. 368—369).

3. Durch den Art. 136 sind die seinem Inhalte entgegenstehenden bisherigen gesetzlichen Vorschriften für aufgehoben zu erachten und es ist nunmehr auch in Stempel-Strafsachen ganz allgemein, also auch bei Strafen unter 10 Thlr. (§. 31 des Stempel-Gesetzes) und in den Fällen, in welchen nach dem Zollstrafgesetz vom 23. Januar 1838 eine blosse Ordnungsstrafe eintritt (§. 33 daselbst), der Rechtsweg zulässig. Weitere Aenderungen aber in dem bisherigen Verfahren bei den Administrativbehörden haben nicht in der Absicht gelegen; es hat vielmehr dem Angeschuldigten nur die Befugniss zugestanden werden sollen, wenn er sich bei der im bisherigen Wege zu erlassenden Straffestsetzung der Verwaltungsbehörden nicht beruhigen will, dagegen auf gerichtliche Entscheidung zu provociren. R. des General-Steuerdirektors vom 3. August 1852 (Verw.-Min.-Bl. Seite 244).

4. Durch Erlass des General-Steuerdirektors v. 22. Juni 1853 ist ausgesprochen, dass es zur Vermeidung von Weiterungen angemessen erscheine, Anschuldigungen wegen Steuervergehen, bei welchen Personen im Alter unter 16 Jahren betheiligt sind, behufs gerichtlicher Entscheidung sofort an den Staats-, beziehungsweise Polizeianwalt zur weiteren Veranlassung gelangen zu lassen

5. Nach einem Erlass des General-Steuerdirektors v. 12. Dez. 1853 findet der Grundsatz der solidarischen Verpflichtung zur Tragung der Untersuchungskosten auch auf die im Verwaltungswege verhandelten und entschiedenen Steuer-Untersuchungssachen Anwendung, wobei es keinen Unterschied macht, ob die Strafen den Angeschuldigten principaliter oder in subsidium auferlegt sind.

6. In der allg. Verf. v. 12. Mai 1853 (J. M. Bl. S. 190) weist der Minister die Gerichte darauf hin, dass die von der gesetzlichen Strafe der Steuer-Kontravention unabhängige Verpflichtung zur Zahlung der Steuer selbst, kein Gegenstand des Erkenntnisses sein kann. Vgl. R. v. 4. Febr. 1835 (Jahrb. Bd. 48, S. 280).

Zu Art. 138. Bei allen Anträgen, welche die Abgaben-Verwaltung in Defraudationssachen stellt, kann stets nur darüber ein

Art. 139. Ueber die von der Behörde eingereichte Anklageschrift wird nach Vernehmung des schriftlichen Antrages der Staatsanwaltschaft Beschluss gefasst.

Art. 140. Wird die Untersuchung eröffnet, so bestellt die Behörde einen Beamten ihres Ressorts oder einen Rechtsanwalt als Vertreter. Der Vertreter ist zur Hauptverhandlung vorzuladen, und hat in derselben die Anklage vorzutragen. Der Vorsitzende kann dem Vertreter gestatten, Fragen, welche derselbe zur Aufklärung der Sache für angemessen erachtet, unmittelbar an die Betheiligten zu richten. Nach beendigter Beweisaufnahme wird der Vertreter gehört, und zwar vor der Staatsanwaltschaft, welche ebenfalls ihren Antrag zu stellen hat.

Erscheint der Vertreter nicht, so wird, falls nicht eine Vertagung erfolgt, die Anklageschrift durch den Gerichtsschreiber verlesen, und mit der Beweisaufnahme und Entscheidung in der gewöhnlichen Form verfahren.

Art. 141. Beschwerden und Rechtsmittel, welche der Staatsanwaltschaft im Falle einer von ihr erhobenen Anklage zustehen, können auch von der Behörde eingelegt werden.

Art. 142. Die Appellation und die Nichtigkeits-Beschwerde finden ohne Rücksicht auf die Höhe der Strafe Statt.

Art. 143. Die Frist zur Einlegung der Beschwerde oder eines Rechtsmittels beginnt für die Behörde, welche die Anklage erhoben hat, mit dem Ablaufe des Tages, an dem ihr der Beschluss oder das Erkenntniss insinuirt ist.

Von demselben Zeitpunkte an steht der Behörde im Falle der Appellation zur Einreichung der Appellationsschrift, und im Falle der Nichtigkeits-Beschwerde zur Angabe der Beschwerdepunkte eine vierwöchentliche Frist offen. Die Frist zur Beantwortung der Appellationsschrift und zur Gegenerklärung auf die Nichtigkeits-Beschwerde ist ebenfalls eine vierwöchentliche. Beide Fristen können auf Antrag der Behörde angemessen verlängert werden.

Zweifel aufkommen, ob die gerügte Thatsache ein strafbares Vergehen sei oder nicht. Im ersteren Falle muss der Staatsanwalt einschreiten, im letzteren Falle muss er bei der Ablehnung die Gründe angeben, welche ihn das, was der Verwaltungsbehörde ein Vergehen scheine, für nicht strafbar halten lassen. S. R. des Just.-Min. v. 24. Febr. 1853 (Arch. I, S. 229).

Zu Art. 142. Ueber die Zulässigkeit der Nichtigkeits-Beschwerde bei Gewerbe-Polizei-Kontraventionen, s. Note 1 zu Art. 120, die Note zu §. 165, auch Note 3 zu §. 27 (S. 61) und die Noten zu Art. 106.

Zu Art. 143. 1. In Betreff der Dauer der Anmeldungsfrist ist §. 126 der V. v. 3. Jan. 1849 durch Art. 143 nicht ausser Kraft gesetzt. Die Behörde kann mithin nicht die im Art. 143 bestimmte vierwöchentliche Frist seit Behändigung des Urtels für sich in Anspruch nehmen, weil diese Frist, abweichend von der Bestimmung des §. 129 nur zur Rechtfertigung der Beschwerde bewilligt ist. Ob.-Tr. v. 8. Okt. 1854 (Arch. II, S. 812).

Art. 144. Die Staatsanwaltschaft ist befugt, in jeder Lage der Sache, bis zu deren rechtskräftiger Entscheidung, die Verfolgung zu übernehmen. In diesem Falle wird, insofern nicht eine entgegengesetzte Erklärung der Behörde erfolgt, ebenso wie im Falle einer Ausschliessung (Art. 145) verfahren.

Art. 145. Einer von der Staatsanwaltschaft erhobenen Anklage kann die Behörde sich in jeder Lage der Sache, bis zu deren rechtskräftiger Entscheidung, anschliessen.

Nachdem die Erklärung über die Anschliessung dem Gerichte mitgetheilt worden ist, stehen der Behörde die nämlichen Befugnisse zu, als wenn die Anklage von ihr selbst erhoben wäre. Der Vortrag in der Hauptverhandlung erfolgt durch die Staatsanwaltschaft; jedoch ist dem Vertreter der Behörde zu Bemerkungen und Anträgen das Wort zu gestatten.

Art. 146. Die durch die Vertretung der Behörde entstehenden Kosten fallen dem Angeklagten niemals zur Last.

Aufhebung des fiskalischen Untersuchungsprozesses.

§. 182. Der fiskalische Untersuchungsprozeß findet nicht ferner Statt.

Schlußbestimmungen.

§. 183. Alle dieser Verordnung entgegenstehenden Vorschriften sind in soweit aufgehoben, als sie mit den Bestimmungen derselben sich nicht vereinbaren lassen.

Bei dem Kammergerichte und dem Kriminalgerichte zu Berlin tritt sie an die Stelle des Gesetzes vom 17. Juli 1846. (Gesetz-Sammlung S. 267 ff.)

---

2. Der nach Art. 138 zur selbstständigen Erhebung einer gerichtlichen Anklage befugten Finanzbehörde stehen die im Art. 143 erwähnten, zur Rechtfertigung der Rechtsmittel gewährten längeren Fristen nur dann offen, wenn sie selbst den Prozess führt, oder dem von der Staatsanwaltschaft geführten Prozesse vor dessen rechtskräftiger Entscheidung beigetreten ist. Hat daher der Ober-Staatsanwalt zwar rechtzeitig Nichtigkeits-Beschwerde ergriffen, aber nicht in der präklusivischen zehntägigen Frist des Art. 110 gerechtfertigt, ist also ihr gegenüber das appellationsgerichtliche Erkenntniss rechtskräftig geworden, so kann nach Ablauf jener Frist die Finanzbehörde sich nicht mehr dem bis dahin nur von der Staatsanwaltschaft allein betriebenen Verfahren anschliessen, und nun ihrerseits die Rechtfertigung des Rechtsmittels übernehmen. Ob.-Tr. v. 3. April 1856 (J. M. Bl. S. 112). Vgl. Note 2 zu Art. 145.

Zu Art. 144. Daraus, dass die Staatsanwaltschaft in den Fällen des Art. 138 des Gesetzes vom 3. Mai 1852 nach Art. 144 befugt ist, in jeder Lage der Sache die Verfolgung zu übernehmen, folgt nicht, dass derselben für die Einlegung und Rechtfertigung des Rechtsmittels die Fristen zu Statten kommen, welche der Art. 143 den Verwaltungsbehörden einräumt. Ob.-Tr. (Pr. 84) vom 16. März 1854 (Arch. II, S. 542. In der amtlichen Ausgabe der Entscheidungen fehlt dies Präjudiz in Folge eines Redaktions-Versehens).

Zu Art. 145. 1. Ueber den Zeitpunkt der Anschliessung, s. Note 2 zu Art. 143.

2. Wenn die fiskalische Behörde sich nach dem Erkenntnisse zweiter Instanz, jedoch zu einer Zeit, wo der Staatsanwaltschaft die Frist zur Einreichung einer Nichtigkeits-Beschwerde noch läuft, dem

Zu §. 183 der Verordnung.

Art. 147. An den Bestimmungen über den Militärgerichtsstand und über die sonstigen besonderen Gerichtsstände wird durch das gegenwärtige Gesetz nichts geändert.

Für die Hohenzollernschen Lande behält es bei den Bestimmungen der §§. 4—7 des Gesetzes vom 30. April 1851 (G. S. S. 188) sein Bewenden.

Die §§. 77—95, 97 und 98, 577—587 der Kriminalordnung und die §§. 15, 25, 36, 58, 80, 81, 88, 89, 94, 97 bis 117, 137—143, 146, 148, 149, 161—164, 171—177 der Verordnung vom 3. Januar 1849 werden aufgehoben.

Urkundlich unter Unserer Höchsteigenhändigen Unterschrift und beigedrucktem Königlichen Insiegel.

Gegeben Potsdam, den 3. Mai 1852.

(L. S.) **Friedrich Wilhelm.**

v. Manteuffel. v. d. Heydt. Simons. v. Raumer.
v. Westphalen. v. Bodelschwingh. v. Bonin.

Verfahren der letzteren anschliesst, so erlangt sie hierdurch die Stellung einer Partei im Prozesse; es muss ihr eine Erkenntniss-Ausfertigung insinuirt werden, und es steht ihr zur Rechtfertigung der Nichtigkeits-Beschwerde, von jener Behändigung an gerechnet, eine vierwöchentliche Frist zu. Ob.-Tr. v. 2. Okt. 1856 (J. M. Bl. S. 350—353).

Zu Art. 147. 1. S. die Noten zu Art. 2 oben S. 21.

2. Die formelle und materielle Militair-Strafgesetzgebung ist enthalten in der Verordnung über die Disziplinarbestrafung in der Armee, vom 21. Okt. 1841 (G. S. S. 325 ff.), dem Allerh. Erlass, betr. die Ausübung der Disziplinar-Strafgewalt bei der Landwehr, vom 7. Okt. 1851 (G. S. S. 707), dem Allerh. Erlass, betr. die Bestrafung derjenigen Militairpersonen, welche die vorschriftsmässige An- und Abmeldung bei Aufenthalts-Veränderungen unterlassen haben, vom 29 Mai 1852 (G. S. S. 41; vergl. dazu allg. Verf. des Just.-Min. vom 17. Okt. 1852 oben S. 61, Note 5 zu §. 27), den mittelst Allerh. Kab.-Ordre vom 9. Dez. 1852 publizirten neuen Kriegsartikeln für die Unteroffiziere und Soldaten des preussischen Heeres (Staatsanzeiger 1853, S. 293—296), dem durch Allerh. Kab.-Ordre v. 3. April 1845 eingeführten neuen Strafgesetzbuch für das Heer (G. S. S. 287 ff.), dem Gesetze, betr. die Abänderung mehrerer Bestimmungen in den Militair-Strafgesetzen, vom 15. April 1852 (G. S. S. 115 ff.) und den Allerh. Verordn., betr. die Ausführung des vorgedachten Gesetzes, vom 18. Mai 1852 und vom 4. Dez. 1856 (J. M. Bl. 1852, S. 218 ff. und 1857, S. 2), dem (durch Cirk.-Rescr. des Min. des Inn. v. 16. Okt. 1852 publicirten) Beschluss der deutschen Bundes-Versammlung über den Gerichtsstand in Strafsachen bei Bundestruppen, v. 24. Juni 1852 (Verw. M. Bl. S 264).

Ueber die Kompetenz-Verhältnisse der Militair- und Civilgerichte enthalten die §§ 1—18, Tit 1, Th. II des Strafgesetzb. für das Heer (G. S. 1845, S. 287 ff.) ausführliche Vorschriften. Es sind dort mit Bezug auf die, eine vollständige Klassifikation der Militairpersonen enthaltende Anlage A. dieses Strafgesetzbuchs die Personen aufgeführt, welche der Militair-Gerichtsbarkeit unterworfen sind (§§. 1, 4, 6 und 8), die Strafsachen, worauf die Militair-Gerichtsbarkeit sich erstreckt (§§. 2

§. 184. Die gegenwärtige Verordnung tritt am 1. April d. J. in Kraft, und sind bis dahin die zur Ausführung derselben

---

und 3); es ist der Zeitpunkt angegeben, mit welchem der Militair-Gerichtsstand beginnt (§§. 5 und 7), desgl., in welchem derselbe aufhört (§§. 7, 16, 17). — Die Einzelnheiten anlangend, so sind insbesondere wichtig die Bestimmungen: a) über die ausnahmsweise Kompetenz der Civilgerichte zur Untersuchung und Entscheidung der von Personen des Dienststandes verübten Kontraventionen gegen Finanz- und Polizeigesetze und gegen Jagd- und Fischerei-Verordnungen (§. 3), zu welchen Vergehen jedoch der Holzdiebstahl und die Kontraventionen gegen militairpolizeiliche Vorschriften nicht zu rechnen sind (Just. Min. Rescr. v. 30. Juli 1853 — Jahrb. 51, S. 447 —, u. Kab.-Ordre v. 19. Aug. 1847 (G. S. S. 334) und Holzdiebstahlsgesetz vom 2. Juni 1852, §. 15 — G. S. S. 308—309 —); b) über den Einfluss, welchen die Beurlaubung auf bestimmte Zeit und die einstweilige Beschäftigung im Civil-Staatsdienst oder im Kommunal-Staatsdienst auf den Militair-Gerichtsstand äussern (§. 4); c) über die Fälle, in welchen die Personen des Beurlaubtenstandes, welche letztere in Strafsachen den Civilgerichten in der Regel unterworfen sind, ausnahmsweise unter der Militair-Gerichtsbarkeit stehen (§§. 6—8); d) über das Verfahren, wenn Verbrechen, welche Militairpersonen vor Eintritt in den Dienststand verübt haben, erst später bei den Militairbehörden zur Sprache kommen und α) von den Civilgerichten noch keine Untersuchung eingeleitet, β) diese bereits eingeleitet, aber noch nicht erkannt, oder γ) das Erkenntniss bereits ergangen war (§§. 9—12), und umgekehrt über das Verfahren, wenn wegen eines während des Dienststandes verübten Verbrechens zur Zeit des Uebertritts in den Beurlaubtenstand noch die Untersuchung anhängig ist, oder wenn ein während des Dienststandes verübtes Verbrechen erst nach dem Uebertritt in den Beurlaubtenstand oder nach gänzlichem Ausscheiden aus den Militair-Verhältnissen zur Sprache kommt (§§. 14, 15, 17), e) über die Aussetzung der Untersuchung und Strafvollstreckung gegen Personen des Beurlaubtenstandes, welche zum Kriege, zu einer ausserordentlichen Zusammenziehung der Truppen oder zu grösseren Uebungen einberufen sind (§. 13). — Der Unterschied zwischen militairischen und gemeinen Verbrechen, worauf in den vorstehend erwähnten Gesetzesstellen häufig verwiesen wird, ist aus dem §. 192, Th. I des Militair-Strafgesetzbuchs zu ersehen. Vergl. die mittelst Verf. des Just.-Min. v. 12. Februar 1847 (J. M. Bl. S. 51) mitgetheilte Zusammenstellung der Vorschriften, welche die Civilgerichte in Strafsachen aus Rücksicht auf die Militairverhältnisse zu befolgen haben (Beilage zu Nr. 7 des J. M. Bl. für 1847).

Zu dem vorstehend unter d. γ. erwähnten Falle, vergl. einen Beschluss des Ob.-Tr. v. 18. April 1856 (Arch. IV, S. 551—552), nach welchem der Militair-Gerichtsstand ausgeschlossen ist, wenn in Beziehung auf die vor dem Eintritt des Angeklagten in den Militair-Dienststand begangene strafbare Handlung von dem Civilgerichte, ebenfalls vor dem Eintritt in den Dienst, das Urtel erster Instanz bereits verkündet war, sei dies auch in Abwesenheit des Angeklagten geschehen und diesem das Urtel noch nicht insinuirt worden.

3. Die früheren gemischten, aus Civil- und Militair-Gerichtspersonen zusammengesetzten Gerichte haben in Folge der Aufhebung des §. 79 der Crim.-Ordn. aufgehört.

4. Ueber die während des Belagerungszustandes bei Suspension des Art. 7 der Verfassungs-Urkunde eintretenden Kriegsgerichte, s. §§. 10—15 des Gesetzes vom 4. Juni 1851 (G. S. S. 453—456).

5. Zur Kognition der akademischen Gerichtsbarkeit (über deren

erforderlichen Anordnungen, insbesondere, was die Bildung der Geschworenenlisten betrifft, durch Unsere Minister des Innern und der Justiz zu treffen.

Die zu diesem Zeitpunkte anhängigen Sachen, in welchen bereits die förmliche Untersuchung eröffnet ist, sollen, mit Ausnahme der politischen und Preßverbrechen (§. 60, Nr. 2, §. 61), nach den bisherigen Vorschriften durch alle nach denselben zulässigen Instanzen zu Ende geführt werden.

Dagegen ist bei politischen und Preßverbrechen, über welche noch nicht in erster Instanz erkannt worden, das Verfahren nach den Vorschriften der gegenwärtigen Verordnung umzuleiten.

Urkundlich unter Unserer Höchsteigenhändigen Unterschrift und beigedrucktem Königlichen Insiegel.

Gegeben Potsdam, den 3. Januar 1849.

(L. S.) **Friedrich Wilhelm.**

Graf v. Brandenburg. v. Ladenberg. v. Manteuffel.
v. Strotha. Rintelen. v. d. Heydt.
Für den Finanzminister:
Kühne. v. Bülow.

Fortbestehen auch §. 10 der V. v. 2. Jan. 1849 — G. S. S. 4 — zu vergleichen) gehören die Injuriensachen der Studenten unter sich, die Duelle mit Studenten, insofern dabei weder Tödtung, noch Verstümmelung, noch bedeutende Verwundung vorgefallen ist, und alle geringere Vergehen der Studenten, d. h. solche, denen das Gesetz nur ein vierwöchentliches Gefängniss oder eine noch geringere Strafe androht. S. Reglement v. 28. Dez 1810 (G. S. S. 142) und Reglement v. 28. Nov. 1819 (G. S. S. 238). — Ueber die Anwendbarkeit der Vorschrift der §§. 8 und 9 des Reglements v. 28. Dezember 1810 gegen einen Studenten, welcher zugleich zur Erfüllung seiner Militairpflicht als einjähriger Freiwilliger in das Militair getreten ist, auf das während dieser Zeit mit einem Studenten vollzogene Duell, bei welchem weder Tödtung, noch Verstümmelung, noch bedeutende Verwundung vorgefallen ist, s. Ob.-Tr (Pr. 58) v. 26 Okt. 1853 (Entsch. 26, S. 406—410).

6. Die Befugniss des Justiz-Ministers, einer nicht vollstreckbaren Freiheitsstrafe eine Geldbusse zu substituiren (§. 590 Crim.-Ordn.) ist durch Art. 147 nicht aufgehoben. Ob.-Tr. vom 2. Dezember 1853 (J. M. Bl. 1854, S. 81).

Anhang.

I.

Gesetz, den Diebstahl an Holz und anderen Waldprodukten betreffend, vom 2. Juni 1852.

(G. S. S. 305–318).

Wir **Friedrich Wilhelm**, von Gottes Gnaden, König von Preußen ꝛc. ꝛc. verordnen, unter Zustimmung der Kammern, was folgt:

Erster Abschnitt.
Strafbestimmungen.

— — — — — — — — — — —

Zweiter Abschnitt.
Von dem Verfahren.

Verfahren bei der Ermittelung und Verfolgung.

§. 21. Hinsichtlich der Befugnisse der Forstbeamten bei Ermittelung und Verfolgung der Holzdiebstähle kommen die bestehenden gesetzlichen Vorschriften, insbesondere auch das Gesetz vom 12. Febr. 1850 zur Anwendung.

§. 22. Wird Jemand bei Ausführung eines Holzdiebstahls oder gleich nach derselben betroffen oder verfolgt, so sind die zur Begehung des Diebstahls gebrauchten Werkzeuge, welche er bei sich führt, in Beschlag zu nehmen.

In den nämlichen Fällen können die zur Wegschaffung des Entwendeten gebrauchten Thiere oder anderen Gegenstände gepfändet werden.

§. 23. Die gepfändeten Transportmittel werden dem nächsten Ortsvorstande auf Gefahr und Kosten des Eigenthümers zur Aufbewahrung überliefert, bis eine der Höhe nach vom Ortsvorstande zu bestimmende baare Summe, welche dem Geldbetrage der etwa erfolgenden Verurtheilung nebst den Kosten der Aufbewahrung, oder dem Werthe der Transportmittel gleichkommt, in die Hände des Ortsvorstandes oder gerichtlich niedergelegt wird.

Geschieht die Niederlegung nicht innerhalb acht Tagen, so kann der gepfändete Gegenstand auf Verfügung des Richters öffentlich versteigert werden.

Zuständigkeit und Verfahren.

§. 24. Die Zuständigkeit der Gerichte und das Verfahren wegen der in dem §. 16 vorgesehenen Holzdiebstähle richtet sich nach den für Vergehen bestehenden allgemeinen Vorschriften. Bei Kontumazial-Urtheilen ist jedoch nur der Tenor derselben den Verurtheilten zuzustellen.

Hinsichtlich der übrigen durch dieses Gesetz vorgesehenen strafbaren Handlungen kommen die Vorschriften über die Zuständigkeit der Gerichte und das Verfahren bei Uebertretungen mit nachstehenden Abänderungen und näheren Bestimmungen zur Anwendung.

§. 25. Der Gerichtsstand ist begründet bei den Gerichten des Sprengels, in dessen Bezirke der Diebstahl verübt worden ist.

§. 26. Die gerichtliche Verfolgung steht dem Polizei-Anwalte zu. Die Verrichtungen können verwaltenden Forstbeamten übertragen werden.

§. 27. Die Anschuldigung muß enthalten:

1) den Namen, das Gewerbe, den Wohn- und Aufenthaltsort des Angeschuldigten und der etwa sonst haftbaren Personen (§§. 10, 11);
2) die Bezeichnung des entwendeten Gegenstandes und dessen taxmäßigen Werthes (§. 19);
3) die Angabe der näheren Umstände, als: der Zeit und des Ortes der Entwendung und des Betreffens; ob die Entwendung unter erschwerenden Umständen (§§. 4, 9) geschehen; ob sie mit einem Angriffe oder einer Widersetzlichkeit bei dem Betreffen verbunden gewesen sei; ob der Thäter sich im Rückfalle befinde u. s. w.;
4) die Angaben, welche Thatsachen der Forstbeamte selbst wahrgenommen habe; hinsichtlich der übrigen Thatsachen müssen die Zeugen benannt und die sonstigen Beweismittel angegeben werden.

Die etwa in Beschlag genommenen oder gepfändeten Sachen werden verzeichnet.

§. 28. Die Forstbeamten haben die in ihren Revieren vorgefallenen Entwendungen, welche vor das nämliche Polizeigericht gehören, unter fortlaufenden Nummern in ein Verzeichniß zu bringen, welches in tabellarischer Form die im §. 27 erwähnten Kolumnen enthält und mit einer fünften Kolumne zu den unten (§§. 29, 39 u. 40) bemerkten Zwecken zu versehen ist.

Das Verzeichniß muß von demjenigen Forstbeamten, welcher es aufgestellt hat, und in Ansehung der Entwendungen, welche von einem Forstbeamten entdeckt worden sind, von diesem unterschrieben werden. Es wird in zwei Exemplaren geführt, deren eines der Polizei-Anwalt dem Gerichte zu übergeben hat. Das in der Hand des Polizei-Anwalts verbleibende Exemplar kann so gefertigt werden, daß jeder Anzeigefall mit der Unterschrift des Forstbeamten sich auf einem besonderen Blatte befindet.

§. 29. Zu der bestimmten Gerichtssitzung werden die Angeschuldigten und die etwa sonst haftbaren Personen mittelst Zufertigung eines Auszuges aus dem Verzeichnisse unter der Verwarnung vorgeladen, daß sie bei ihrem Ausbleiben der ihnen zur Last gelegten Thatsachen für geständig werden erachtet werden. Der Beamte, welcher die Insinuation bewirkt hat, bescheinigt in der fünften Kolumne des bei dem Gerichte verbleibenden Verzeichnisses die gehörig geschehene Vorladung mit Angabe der Personen, welchen der Auszug zugestellt worden, und des Tages, an welchem dies geschehen ist. Wenn die Insinuation durch einen nicht bei dem Gerichte angestellten Beamten bewirkt wird, so geschieht die Bescheinigung auf einer demselben übergebenen Abschrift des Auszuges. Die Behändigung der Ladung darf nicht in den letzten acht Tagen vor der Gerichtssitzung geschehen, widrigenfalls darauf kein Kontumazial-Erkenntniß ergehen kann oder dem erscheinenden Angeschuldigten auf dessen Antrag die Vertagung bis zur nächsten Sitzung zu gestatten ist.

Das Mandatsverfahren ist ausgeschlossen.

§. 30. Die Forstbeamten, welche die Diebstähle entdeckt haben, sind durch ihre Dienstbehörde zu veranlassen, an dem bestimmten Tage in der Sitzung zu erscheinen. Die etwaigen sonstigen Belastungszeugen sind zu derselben vorzuladen.

Die Beschuldigten müssen ihre etwaigen Vertheidigungszeugen entweder freiwillig in derselben Sitzung gestellen, oder deren Vorladung zu dieser Sitzung in dem gesetzlichen Wege rechtzeitig erwirken.

Beweisführung durch vereidete Forstbeamte.

§. 31. Die Angaben der zur Ermittelung der Holzdiebstähle gerichtlich vereideten Forstschutz-Beamten haben in Ansehung derjenigen Thatsachen, welche auf deren eigener dienstlicher Wahrnehmung beruhen, Beweiskraft bis zum Gegenbeweise. Dasselbe gilt von der durch einen solchen Forstschutz-Beamten vorgenommenen Abschätzung des Werths des Entwendeten.

§. 32. Die mit dem Forstschutze beauftragten Personen dürfen zur Ermittelung der Holzdiebstähle nur vereidet werden:

1) wenn sie Königliche Beamte sind;
2) wenn sie von Gemeinden oder anderen Waldeigenthümern auf Lebenszeit, oder nach einer vom Landrath bescheinigten dreijährigen tadellosen Forstdienstzeit auf mindestens drei Jahre mittelst schriftlichen Kontrakts angestellt sind;
3) wenn sie zu den für den Forstdienst bestimmten oder mit Forst-Versorgungsschein entlassenen Militairpersonen gehören, in Gemäßheit der darüber ergangenen oder ergehenden Verordnungen.

In den Fällen zu 2 und 3 ist eine ausdrückliche Genehmigung der Bezirksregierung zu der Vereidung erforderlich.

§. 33. Die Vereidung erfolgt vor dem Gerichte, bei welchem der Forstschutz-Beamte in dieser Eigenschaft seine Verrichtungen auszuüben hat, oder falls sein Revier in mehrere Gerichtsbezirke fällt, bei dem Gerichte seines Wohnorts ein für allemal dahin:

> daß er die Diebstähle an Holz und andern Waldprodukten, welche in dem seinem Schutze gegenwärtig anvertrauten oder künftig anzuvertrauenden Bezirke vorfallen und zu seiner Kenntniß kommen, mit aller Treue, Wahrheit und Gewissenhaftigkeit anzeigen, was er über die Thatumstände der strafbaren Handlung und über die Urheber und Theilnehmer entweder aus eigener Sinneswahrnehmung oder durch fremde Mittheilung erfahren habe, mit genauer Beachtung dieses Unterschiedes angeben, auch den Werth des entwendeten Gegenstandes gewissenhaft und der Vorschrift gemäß abschätzen wolle.

Eine Ausfertigung des Vereidigungsprotokolls wird den übrigen Gerichten, bei welchen der Forstschutz-Beamte etwa dienstlich aufzutreten hat, mitgetheilt.

§. 34. Wenn der Forstschutz-Beamte eine Denunzianten-Belohnung empfängt, so tritt die im §. 31 bestimmte Beweiskraft nicht ein, und die im §. 33 vorgeschriebene Vereidung soll nicht stattfinden.

§. 35. Die Bezirksregierung ist befugt, die in Gemäßheit des §. 32 ertheilte Genehmigung zurückzuziehen. In diesem Falle erlischt die Wirkung der stattgehabten Vereidung für die Zukunft. Sie erlischt von Rechtswegen, wenn gegen den Forstschutz-Beamten eine Verurtheilung ergeht, welche die Amtsentsetzung eines Königl. Beamten von Rechtswegen nach sich ziehen würde. In beiden Fällen ist die Dienstherrschaft befugt, den lebenslänglich angestellten Forstbeamten aus dem Dienste zu entlassen.

Sitzungs-Protokoll.

§. 36. Das Sitzungsprotokoll wird mit Bezug auf die Nummern des Verzeichnisses (§. 28) geführt.

Zustellung des Kontumazial-Urtheils.

§. 37. Von dem ergehenden Kontumazial-Urtheile wird dem Verurtheilten nur der Tenor insinuirt, und zwar durch Zustellung einer von dem Gerichtsschreiber beglaubigten Abschrift.

Die Zustellung wird von dem Beamten, welcher sie bewirkt hat, am Rande des Sitzungsprotokolls vermerkt, oder, wenn er nicht bei dem Gerichte angestellt ist, auf einer ihm übergebenen Abschrift des Auszuges bescheinigt.

Rechtsmittel.

§. 38. Das Rechtsmittel des Rekurses steht dem Beschuldigten nur zu, wenn er zu einer Geldbuße von wenigstens fünf Thalern oder unmittelbar zu einer Gefängnißstrafe (§. 9) verurtheilt worden ist; dem Polizei-Anwalte, wenn auf Freisprechung erkannt, oder wenn das Strafgesetz verletzt oder unrichtig angewendet worden ist.

Hat der Polizeirichter sich mit Unrecht für zuständig oder für unzuständig erklärt, so ist das Rechtsmittel in allen Fällen zulässig.

Im Bezirke des Appellationsgerichtshofes zu Köln findet die Appellation nach den vorstehenden Bestimmungen Statt; der Einspruch gegen Kontumazial-Urtheile ist nicht zulässig.

§. 39. Nachdem das Urtheil rechtskräftig geworden ist, wird der Tenor desselben von dem Gerichtsschreiber in die fünfte Kolumne des dem Polizei-Anwalte übergebenen Verzeichnisses eingetragen.

Dieser Vermerk wird auf dieselbe Weise beglaubigt, wie die Ausfertigungen der Urtheile.

§. 40. Wird ein Rechtsmittel eingelegt, so hat der Gerichtsschreiber eine Abschrift der auf dem Exemplar des Gerichts befindlichen Insinuations-Bescheinigungen, sowie den Vermerk über den Tenor des Urtheils (§. 39), in das dem Polizei-Anwalte übergebene Verzeichniß einzutragen.

Dieses Verzeichniß und ein Auszug des Sitzungsprotokolls, soweit sie den Fall betreffen, werden an das Gericht der höheren Instanz befördert.

Der Gerichtsschreiber bei diesem Gerichte hat den Tenor des

hier ergehenden Urtheils in der fünften Kolumne des Verzeichnisses zu vermerken, welches sodann an den Polizei-Anwalt zurückgelangt.

Vollstreckung.

§. 41. Die Vollstreckung des Urtheils geschieht von Amtswegen, wie bei anderen Straferkenntnissen. Sie kann auf Grund des mit dem beglaubigten Urtheils-Vermerke versehenen Verzeichnisses erfolgen. Die Ertheilung besonderer Urtheils-Auszüge in den geeigneten Fällen ist nicht ausgeschlossen.

Im Bezirke des Appellationsgerichtshofes zu Köln bedarf es auch zur Vollstreckung des Urtheils in Beziehung auf den zu Gunsten von Gemeinden, Korporationen oder Privaten ausgesprochenen Werthersatz nur eines beglaubigten Urtheils-Auszuges. Diese Bestimmung gilt auch in den Fällen, wo in Gemäßheit des §. 24 das für Vergehen vorgeschriebene Verfahren eintritt.

§. 42. Die Geldbußen, welche wegen Diebstahls an Gemeinde- oder Privat-Eigenthum ausgesprochen und eingezogen sind, sollen den Bestohlenen zufließen und denselben nach einem vierteljährlich aufzustellenden Verzeichnisse überwiesen werden.

Weiset der Bestohlene im Falle der Nichteinziehbarkeit der Geldbuße, der Behörde, welche die Leistung der Arbeiten (§. 13) zu überwachen hat, geeignete, zu seinem Vortheil gereichende Arbeiten an, so soll der Verurtheilte zu deren Leistung angehalten werden. Diese Anweisung muß jedoch erfolgen, bevor die anderweite Vollstreckung der Strafe begonnen hat.

§. 43. Die Gerichte sind befugt, wenn der Verurtheilte zu der Gemeinde gehört, welcher die erkannte Entschädigung und Geldbuße zufällt, die Beitreibung dieser Entschädigung und Geldstrafe nebst den Kosten, der betreffenden Gemeinde-Behörde in der Art aufzutragen, daß sie die Einziehung durch ihre Gemeinde-Kasse auf die nämliche Weise zu bewirken hat, wie die Einziehung der Gemeinde-Gefälle. Es dürfen jedoch den Verurtheilten keine Mehrkosten erwachsen.

Inwiefern die Vollstreckung des Urtheils auch anderen Behörden von den Gerichten aufgetragen werden könne, ist im Verwaltungswege zu bestimmen.

* * *

§. 49. Wenn der Angeschuldigte die Einrede vorbringt, daß er zu der ihm zur Last gelegten Handlung berechtigt gewesen sei, so kommen die Bestimmungen des Gesetzes über das Verfahren in Wald-, Feld- und Jagdfrevel-Sachen bei Civileinreden vom 31. Januar 1845 (G. S. S. 95) für den ganzen Umfang der Monarchie zur Anwendung.

* * *

§. 54. Alle dem gegenwärtigen Gesetze entgegenstehenden Bestimmungen sind aufgehoben.

Insbesondere treten außer Kraft das Gesetz vom 7. Juni 1821 wegen Untersuchung und Bestrafung des Holzdiebstahls, und die dasselbe ergänzenden und erläuternden Bestimmungen, sowie alle seitherigen allgemeinen und besonderen Forst-Ordnungen, soweit sie sich auf den Gegenstand des gegenwärtigen Gesetzes beziehen.

Wo in irgend einem Gesetze auf die bisherigen Bestimmungen

über den Holzdiebstahl verwiesen wird, treten die Vorschriften des gegenwärtigen Gesetzes an deren Stelle.

Urkundlich unter Unserer Höchsteigenhändigen Unterschrift und beigedrucktem Königlichen Insiegel.

Gegeben Sanssouci, den 2. Juni 1852.

(L. S.) **Friedrich Wilhelm.**

v. Manteuffel. v. d. Heydt. Simons. v. Raumer.
v. Westphalen. v. Bodelschwingh. v. Bonin.

II.

Gesetz über das Verfahren in Wald-, Feld- und Jagdfrevelsachen bei Civil-Einreden (im Bezirk des Appellationsgerichtshofes zu Köln)*) vom 31. Januar 1845. (G. S. S. 95—96).

Wir **Friedrich Wilhelm**, von Gottes Gnaden, König von Preußen 2c. 2c. finden Uns bewogen, für den Bezirk des Appellationsgerichtshofes zu Köln zur Feststellung des Verfahrens in den Fällen, wenn bei Untersuchungen wegen Wald-, Feld- oder Jagdfrevel von dem Angeschuldigten Civil-Einreden zu seiner Vertheidigung vorgebracht werden, auf den Antrag Unseres Staatsministeriums, nach Anhörung Unserer getreuen Stände der Rheinprovinz und nach vernommenem Gutachten Unseres Staatsraths zu verordnen, was folgt:

§. 1. Auf die in Untersuchungen wegen Wald-, Feld- oder Jagdfrevel von dem Angeschuldigten vorgebrachte Einrede, daß er zu der ihm als Frevel zur Last gelegten Handlung berechtigt gewesen sei, darf der Strafrichter das Erkenntniß nur dann aussetzen, wenn die Einrede durch Angabe des bestimmten Rechtsgrundes und der Beweismittel hinreichend bescheinigt und zugleich von der Art ist, daß sie im Falle ihrer Richtigkeit jede Strafe ausschließen würde. Der Rechtsgrund und die Beweismittel müssen in dem Urtheile, durch welches das Strafverfahren ausgesetzt wird, angegeben werden.

§. 2. Hat der Strafrichter das Erkenntniß wegen einer solchen Einrede, die sich auf Eigenthum gründet, ausgesetzt, so muß der bei dem Strafgericht fungirende Beamte des öffentlichen Ministeriums demjenigen, dessen Rechte durch die Einrede zunächst berührt werden, von deren Vorbringen und von der angeordneten Aussetzung des Strafverfahrens sogleich Nachricht geben. Diesem bleibt überlassen, seine Rechte im gesetzlichen Wege geltend zu machen, und den Erfolg beim Strafgerichte zur Anzeige zu bringen.

§. 3. Hat der Strafrichter das Erkenntniß wegen einer solchen Einrede, die sich auf ein anderes Rechtsverhältniß als das des Eigenthums gründete, ausgesetzt, so muß er dem Angeschuldigten eine nach

---

*) Nach §. 49 des Holzdiebstahlsgesetzes vom 2. Juni 1852 und Art. II. des Gesetzes, betreffend die Abänderung und Ergänzung einiger Bestimmungen des Einführungsgesetzes zum Strafgesetzbuche, vom 14. April 1856 kommt das Gesetz vom 31. Januar 1845 für den ganzen Umfang der Monarchie zur Anwendung.

den Umständen abzumessende, höchstens zweimonatliche Frist bestimmen, binnen welcher derselbe das Anerkenntniß des Eigenthümers oder den Nachweis der Einleitung einer Klage zur Ausführung der behaupteten Befugniß beizubringen hat.

§. 4. Wird in denjenigen Landestheilen, in welchen das Jagdrecht getrennt von dem Grundeigenthum besteht, von dem eines Jagdfrevels Angeschuldigten die Einrede, daß er zur Ausübung der Jagd befugt gewesen, vorgebracht und deshalb das Erkenntniß ausgesetzt, so hat der Strafrichter dem Angeschuldigten auch dann, wenn derselbe auf seinem Eigenthum gejagt hat, eine Frist zu bestimmen, binnen welcher derselbe das Anerkenntniß desjenigen, dessen Rechte durch die Einrede zunächst berührt werden, oder den Nachweis der Einleitung einer Klage zur Ausführung der behaupteten Befugniß beizubringen hat.

§. 5. Wird in dem Falle des §. 2 der Civilprozeß vor Ablauf der für die Verjährung des denunzirten Frevels vorgeschriebenen Frist angestellt, so ruht diese Verjährung während der ganzen Dauer des Prozesses. Die Verjährung des Frevels ruht gleichfalls in den Fällen der §§. 3 und 4 während der Dauer des innerhalb dieser Frist angestellten Civilprozesses.

§. 6. Wird der in den §§. 3 und 4 erwähnte Nachweis nicht binnen der bestimmten Frist geführt, so wird das Strafverfahren fortgesetzt, dem Angeschuldigten bleibt jedoch unbenommen, seinen civilrechtlichen Anspruch, des Strafverfahrens ungeachtet, im gesetzlichen Wege zu verfolgen.

§. 7. In dem Falle des §. 2 wird das Strafverfahren auch dann fortgesetzt, wenn nur ein Possessorienprozeß gegen den Angeschuldigten angestellt und zu dessen Nachtheil rechtskräftig entschieden worden. Dagegen kann auch der Angeschuldigte auf ein Erkenntniß beim Strafrichter antragen, wenn der Possessorienprozeß zu seinem Vortheil rechtskräftig entschieden wird. In beiden Fällen bleibt den Betheiligten unbenommen, ihre Ansprüche im petitorischen Verfahren weiter zu verfolgen.

§. 8. Alle diesem Gesetze zuwiderlaufenden allgemeinen und besonderen Verordnungen werden hierdurch außer Kraft gesetzt.

Urkundlich unter Unserer Höchsteigenhändigen Unterschrift und beigedrucktem Königlichen Insiegel.

Gegeben Berlin, den 31. Januar 1845.

(L. S.) **Friedrich Wilhelm.**

v. Rochow. v. Savigny. Graf zu Stolberg. Graf v. Arnim. Flottwell. Uhden.

III.

Gesetz, betreffend das Verfahren gegen ausgewanderte Militairpflichtige und gegen beurlaubte Landwehrmänner, welche ohne Erlaubniß auswandern, vom 10. März 1856.

(G. S. S. 133—136).

Wir **Friedrich Wilhelm**, von Gottes Gnaden, König von

Preußen 2c. 2c. verordnen, unter Zustimmung der beiden Häuser des Landtages Unserer Monarchie, was folgt:

§. 1. Das Verfahren gegen Personen, welche ohne Erlaubniß die Königlichen Lande verlassen und sich dadurch dem Eintritt in den Dienst des stehenden Heeres zu entziehen suchen, ingleichen das Verfahren gegen beurlaubte Landwehrmänner, welche ohne Erlaubniß auswandern (§. 110 des Strafgesetzbuches), regelt sich nach den Vorschriften über das Verfahren in Untersuchungssachen.

Dabei kommen jedoch folgende Bestimmungen zur Anwendung:

I. Von dem Verfahren gegen ausgetretene Militairpflichtige.

§. 2. Den mit der Kontrole der Militairpflichtigen beauftragten Verwaltungsbehörden verbleibt die Verpflichtung, über den Aufenthaltsort derjenigen Militairpflichtigen, welche sich bei den von ihnen angeordneten Revisionen nicht gestellen, oder welche als abwesend angemeldet werden, sorgfältige Erkundigungen, insbesondere bei den betreffenden Ortsbehörden, bei den Verwandten und bei den Vormündern, anzustellen.

§. 3. Sind diese Erkundigungen fruchtlos oder ergiebt sich in Folge derselben, daß ein Militairpflichtiger die Königlichen Lande ohne Erlaubniß verlassen hat, so hat die Landespolizei-Behörde auf Grund der ihr einzureichenden und erforderlichen Falls zu ergänzenden Verhandlungen eine Erklärung dahin auszustellen:

1) daß der Militairpflichtige sich zu den von der Verwaltungsbehörde angeordneten Revisionen nicht gestellt,
2) daß der Aufenthaltsort desselben im Inlande nicht ermittelt worden, und
3) daß der angestellten Erkundigungen ungeachtet sich keine Umstände ergeben haben, welche die Annahme ausschließen, daß der Militairpflichtige die Königlichen Lande ohne Erlaubniß verlassen und sich dadurch dem Eintritt in den Dienst des stehenden Heeres zu entziehen gesucht habe.

§. 4. Die Erklärung der Landespolizei-Behörde ist dem Staatsanwalt bei dem Gericht des letzten Wohnsitzes oder des letzten gewöhnlichen Aufenthaltsorts zu übersenden. Auf Grund derselben ist von dem Staatsanwalt sofort die Beschlagnahme des Vermögens, nach Maaßgabe des §. 110 des Strafgesetzbuches, zu beantragen und die Einleitung des Strafverfahrens mittelst öffentlicher Vorladung herbeizuführen.

§. 5. Das Verfahren kann gleichzeitig gegen verschiedene Personen gerichtet werden und die Verhandlung gegen die zugleich vorgeladenen Personen ungetrennt erfolgen.

§. 6. In Bezug auf die Vorladungen der Beschuldigten und die Zustellungen an dieselben kommen die Vorschriften der Art. 46 bis 50 einschließlich des Gesetzes vom 3. Mai 1852, betreffend die Zusätze zu der Verordnung vom 3. Januar 1849, und im Bezirke des Appellationsgerichtshofes zu Köln die Vorschriften der Art. 10 bis 13 einschließlich des Gesetzes vom 11. Mai 1855, die Abänderung einiger Vorschriften über das gerichtliche Verfahren betreffend, zur Anwendung. Dem Beschuldigten ist jedoch, falls sein Aufenthaltsort bekannt ist, Abschrift der Vorladung durch die Post zu übersenden. Eines Behändigungsscheines bedarf es nicht.

§. 7. In dem Termine zur mündlichen Verhandlung und in

dem weiteren Verfahren mit Einschluß der Einlegung der Rechtsmittel ist die Vertretung des nicht erschienenen Beschuldigten gestattet.

Als Vertreter sind zuzulassen:

1) diejenigen, welche als Vertheidiger aufzutreten befugt sind,
2) Vormünder, Verwandte in auf- und absteigender Linie, Ehefrauen und Geschwister der Beschuldigten, ohne daß es für dieselben einer ausdrücklichen Vollmacht bedarf.

§. 8. Die Verurtheilung erfolgt auf Grund der von der Landespolizei-Behörde ausgestellten Erklärung, falls nicht erwiesen wird, daß der Beschuldigte die Königlichen Lande nicht ohne Erlaubniß verlassen habe, oder daß Umstände vorhanden seien, welche die Annahme ausschließen, daß er sich dadurch dem Eintritt in den Dienst des stehenden Heeres zu entziehen gesucht habe.

§. 9. Bedarf es zur Aufnahme des hierüber zugelassenen Beweises einer Vertagung der mündlichen Verhandlung, so ist die Sache von den übrigen, gleichzeitig verhandelten zu trennen und zum besondern Abschluß zu bringen.

Dasselbe findet Statt, wenn die Trennung sich aus anderen Gründen als zweckmäßig ergiebt.

II. Von dem Verfahren gegen beurlaubte Landwehrmänner, welche ohne Erlaubniß auswandern.

§. 10. Die Einleitung des Verfahrens gegen beurlaubte Landwehrmänner, welche ohne Erlaubniß auswandern, geschieht auf die Erklärung der Landespolizei-Behörde:

1) daß der Aufenthalt des Landwehrmannes im Inlande nicht ermittelt,
2) daß ihm eine Erlaubniß zur Auswanderung nicht ertheilt worden,
3) daß der angestellten Erkundigungen ungeachtet sich keine Umstände ergeben haben, welche die Annahme ausschließen, daß er ausgewandert sei.

§. 11. Die Verurtheilung erfolgt auf Grund dieser Erklärung, wenn nicht derselben entgegenstehende Umstände erwiesen werden.

Im Uebrigen finden die §§. 4, 5, 6, 7 und 9 auch hier Anwendung.

III. Schlußbestimmungen.

§. 12. Alle diesem Gesetze entgegenstehenden Vorschriften, insbesondere die Bestimmungen des Th. I, Tit. 36 der Allgem. Gerichts-Ordnung und der Art. 8 und 9 des Gesetzes vom 6. Floréal XI. (26. April 1803) werden aufgehoben.

Diejenigen Sachen jedoch, welche zur Zeit, wo dies Gesetz in Kraft tritt, bei dem zuständigen Gerichte bereits eingeleitet worden sind, werden nach dem bisherigen Verfahren zu Ende geführt.

§. 13. Unsere Minister der Justiz, des Innern, der Finanzen und des Krieges sind mit der Ausführung dieses Gesetzes beauftragt.

Urkundlich unter Unserer Höchsteigenhändigen Unterschrift und beigedrucktem Königlichen Insiegel.

Gegeben Charlottenburg, den 10. März 1856.

(L. S.) **Friedrich Wilhelm.**

v. Manteuffel. v. d. Heydt. Simons. v. Raumer.
v. Westphalen. v. Bodelschwingh. Graf v. Waldersee.
Für den Minister für die landwirthschaftlichen Angelegenheiten:
v. Manteuffel.

IV.

Vorläufige Straffestsetzung wegen Uebertretungen.

b.

Gesetz über die vorläufige Straffestsetzung wegen Uebertretungen, vom 14. Mai 1852.

(G. S. S. 245—247).

Wir **Friedrich Wilhelm**, von Gottes Gnaden, König von Preußen rc. rc. verordnen, mit Zustimmung der Kammern, für diejenigen Landestheile, in welchen die Verordnung vom 3. Januar 1849 über die Einführung des mündlichen und öffentlichen Verfahrens in Untersuchungssachen Gesetzeskraft hat, was folgt:

Zu dem Gesetze vom 14. Mai 1852. 1. Bei Verletzungen der Dienstpflichten des Gesindes und der ländlichen Arbeiter ist der Antrag auf Bestrafung auf Grund des Gesetzes vom 14. Mai 1852 bei der Lokal-Polizeibehörde nur dann anzubringen, wenn weder die Herrschaft, noch ein von ihr bestellter Stellvertreter oder ein Beamter der Herrschaft die Lokalpolizei verwaltet. An Stelle der Lokalpolizei tritt in diesem Falle der Landrath. — Bis zum Anfange der Vollstreckung der Strafe ist die Zurücknahme des Antrags zulässig. §. 1 des Ges., betr. die Verletzungen der Dienstpflichten des Gesindes und der ländlichen Arbeiter, vom 24. April 1854 (G. S. S. 214—215).

2. Die den Polizei-Verwaltern vorgesetzten Verwaltungsbehörden sind nicht befugt, die von den Ersteren erlassenen, vollstreckbar gewordenen Straffestsetzungen im Falle der Inkompetenz des Verwalters im Aufsichtswege als nichtig aufzuheben. Die vorgesetzte Verwaltungsbehörde hat zwar das Recht und die Pflicht, darüber zu wachen, daß die Polizei-Verwalter ihre Kompetenz nicht überschreiten und dieselben vorkommenden Falles mit der geeigneten Belehrung zu versehen. Sobald die Straffestsetzung eines Polizei-Verwalters aber vollstreckbar geworden ist, kann der vorgesetzten Verwaltungsbehörde nur das Recht zustehen, für den Fall, daß sie die Inkompetenz desselben ermittelt, die Aussetzung der Strafvollstreckung anzuordnen, und der Staatsanwaltschaft von der Sachlage Kenntniß zu geben, damit diese eine gerichtliche Verfolgung der in Rede stehenden strafbaren Handlung eintreten lasse. In der hierauf einzuleitenden Untersuchung ist sodann die Aufhebung der polizeilichen Straffestsetzung durch Erkenntniß auszusprechen, und daneben die in der Sache selbst sich ergebende Entscheidung zu treffen. Reskr. der Min. für Handel u. s. w. und des Inn. v. 23. Sept. 1854 (Verw. Min. Bl. S. 232).

3. Wenn gegen eine polizeiliche Strafverfügung auf gerichtliche Entscheidung provozirt und in dem darauf eingeleiteten Untersuchungsverfahren von Seiten der Polizeibehörde der Einwand der Inkompetenz des Gerichts erhoben, derselbe aber demnächst rechtskräftig verworfen wird, so ist die Erhebung des Kompetenz-Konflikts unzulässig. Erk. des Kompetenz-Gerichtshofs v. 27. Sept. 1856 (J. M. Bl. 1857, S. 5—6).

4. Die Frage, ob der Angeklagte auf die richterliche Entscheidung nach der auf seine Provokation erfolgten Einleitung des gerichtlichen Verfahrens wegen Uebertretungen rein polizeilicher Natur wieder mit dem Erfolge, daß das gerichtliche Verfahren eingestellt wird, verzichten könne? ist bejaht in einem Beschluß des Kammer-Gerichts v. 3. Juni 1853 (Arch. II, S. 772), wird dagegen verneint von Lemke im Arch. II, S. 770—772.

5. Durch allg. Verf. des J. M. vom 8. Febr. 1854 (J. M. Bl. S. 62) sind die Gerichte angewiesen, die ihnen zugefertigten Immediatgesuche um Erlaß oder Milderung polizeilicher Strafen, wenn sich bei näherer Prüfung der Sache ergiebt, daß die Strafe in Gemäßheit des Ges. vom 14. Mai

§. 1. Wer die Polizeiverwaltung in einem bestimmten Bezirke auszuüben hat, ist befugt, wegen der in diesem Bezirke verübten, sein Ressort betreffenden Uebertretungen die Strafe vorläufig durch Verfügung festzusetzen. Wird Geldbuße festgesetzt, so ist zugleich die für den Fall des Unvermögens des Verurtheilten in Gemäßheit §. 335 des Strafgesetzbuchs an die Stelle der Geldbuße tretende Gefängnißstrafe zu bestimmen.

Die vorläufig festzusetzende Strafe darf fünf Thaler Geldbuße oder dreitägiges Gefängniß nicht überschreiten. Erachtet der Polizeiverwalter eine höhere Strafe für gerechtfertigt, so muß die Verfolgung dem Polizeianwalte überlassen werden.

§. 2. In der §. 1 gedachten Verfügung muß angegeben sein:

a) die Beschaffenheit der Uebertretung, sowie die Zeit und der Ort ihrer Verübung;
b) die Straffestsetzung unter Anführung der Strafvorschrift, auf welche dieselbe sich gründet;
c) die Bedeutung, daß der Angeschuldigte, wenn er sich durch die Straffestsetzung beschwert findet, innerhalb einer zehntägigen Frist, vom Tage der Insinuation derselben an, bei dem Polizeiverwalter, dem Polizeirichter oder dem Polizeianwalte schriftlich oder zu Protokoll auf gerichtliche Ent-

---

1852 durch eine vollstreckbar gewordene Verfügung des Polizei-Verwalters festgesetzt worden ist, an die betreffenden Regierungen, in Berlin an das Polizei-Präsidium abzugeben. — Sollte über ein derartiges Gesuch von Seiten des Justiz-Ministers Bericht erfordert sein, so ist darüber, daß das Gesuch aus dem vorbezeichneten Grunde an die Verwaltungsbehörde abgegeben worden, Anzeige zu erstatten. — Nach dem Erlaß der Min. für Handel u. s. w. und des Innern vom 19. Jan. 1854 haben die Regierungen, resp. das Polizei-Präsidium die von den Gerichten bei ihnen eingehenden Gesuche jener Art zu prüfen, und sie, mag Allerhöchsten Orts Bericht erfordert sein oder nicht, an denjenigen Minister, zu dessen Ressort der Gegenstand der Strafvorschrift, wegen deren Uebertretung die Strafe festgesetzt worden, gehört, mittelst gutachtlichen Berichts einzureichen.

6. Ueber die Nutzungen und Lasten aus der vorläufigen Festsetzung wegen Uebertretungen bestimmt das Gesetz vom 26. März 1856 (G. S. S. 225 bis 226): §. 1. Mit der Polizei-Verwaltung ist sowohl das Recht auf die vom Polizei-Verwalter in Gemäßheit des Gesetzes v. 14. Mai 1852 (G. S. S. 245) endgültig festgesetzten Geldbußen und Konfiskate, als auch die Verpflichtung verbunden, die durch Festsetzung und Vollstreckung der Strafen entstehenden uneinziehbaren Kosten zu tragen. — Wenn jedoch in Ansehung gewisser Uebertretungen besonders bestimmt ist, wohin die durch dieselben verwirkten Geldbußen oder Konfiskate fließen sollen, so hat es bei dieser Bestimmung sein Bewenden. §. 2. Ist nach §. 2 des Gesetzes über die Polizei-Verwaltung vom 11. März 1850 in einer Gemeinde die örtliche Polizei-Verwaltung besonderen Staats-Beamten übertragen, so gebühren die von der Ortspolizeibehörde wegen Uebertretungen festgesetzten Geldbußen und Konfiskate unbeschadet der Bestimmung im zweiten Alinea des §. 1 der Gemeinde. §. 3. Die Vorschriften dieses Gesetzes finden auch auf die vor dessen Erlaß erfolgten Straffestsetzungen Anwendung.

7. Die Berichtigung der Denunziantenantheile kann aus den von der Polizeibehörde nach dem Gesetz vom 14. Mai 1852 festgesetzten und eingezogenen Geldbußen sofort bewirkt und den Landräthen die Befugniß beigelegt werden, die Anweisung zur Zahlung der Denunziantenantheile den betreffenden Kassen zu ertheilen. R. des Min. des Innern vom 17. Nov. 1853 (Verw. Min. Bl. Seite 282).

scheidung antragen könne, daß aber, falls in dieser Frist ein solcher Antrag nicht erfolge, die Strafverfügung gegen ihn vollstreckbar würde;

d) die Kasse, an welche die Geldbuße gezahlt werden soll.

§. 3. Diese Verfügung ist unter Beobachtung der für gerichtliche Insinuationen vorgeschriebenen Formen, wobei vereidete Verwaltungsbeamte den Glauben der Gerichtsboten haben, dem Angeschuldigten zu insinuiren.

§. 4. Für dieses Verfahren sind weder Stempel noch Gebühren anzusetzen; die baaren Auslagen aber fallen dem Angeschuldigten in allen Fällen zur Last, in welchen endgültig eine Strafe gegen ihn festgesetzt wird.

§. 5. Gegen eine solche Strafverfügung (§. 1) findet die Beschwerde bei der vorgesetzten Behörde nicht Statt; es steht aber dem Angeschuldigten frei, innerhalb zehn Tagen, vom Tage der Insinuation der Verfügung an, bei dem Polizeiverwalter, dem Polizeirichter oder dem Polizeianwalte auf gerichtliche Entscheidung anzutragen. Ist dieser Antrag bei dem Polizeirichter oder bei dem Polizeianwalte gemacht worden, so haben diese hiervon den Polizeiverwalter, welcher die Strafverfügung erlassen hat, zu benachrichtigen. Dem Antragenden muß eine Bescheinigung über die erfolgte Anmeldung kostenfrei ertheilt werden.

§. 6. Erfolgt ein solcher Antrag (§. 5) innerhalb der zehntägigen Frist, so tritt dadurch die Straffestsetzung außer Kraft. Die Sache wird alsdann dem Polizeirichter vorgelegt, welcher, ohne daß es der Einreichung einer Anklageschrift bedarf und ohne vorgängigen Beschluß über die Eröffnung der Untersuchung, einen Termin zur Verhandlung ansetzt. Die Erlassung eines Mandats findet nicht Statt. Im Uebrigen kommt das bei Uebertretungen vorgeschriebene Verfahren zur Anwendung. Der Richter ist befugt, auch auf eine andere Strafe zu erkennen, als in der Strafverfügung bestimmt war.

§. 7. Wenn innerhalb der zehntägigen Frist kein Antrag auf gerichtliche Entscheidung (§. 5) erfolgt, so ist die Strafe zu vollstrecken.

§. 8. Ist die Strafverfügung des Polizeiverwalters vollstreckbar geworden, so findet wegen der nämlichen Handlung eine fernere Anschuldigung nicht Statt, es sei denn, daß die Handlung keine Uebertretung, sondern ein Vergehen oder Verbrechen darstellt, und daher der Polizeiverwalter seine Kompetenz überschritten hat.

§. 9. Durch Erlaß der polizeilichen Strafverfügung wird die Verjährung der Uebertretung unterbrochen (§. 339 des Strafgesetzbuchs). Ist der Polizeianwalt eingeschritten, bevor die vorläufige Strafverfügung dem Angeschuldigten insinuirt worden, so ist die letztere wirkungslos.

§. 10. In Betreff der von Militairpersonen begangenen Uebertretungen behält es bei den Bestimmungen der §§. 3 u. 269, Th. II. des Strafgesetzbuchs für das Heer das Bewenden.

§. 11. In soweit wegen Zuwiderhandlungen gegen die Vorschriften über die Erhebung öffentlicher Abgaben und Gefälle, insbesondere der Steuern, Zölle, Postgefälle und Kommunikations-Abgaben, ein administratives Strafverfahren vorgeschrieben ist, finden die Bestimmungen des gegenwärtigen Gesetzes auf dergleichen Zuwiderhandlungen keine Anwendung.

§. 12. Unsere Minister der Justiz und des Innern haben die zur Ausführung dieses Gesetzes erforderlichen reglementarischen Bestimmungen zu erlassen.

Urkundlich unter Unserer Höchsteigenhändigen Unterschrift und beigedrucktem Königlichen Insiegel.

Gegeben Bellevue, den 14. Mai 1852.

(L. S.) **Friedrich Wilhelm.**

v. Manteuffel. v. d. Heydt. Simons. v. Raumer.
v. Westphalen. v. Bodelschwingh. v. Bonin.

b.

Allgemeine Verfügung des Justiz-Ministers nebst Reglement vom 30. September 1852, die Ausführung des Gesetzes vom 14. Mai 1852 über die vorläufige Straffestsetzung wegen Uebertretungen betreffend.
(J. M. Bl. S. 342 ff. Verw. Min. Bl. S. 259 ff.)

Das nachstehende von dem Justiz-Minister und dem Herrn Minister des Innern in Gemäßheit des §. 12 des Gesetzes v. 14. Mai d. J. über die vorläufige Straffestsetzung wegen Uebertretungen (G. S. S. 245) erlassene Reglement wird den Gerichten und den Beamten der Staatsanwaltschaft hierdurch zur Kenntnißnahme und Nachachtung mitgetheilt.

Berlin, den 30. September 1852.

Der Justiz-Minister
Simons.

Reglement vom 30. September 1852.

§. 1. Ueber die vorläufige Straffestsetzung wegen Uebertretungen ist eine Strafliste nach dem beiliegenden Formular I. mit für jedes Kalender-Jahr fortlaufenden Nummern zu führen, und Behufs der Straffestsetzung von dem beiliegenden Formular II. als Aktenbogen für jede einzelne Sache, sowie Behufs der Ausfertigung der Strafverfügung in Fällen, wo nur eine Gefängnißstrafe festgesetzt wird, von dem beiliegenden Formular III, sowie in den Fällen, wo eine Geldstrafe und die an deren Stelle tretende Gefängnißstrafe festgesetzt wird, von dem beiliegenden Formular IV. Gebrauch zu machen.*)

§. 2. Die Befugniß zur vorläufigen Straffestsetzung steht wegen der innerhalb eines Gemeinde- oder Polizei-Bezirks verübten Uebertretungen derjenigen Person, beziehungsweise derjenigen Behörde zu, welche in diesem Bezirke die örtliche Polizei zu verwalten hat.

Ist aber gesetzlich die Handhabung der Polizei für einzelne Gegenstände, wie z. B. das Deichwesen, einer besonderen Behörde übertragen, so steht nur dieser die Befugniß zur vorläufigen Straffestsetzung wegen der innerhalb ihres Bezirks verübten Uebertretungen gegen diejenigen Strafvorschriften zu, welche die ihr übertragene besondere Polizei-Verwaltung betreffen.

Beleidigungen, sowie Diebstähle an Holz und anderen Waldprodukten, gehören nicht zu den Uebertretungen, wegen welcher der Polizeiverwalter zur vorläufigen Straffestsetzung befugt ist.

§. 3. Von der Befugniß zur vorläufigen Straffestsetzung ist

---

*) Die Formulare sind hier nicht mit abgedruckt.

nicht Gebrauch zu machen, wenn der dazu Berechtigte in Erfahrung bringt, daß der Polizeianwalt bereits Schritte zur gerichtlichen Verfolgung einer Uebertretung gethan hat.

Die Uebertretungen verjähren in drei Monaten von dem Tage an gerechnet, an welchem sie begangen sind. Nach Ablauf der Verjährungszeit findet die Bestrafung nicht mehr statt. Durch Erlaß der polizeilichen Strafverfügung aber wird die Verjährung unterbrochen.

§. 4. In den hiernach nicht ausgenommenen Fällen hat sich der Berechtigte, wenn er von einer in seinem Amtsbereiche vorgefallenen Uebertretung Kenntniß erhält, zunächst davon, wo, zu welcher Zeit, wie und von wem sie verübt ist, Ueberzeugung zu verschaffen.

§. 5. Hat er die Uebertretung selbst wahrgenommen, oder die Ueberzeugung davon durch amtliche, auf eigener Wahrnehmung des Anzeigenden beruhende, oder durch Angaben glaubwürdiger Zeugen unterstützte Anzeigen, oder Protokolle eines Beamten erlangt, so bedarf es weiterer Nachforschung nicht, sofern nur daraus die zur Straffestsetzung erforderlichen Umstände (§. 4) hervorgehen.

§. 6. Ebenso wird es, falls er anderweitig von einer Uebertretung Kenntniß erhält, in der Regel genügen, wenn er die Uebertretung auf glaubwürdige Weise in Erfahrung gebracht hat, und mindestens eine glaubwürdige Person dieselbe bezeugen kann.

§. 7. Es ist sodann (§§. 5 und 6) der Fall in die Strafliste einzutragen, der Aktenbogen bei 1, 2 u. 3 auszufüllen, und die Strafverfügung, gleichlautend mit der Eintragung in Nr. 3 desselben, durch Ausfüllung, Unterzeichnung und Unterstempelung des Formulars III. oder beziehungsweise IV. auszufertigen.

§. 8. Erachtet der Polizeiverwalter, um die erforderliche Ueberzeugung von der Uebertretung oder von den Mitteln zu ihrem Beweise zu gewinnen, annoch Ermittelungen für nöthig, so hat er diese auf die kürzeste, dabei aber hinreichend zuverlässige Art zu veranlassen.

Er ist hierbei an keine Förmlichkeit, auch nicht an ein protokollarisches Verfahren gebunden, vielmehr genügt es, daß er das Ergebniß seiner Ermittelungen, wenn sie zu der erforderlichen Ueberzeugung führen, unter Eintragung der Sache in die Straflisten, durch Ausfüllung der Nr. 2 u. 3 des Formulars II. aktenmäßig macht, worauf er dann die Strafverfügung (§. 7) ausfertigt.

§. 9. Erachtet der Polizeiverwalter die Vereidigung von Zeugen für erforderlich, um die Uebertretung festzustellen, oder läßt sich die Behufs der vorläufigen Straffestsetzung erforderliche Ueberzeugung nur durch schwierige, weitläuftige, oder voraussichtlich nur im gerichtlichen Verfahren mit Erfolg zu erreichende Ermittelungen gewinnen, so ist von der Straffestsetzung Abstand zu nehmen, und die Sache bei dem Polizeianwalt Behufs der gerichtlichen Verfolgung zur Anzeige zu bringen.

§. 10. Ist die Uebertretung mit Geld- oder Gefängnißstrafe bedroht, so hat der Polizeiverwalter nach den bei der Uebertretung obwaltenden Umständen und mit Hinsicht auf die Person des Angeschuldigten, z. B. ob er schon früher bestraft worden oder nicht, zu ermessen, ob Geldbuße oder sogleich Gefängnißstrafe festzusetzen sei.

Wird eine Geldstrafe festgesetzt, so darf sie nicht weniger als zehn Silbergroschen betragen. Die für den Fall des Unvermögens des Verurtheilten statt der Geldbuße stets sogleich festzusetzende Gefängnißstrafe aber ist so zu bestimmen, daß nach dem Ermessen des Polizeiverwalters eine Geldstrafe von zehn Silbergroschen oder auch einer höheren Geldstrafe bis zum Betrage von zwei Thalern eine Gefängnißstrafe von einem Tage gleichgeachtet wird.

Unter Einem Tage, zu vierundzwanzig Stunden gerechnet, darf Gefängnißstrafe nicht festgesetzt werden.

Ist die Strafe der Uebertretung auch Konfiskation des Gegenstandes, so ist neben der Strafe auch die Konfiskation in der Strafverfügung auszusprechen, und zwar nach dem Worte „festgesetzt" des Formulars **III.** oder **IV.**

§. 11. Die ausgefertigte Strafverfügung, aus welcher das Erforderliche in die Strafliste einzutragen ist, wird dem Gemeinde- oder Amtsboten Behufs der Zustellung an den Uebertreter übergeben. Da, wo ein vereideter Amts- oder Gemeindebote noch nicht vorhanden ist, muß solcher Behufs Insinuation der Strafverfügungen dem Landrathe des Kreises in Vorschlag gebracht werden.

Dieser hat den Vorgeschlagenen, wenn er ihn für geeignet hält, mit der erforderlichen Instruktion zu versehen und mit dem Amtseide eines Amts- oder Gemeindeboten zu vereidigen.

§. 12. Mit der Ausfertigung der Strafverfügung ist dem Boten stets der Aktenbogen zu übergeben. Der Bote hat die Ausfertigung dem Bestraften vorschriftsmäßig zuzustellen, über die Art und den Tag der Zustellung auf dem Aktenbogen zu Nr. 4 unter seiner Unterschrift amtlichen Bericht zu erstatten und sodann den Aktenbogen zurückzugeben.

§. 13. Gestellt sich der Bestrafte bis zum Ablauf des zehnten Tages, nach dem Tage der Zustellung der Strafverfügung, diesen nicht mitgerechnet, bei dem Polizeiverwalter, welcher die letztere erlassen hat, unter Berufung auf gerichtliche Entscheidung, so ist darüber eine Verhandlung aufzunehmen, und diese nebst dem Aktenbogen und den etwa zur Sache sonst vorhandenen Schriftstücken, welche zu dem Aktenbogen zu sammeln sind, ohne daß es einer weiteren Beischrift bedarf, an den Polizeianwalt abzusenden, die Absendung aber in der Strafliste zu verzeichnen.

Zu §. 10 des Reglements vom 30. Sept. 1852. Die Bestimmung des Strafgesetzbuchs (§. 335), wonach die niedrigste Geldstrafe 10 Sgr. betragen soll, enthält in ihrer Wortfassung zwar keine Beschränkung, sie kann indeß auch eine weitere Geltung nicht erhalten, als dies andere noch gültige Strafgesetze gestatten. Zu den noch gültigen Strafgesetzen gehört namentlich auch die Feldpolizei-Ordnung vom 1. Nov. 1847. Wenn daher in derselben zum Theil ein Straf-Minimum von fünf Sgr. zugelassen ist, so muß solches ungeachtet jener Bestimmung des Strafgesetzbuchs in Anwendung kommen. Dies ist auch für die Vorschrift in §. 10 des Reglem. v. 30. Sept. 1852 maßgebend, und es kann mithin in den vorläufigen Straffestsetzungen der Polizeibehörden auch eine weniger als 10 Sgr. betragende Geldbuße ausgesprochen werden, wenn in besondern noch gültigen strafgesetzlichen Vorschriften ein geringeres Straf-Minimum ausdrücklich für zulässig erklärt worden ist. Verf. der Mi. der Justiz und des Innern v. 23. Mai 1854 (J. M. Bl. S. 286, Verw. Min. Bl. S. 118). — Durch das Gesetz, betr. die Abänderung der §§. 41—46 der Feldpolizei-Ordnung v. 13. April 1856 (G. S. S. 205—207) ist die Ausführung der vorstehenden Verfügung bestätigt.

Ebenso ist zu verfahren, wenn der Antrag auf gerichtliche Entscheidung schriftlich eingereicht wird.

Die Bescheinigung über die erfolgte Anmeldung, welche nach §. 5 des G. vom 14. Mai d. J. zu ertheilen ist, kann auch auf die Ausfertigung der Strafverfügung gesetzt werden.

§. 14. Ist innerhalb der zehntägigen Frist ein solcher Antrag (§. 13) nicht gemacht, auch eine Bescheinigung darüber, daß beim Polizeirichter oder Polizeianwalt Berufung eingelegt worden, nicht beigebracht, so ist die Strafverfügung zu vollstrecken.

§. 15. War eine Geldstrafe festgesetzt, so ist der Aktenbogen unter Beifügung der zur Sache sonst noch gehörigen Schriftstücke ohne weitere Beischrift derjenigen Kasse zu übersenden, zu welcher nach der hierüber ergehenden besonderen Bestimmung die Geldstrafen einzuziehen sind, und die Absendung in der Strafliste zu vermerken.

Ist der Polizeiverwalter zur vorläufigen Empfangnahme der Geldbuße im Allgemeinen ermächtigt, und zahlt der Bestrafte an denselben, so hat er die Geldbuße nebst dem Aktenbogen an die betreffende Kasse sofort zu übersenden, die Zahlung aber auf der Ausfertigung der Strafverfügung oder auf besonderem Blatte zu bescheinigen.

§. 16. Die zur Annahme der Geldbußen bestimmte Kasse zieht die Geldstrafe ein. Ist letztere nicht beizutreiben, so vermerkt die Kasse dies auf dem Aktenbogen und sendet ihn dem, welcher die Strafverfügung erlassen hat, zurück, worauf sodann von diesem nach der Vorschrift des §. 17 die Gefängnißstrafe zu vollstrecken ist.

§. 17. Ist keine Geldstrafe, sondern nur Gefängnißstrafe festgesetzt, so wird dieselbe von dem, welcher die Strafverfügung erlassen hat, im Polizei-Gefängnisse vollstreckt. Es ist zu dem Ende der Vermerk Nr. 5 des Aktenbogens auszufüllen, und der Haftbefehl, damit gleichlautend, durch Ausfüllung des Formulars V. auszufertigen, und diese Ausfertigung dem Amts- oder Gemeinde-Diener zu übergeben, welcher ihn nach der Ausführung desselben zurückzugeben hat, worauf der Vermerk Nr. 6 auf dem Aktenbogen auszufüllen, auch die Vollstreckung in der Strafliste zu vermerken ist.

§. 18. Ist eine Konfiskation festgesetzt, und die Verfügung vollstreckbar geworden, so ist der zu konfiscirende Gegenstand, wo dies noch nicht geschehen sein sollte, durch den Amtsdiener in Beschlag zu nehmen und demnächst demjenigen zu übergeben, welchem dergleichen Konfiskate zustehen.

Ist der Polizeiverwalter zweifelhaft darüber, wem das Konfiskat zufällt, so hat er hierüber vom Landrathe weiteren Bescheid einzuholen.

§. 19. Wird dem, welcher die Strafverfügung erlassen hat, nach Ablauf der zehntägigen Frist die Bescheinigung darüber, daß Berufung bei dem Polizeianwalt oder Polizeirichter eingelegt ist, vorgelegt, so hat er mit der Vollstreckung Anstand zu nehmen und den Aktenbogen dem Polizeianwalt zu übersenden, oder, falls der Aktenbogen bereits bei der Kasse sich befindet, diese von der Berufung zu benachrichtigen Behufs der Absendung des Aktenbogens an den Polizeianwalt.

Dasselbe Verfahren ist zu beobachten, wenn vor oder nach Ablauf der zehntägigen Frist dem, welcher die Strafverfügung erlassen hat, die Benachrichtigung des Polizeirichters oder Polizeianwalts von der erfolgten Berufung zugeht.

Diese Absendung des Aktenbogens ist in der Strafliste zu vermerken.

§. 20. Ist auf gerichtliche Entscheidung angetragen, so hat der Polizeianwalt nach Empfang des Aktenbogens denselben dem Polizeirichter einzureichen. Der Polizeianwalt ist in seinen Anträgen durch die Strafverfügung in keiner Beziehung gebunden.

§. 21. Wird die Berufung vom Gerichte als zu spät angebracht zurückgewiesen, so ist der Aktenbogen nebst den etwanigen sonstigen Verhandlungen in der Sache durch den Polizeianwalt dem, welcher die Strafverfügung erlassen hat, zurückzusenden. Dieser hat sodann ebenso zu verfahren, als wenn Berufung nicht eingelegt wäre.

§. 22. Werden Reisende oder sonst Personen, welche der Polizeibehörde als unverdächtig nicht bekannt sind, deren Unverdächtigkeit auch von zuverlässigen Personen nicht sofort bescheinigt wird, von der Polizeibehörde in Ausübung einer Uebertretung betroffen, oder ihr von glaubwürdigen Personen, welche sie dabei betroffen, zugeführt, und hat die Polizeibehörde von ihrer Befugniß der vorläufigen Straffestsetzung Gebrauch gemacht, so kann sie die sofortige Bestellung einer Sicherheit für die Strafe fordern, und, wenn weder die Sicherheit bestellt wird, noch der Uebertreter sich sofort der Straffestsetzung unterwirft, denselben nach §. 2 des G. vom 12. Febr. 1850 (G. S. S. 45) festnehmen. Die Polizeibehörde hat alsdann den Festgenommenen nach §. 4 desselben Gesetzes, nebst dem Aktenbogen über die betreffende Uebertretung dem Polizeianwalte zu überweisen.

§. 23. Sollten, was jedoch nur ausnahmsweise eintreten kann, bis zum Erlasse der Strafverfügung Auslagen für Porto, Botenlohn und Zeugengebühren entstanden sein, so sind solche unter Nr. 7 auf dem Aktenbogen zu vermerken. Die nach Erlaß der Strafverfügung entstandenen Auslagen, welche nur für Botenlohn und Porto erwachsen können, dürfen insgesammt 5 Sgr. nicht übersteigen; sie sind ebenso, wie die Gefängnißkosten für Vollstreckung der Verfügung, daselbst einzutragen.

§. 24. Erfolgt in der Sache gerichtliche Verurtheilung, so sind die im vorläufigen Straffestsetzungsverfahren entstandenen Auslagen mit den gerichtlichen Kosten einzuziehen und von dem Gerichte, welches den Betrag als Auslage zu behandeln und zu verrechnen hat, an die Polizeibehörde abzuführen.

§. 25. Wird die Strafverfügung vollstreckbar, so sind die auf dem Aktenbogen vermerkten Auslagen zugleich mit den Geldstrafen, falls aber eine prinzipale oder subsidiaire Gefängnißstrafe vollstreckt wird, von der Polizeibehörde einzuziehen.

§. 26. Sind die in dem vorläufigen Straffestsetzungsverfahren entstandenen Auslagen nicht beizutreiben, so fallen sie, gleichwie die Kosten der Vollstreckung der Gefängnißstrafe, als Kosten der Orts-polizei-Verwaltung demjenigen zur Last, welcher die letztgedachten Kosten überhaupt zu tragen hat. Ist aber die Strafverfügung von einer anderen Behörde als der Orts-Polizeibehörde erlassen, so sind die nicht beizutreibenden Auslagen als Verwaltungskosten jener Behörde zu tragen.

§. 27. Der Betrag der Auslagen sowie die Einziehung oder Erstattung ist in der Strafliste zu vermerken. Hinsichtlich der Verausgabung und der Verrechnung solcher Auslagen gilt dasselbe, was von anderen Auslagen der Polizeiverwaltung gilt.

§. 28. Gegen aktive Militairpersonen, d. h. gegen alle nicht zum Beurlaubtenstande gehörende Personen des Soldatenstandes, darf die vorläufige Straffestsetzung nur dann erfolgen, wenn die Uebertretung im Gesetze bloß mit Geldstrafe oder Konfiskation bedroht ist.

Ist dagegen die Uebertretung im Gesetze mit Geld- oder Gefängnißstrafe oder nur mit Gefängnißstrafe bedroht, oder trifft mit der Uebertretung ein Vergehen oder Verbrechen zusammen, so ist die Bestrafung bei dem betreffenden Militairgericht in Antrag zu bringen.

Wird die gegen eine aktive Militairperson eine Geldstrafe festsetzende oder eine Konfiskation verhängende Verfügung vollstreckbar, so ist die Vollstreckung bei den betreffenden Militairgerichten zu beantragen, und in dem Requisitionsschreiben stets zu bemerken, wohin die Geldstrafe oder die konfiscirte Sache abgeliefert werden soll. Kann in einem solchen Falle die Geldstrafe nicht erlegt werden, so wird dieselbe von dem Militairgericht in eine verhältnißmäßige militairische Freiheitsstrafe umgewandelt, und nach Vollstreckung dieser Strafe die requirirende Behörde hiervon benachrichtigt.

§. 29. Die Landräthe haben, so oft sich dazu Gelegenheit findet, die Handhabung der Befugniß der vorläufigen Straffestsetzung zu prüfen, die etwa erforderliche Belehrung und Remedur eintreten zu lassen, und daß dies geschehen, in der Strafliste zu vermerken.

§. 30. Die hierin vorgeschriebenen Formulare sind mit dem gegenwärtigen Reglement, welches nebst dem G. vom 14. Mai d. J. der Strafliste vorzudrucken ist, von den Landrathsämtern gegen Erstattung der Druckkosten zu beziehen.

Berlin, den 30. September 1852.

Der Justiz-Minister	Der Minister des Innern
Simons.	v. Westphalen.

V.

Bestimmungen über die Geschäfts-Verwaltung u. s. w. der Beamten der Staats- und Polizei-Anwaltschaft.

a.

Allgemeine Verfügung des Just.-Min. vom 13. Novbr. 1849, — die Geschäfts-Verwaltung und das Ressort der Beamten der Staatsanwaltschaft betreffend.
(J. M. Bl. S. 460—469.)

Um in der Geschäftsverwaltung der Beamten der Staatsanwaltschaft die erforderliche Gleichmäßigkeit herbeizuführen und die in dieser Beziehung entstandenen Zweifel zu beseitigen, findet sich der Justizminister zu nachstehender Anweisung veranlaßt:

Zu dem Geschäfts-Regulativ vom 13. November 1849. Die Bestimmungen über Rechte und Pflichten der Staatsanwalte, so weit sie das Prozeßverfahren direkt betreffen, sind in den Noten zu den gesetzlichen Bestimmungen selbst gegeben. Die folgenden Noten bewegen sich in den Grenzen des im Eingange der allg. Verf. vom 13. November 1849 bezeichneten Zweckes derselben.

I. Allgemeine Bestimmungen.

§. 1. Die Beamten der Staatsanwaltschaft, zu welchen die Ober-Staatsanwälte und die ihnen beigegebenen Gehülfen gehören, sind die Organe der Staatsregierung für die Wahrnehmung des öffentlichen Interesses in den durch die Gesetze näher bestimmten Angelegenheiten. Sie sind in ihrer Amtswirksamkeit von den Gerichten unabhängig.

Zu ihren Obliegenheiten gehören:

1) Die Ermittelung und Verfolgung strafbarer Gesetzes-Uebertretungen (Verord. v. 3. Jan. 1849).
2) die Vertretung der Staatsbehörden bei Disziplinar-Untersuchungen gegen Justiz-Beamte und in den bei dem Ehrenrathe der Rechtsanwälte und der Notare vorkommenden Untersuchungen (Verordnung vom 10. und 11. Juli d. J., G. S. S. 253 bis 292, und vom 30. April 1847, G. S. S. 197);
3) die Wahrnehmung des Interesses bei Prozessen, welche die Scheidung, Ungültigkeit oder Nichtigkeit einer Ehe betreffen. (Verordnungen vom 28. Juni 1844, G. S. S. 184 ff. und vom 2. Jan. d. J., G. S. S. 4).

Die Ausdehnung ihrer Funktionen auf andere Angelegenheiten ist vorbehalten.

Zu §. 1. 1. Zu den Beamten der Staatsanwaltschaft gehören außer den im §. 1 bezeichneten Beamten auch der General-Staatsanwalt bei dem Ober-Tribunale und dessen Vertreter, welche den Titel „Ober-Staatsanwalt“ führen. Gesetz vom 17. März 1852, §. 6 (G. S. S. 74).

2. Ueber die Ernennung und Qualifikation der Beamten der Staatsanwaltschaft, s. oben Zusatz 2 zu §. 3 (S. 4).

3. Der General-Staatsanwalt bei dem Ober-Tribunal hat, wie die Vicepräsidenten bei demselben, vor den übrigen Räthen der zweiten Klasse den Vortritt. Die Ober-Staatsanwalte bei dem Ober-Tribunal haben den Rang der Räthe zweiter Klasse. Allerh. Erlaß v. 7. November 1853 (G. S. S. 907). — Die Ober-Staatsanwalte bei den Appellationsgerichten haben den Rang zwischen der dritten und vierten Rangklasse der Provinzialbehörden, jedoch mit der Maaßgabe, daß, wenn die Nothwendigkeit einer Versetzung eintritt, dieselbe unter Beibehaltung des Ranges in ein Amt der vierten Rangklasse erfolgen kann. Die Staatsanwalte bei den fünf Stadtgerichten zu Berlin, Breslau, Königsberg, Danzig und Magdeburg haben den Rang der Provinzialbeamten vierter Klasse; die übrigen Staatsanwalte stehen in dem Range der Stadt- und Kreisgerichtsräthe, und die etatsmäßig angestellten Staatsanwalts-Gehülfen im Range der Stadt- und Kreisrichter. Allerh. Erlaß v. 9. März 1850, Nr. 8 (G. S. S. 276).

4. Die Ascension der Beamten der Staatsanwaltschaft in höher dotirte Stellen wird lediglich durch Tüchtigkeit und gute Dienstführung bestimmt. Gehen Beamte der Staatsanwaltschaft, welche etatsmäßig angestellt sind (oder die dritte Prüfung abgelegt haben), in die richterliche Laufbahn über, so kommt die Dienstzeit in der Staatsanwaltschaft bei Bestimmung ihrer Anciennetät in Anrechnung. Allerh. Erlaß v. 19. März 1850, Nr. 7 (G. S. S. 275—276).

5. Die Einführung der Beamten der Ober-Staatsanwaltschaft erfolgt vor dem Plenum des betreffenden Appellationsgerichts. Geschäfts-Regulativ für die Appellationsgerichte v. 17. Sept. 1850, §. 17, Nr. 17 (J. M. Bl. S. 328), die Einführung der Beamten der Staatsanwaltschaft vor dem Plenum des betreffenden Gerichts erster Instanz. Geschäfts-Regulativ für die Gerichte erster Instanz vom 18. Juli 1850, §. 5, litt. g. (J. M. Bl. S. 234). Die Introduktions-Gebühren eines Ober-Staatsanwalts betragen 3 Thlr., die eines Staats-

§. 2. **Alle Beamten der Staatsanwaltschaft sind der Leitung und Aufsicht des Justizministers untergeben.**

---

anwalts oder Staatsanwalts-Gehülfen 2 Thlr. Allg. Verf. v. 6. August 1852 (J. M. Bl. S. 302).

6. Extraordinaire Remunerationen dürfen nur noch für ungewöhnliche, ganz außer dem Dienstbereiche des Beamten liegende Leistungen, Unterstützungen aber nur in außergewöhnlichen Bedarfsfällen an solche Beamte, deren Diensteinkommen den jährlichen Betrag von 1000 Thalern nicht übersteigt, gewährt werden. Zu Unterstützungen für Beamte der Staatsanwaltschaft ist ein von der Bureaukasse des Justiz-Minsteriums verwalteter Centralfond bestimmt, auf welchen die von den Ober-Staatsanwalten beantragten Unterstützungen in den geeigneten Fällen angewiesen werden. Unterstützungen zu Badereisen dürfen nicht bewilligt werden, weil für solchen Zweck die durch die Etats gewährten Fonds nicht berechnet sind. Allg. Verf. des Just.-Min. v. 20. August 1850 (J. M. Bl. S. 299—300).

7. Ueber die Anschaffung der Dienstsiegel, s. die Bekanntmachung des Just.-Min. vom 19. Mai 1854 nebst Probe-Abdrücken der in der „Berliner Medaillen-Münze" angefertigten Stempel und Angabe der Preise derselben (J. M. Bl. S. 276—277).

8. Ueber die Benutzung des gerichtlichen Asservatorii und Depositorii und die Benutzung der Gerichtsbibliotheken, s. die Noten zu §. 9.

9. Zur Haltung der Gesetz-Sammlung sind auch die Beamten der Staatsanwaltschaft verpflichtet. Allerh. Erlaß v. 6. Juli 1850 (G. S. S. 362). — Die Entscheidung darüber, welche Justizbeamten zur Haltung der Gesetz-Sammlung verpflichtet sind, liegt in Beziehung auf die Beamten der Staatsanwaltschaft den Ober-Staatsanwalten ob. In zweifelhaften Fällen bleibt die Entscheidung dem Justiz-Minister vorbehalten. Die Ober-Staatsanwalte haben von den ihnen untergeordneten Behörden im Monat Oktober jeden Jahres Listen anfertigen zu lassen, in welchen die zur Haltung der Gesetz-Sammlung verpflichteten Behörden und Beamten ihrer Geschäftsbezirke genau aufzuführen sind. Diese Listen sind von den Ober-Staatsanwalten zu prüfen und demnächst den betreffenden Ober-Postdirektionen jedesmal bis Ende November mitzutheilen. Hinsichtlich der im Laufe des Jahres vorkommenden Veränderungen in dem Personal der Beamten, welche zur Haltung der Gesetz-Sammlung verpflichtet sind, wird Folgendes bemerkt: a) Bei Versetzungen, die in Stellen solcher Beamten erfolgen, welche in der letzten Liste bereits aufgeführt sind, handelt es sich nur um eine Namensveränderung. b) Eine Verminderung in der Zahl der in der Liste enthaltenen pflichtigen Beamten kann nur dadurch entstehen, daß ein solcher Beamte aus dem Dienste scheidet oder verstirbt und die Stelle desselben durch einen zur Haltung der Gesetz-Sammlung noch nicht verpflichteten Beamten interimistisch oder kommissarisch verwaltet wird. In beiden Fällen (a. und b.) sind die eingetretenen Veränderungen auf Requisition der betreffenden Ober-Postdirektion nach Ablauf des letzten vierteljährlichen Abonnements zu Anfang des Monats Oktober von dem Ober-Staatsanwalt zu beglaubigen. c) Eine Vermehrung in der Zahl der pflichtigen Beamten, welche in der letzten Liste aufgeführt sind, kann im Laufe eines Jahres nur selten eintreten. In vorkommenden Fällen der Art genügt es für die beabsichtigte Kontrole, wenn der hinzugekommene pflichtige Beamte erst in die für das folgende Jahr aufzustellende Liste, jedoch unter Angabe des Termins, mit welchem seine Verpflichtung zur Haltung der Gesetz-Sammlung begonnen hat, aufgenommen wird. Allg. Verf. des Just.-Min. v. 3. Jan. 1854 (J. M. Bl. S. 10—11).

10. Die Beamten der Staatsanwaltschaft sind zur Haltung des Regierungs-Amtsblatts verpflichtet. Allerh. Erlaß v. 6. Juli 1850 (G. S. S. 362). — Den Staatsanwalten ist auch fernerhin dem Erlaß v. 4. Juli 1849 gemäß (s. denselben in der allg. Verf. des Just.-Min. v. 21. September 1849, J. M. Bl. S. 407) ein Freiexemplar des Regierungs-Amtsblattes zu verabreichen, da das Exemplar, welches sie in Folge der Allerh. Ordre v. 6. Juli 1850

Der Ober-Staatsanwalt steht an der Spitze der Staatsanwaltschaft seines Amtsbezirks. Die Mitglieder derselben haben die Pflicht,

---

zu halten verpflichtet sind, in ihr Privateigenthum übergeht, es aber von Interesse ist, in den Bureaus der Staatsanwaltschaften vollständige Amtsblatts-Exemplare zu behalten. Die Polizeianwalte als solche sind zur Haltung des Amtsblatts nicht verpflichtet, da die Wahrnehmung der polizeianwaltlichen Funktion als ein Zweig der Polizei-Verwaltung anzusehen ist, die damit beauftragten Beamten also keine eigene Behörde bilden. Die Polizeianwalte haben aber demnach (§. 5 der V. v. 27. Okt. 1810 und §. 8 der V. v. 28. März 1811) auch keinen rechtlichen Anspruch auf die unentgeltliche Verabfolgung des Amtsblatts und da ihnen in den allermeisten Fällen, vermöge ihrer sonstigen amtlichen Stellung, die Amtsblätter zugänglich sind, so sind die Königl. Regierungen veranlaßt, den Polizeianwalten das Amtsblatt vom 1. Jan. 1851 ab nicht mehr unentgeltlich zu verabreichen und hiervon nur in den Fällen eine Ausnahme zu machen, wo denselben nicht anderweitig durch amtliche Stellung das Amtsblatt leicht zugänglich ist. Die Bürgermeister, welche nach §. 58 der Gemeinde-Ordnung vom 11. März 1850 (jetzt nach §. 62 der Städte-Ordnung vom 30. Mai 1853 — G. S. S. 283 —) die Verrichtungen des Polizeianwalts zu besorgen haben, können die Verabfolgung eines Freiexemplars des Amtsblatts nicht verlangen. Cirk.-R. des Min. des Inn. v. 22. Nov. 1850 (Verw. M. Bl. S. 369).

11. Ueber die Haltung anderer Blätter bestimmt das R. des Just.-Min. v. 21. Mai 1850 — I. 2060 —, daß die Ausgaben für diese aus dem Pauschbetrage bestritten werden müssen, welcher den Staatsanwalten für Schreibmaterialien, Drucksachen u. s. w. zur eigenen Verwendung und ohne Rechnungslegung aus der gerichtlichen Salarienkasse für Rechnung der Bureaukasse des Justiz-Ministerii gezahlt wird.

12. Die Ermittelung und Verfolgung strafbarer Gesetzesübertretungen richtet sich außer der in §. 1, Nr. 1, allegirten Verordnung nach den zahlreichen, im vorliegenden Werke zusammengestellten Ergänzungen derselben. — Die im §. 6 der V. v. 3. Jan. 1849 ausgesprochene Pflicht des Staatsanwalts, darauf zu achten, daß kein Schuldiger der Strafe entgehe, wird beschränkt durch die Bestimmung des Art. XXIII des Einführ.-Gesetzes vom 14. April 1851 (G. S. S. 99): „Ist gegen einen Beschuldigten wegen mehrerer strafbaren Handlungen eine Voruntersuchung eingeleitet, und ist mit Rücksicht auf diejenigen derselben, welche mit schwererer Strafe bedroht sind, zu erwarten, daß die Feststellung der leichteren Straffälle für die Entscheidung nicht von wesentlicher Bedeutung sein werde, so kann die Untersuchung wegen der letzteren einstweilen bis zur rechtskräftigen Entscheidung über die schwereren Straffälle ruhen bleiben. — Die Wiederaufnahme der Untersuchung wird dem Ermessen der Staatsanwaltschaft überlassen."

13. Ueber die Behandlung der Strafsachen und die Verminderung der Untersuchungskosten, s. die allg. Verfügungen v. 3. Sept. 1849 (J. M. Bl. S. 387), vom 25. November 1850 (J. M. Bl. S. 398) und vom 4. April 1854 (J. M. Bl. S. 147—149). Die letztgedachte Verfügung enthält folgende Anordnungen: I. Die Pflicht der Staatsanwaltschaft, die zu ihrer Kenntniß kommenden strafbaren Handlungen vor Gericht zu verfolgen, wird von einzelnen Beamten in so weitem Sinne gedeutet, daß sie sich verbunden erachten, ihre Thätigkeit auch schon bei solchen Gesetzverletzungen, bei denen ein öffentliches Interesse kaum betheiligt erscheint, eintreten zu lassen, wie z. B. ein über 70 Jahre alter Mann, der aus Noth um ein Mittagbrot gebeten hatte, wegen Bettelns unter Anklage gestellt und verurtheilt worden ist. Ebenso werden nicht selten geringfügige Beschädigungen des Vermögens, bei denen eine Rechtswidrigkeit der Absicht kaum anzunehmen ist; Zwistigkeiten in den Familien, die in leichte Excesse ausgeartet sind; gewöhnliche Schlägereien, geringfügige Thätlichkeiten sowie Ehrverletzungen verfolgt. Bei diesem Verfahren wird der Beruf der Staatsanwaltschaft im öffentlichen Interesse die Anklage zu erheben, nicht genügend festgehalten. In Ansehung der Ehrverletzungen und leichten Mißhandlungen kommt noch der besondere Umstand in Betracht, daß, da den Betheiligten

seinen Anordnungen nachzukommen und sich gegenseitig bereitwilligst zu unterstützen.

---

der Weg der Privatklage in Gemäßheit des Art. XVI des Einführ.-Ges. zum Strafgesetzbuch offen steht, die Staatsanwaltschaft um so mehr Veranlassung hat, sorgfältig zu erwägen, ob ihr Einschreiten durch ein öffentliches Interesse geboten sei. II. Erscheint mit Rücksicht auf die Beschaffenheit der That die Verfolgung auch an sich als gerechtfertigt, so darf dieselbe dennoch nicht eintreten, wenn die beizubringenden Beweise nicht mit einiger Wahrscheinlichkeit eine Verurtheilung erwarten lassen. Wenn für die einfache That hinreichende Beweise vorhanden sind, es aber nicht außer Zweifel ist, ob ein erschwerender Umstand festzustellen sein werde, so ist nicht außer Erwägung zu lassen, daß durch die rasche Herbeiführung einer Verurtheilung wegen der einfachen That das Interesse der Strafrechtspflege oft mehr gefördert wird, als durch die Geltendmachung erschwerender Umstände, welche, indem sie für das schließliche Ergebniß von zweifelhaftem Erfolge ist, den sichern Nachtheil einer Verlängerung der Untersuchung hervorbringt. III. Wesentliche Ersparnisse werden durch eine angemessene Beschränkung der Zeugenvernehmungen erzielt werden können, und auf eine solche Beschränkung wird sowohl in dem Vor- als in dem Hauptverfahren Bedacht zu nehmen sein. Schon in den Verfügungen v. 3. Sept. 1849 und v. 25. Nov. 1850 ist den Beamten der Staatsanwaltschaft empfohlen worden, den Antrag auf förmliche Voruntersuchung auf die nothwendigsten Fälle zu beschränken, und es muß von Neuem darauf hingewiesen werden, daß, da das Gesetz den Schwerpunkt der Untersuchung in die mündliche Verhandlung verlegt, alle dieser Verhandlung vorangehenden Stadien des Verfahrens nur als Vorbereitungsstadien anzusehen und als solche zu behandeln sind. Daraus ergiebt sich, daß man in diesen Vorbereitungsstadien die Zeugenvernehmungen nur soweit auszudehnen hat, als sie zur Begründung der Anklage, zur Vorbereitung der mündlichen Verhandlung nothwendig erscheinen, und es folgt ferner daraus, daß die Staatsanwaltschaft sich die Materialien für ihre Beschlußnahme über Erhebung oder Abstandsnahme von der Anklage auf jedem ihr zuverlässig erscheinenden Wege verschaffen darf, und auf dem wenigst kostspieligen Wege verschaffen soll. Der Weg gerichtlicher Erhebungen, den viele Staatsanwalte, auch in den nicht förmlichen Voruntersuchungen, als die Regel betrachten, wird meistentheils der kostspieligere sein, während polizeiliche Recherchen (vergl. die Schlußbest. des §. 4 der V. v. 3. Jan. 1849), Erkundigungen bei betheiligten Privatpersonen und Requisitionen nicht gerichtlicher Behörden um Auskunft mit ungleich geringerem Kostenaufwande meistentheils zu gleichem Ziele führen werden. Demnächst finden sich aber auch für das Hauptverfahren selbst nur zu oft viel zu ausgedehnte Anträge auf Zeugenvernehmungen. Nicht selten z. B. glaubt die Anklage, wenn für eine und dieselbe Thatsache mehrere Zeugen vorhanden sind, daß auch alle diese Zeugen zu laden seien, statt durch eine richtige Auswahl unter den Zeugen das Zeugenverhör in der mündlichen Verhandlung auf das richtige Maaß zurückzuführen. Erfahrungsmäßig dient die Vernehmung einer größeren Zahl von Zeugen für eine und dieselbe Thatsache keineswegs dazu, eine schnellere und sichere Ueberzeugung bei den Richtern und Geschworenen herbeizuführen, vielmehr schwächen umgekehrt Zeugen, die über Nebenumstände von Thatsachen abgehört werden, welche in der Hauptsache von zuverlässigen Zeugen bekundet worden sind, nur zu oft den Eindruck dieser Aussagen, und machen die aus den Erklärungen der Hauptzeugen hervorgegangene Ueberzeugung wieder schwankend und unsicher. Darum müssen die Staatsanwalte bei der Ladung von Zeugen sich gegenwärtig halten, daß nicht die Menge, sondern der Werth der Zeugen es ist, welcher die Ueberzeugung hervorruft. — IV. Auf eine solche angemessene Beschränkung der Zeugenzahl wird auch dadurch hingewirkt werden, wenn die Staatsanwalte bei Entwerfung der Anklageschriften auf die Reihenfolge, in welcher die Zeugen ihres Erachtens zu verhören sind, besondere Sorgfalt verwenden und die zu ladenden in gehörig durchdachter Folge vorschlagen. Dadurch werden sie nämlich zu einer Prüfung darüber veranlaßt, ob und welche Zeugen nothwendig und

Staatsanwalts-Gehülfen sind in ihrer Amtsführung der Beaufsichtigung des Staatsanwalts, dessen Ressort sie angehören, untergeben. Denjenigen von ihnen, welche sich nicht an dem Wohnorte des Staatsanwalts befinden, ist zwar in ihrem Geschäftskreise von dem Staatsanwalte eine möglichst selbstständige Wirksamkeit einzuräumen, sie behalten jedoch namentlich die Verpflichtung, bei Erhebung wichtiger Anklagen, so wie bei Anbringung von Rechtsmitteln

---

welche etwa deshalb zu entbehren seien, weil sie nur über Nebenumstände Auskunft ertheilen sollen. — VIII. In Beziehung auf die Einlegung von Rechtsmitteln ist als Regel der Gesichtspunkt festzuhalten, daß von einem Rechtsmittel nicht lediglich zur Aufrechthaltung eines Grundsatzes des Rechts oder des Verfahrens in Fällen Gebrauch zu machen ist, wo die ergangene Entscheidung sich als der eigenthümlichen Lage und Bedeutung des Falles entsprechend darstellt. Um einem verletzten Grundsatze seine Geltung zu verschaffen, ist ein solcher Fall abzuwarten, der auch nach seiner konkreten Beschaffenheit die Anwendung der vollen Strenge des Prinzips erheischt. Die Einlegung der Appellation wegen des Strafmaaßes wird sich nur selten als zweckmäßig empfehlen; meistentheils ist das öffentliche Interesse weniger dabei betheiligt, wie hoch oder wie niedrig, als vielmehr nur dabei, ob überhaupt gestraft oder ob freigesprochen worden. — IX. Schließlich werden die Beamten der Staatsanwaltschaft daran erinnert, daß sie Reisen zu Verhandlungen außerhalb des Gerichtssitzes nur ausnahmsweise und in besonders wichtigen Fällen vorzunehmen haben. Sehr häufig wird es insbesondere bei Leichenbesichtigungen, bei Feststellung des objektiven Thatbestandes u. dergl. genügen, wenn der Untersuchungsrichter die Verhandlung aufnimmt.

Ueber die möglichste Vermeidung von Reisen der Staatsanwalte, s. auch die Noten zu §. 16.

14. Ueber die Fassung der Anklageschriften u. s. w., s. die allg. Verf. v. 29. März 1853 (J. M. Bl. S. 134—138), unten sub d.

15. An Stelle der in §. 1, Nr. 2 allegirten Disziplinar-Verordnungen vom 10. und 11. Juli 1849 sind jetzt die Gesetze vom 7. Mai 1851 (G. S. S. 218—235), vom 21. Juli 1852 (G. S. S. 465—488) und vom 26. März 1856 (G. S. S. 201—202) getreten.

16. Eine Ausdehnung der Funktionen der Staatsanwaltschaft ist zunächst durch die Konkurs-Ordnung vom 8. Mai 1855 (G. S. S. 321—428) erfolgt. Nach derselben muß die Staatsanwaltschaft von der Eröffnung des kaufmännischen Konkurses benachrichtigt werden (Konk.-Ordn. §. 123, Instrukt. zu derselben §. 18), ebenso, wenn der Gemeinschuldner aus der Haft entlassen werden soll (Konk.-Ordn. §. 140); sie kann allen Verhandlungen im Konkurse beiwohnen und alle ihr erheblich scheinenden Nachrichten fordern (§. 140), der Bericht des einstweiligen Verwalters der Masse über die Lage des Konkurses muß ihr mitgetheilt werden (§. 163), vor dem Abschluß des Akkords ist, wenn eine Untersuchung wegen einfachen Bankerutts schwebt, die Aeußerung der Staatsanwaltschaft über die in der Untersuchung ermittelten Thatumstände einzuholen und den Gläubigern mitzutheilen (§. 189 Konk.-Ordn., §§. 34, 35 Instrukt.); über das Gesuch des Gemeinschuldners um Wiedereinsetzung in den vorigen Stand ist der Staatsanwalt zu hören (Konk.-Ordn. §. 315). Die Staatsanwaltschaft ist verpflichtet, von der Einleitung einer Untersuchung gegen den Gemeinschuldner das Konkursgericht zu benachrichtigen (Instrukt. §. 55).

17. Bei Organisations-, Einrichtungs-, Etats- und Anstellungssachen, welche zugleich das Ressort der Staatsanwaltschaft berühren, oder mit demselben in Beziehung stehen, muß der Ober-Staatsanwalt des Departements (von dem Appellationsgericht) zugezogen werden, und hat letzterer die über solche Angelegenheiten an den Justiz-Minister zu erstattenden Berichte mit zu unterzeichnen. Geschäfts-Regul. f. d. Appell.-Ger. vom 17. Sept. 1850, §. 31 (J. M. Bl. S. 331).

und Beschwerden in zweifelhaften Fällen die Ansicht desselben einzuholen und seiner Weisung nachzukommen.

§. 3. Beschwerden über die Amtsverwaltung der Staatsanwalte und der selbstständig fungirenden Gehülfen gehen zunächst an den Ober-Staatsanwalt und in letzter Instanz gleich den Beschwerden über die Amtsführung der Ober-Staatsanwalte an den Justiz-Minister (§. 3 der Verord. v. 3. Jan. d. J.).

§. 4. Die Disziplinar-Befugnisse des Justizministers, der Ober-Staatsanwalte und der Staatsanwalte sind durch die §§. 60—62 und 69 der Verordnung vom 11. Juli d. J. (Ges.-S. S. 282, 283) bestimmt.

In Bezug auf das Strafverfahren wegen Disziplinar-Vergehen der Beamten der Staatsanwaltschaft kommen die §§. 25, 26 ff. und §. 70 jener Verordnung in Anwendung.

§. 5. Hinsichts der Urlaubs-Ertheilungen und der Ertheilung von Heiraths-Konsensen stehen den Ober-Staatsanwalten im Allgemeinen diejenigen Befugnisse zu, welche den Präsidenten der Obergerichte beigelegt sind (Circular-Verf. v. 16. Decbr., Jahrb. Bd. 25, S. 96, §. 70 des Anhangs zum Allgem. Landrecht, Th. II, Tit. 1, §. 146). Es bedarf

1) der Ober-Staatsanwalt des Urlaubs des Justizministers, wenn er sich außer dem Dienste länger als drei Tage von seinem Wohnorte entfernen will;
2) die Staatsanwalte und Staatsanwalts-Gehülfen bedürfen des Urlaubs des Ober-Staatsanwalts, wenn sie über drei Tage außer dem Dienste verreisen wollen, und des Urlaubs des Justizministers, wenn die Abwesenheit länger als vier Wochen dauern soll;
3) auch von einer solchen Abwesenheit außer dem Dienste, zu welcher es hiernach eines Urlaubes nicht bedarf, muß dem Ober-Staatsanwalte Anzeige gemacht werden, wenn die Entfernung über Nacht stattfindet.
4) Heirathskonsense, soweit solche nach dem Staatsministerialbeschlusse vom 17. August 1839 (J. M. Bl. S. 302) zu ertheilen sind, werden für die Ober-Staatsanwalte von dem Justizminister, für die Staatsanwalte, Staatsanwaltsgehülfen und die Büreaubeamten der Staatsanwaltschaft von den Ober-Staatsanwalten ausgefertigt. Von den letzteren ist daher auch der Beitritt zur Wittwenkasse nachzuweisen;
5) die Beurlaubung der Polizei-Anwalte und die Anordnung wegen ihrer Vertretung erfolgt durch die Regierungspräsidenten

---

Zu §. 2. Die nach §. 3 des Ges. v. 8. April 1847 (G. S. S. 170) der Provinzialbehörde des Ressorts zustehende Erhebung des Kompetenzkonflikts steht dem Ober-Staatsanwalt zu, wenn ein Staats- oder Polizeianwalt wegen einer der richterlichen Kognition entzogenen Amtshandlung in Anspruch genommen wird. Rescr. des Justiz-Minist. vom 5. März 1853 (Arch. I, S. 369) und Erk. des Kompetenz-Gerichtshofes v. 26. Nov. 1853 (J. M. Bl. 1854, S. 16). Vergl. auch Gesetz vom 13. Febr. 1854 (G. S. S. 86—88).

Zu §. 4. An Stelle der im §. 4 allegirten Bestimmungen der Verordnung v. 11. Juli 1849 sind jetzt die §§. 15, 19, 56—58, 62 u. 87, so wie an die Stelle der in Absatz 2 angezogenen Bestimmungen die §§. 23, 24 ff. u. 63 des Ges. v. 2. Juli 1852 (G. S. S. 465–488) getreten.

nach vorgängigem Einvernehmen mit den Ober-Staatsanwalten.

§. 6. Im Falle seiner Verhinderung hat der Ober-Staatsanwalt, wenn ihm nicht ein Substitut besonders beigegeben, oder ein solcher in der Person des Staatsanwalts des am Orte befindlichen Gerichts erster Instanz ein für allemal bestellt ist, in der Regel den letzteren zu seinem Vertreter zu bestimmen.

Sind andere Beamte der Staatsanwaltschaft verhindert, so muß der Ober-Staatsanwalt für deren Vertretung Vorsorge treffen. In der Regel ist dieselbe einem andern am Orte befindlichen oder benachbarten Mitgliede der Staatsanwaltschaft zu übertragen. Die Bewilligung einer Vergütigung für die Stellvertretung findet nur mit Genehmigung des Justizministers statt.

Sollte kein solcher Beamter disponibel sein, so muß von dem Präsidenten des Appellationsgerichts mit Zustimmung des Ober-Staatsanwalts einer der Richter zur Aushülfe abgeordnet werden. Tritt bei Gerichten erster Instanz eine Verhinderung im Laufe einer Sitzung oder bei Angelegenheiten ein, welche keinen Aufschub leiden, so hat der Vorstand des Gerichts aus der Zahl der Richter der zweiten Abtheilung oder der Referendarien sogleich einen Vertreter abzuordnen. (Rescript vom 14. April d. J., J. M. Bl. S. 228.)

§. 7. Die Gerichte und die Staatsanwaltschaft sind koordinirte Behörden, welche die gleichen Zwecke verfolgen, sich daher bei Erledigung der ihnen obliegenden Geschäfte innerhalb ihres Ressorts die bereiteste Unterstützung zu gewähren und den gegenseitigen Requisitionen Folge zu leisten haben. So wenig der Staatsanwaltschaft zusteht, Amtshandlungen oder Ansichten der Gerichte einer Kritik zu unterwerfen, es sei denn in Beschwerden und Rechtsschriften, ebensowenig ist den Gerichten gestattet, Amtshandlungen und Ansichten

---

Zu §. 5. Ferien haben die Beamten der Staatsanwaltschaft nicht. Ferien-Ordnung v. 16. April 1850, §. 13 (J. M. Bl. S. 232). Vergl. §. 3, Nr. 1 a. a. O. (J. M. Bl. S. 130).

Zu §. 6. 1. Die im §. 6 allegirte Verf. des Just. Min. v. 14. April 1849 (J. M. Bl. S. 228) lautet: „Auf den Bericht des dortigen Oberlandesgerichts v. 13. v. M.,

> wegen des Verfahrens in den Fällen, wenn der Staats- resp. der Polizeianwalt bei mündlichen Verhandlungen nach der Verordnung v. 3. Jan. d. J. zu erscheinen verhindert ist,

erklärt der Just. Min. sich mit dem Kollegium dahin einverstanden, daß ohne die Gegenwart eines Staats- resp. Polizeianwalts oder eines Substituten desselben in Untersuchungssachen keine mündliche Verhandlung stattfinden darf. Es ist deshalb dafür zu sorgen, daß im voraus für Verhinderungsfälle des Staatsanwalts dessen Substitut ein für allemal bestimmt sei, wofür der Ober-Staatsanwalt die geeignete Anordnung zu treffen haben wird. Sollte in einzelnen Fällen die Nothwendigkeit, einen besonderen Substituten für den behinderten Staatsanwalt zu ernennen, eintreten, so werden die Gerichte ermächtigt sein: „auf den Antrag des Staatsanwalts einen Substituten aus der Zahl der Richter für die betreffenden Verhandlungen zu bestellen." Ohne den Antrag des Staatsanwalts würde aber eine solche Substitution nicht zulässig sein. Wegen Bestellung von Vertretern für die Polizeianwalte muß die geeignete Anordnung mit Beziehung auf die §§. 28 u. 163 des Ges. vom 3. Januar d. J. den Regierungspräsidenten überlassen bleiben."

2. Ueber die Unzulässigkeit der Rekusation von Beamten der Staatsanwaltschaft, s. oben Note 1 zu §. 3 der Verordn. v. 3. Jan. 1849 (S. 4).

der Staatsanwaltschaft einer solchen Beurtheilung zu unterwerfen, es sei denn in Beschlüssen und Erkenntnissen. Beide werden hierbei die Grenzen einer sachlichen Erörterung niemals überschreiten.

Differenzen zwischen den Gerichten und Staatsanwalten sind von dem Präsidenten des Appellationsgerichts und dem Ober-Staatsanwalte gemeinschaftlich zu erledigen, und wenn eine Vereinigung zwischen den letzteren nicht erreicht werden sollte, in einem gemeinschaftlichen Berichte zur Entscheidung des Justizministers zu bringen.

Zu §. 7. 1. Ueber die Stellung des Staatsanwalts zum Vorsitzenden des Gerichtshofes, s. Note 3 zu §. 3 der Verordn. v. 3. Jan. 1849 (S. 4).

2. Nach den gesetzlichen Bestimmungen bildet die Staatsanwaltschaft eine von den Gerichten unabhängige, denselben koordinirte Behörde, deren Mitwirkung bei der Verhandlung der Strafsachen zu den wesentlichen Erfordernissen gehört. Dieser Gesichtspunkt ist bisher von den meisten Gerichten festgehalten und es sind demgemäß fast überall in dem Geschäftsverkehr mit der Staatsanwaltschaft solche Formen beobachtet worden, welche dem Verhältnisse zu einer andern Behörde, die nicht die Stellung einer Partei einnimmt, entsprechen. Damit auch da, wo diese Auffassung noch nicht Eingang gefunden hat, ein angemessenes Verfahren herbeigeführt werde, und der Geschäftsverkehr zwischen den Gerichten und der Staatsanwaltschaft möglichst gleichmäßig sich gestalte, findet sich der Just. Min. zu folgenden Bemerkungen und Anordnungen veranlaßt: 1) Bei einigen Gerichten werden an die Beamten der Staatsanwaltschaft Vorladungen, bei andern Einladungen zu den mündlichen Verhandlungen erlassen. Beide Formen sind dem gegenseitigen Verhältnisse nicht entsprechend, vielmehr sind die Beamten der Staatsanwaltschaft von der Anberaumung der Termine durch Vorlegung der betreffenden Verfügung, oder insofern es nach den obwaltenden Umständen zweckmäßiger erscheint, durch Mittheilung einer einfachen Abschrift derselben in Kenntniß zu setzen. 2) In den Beschlüssen über die definitive Versetzung in den Anklagestand ist die Aufforderung an den Ober-Staatsanwalt, eine Anklageschrift anzufertigen, nicht mehr aufzunehmen, da es hierzu an einem gesetzlichen Anhaltspunkte fehlt, nachdem der Art. 63 des Ges. v. 3. Mai 1852 die Befugniß des Appellationsgerichts, eine Frist für die Anfertigung der Anklageschrift zu bestimmen, aufgehoben hat. 3) Bei Aufnahme der Protokolle über die mündliche Verhandlung, sowie über diejenige Verhandlung, welche bei den Appellationsgerichten der definitiven Versetzung in den Anklagestand vorhergeht (Verord. v. 3. Jan. 1849, §. 78), ist die Anwesenheit des Beamten der Staatsanwaltschaft und des Gerichtsschreibers in folgender Weise am Rande zu konstatiren: „Anwesend waren:

1) als Richter . . . .
2) als Beamter der Staatsanwaltschaft . . . .
3) als Gerichtsschreiber . . . .

4) Ebenso sind in den Urtheilen und in den Beschlüssen über die definitive Versetzung in den Anklagestand, sowohl in der Urschrift als in der Ausfertigung außer den Namen der Richter auch die Namen des Beamten der Staatsanwaltschaft und des Gerichtsschreibers aufzuführen. 5) Wenn dem Beamten der Staatsanwaltschaft nach §. 130 der Verordn. v. 3. Jan. 1849 eine Appellationsschrift, oder nach §. 144 eine Nichtigkeitsbeschwerde des Angeklagten vorzulegen, resp. abschriftlich mitzutheilen ist, so wird die Verfügung am Zweckmäßigsten in der Form zu erlassen sein, daß die Vorlegung resp. Mittheilung „in Gemäßheit des §. 130 (resp. des §. 144) der Verordn. v. 3. Jan. 1849" erfolgt. 6) Wo Formulare eingeführt sind, haben die Gerichte dieselben den vorstehenden Bestimmungen gemäß einzurichten. Allg. Verf. v. 21. April 1853 (J. M. Bl. S. 166).

3. Die Kurialien in der Geschäfts-Korrespondenz zwischen den Behörden, den koordinirten sowohl, als den nicht in gleichem Range stehenden, sind abgeschafft durch Beschluß des Staatsministeriums vom 14. Jan. 1849 (J. M. Bl. S. 50). — In der Korrespondenz mit Privatpersonen ist darauf zu achten, daß

§. 8. Der Geschäftsverkehr mit den Gerichten ist überall so zu ordnen, daß so viel als möglich durch mündliche Rücksprache erledigt und unnöthige Schreiberei vermieden wird. Sowohl in Untersuchungs- als in Disziplinar- und Ehescheidungssachen sind die Akten der Gerichte und Polizeibehörden den Beamten der Staatsanwaltschaft auf deren Antrag vorzulegen oder auf Verlangen zu verabfolgen.

Requisitionen und Korrespondenzen zwischen den Ober-Staatsanwalten und Staatsanwalten einerseits, sowie zwischen der Staatsanwaltschaft und den Gerichten andererseits sind der Regel nach nicht in der Form expedirter Schreiben, sondern durch Marginal-Anschreiben zu erlassen. An die Beamten der Polizeibehörden können in dringenden Fällen auch mündliche Requisitionen gerichtet werden; als Regel ist jedoch die schriftliche Form beizubehalten.

Verfügungen und Beschlüsse der Gerichte werden der Staatsanwaltschaft urschriftlich und nur auf Verlangen in einfachen Abschriften mitgetheilt.

§. 9. Jedem Staatsanwalte und selbstständigen Staatsanwaltsgehülfen wird von dem Gerichte seines Wohnorts, bei welchem er angestellt ist, ein angemessenes und mit den erforderlichen Utensilien versehenes Geschäftslokal im Gebäude des Gerichts überwiesen, in welchem er soviel als möglich alle Amtsverrichtungen zu besorgen hat und zu bestimmten Stunden des Tages von den Beamten der übrigen Behörden und von Jedem, der etwas bei ihm nachsuchen will, anzutreffen ist.

Fehlt es in den gerichtlichen Geschäftslokalien an den für die Staatsanwalte erforderlichen Räumen und sind solche auch nicht durch Erweiterung der Geschäftslokalien zu beschaffen, so müssen sie in der

---

denjenigen dienstlich nicht untergeordneten Personen, welchen nach ihrem Stande und Range das Prädikat „Herr" und die Prädikate „Hochgeboren, Hoch- und Wohlgeboren oder Hochwohlgeboren" beigelegt zu werden pflegen, in den an sie ergehenden Schreiben und amtlichen Verfügungen diese Prädikate nicht versagt werden. Verf. des Just. Min. v. 10. Juni 1856. I. 2511.

4. Die Kommunikation in den speziellen Sachen mit den Gerichten und sonstigen Behörden geschieht von den Beamten der Staatsanwaltschaft unmittelbar, über allgemeine Fragen und Angelegenheiten dagegen durch den Ober-Staatsanwalt. R. v. 14. Dez. 1849. I. 4811. (Paschke, Reglement vom 13. Nov. 1849 u. s. w. Frankfurt 1854. 8. S. 14).

Zu §. 8. Ein wesentlicher Zweck des eingeführten mündlichen und öffentlichen Verfahrens in Strafsachen ist die Vereinfachung der Geschäfte und die Verminderung der Schreiberei. Es ist daher Pflicht der Beamten der Staatsanwaltschaft, in jeder Weise zur Erreichung dieses Zweckes mitzuwirken, namentlich in allen ihren schriftlichen Arbeiten Kürze und Präcision zu beobachten, bei ihren Bureauakten nur kurze Notizen zurückzubehalten, Anklagen und Rechtsschriften in ganz einfachen Sachen, sowie die Berichte an den Ober-Staatsanwalt in der Reinschrift auszuarbeiten und an die Gerichte und den Ober-Staatsanwalt gelangen zu lassen, und Abschriften von Schriftstücken, welche sich bei den gerichtlichen und polizeilichen Akten befinden, deren Einsicht ihnen jederzeit freisteht, nur ausnahmsweise in Fällen besonderen Bedürfnisses zu verlangen. Es versteht sich von selbst, daß dabei die äußere Form und der erforderliche Anstand — wozu namentlich eine leserliche Handschrift gehört — nicht verletzt wird. R. v. 22. Mai 1850. I. 2094 (Paschke, S. 14).

Der Geschäftsverkehr mit dem Ober-Tribunal geschieht indessen nicht durch bloße Marginal-Verfügungen, sondern in expedirter Form. R. vom 14. April 1851 (J. M. Bl. S. 167 — 168), oben Note 4 zu §. 114 der Verordn. vom 3. Jan. 1849.

Nähe der Gerichte für Rechnung des sächlichen Fonds derselben besonders gemiethet werden. Die Miethsverträge sind dem Justizminister zur Genehmigung einzureichen.

§. 10. Zur Besorgung der Subaltern- und Botengeschäfte werden jedem Staatsanwalte und selbstständigen Staatsanwaltsgehülfen von dem Gerichte seines Wohnorts bestimmte Beamte zur Verfügung gestellt.

Nach dem Erscheinen des neuen Etats sollen die Staatsanwalte besondere Büreaubeamte erhalten, über deren Anstellung und Besoldung weitere Verfügung ergehen wird.

II. Besondere Bestimmungen.

Die Pflichten und Obliegenheiten der Beamten der Staatsanwaltschaft werden durch die gesetzlichen Vorschriften bestimmt. Es bedarf daher nur hier folgender Anordnungen und erläuternder Bemerkungen.

1. Registraturwesen.

§. 11. Das Registraturwesen der Staatsanwalte muß möglichst einfach eingerichtet werden. Ueber jede wirklich eröffnete Untersuchung und jeden eingeleiteten Prozeß, betreffend die Trennung, Ungültigkeit oder Nichtigkeit einer Ehe, sind in einfacher Form Büreau-Akten anzulegen. Die Zurückbehaltung vollständiger Konzepte der von den Staatsanwalten erlassenen Verfügungen bei diesen Akten ist in der Regel nicht erforderlich, vielmehr genügen Notizen, welche über deren Inhalt registrirt werden.

Alle von dem Staatsanwalte oder von den Gerichten zurückgewiesenen Denunciationen und Anklagen sind zu Kollektan-Akten zu bringen.

Außerdem müssen General-Akten über Gegenstände allgemeiner Beschaffenheit, insbesondere von den Ober-Staatsanwalten über die Beaufsichtigung der Staatsanwalte, die Beaufsichtigung der Polizeianwalte, die Jahresberichte, die Geschäfts-Revisionen u. s. w., und von den Staatsanwalten über die Geschäftsverwaltung im Allgemeinen, über allgemeine Anordnungen, über die beigegebenen Gehülfen, desgleichen über die Korrespondenz mit den Gerichten und den Polizeibehörden 2c. angelegt werden.

Voruntersuchungs-Akten, selbst wenn keine Anklage erhoben worden ist, asservirt das Gericht. Ausgenommen von der gerichtlichen Asservation bleiben nur diejenigen Untersuchungs-Verhandlungen,

---

Zu §. 9. Ueber die Benutzung der Asservatorien und Depositorien der Gerichte durch die Staatsanwaltschaft, s. die allg. Verf. des Just. Min vom 15. Dez. 1850 (J. M. Bl. S. 433), oben Note 2 zu §. 8 der Verordn. vom 3. Jan. 1849.

Auch die Mitbenutzung der Gerichts-Bibliotheken ist den Beamten der Staatsanwaltschaft gestattet. R. v. 12. Juni 1852. I. 2570.

Zu §. 10. Jedem Staatsanwalte werden von dem Gericht, an dessen Sitze er wohnt und fungirt, die nöthigen Bureaubeamten aus der Zahl der gerichtlichen Subalternbeamten gewährt und dem Gericht ein Zuschuß zu seinen Fonds aus den Fonds der Staatsanwaltschaft geleistet. Die Auswahl der Beamten erfolgt durch den Staatsanwalt und den Gerichts-Director gemeinschaftlich, bedarf aber der Genehmigung durch den Ersten Präsidenten des Appellationsgerichts und des Ober-Staatsanwalts. Rescript vom 21. Mai 1850. I. 2060.

welche der Staatsanwalt selbst aufgenommen hat, oder durch andere Behörden hat aufnehmen lassen, insofern eine Anklage nicht erhoben worden ist (§§. 5, 7 der Verord. v. 3. Jan. d. J.).

§. 12. In jedem staatsanwaltlichen Büreau sind vom 1. Decbr. d. J. ab folgende Geschäftskontrolen zu führen:

I. Ein Tagezettel,
II. Ein Reproduktions- und Terminkalender,
III. Eine Prozeßliste,
IV. Ein Repertorium über die General- und Kollektan-Akten.

Zu I. Dem Tagezettel sind folgende Abschnitte zu geben:

1) Laufende Nummer,
2) Aktenzeichen,
3) Tag des Eingangs,
4) Namen des Einsenders,
5) Kurzer Inhalt des Schriftstücks,
6) Tag der Abfertigung,
7) Kurzer Inhalt der Verfügung,
8) Verbleib des Schriftstücks.

Zu II. Der Reproduktions- und Terminkalender, zu welchem in der Regel ein gewöhnlicher Terminkalender ausreicht, ist zur Aufzeichnung der abzuwartenden Termine und zur Vermerkung der Fristen, innerhalb welcher Schriftsätze einzureichen, Erinnerungen an Behörden oder an Privatpersonen zu stellen und sonstige Amtsverrichtungen zu besorgen sind, bestimmt.

Zu III. Die Prozeßliste ist nach dem anliegenden Formular anzulegen und in zwei Abtheilungen für die Untersuchungen und für die Ehesachen einzutheilen.

Jede anhängig gewordene Sache wird nach chronologischer Ordnung in die Liste eingetragen und mit der laufenden Nummer versehen, außerdem aber ein alphabetisches Register zu der Liste gehalten. Am Schlusse eines jeden Geschäftsjahres werden die noch nicht völlig erledigten Sachen in der Liste roth unterstrichen; bei den übrigen wird in der letzten Kolonne die Erledigung vermerkt.

Zu IV. Dem Repertorium der General- und Kollektan-Akten, welches alphabetisch eingetheilt wird, sind folgende Abschnitte zu geben:

1) Nummer,
2) Bezeichnung der Akten,
3) Anzahl der Bände,
4) Bemerkungen.

Die Geschäftskontrolen I., II. und III. werden alljährlich bei dem Anfange des Geschäftsjahrs neu angelegt; das Repertorium Nr. IV. wird so lange beibehalten, als es Raum gewährt.

§. 13. Sind einem Staatsanwalte Gehülfen an seinem Wohnorte beigegeben, so werden die Kontrolen nur einmal für sämmtliche Beamte der Staatsanwaltschaft geführt, jedoch ist in diesem Falle dem Tagezettel zwischen der fünften und sechsten Kolonne noch ein Abschnitt:

Name des Referenten

hinzuzufügen.

Dagegen haben diejenigen Gehülfen, welche außerhalb des Wohnorts des Staatsanwalts angestellt sind, besondere Kontrolen zu halten.

§. 14. Die Büreau-Akten und Geschäftskontrolen der Staatsanwalts unterliegen der Kassation nach Maaßgabe der allgemeinen Verfügung vom 24. Juni 1848 (J. M. Bl. S. 224—228). Der Staatsanwalt sondert die zur Kassation geeigneten Akten aus, entfernt aus denselben diejenigen Schriftstücke, welche nach seinem Ermessen eine fernere amtliche Aufbewahrung erfordern, und übergiebt die ausgesonderten Akten mit einem Verzeichnisse dem Gerichte seines Wohnorts zur Bewirkung ihres Verkaufs in Gemeinschaft mit den gerichtlichen Akten.

2. Geschäftsverwaltung.

§. 15. Ueber erhebliche und besonderes Aufsehen erregende Verbrechen muß von dem Staatsanwalte dem Ober-Staatsanwalte und von diesem dem Justiz-Minister sofort eine vorläufige Anzeige gemacht werden. Die durch das Rescript vom 21. Nov. 1821 (Jahrb. Bd. 18, S. 33) vorgeschriebene Anzeige der Präsidien an den Justiz-Minister ist künftig nicht weiter erforderlich.

Eine Anzeige an den Ober-Staatsanwalt hat der Staatsanwalt auch in Ansehung solcher Verbrechen zu machen, hinsichtlich deren dem ersteren die Abfassung der Anklageschrift obliegt. Trägt der Staatsanwalt Bedenken darüber, wegen welches Verbrechens der Beschuldigte in Anklagestand zu versetzen sei, so muß er die Ansicht des Ober-Staatsanwalts einholen, und wenn die Sache demnächst wegen definitiver Versetzung des Beschuldigten in den Anklagestand an die Anklagekammer des Appellationsgerichts gelangt (§. 78 der Verordnung v. 3. Januar d. J.) die Bureau-Akten dem Ober-Staatsanwalte einsenden.

Ueber das Verfahren bei dieser Versetzung in den Anklagestand enthalten die allgemeinen Verfügungen vom 2. u. 24. Oktober d. J. (J. M. Bl. S. 411, 443—445) die näheren Bestimmungen.

§. 16. Mit der Ermittelung der Todesursache in Fällen, wenn der Tod eines Menschen nicht unter den Augen seiner Hausgenossen oder anderer unbescholtenen Personen auf natürlichem Wege erfolgt ist (§§. 149 ff. Kriminal-Ordnung) haben die Gerichte wie bei andern in das Gebiet des Strafrechts gehörigen Ereignissen nur auf den Antrag des Staatsanwalts, an welchen jetzt die im §. 149 a. a. O. vorgeschriebene Anzeige gerichtet werden muß, vorzuschreiten, es sei denn, daß Gefahr im Verzuge obwaltet, in welchem Falle den Gerichten nach §. 5 der Verordnung vom 3. Januar d. J. obliegt, auch ohne Antrag des Staatsanwalts die vorläufige Feststellung des Thatbestandes zu veranlassen. Die Verhandlungen sind sodann dem Staatsanwalte mitzutheilen, welcher zu prüfen hat, ob ein weiteres Verfahren zu beantragen ist, oder ob die Akten reponirt werden sollen. War von dem Gericht auf Antrag des Staatsanwalts bereits eine förmliche Voruntersuchung eröffnet, so steht nach §. 47 der

---

Zu §. 15. An die Stelle des ersten Satzes des §. 15 tritt jetzt folgende Anordnung: „Ueber erhebliche oder besonderes Aufsehen erregende Verbrechen haben die Staatsanwalte unmittelbar an den Just. Min. vorläufige Anzeige zu erstatten. Dasselbe muß auch von denjenigen Staatsanwaltsgehülfen geschehen, welche sich nicht an dem Wohnorte des Staatsanwalts, zu dessen Ressort sie gehören, befinden. Gleichzeitig mit dieser Anzeige haben dieselben an den ihnen vorgesetzten Ober-Staatsanwalt Bericht zu erstatten, und darin zu bemerken, daß dem Just. Min. Anzeige gemacht worden sei. Allg. Verf. v. 9. Aug. 1853 (J. M. Bl. S. 302).

15*

Verordnung vom 3. Januar d. J. auch dem Gericht die Bestimmung über die Fortsetzung des Verfahrens zu.

Die Einsendung der Akten an das Obergericht nach §. 156 der Kriminal-Ordnung findet nicht weiter statt.

§. 17. Zu der Vorführung eines Verhafteten und zu dessen Vernehmung durch den Richter bedarf es des Antrages des Staatsanwalts. Wenn daher dem Staatsanwalte Seitens der Polizeibehörde die bezüglichen Verhandlungen zugehen, so hat er zu prüfen, ob der Beschuldigte sofort freizulassen oder in Haft zu behalten ist. Letzterenfalls muß er, sobald die Aufnahme des Beschuldigten in das gerichtliche Gefängniß erfolgt ist, wegen seiner Vorführung vor den zuständigen Richter, so wie der gerichtlichen Beschlußnahme über die Haft, ungesäumt das Weitere beantragen.

Hat der Staatsanwalt eine Verhaftung ohne Mitwirkung des Gerichts vorgenommen (§. 7 der Verordnung vom 3. Januar d. J.), so muß zwar der gerichtliche Gefangen-Aufseher den Verhafteten so wie die etwa eingelieferten Sachen annehmen, jedoch ist der Staatsanwalt in gleicher Weise verpflichtet, sofort das Geeignete wegen der Vorführung des Verhafteten vor den zuständigen Richter und der gerichtlichen Beschlußnahme über die Verhaftung in Antrag zu bringen.

§. 18. Steckbriefe (§§. 237 ff. Kriminal-Ordnung) werden, sofern bereits eine Voruntersuchung eröffnet ist, durch den Untersuchungsrichter, andernfalls durch den Staatsanwalt erlassen.

Zu §. 16. 1. Ueber die Frage, ob die Besichtigung der Leichen im Falle des §. 16 in der Regel von dem Staatsanwalt allein oder von dem Gerichte vorzunehmen sei, s. die Note 1 zu §. 7 der Verordn. vom 3. Januar 1849, oben S. 13—14. Die daselbst allegirte Verf. des Just. Min., datirt v. 13. Februar 1854 ist im Frankfurter Amtsblatt S. 90 und bei Paschke a. a. O. S. 19—20 abgedruckt.

2. Die Königlichen Eisenbahn-Kommissariate und sämmtliche Königliche und Privat-Eisenbahn-Verwaltungen sind angewiesen, Unfälle auf Eisenbahnen, welche von erheblichen Folgen, namentlich der Tödtung oder Beschädigung von Menschen begleitet sind, sofort nach ihrem Eintritt zur Kenntniß der betreffenden Staatsanwaltschaft zu bringen, auch den objectiven Thatbestand bis zur Ankunft des Untersuchungsrichters unverändert zu lassen, sofern nicht höhere Rücksichten, wie z. B. die Rettung von Menschenleben und die Freimachung der Bahn für den laufenden Verkehr, eine sofortige Aenderung gebieten, oder soweit nicht das Interesse der Erhaltung der Betriebsmittel u. s. w. ein Einschreiten erfordert. Die Beamten der Staatsanwaltschaft haben ihrerseits ihre Anträge auf dergleichen Mittheilungen möglichst zu beschleunigen und mit dem betreffenden Königlichen Eisenbahn-Kommissariate behufs Ermittelung der Ursachen der vorgekommenen Unglücksfälle sich in Verbindung zu setzen. R. v. 25. April 1851. I. 1494. (Paschke, S. 20.)

3. Ueber die Nothwendigkeit der Beschleunigung des Verfahrens bei Anzeigen über Feuersbrünste, s. Note 8 zu §. 4 der Verordn. vom 3. Jan. 1849 (S. 10—11).

Zu §. 17. S. das Gesetz zum Schutze der persönlichen Freiheit v. 12. Febr. 1850 (G. S. S. 45—48), im Zusatz 3 zu §. 4 der Verordn. v. 3. Jan. 1849 und die Noten zu diesem §. (S. 5—11.)

Vierteljährlich am 1. März, 1. Juni, 1. September und 1. Dezember haben die Gerichte erster Instanz den Appellationsgerichten eine Gefangenenliste, welche mit dem Vermerke des Staatsanwalts über deren Einsicht zu versehen ist, in der unter III. 1, S. 340 des J. M. Bl. von 1842 vorgeschriebenen Form einzureichen. Allg. Verf. vom 30. Juni 1849, Nr. III. (J. M. Bl. Seite 308.)

§. 19. **Anfragen darüber, ob wegen Beleidigung des Staats-Ministeriums, oder einzelner Staats-Minister eine gerichtliche Verfolgung einzuleiten sei, sind von den Staatsanwalten an die Ober-Staatsanwalte zu richten und von diesen mit ihrer gutachtlichen Aeußerung dem Justiz-Minister einzureichen.** (Resc. v. 14. Aug. 1849. J. M. Bl. S. 376.)

Dasselbe Verfahren ist zu beobachten, wenn Beleidigungen der Kammern verübt werden (§§. 23, 34. Verordn. vom 30. Juni d. J. G. S. S. 231, 233).

§. 20. **Wenn eine Person mehrere Verbrechen begangen hat, oder mehrere Personen an dem nämlichen Verbrechen betheiligt sind,**

Zu §. 18. 1. Die Steckbriefe sollen den Zusatz erhalten: „Ein Jeder, der von dem Aufenthalte des N. N. Kenntniß hat, wird aufgefordert, davon unverzüglich der nächsten Gerichts- oder Polizeibehörde Anzeige zu machen." R. v. 22. März 1850. I. 873.

2. Zur Vermeidung unnöthiger Kosten für die in die Regierungs-Amtsblätter gebührenfrei aufzunehmenden Bekanntmachungen ist die Bezeichnung des Beamten der Staatsanwaltschaft in derartigen Bekanntmachungen möglichst kurz und ohne Beifügung der Namensunterschrift anzugeben. Allg. Verf. des Just. Min. v. 8. März 1853 (J. M. Bl. S. 98).

3. Um bei Requisitionen wegen Aufnahme von Bekanntmachungen in die Amtsblätter die Korrespondenz möglichst zu vereinfachen und die nachträgliche Einforderung von Armuths-Attesten, so viel es geschehen kann, zu vermeiden, sind die Gerichte und die Beamten der Staatsanwaltschaft, sowie die Polizei-Anwalte angewiesen, in allen derartigen Requisitionen entweder mit ausdrücklicher Offenlassung der Frage wegen des Kostenpunktes die Berichtigung der Gebühren, resp. Einsendung des Armuths-Attestes sich vorzubehalten, oder sogleich die Armuth der bei den einzelnen Insertionen betheiligten Personen zu bescheinigen, resp. die Gründe, welche für die kostenfreie Aufnahme der Bekanntmachung in das Amtsblatt sprechen oder dieselbe bedingen, anzugeben. Allg. Verf. des Just. Min. v. 5. März 1853 (J. M. Bl. S. 98).

4. Die Staatsanwalte dürfen sich ebenso wie alle übrigen Staatsbehörden zu ihrer amtlichen Korrespondenz der Staats-Telegraphen bedienen, wenn dabei ein reines Staats-Interesse vorwaltet und die Telegraphen-Gebühren aus der Staatskasse würden bezahlt werden müssen. Bei derartiger Benutzung der Telegraphen durch die Staatsanwalte sind dieselben Vorschriften zu befolgen, welche für die telegraphische Korrespondenz der Polizeibehörden Anwendung finden. (Vergl. Reglem. v. 10. Juli 1851.) Die Depeschen sind mit der Bezeichnung: „reine Staatsangelegenheiten, frei zu befördern" zu versehen. Verf. des Just. Min. v. 14. Sept. 1854. I. 3793.

5. Von der Befugniß, auf Ediktal-Citation abwesender und flüchtiger Verbrecher anzutragen, darf nur in dem Falle Gebrauch gemacht werden, wenn ein unmittelbares und erhebliches praktisches Resultat der Verurtheilung eintreten würde. Anderenfalls ist nur die Erlassung von Steckbriefen, wenn sie sonst begründet erscheint, zu bewirken und die Anklage nur dann zu bewirken, wenn die letzteren Erfolg gehabt haben. R. v. 22. Mai 1850. I. 2094.

Zu §. 19. 1. Nach §§. 102 und 103 des Strafgesetzbuchs sind die Beamten der Staatsanwaltschaft in Bezug auf die dem Staatsministerium oder einzelnen Staatsministern zugefügten Beleidigungen zwar den Gerichten gegenüber von der Verpflichtung zur Vorlegung eines auf die Verfolgung gerichteten Beschlusses entbunden. Dieselben haben jedoch in derartigen Fällen auch in Zukunft nicht ohne Weiteres einzuschreiten, sondern in der durch die allg. Verf. vom 14. August 1849 (J. M. Bl. S. 376) und §. 19 der allg. Verf. vom 13. November 1849 (J. M. Bl. S. 465) vorgeschriebenen Weise die nähere Anweisung des Just. Min. einzuholen. Allg. Verf. v. 23. Juni 1851 (J. M. Bl. Seite 228).

so ist, unbeschadet der freien Beschlußnahme der Gerichte über die Begründung des Gerichtsstandes, für die Erhebung der Anklage als Regel festzuhalten:

1) daß das schwerste Verbrechen die Kompetenz des Gerichts hinsichtlich des Thäters und aller Theilnehmer begründet, selbst dann, wenn wider einzelne Beschuldigte härtere Strafen, z. B. wegen Rückfalls zur Anwendung kommen;
2) daß bei derselben Gerichtsbehörde auch die andern minder schweren Verbrechen verfolgt werden, welche von den Theilnehmern des Hauptverbrechens noch außerdem begangen worden sind.

Dem Ermessen des Staatsanwalts bleibt es jedoch überlassen, ob in einem solchen Falle mit Bezug auf §. 416 der Kriminal-Ordnung die Verfolgung der zu 2. erwähnten minder schweren Verbrechen zweckmäßiger ganz unterbleibt, oder ob, wenn die von einzelnen Theilnehmern des Hauptverbrechens noch außerdem verübten Verbrechen vor ein anderes Gericht gehören würden, getrennte Anklagen zu erheben sind.

§. 21. Der für den Gerichtsstand geltende Grundsatz, daß 1) der Wohnort, 2) der Ort des Verbrechens, 3) der Ort der Ergreifung nach näherer Bestimmung der §§. 77 ff. der Kriminal-Ordnung die Zuständigkeit begründet, ist auch für die Kompetenz des Staatsanwalts maaßgebend.

§. 22. Ausfertigungen oder Abschriften der Strafurtheile erster oder zweiter Instanz werden der Staatsanwaltschaft von den Gerichten nur auf besonderes Verlangen ertheilt.

In den zur Kognition der Gerichte gelangenden Zoll- und Steuer-Defraudationssachen ist von den eingegangenen richterlichen Entscheidungen sogleich, nachdem solche erlassen sind, den betreffenden Königlichen Provinzial-Steuer-Direktoren, beziehungsweise den Regierungen, Mittheilung zu machen. (Resc. v. 29. Juli d. J., J. M. Bl. Seite 347.)

In Disciplinar- und gerichtlichen Untersuchungssachen wider Beamte sind die Vorschriften über die Amts-Suspension (§§. 46 ff. der Verordn. vom 10. Juli d. J. und §§. 52 ff. der Verordn. vom 11. Juli d. J. G. S. S. 262, 263, 280, 281) genau zu beachten. Die Einlegung des zulässigen Rechtsmittels wider die ergangene Entscheidung hängt zwar von dem pflichtmäßigen Ermessen des Staatsanwalts ab; er hat jedoch darüber, ob das Rechtsmittel eingewendet worden, oder aus welchen Gründen dies unterblieben ist, innerhalb der für die Einlegung der Rechtsmittel bestimmten Frist dem Departements-Chef des Beamten Mittheilung zu machen.

§. 23. Nach eingelegter Appellation kann die Uebersendung der gerichtlichen Akten an das Appellationsgericht (§. 134 der Verordn. vom 3. Januar 1850) durch Vermittelung der Staatsanwaltschaft erfolgen. (Allg. Verf. v. 24. Okt. d. J. J. M. Bl. S. 444.)

Reicht aber das Gericht erster Instanz unmittelbar die Akten dem Appellationsgerichte ein, so hat der Staatsanwalt, sobald ihm davon Mittheilung zugeht, sofort seine Bureau-Akten mit Anführung dessen, worauf es bei der mündlichen Verhandlung zweiter Instanz etwa noch ankommen dürfte, dem Ober-Staatsanwalte zu

---

Zu §. 20. S. Note 12 zu §. 1 dieses Regulativs.

übersenden, welchem der weitere Betrieb der Sache in zweiter Instanz obliegt.

Hinsichts des Rekurs-Verfahrens bei Untersuchungen wegen Polizei-Uebertretungen kommen die §§. 18, 21 der Instruktion vom 23. April d. J. (J. M. Bl. S. 239) zur Anwendung.

§. 24. Die Nichtigkeits-Beschwerde gegen ein Appellations-Erkenntniß wegen der im §. 38 der Verordnung bezeichneten Verbrechen hat der Ober-Staatsanwalt einzulegen. Findet er sich dazu veranlaßt, so fertigt er die Nichtigkeits-Beschwerde, sendet dieselbe rechtzeitig unmittelbar an das Gericht erster Instanz und setzt davon den betreffenden Staatsanwalt in Kenntniß. Sobald ihm die Einleitung des weiteren Verfahrens durch das Gericht bekannt gemacht wird, hat er sodann die Bureau-Akten an die Staatsanwaltschaft des Ober-Tribunals zu übersenden.

Nichtigkeitsbeschwerden gegen Erkenntnisse der Schwurgerichte sind, insofern nicht der Ober-Staatsanwalt nach §. 10 der Verordnung vom 3. Januar d. J. die Funktionen der Staatsanwaltschaft selbst verrichtet hat, von dem bei dem Schwurgerichte angestellten Staatsanwalte anzubringen. Der letztere hat demnächst ebenso, wie in dem Falle, wenn von dem Angeklagten eine Nichtigkeits-Beschwerde eingelegt worden ist, die Büreau-Akten der Staatsanwaltschaft des Ober-Tribunals zu übersenden.

Zu §. 23. Ueber das Verfahren bei Beschwerden, s. die allg. Verf. des Just. Min. v. 7. Februar 1851 (J. M. Bl. S. 42—43), oben Note 5 zu §. 12 (S. 28).

Zu §. 24. 1. Wenn die Nichtigkeits-Beschwerde des Angeklagten auf Verletzung wesentlicher Vorschriften des Verfahrens gestützt wird, und daher dem erkennenden Richter die Prüfung der Thatsachen obliegt, welche der Beschwerde zur Grundlage dienen, so dürfen die Mittel, welche das Gesetz zur Vorbereitung und Erleichterung dieser Prüfung an die Hand giebt, nicht unbenutzt gelassen werden. Die Beamten der Staatsanwaltschaft werden daher veranlaßt, sich in derartigen Fällen über die Richtigkeit oder Unrichtigkeit der in der Nichtigkeits-Beschwerde hervorgehobenen Thatsachen, unter Verweisung auf die betreffenden Stellen der Akten, speziell zu äußern. Insbesondere hat, wenn die ungerechtfertigte Aussetzung eines Entlastungsbeweises behauptet wird, die Gegenerklärung sich darüber zu verbreiten, ob und wo der Angeklagte die betreffenden Zeugen oder sonstigen Beweismittel wirklich angegeben hat, und ob und wo darauf eine Verfügung oder ein Beschluß des Gerichts ergangen ist. Allg. Verf. des J. M. v. 27. Juni 1855, Nr. 3 (J. M. Bl. S. 199).

2. Die Beamten der Staatsanwaltschaft haben, wenn ihnen die Nichtigkeits-Beschwerde des Angeklagten in Gemäßheit des §. 144 der Verordn. vom 3. Jan. 1849 mitgetheilt worden ist, in keinem Falle die zehntägige Frist verstreichen zu lassen, ohne irgend eine Erklärung abzugeben. Erachten sie eine Beantwortung der Nichtigkeits-Beschwerde nicht für erforderlich, so haben sie dies ungesäumt dem Gericht zu erklären, damit die Einsendung der Akten an das Ober-Tribunal nicht einen unnöthigen Aufenthalt erleide. Allg. Verf. des J. M. v. 5. Dez. 1853, Nr. 11 (J. M. Bl. S. 420).

3. Die an den General-Staatsanwalt abzusendenden Bureau-Akten sollen die Anklage, die Urtel I. und II. Instanz, resp. des Schwurgerichtshofes, die betreffenden Fragen an die Geschworenen und die darauf ertheilten Antworten, endlich die Nichtigkeits-Beschwerde und die Beantwortung derselben enthalten. Aeußerlich soll auf den Akten der Name des Angeklagten und der Gegenstand der Beschuldigung bezeichnet werden. Verf. des General-Staatsanwalts vom 3. April 1854, Nr. 2532. — Dienstliche Mittheilungen an den General-Staatsanwalt werden an denselben unter der Adresse: „An den Königlichen Herrn General-Staatsanwalt in Berlin“ ohne Beifügung des Namens gerichtet.

§. 25. In Prozessen über die Trennung, Ungültigkeit oder Nichtigkeit einer Ehe wird, im Falle eine der Parteien die Appellation eingewendet hat, mit Einsendung der Bureau-Akten an den Ober-Staatsanwalt, welchem der Betrieb der Sache in zweiter Instanz obliegt, in gleicher Art verfahren.

(§. 26. Erkenntnisse, welche auf eine gegen Appellations-Urtheile eingewendete Nichtigkeits-Beschwerde ergehen, sind von den Gerichten erster Instanz dem Appellationsgerichte zur Kenntnißnahme abschriftlich einzusenden.

Dem Ober-Staatsanwalte müssen von den betreffenden Staatsanwalten alle in der Nichtigkeisbeschwerde-Instanz ergangene Erkenntnisse in Abschrift mitgetheilt werden. Die Staatsanwaltschaft des Ober-Tribunals hat Entscheidungen dieses Gerichtshofes, welche zweifelhafte oder wichtige Rechtsfragen betreffen, oder sonst von besonderem Interesse sind, dem Justiz-Minister zur Kenntnißnahme einzureichen.)

III. Schlußbestimmungen.

§. 27. Insofern für die Geschäfte der Staatsanwaltschaft Untersuchungskosten entstanden sind, welche dem Angeschuldigten zur Last fallen, ist mit deren Liquidirung nach Maaßgabe der allgemeinen Verfügung vom 27. August d. J. unter Nr. 6 und 7 (J. M. Bl. S. 381, 382) zu verfahren.

Zu den von dem Angeschuldigten einzuziehenden Kosten gehören auch die Kopialien für die zur Begründung der Anklage erlassenen Verfügungen und für die Anklageschrift.

§. 28. Die Reisekosten der Staatsanwalte sind nach den allgemeinen Verfügungen vom 18. Juni d. J. unter Nr. IV. (J. M. Bl. S. 298) und vom 27. August d. J. unter Nr. 7. (J. M. Bl. S. 382) zu liquidiren.

Den Ober-Staatsanwalten wird zur Pflicht gemacht, für die genaue Befolgung der allgemeinen Verfügung vom 3. Septbr. d. J., betreffend die Einschränkung der Voruntersuchungen und der Reisekosten (J. M. Bl. S. 388), Sorge zu tragen. Von der Befugniß, auswärtigen Verhandlungen der Gerichts- und Polizei-Behörden beizuwohnen (§. 7 der Verordn. vom 3. Januar d. J.), haben die Staatsanwalte zur Sparung von Zeit und Kosten nur in wichtigen Fällen und aus erheblichen, in der Sache selbst liegenden Gründen Gebrauch zu machen.

Zu §. 26. Unter Aufhebung des §. 26 ist angeordnet, daß jetzt in allen Fällen die Bureau-Akten der Staatsanwaltschaft mit dem ergangenen Erkenntnisse von dem General-Staatsanwalt dem betreffenden Ober-Staatsanwalt zuzusenden. Dieser soll von dem Inhalte der Entscheidungen Kenntniß nehmen, in den Fällen, wo die Sache ein erhebliches Interesse darbietet, eine Abschrift zurückbehalten und die Akten sodann dem betreffenden Staatsanwalt zugehen lassen. Es ist dabei darauf zu achten, daß insbesondere diejenigen Sachen, in denen auf Vernichtung eines früheren Erkenntnisses und Wiederholung der mündlichen Verhandlung vor einem anderen Gerichte erkannt worden ist, die erforderliche Beschleunigung erfahren. Allg. Verf. des Just. Min. vom 13. Febr. 1854 (J. M. Bl. S. 74).

Zu §. 27. Vergl. jetzt den Sporteltarif vom 10. Mai 1851, §. 61 unter I. 4 (G. S. S. 49), und das Gesetz vom 3. Mai 1853 (G. S. S. 170—176).

Zu §. 28. 1. Auf die bei den Gerichten erster Instanz fungirenden

§. 29. Der Ober-Staatsanwalt hat die Verpflichtung, die Geschäftsverwaltung der Beamten der Staatsanwaltschaft seines Amtsbezirks von Zeit zu Zeit einer unvermutheten Revision zu unterwerfen. Die Geschäfts-Revisionen sind so vorzunehmen, daß in je zwei Jahren eine Bereisung des ganzen Amtsbezirks stattgefunden hat. Zur Bestreitung der Reisekosten, deren Beschränkung auf den unvermeidlichen Betrag durch zweckmäßige Einrichtung der Reise-Routen erfolgen muß, soll für jeden Ober-Staatsanwalt ein Fond in dem Etat angewiesen werden.

Zum Zwecke der Beaufsichtigung und der Ermittelung des Geschäftsumfangs können periodische Anzeigen und Geschäftslisten eingefordert werden.

Die Revision der Geschäftsverwaltung der Polizei-Anwalte hat der Ober-Staatsanwalt von Zeit zu Zeit bei Gelegenheit seiner Revisions-Reisen zu bewirken, oder durch die Staatsanwalte des Bezirks vornehmen zu lassen. Erwachsen im letzteren Falle durch die Revisionen, wenn sie von den Staatsanwalten außerhalb des Sitzes der Kreisgerichte zu bewirken sind, Reisekosten, so müssen dieselben auf den etatsmäßigen Fond für die Revisionsreisen des Ober-Staatsanwalts angewiesen werden.

§. 30. Nach dem Schlusse des Geschäftsjahres hat jeder Staatsanwalt die vorgeschriebene Geschäfts-Uebersicht mit einem Berichte über seine amtliche Thätigkeit dem Ober-Staatsanwalt einzureichen, und der letztere den angeordneten Bericht an den Justiz-Minister zu erstatten. (Allg. Verfügung v. 30. Juni d. J. unter C. (J. M. Bl. Seite 310.)

Berlin, den 13. November 1849.

Der Justiz-Minister
Simons.

Staatsanwalte und deren Gehülfen findet bei Lokalgeschäften innerhalb ihres Amtsbezirks, sofern denselben nicht Reisekosten-Pauschquanta bewilligt sind, das Gesetz vom 9. Mai 1851 (G. S. S. 619—621) Anwendung. Staatsanwalte und Staatsanwaltsgehülfen erhalten die für richterliche Beamte bestimmten Sätze. §. 12 des Ges. v. 9. Mai 1851 (G. S. S. 621). Vergl. dazu die in dem Ges. v. 9. Mai 1854 (G. S. S. 273) getroffenen Abänderungen und die Instrukt. des Just. Min. v. 2. Juni 1854.

Die vorgedachten Bestimmungen finden keine Anwendung auf diejenigen anderen Aufträge, welche nicht die Ausrichtung einzelner gerichtlicher Geschäfte, sondern die Justizaufsicht und Verwaltung betreffen, insbesondere nicht bei Reisen der Ober-Staatsanwalte. In diesen Fällen kommen lediglich die in der Verordn. v 10. Juni 1848 (G. S. S. 152) bestimmten Sätze zur Anwendung, insofern nicht besondere Reisekosten-Pauschquanta festgesetzt werden. §. 13 des Ges. v. 9. Mai 1851 (G. S. S. 621).

Ueber die Liquidation der Beamten der Staatsanwaltschaft über die ihnen für Dienstreisen zu gewährenden Diäten und Reisekosten, s. die allg. Verf. des Just. Min. v. 20. Jan. 1852 (J. M. Bl. S. 42—44).

2. Die möglichste Einschränkung der Reisekosten ist wiederholt angeordnet in der Verf. v. 4. April 1854, Nr. IX. (S. oben Note 13 zu §. 1 des Regulativs.) Vergl. auch über die zu führenden Kontrolen die an die Staatsanwaltschaften ergangene Verf. des Just. Min. v. 20. Nov. 1855. I. 1661.

Zu §. 29. Ueber die Kontrolirung des Geschäftsverkehrs der Polizei-Anwalte und die Geschäfts-Nachweisungen der Ober-Staatsanwalte, s. die allg. Verf. v. 1. Juli 1850 (J. M. Bl. S. 211—212).

Prozeß-Liste.

Laufende Nummer.	Namen	Vorname, Stand, Wohnort	Gegenstand	Zurückgewiesen	An andere Behörden abgegeben	Von weiterer Verfolgung Abstand genommen	Voruntersuchung	Anklage	Erkenntniß I. Instanz	Erkenntniß II. Instanz	Erkenntniß letzter Instanz	Bemerkungen.

b.

Allgemeine Verfügung des Just.-Min. vom 29. März 1853, betreffend die Abfassung der Anträge auf Versetzung in den Anklagestand, der auf dieselben ergehenden Beschlüsse, der Anklageschriften und der Urtheile in Strafsachen.

(Just. Min. Bl. S. 134—138).

Bei Abfassung der Anträge auf Versetzung in den Anklagestand, der auf dieselben ergehenden Beschlüsse, der Anklageschriften und der Urtheile in Strafsachen ist von den Gerichten und von den Beamten der Staatsanwaltschaft nicht immer die erforderliche Sorgfalt beobachtet worden.

Zur Vermeidung der dadurch wiederholt herbeigeführten Nichtigkeiten des Verfahrens und der damit verknüpften Mißstände findet der Justiz-Minister sich veranlaßt, die Gerichte und die Beamten der Staatsanwaltschaft auf die dabei zu beachtenden Gesichtspunkte aufmerksam zu machen.

A. In Schwurgerichtssachen.

Die sachgemäße Entscheidung in den zur Kompetenz der Schwurgerichte gehörigen Sachen ist wesentlich davon abhängig, daß die den

---

Zu §. 30. Ueber die Vereinfachung der Geschäfts-Uebersichten und Tabellen über den Zustand der Justiz-Verwaltung, insbesondere die von den Ober-Staatsanwalten alle zwei Jahre einzureichende Uebersicht des Beamten-Personals, s. die allg. Verf. v. 17. Mai 1854 (J. M. Bl. S. 231 u. 236).

Geschworenen vorzulegenden Fragen richtig formulirt werden. Die Fragestellung erfordert deshalb die sorgfältigste Vorbereitung. Zu diesem Zwecke ist im Art. 63 des G. vom 3. Mai 1852 eine entsprechende Bestimmung enthalten. Mit Rücksicht auf dieselbe ist Folgendes zu beobachten:

1) In den Antrag auf vorläufige Versetzung in den Anklagestand, welcher geeignet sein muß, der von dem Ober-Staatsanwalt zu fertigenden Anklageschrift als Grundlage zu dienen, ist nicht nur eine Darstellung des Sachverhalts, sondern auch außer der Bezeichnung des Strafgesetzes eine vollständige Anklageformel aufzunehmen.

Es genügt hierbei nicht, das Verbrechen in abstracto zu bezeichnen, z. B. als „schweren Diebstahl", „Mord" und dergleichen. Die Anklageformel muß vielmehr die Thatsachen, welche zu den wesentlichen Merkmalen der dem Beschuldigten zur Last gelegten strafbaren Handlung gehören — den subjektiven und objektiven Thatbestand des Verbrechens — insbesondere also auch die Absicht des Thäters, den Vorsatz, die Fahrlässigkeit, so wie andere innere Qualifikationen der That vollständig enthalten.

Zeit und Ort der That, so wie die sonstigen Momente des konkreten Falles sind nur soweit anzugeben, als es zur Individualisirung desselben erforderlich ist. Dabei ist einerseits der Gesichtspunkt festzuhalten, daß der Angeklagte in der Lage sein muß, seine Vertheidigung gehörig vorzubereiten, und daß auch ein späterer Zweifel darüber, welche individuelle That Gegenstand des Verfahrens gewesen, möglichst auszuschließen ist; andererseits ist aber nicht außer Acht zu lassen, daß in manchen Fällen erst in der Hauptverhandlung eine nähere Bestimmung dieser Momente möglich und daher für dieselbe hinreichender Spielraum zu lassen ist.

Ist die That eine solche, welche schon in einer einfacheren Gestalt strafbar sein würde, welche jedoch wegen hinzutretender erschwerender Umstände unter ein härteres Strafgesetz fällt, so sind mit Rücksicht auf die demnächstige Fragestellung an die Geschworenen zuerst diejenigen Thatsachen, durch deren Vorhandensein der Begriff der strafbaren Handlung in ihrer einfachen Gestalt bedingt wird, im Zusammenhange anzugeben und sodann getrennt davon die erschwerenden Umstände besonders hervorzuheben, damit einer Verwechselung jener Thatsachen mit den erschwerenden Umständen vorgebeugt werde. Es würde z. B. die Anklageformel in folgender Art zu fassen sein:

bei einem schweren Diebstahl im Falle des §. 218, Nr. 2 des Strafgesetzbuchs:

„in der Zeit vom bis zum zu (Ort der That)
„dem die und die Gegenstände, in der Absicht wegge-
„nommen zu haben, sich dieselben rechtswidrig zuzueignen,
„und zwar
„a) zur Nachtzeit
„b) in dem bewohnten Hause
„des . . . . . ."

bei einem Morde:

„am oder: „in der Zeit vom bis zu
„den vorsätzlich getödtet zu haben,
„und zwar
„mit Ueberlegung."

Die Anklageformel und die Bezeichnung des Strafgesetzes sind am Schlusse dahin zusammen zu fassen:

„Demgemäß wird darauf angetragen,
„den ꝛc. als hinreichend belastet,
(folgt die Anklageformel)
„auf Grund des §. .. vorläufig in den Anklagestand zu ver-„setzen, und behufs definitiver Beschlußnahme hierüber die „Einsendung der Akten an das Appellationsgericht anzu-„ordnen."

2) Für den Beschluß über die vorläufige Versetzung in den Anklagestand schreibt der Art. 63 des G. vom 3. Mai 1852 vor, daß darin die Anklageformel und die Bezeichnung des Strafgesetzes ebenfalls enthalten sein muß. Insofern der Schluß des Antrags als der Sachlage und den Gesetzen entsprechend befunden wird, ist es zu empfehlen, die Fassung desselben in den Beschluß zu übernehmen.

Wird die vorläufige Versetzung in den Anklagestand nicht in Uebereinstimmung mit dem Antrage der Staatsanwaltschaft beschlossen, so muß nach Art. 63 a. a. O. aus dem Beschlusse hervorgehen, inwiefern dies auf einer abweichenden Beurtheilung der Thatsachen oder des Rechtspunktes beruht.

Einer umständlichen Angabe der einzelnen Verdachtsgründe bedarf es in dem Beschlusse der Regel nach nicht.

3) Der Ober-Staatsanwalt hat die Anklageformel und die Bezeichnung des Strafgesetzes, wie sie in dem Beschlusse über die vorläufige Versetzung in den Anklagestand enthalten sind, genau zu prüfen. Glaubt er, Abänderungen beantragen zu müssen, so hat er dieselben bestimmt zu formuliren und die anderweite Formel mittelst schriftlichen Antrages dem Appellationsgericht vorzulegen, und zwar wo möglich schon vor dem Termin, in welchem über die definitive Versetzung in den Anklagestand Beschluß gefaßt werden soll.

4) Für den Beschluß des Appellationsgerichts über die definitive Versetzung in den Anklagestand gilt dasselbe, was unter Nr. 2 von dem vorläufigen Beschlusse gesagt ist.

5) In die Anklageschrift ist diejenige Anklageformel wörtlich aufzunehmen, welche in dem Beschlusse über die definitive Versetzung in den Anklagestand enthalten ist. Sie schließt mit den Worten:

„Demnach wird ꝛc. angeklagt.
(folgt die Anklageformel)
„und sich dadurch des durch den §. .. vorgesehenen Verbrechens „schuldig gemacht zu haben."

6) Wenn in vorstehender Weise die Thatsachen, welche die wesentlichen Merkmale der dem Angeklagten zur Last gelegten strafbaren Handlung bilden, in der Anklageformel gehörig zusammengefaßt sind, so wird dieselbe dem Vorsitzenden des Schwurgerichts bei Stellung der Fragen an die Geschworenen zu einem sichern Anhaltspunkte dienen. Sollte der Vorsitzende dennoch, namentlich etwa deshalb, weil die mündliche Verhandlung Abweichungen als räthlich erscheinen läßt, eine andere Fassung wählen zu müssen glauben, so ist für diesen Fall im Interesse der Sache dringend zu empfehlen, die neue Fassung so zeitig als möglich dem Staatsanwalt und dem Vertheidiger mitzutheilen, damit diese ihre Bemerkungen daran gleichfalls nach gehöriger Prüfung anknüpfen können.

In allen Fällen aber sind die von dem Staatsanwalt oder dem Vertheidiger beantragten Aenderungen auch in formulirter Fassung zu den Akten zu überreichen oder in das Protokoll aufzunehmen.

Eine Abweichung von der Anklageformel wird insbesondere in den Fällen gerechtfertigt sein, wo die mündliche Verhandlung herausgestellt hat, daß die in der Anklageformel gebrauchten Ausdrücke in dem gegebenen Falle eine bestrittene rechtliche Bedeutung haben, oder wo zu besorgen steht, daß den Geschworenen die darin vorkommenden Rechtsbegriffe nicht unzweifelhaft klar sind. In solchen Fällen kommt es darauf an, an Stelle dieser Begriffe die gleichbedeutenden Ausdrücke, welche den Geschworenen verständlich sind, zu finden und dem Gerichtshofe die ihm gebührende rechtliche Entscheidung der Sache vorzubehalten. So z. B. wird zuweilen bei der Körperverletzung der „Vorsatz", bei der Urkundenfälschung die Absicht „sich Gewinn zu verschaffen" in die im konkreten Falle vorhandene Absicht aufzulösen sein (Art. 82 des G. vom 3. Mai 1852).

Freilich ist hierbei große Vorsicht nothwendig, und insbesondere der Gesichtspunkt festzuhalten, daß die Fragestellung fehlerhaft ist und zur Vernichtung des Verfahrens führen muß, wenn auch nur ein Zweifel darüber besteht, ob die Thatsachen, welche zu den wesentlichen Merkmalen der dem Angeklagten zur Last gelegten That gehören, vollständig in die Frage aufgenommen sind. In Fällen, wo ein Begriff eine allgemein bekannte und in concreto unbestrittene Bedeutung hat, ist von der Auflösung abzusehen, selbst wenn es sich von einem Rechtsbegriffe handelt.

Wenn in der Hauptverhandlung die Thatsachen, welche der Anklage zum Grunde liegen, oder die etwa hervorgetretenen näheren Umstände, von welchen dieselben begleitet waren, verbunden oder vereinzelt von einem Gesichtspunkte aus als strafbar erscheinen, unter welchen sie die Anklage nicht gebracht hat, so rechtfertigt dies nicht eine Abweichung von der Anklageformel. Es sind vielmehr in einem solchen Falle die der Anklageformel entsprechenden Fragen zu stellen, damit die erhobene Anklage erledigt werde, und es sind außerdem mit Rücksicht auf die Veränderung des Gesichtspunktes besondere Fragen vorzulegen, wie dies der Art. 86 des G. v. 3. Mai 1852 ausdrücklich vorschreibt.

B. In Sachen, welche nicht vor die Schwurgerichte gehören.

In denjenigen Sachen, welche nicht vor die Schwurgerichte gehören, ist es eben so, wie in den Schwurgerichtssachen, von großer Wichtigkeit,

> die Thatsachen, welche zu den wesentlichen Merkmalen der dem Angeklagten zur Last gelegten strafbaren Handlung gehören,

besonders hervorzuheben. Denn eben diese Thatsachen, welche in Schwurgerichtssachen den Gegenstand der Fragestellung bilden, sind es, an deren Feststellung der Appellationsrichter in Gemäßheit des §. 126 der V. vom 3. Januar 1849 und Art. 101 u. 31 des G. v. 3. Mai 1852 gebunden ist, von denen er nicht abweichen darf,

> „insofern nicht neue Thatsachen oder Beweise, oder die gänzliche oder theilweise Wiederholung der in erster Instanz stattgefundenen Beweisaufnahme eine abweichende thatsächliche Feststellung begründen."

Da diese Vorschrift, welche die Befugniß des Appellationsgerichts, von der in dem ersten Urtheil enthaltenen Feststellung des Thatbestandes abzugehen, beschränkt, mit Rücksicht auf das Wesen des mündlichen Verfahrens erlassen ist, so hat die Verletzung derselben als einer wesentlichen Prozeßvorschrift nach Art. 108 die Vernichtung des Verfahrens, und nach Art. 117 die Verweisung der Sache zur anderweiten Entscheidung vor das Appellationsgericht zur Folge.

Hat z. B. der erste Richter thatsächlich festgestellt, daß der Angeklagte Jemanden fahrlässig verletzt habe, so darf der Appellationsrichter bei Vermeidung der Nichtigkeit seines Urtheils nicht ohne neue oder wiederholte Beweisaufnahme das Nichtschuldig aussprechen, falls er etwa annähme, daß der Schluß, mittelst dessen der erste Richter zur Feststellung der Fahrlässigkeit gelangt sei, ein unrichtiger gewesen.

Von den Gegenständen der thatsächlichen Feststellung, welche der erste Absatz des Art. 31 a. a. O. erfordert, sind daher die im zweiten Absatze erwähnten Verdachtsgründe (Indicien) wohl zu unterscheiden.

Die Feststellung der Thatsachen, von welcher im ersten Absatze die Rede ist, umfaßt alles das, was Gegenstand des subjektiven und objektiven Thatbestandes eines Vergehens ist, die innere und äußere Qualifikation der That. Im zweiten Absatze dagegen wird vorgeschrieben, daß in den Entscheidungsgründen angegeben werden soll, welche als richtig angenommene Thatsachen und erhobene Beweise die Ueberzeugung des Richters dahin geleitet haben, daß er den subjektiven und objektiven Thatbestand (erster Absatz) für thatsächlich festgestellt erachtet. Damit dieser Unterschied in jeder einzelnen Sache recht klar vor Augen trete, sind die folgenden Bestimmungen zu beachten:

7) In die Anklageschrift ist eine vollständige Anklageformel (Nr. 1) und der unter Nr. 5 bezeichnete entsprechende Schlußsatz aufzunehmen.

8) Hinsichts des Inhalts des Beschlusses, welcher die Eröffnung der Untersuchung anordnet, gilt das unter Nr. 2 Bemerkte. Wenn die Anklageformel und die Bezeichnung des Strafgesetzes als der Sachlage und den Gesetzen entsprechend befunden wird, so kann, insbesondere in einfachen Sachen, auf die Anklageschrift lediglich Bezug genommen werden.

9) Wenn die Staatsanwaltschaft in der Hauptverhandlung bei ihrem Antrage auf Schuldigerklärung von der Anklageformel abweichen zu müssen glaubt, so hat sie in ihrem Schlußantrage bestimmt anzugeben, welche von den zu den wesentlichen Merkmalen gehörigen Thatsachen für sie festgestellt annimmt, und welche nicht. Die von ihr für nothwendig erachteten Abweichungen von der Anklageformel sind in formulirter Fassung zu überreichen oder in das Protokoll aufzunehmen.

10) In den Entscheidungsgründen der Urtheile erster Instanz wird es sodann darauf ankommen, die Thatsachen und Beweismittel, auf Grund deren der Beweis für geführt oder für nicht geführt erachtet wird, — die Verdachtsgründe, die Indicien (Art. 31 a. a. O. zweiter Absatz) und die ebenfalls hierher gehörigen faktischen Entlastungsmomente — mit besonderer Sorgfalt anzugeben, damit die Fälle möglichst selten werden, in welchen der Appellations-

richter wegen wesentlicher Bedenken gegen die in dem ersten Urtheil enthaltene Feststellung der Thatsachen die Wiederholung der Beweisaufnahme anordnen muß.

Daneben wird aber das Gesammtresultat dieser Erörterungen, die eigentliche thatsächliche Feststellung (Art. 31 a. a. O. erster Absatz), dergestalt hervorzuheben sein, daß der Unterschied von jenen Ausführungen auch äußerlich deutlich hervortritt.

Bei verurtheilenden Entscheidungen empfiehlt es sich daher, ausdrücklich zu sagen:

„Gegen den Angeklagten ist als thatsächlich feststehend anzunehmen, daß derselbe die und die Handlung in der und der Absicht begangen hat,“ z. B. „daß der Angeklagte durch Vorbringen der falschen Thatsache, er sei der zum Abholen der und der Waare bestellte Bote des B., den A. zur Herausgabe dieser Waare an ihn bewogen, und dadurch das Vermögen des A. in gewinnsüchtiger Absicht beschädigt hat.“

Als Regel ist festzuhalten:

der subjektive und objektive Thatbestand muß in der thatsächlichen Feststellung so vollständig aufgenommen werden, wie es für die Anklageformel vorgeschrieben ist, und wie es in Schwurgerichtssachen durch den Ausspruch der Geschworenen geschieht.

Dabei ist zu beachten, daß nicht Rechtsbegriffe, deren Bedeutung bei der Anwendung des Strafgesetzes auf den gegebenen Fall einem Zweifel unterliegt, mit aufgenommen, sondern daß an deren Stelle die faktischen Momente des konkreten Falles gesetzt werden. Denn nur an die thatsächliche Feststellung ist der Appellationsrichter gebunden, nicht an die rechtliche Beurtheilung. Jedes Erkenntniß erster Instanz muß eine besondere — wenn auch kurze — Angabe des in Betracht zu ziehenden Strafgesetzes und des Rechtspunktes an die thatsächliche Feststellung anschließen. Wenn es z. B. bei Anwendung des §. 271 des Strafgesetzbuches zweifelhaft, ob derjenige, welchem der Angeklagte seine eigene Sache weggenommen, im Sinne des Gesetzes als Nutznießer, Pfandgläubiger oder Retentionsberechtigter zu betrachten sei, so würde diese seine Eigenschaft nicht einen Gegenstand der thatsächlichen Feststellung bilden, sondern der rechtlichen Beurtheilung angehören.

Macht das Gesetz die Anwendung eines geringeren Strafmaaßes von der Feststellung mildernder Umstände überhaupt abhängig, so sind, falls solche als vorhanden angenommen werden, die Momente, auf Grund deren dies geschehen, anzugeben, und es ist noch ausdrücklich hinzuzufügen, daß danach mildernde Umstände für festgestellt zu erachten seien.

Freisprechende Urtheile, bei denen die Freisprechung nicht blos auf einer den Ansichten der Staatsanwaltschaft entgegenstehenden Auslegung des Gesetzes beruht, — (denn von diesen gilt dasselbe, was für die verurtheilenden Entscheidungen bemerkt ist) — werden nach Verschiedenheit der Fälle die ausdrückliche Angabe enthalten müssen:

„Es ist nicht als thatsächlich feststehend anzunehmen, daß z. B. der Angeklagte den rc. an der Gesundheit beschädigt oder körperlich verletzt habe“ —

oder:

„Es ist zwar als thatsächlich feststehend anzunehmen, daß z. B. der ꝛc. durch eine Handlung des Angeklagten körperlich verletzt worden, jedoch nicht, daß dies durch Fahrlässigkeit desselben geschehen sei".

Wenn endlich in einem Urtheil zwar angenommen wird, daß das in der Anklage bezeichnete Vergehen nicht vorliege, gleichwohl aber unter Anwendung des Artikels 30 des Ges. v. 3. Mai 1852 eine Verurtheilung erfolgt, weil die ermittelten Thatsachen von einem anderen, bis dahin nicht geltend gemachten Gesichtspunkte aus als strafbar erscheinen, so wird die thatsächliche Feststellung in beiden Richtungen klar hervortreten müssen. Es wird also z. B. wenn die Anklage auf Grund der angeführten Indicien, insbesondere wegen des Besitzes gestohlenen Gutes, auf Diebstahl lautete, in der mündlichen Verhandlung sich aber nur Hehlerei ergab, zu sagen sein:

„Es ist als thatsächlich feststehend zwar nicht anzunehmen, daß der ꝛc. in der Zeit ..... dem ꝛc. die und die Sachen in der Absicht weggenommen, sich dieselben rechtswidrig zuzueignen;

„wohl aber,

daß er diese Sachen, wissend, daß sie gestohlen, angekauft habe."

11) Bei den in der Appellations-Instanz ergehenden Entscheidungen ist es von besonderer Wichtigkeit, daß die Artikel 101 und 31 des Ges. v. 3. Mai 1852 richtig aufgefaßt und die obigen Bemerkungen gehörig beachtet werden. Damit namentlich für den Fall, daß gegen das Appellations-Urtheil die Nichtigkeits-Beschwerde eingelegt wird, bei der Entscheidung über dieselbe jeder Zweifel darüber, was als thatsächlich festgestellt angenommen worden sei, ausgeschlossen werde, ist es dringend zu empfehlen, daß in dem Appellations-Urtheil die Thatsachen, welche zu den wesentlichen Merkmalen der dem Angeklagten zur Last gelegten strafbaren Handlung gehören, so wie der erste Richter sie als festgestellt erachtet hat, besonders und ausdrücklich wieder hervorgehoben werden. Hierbei wird in Fällen, wo der erste Richter ein zum Thatbestande gehöriges Moment zwar angenommen, jedoch nicht deutlich genug hervorgehoben hat, wie dies insbesondere hinsichtlich der strafbaren Absicht bisher nicht selten vorgekommen ist, dieser Mangel durch ausdrückliche Erklärung zu verbessern sein.

Erfolgt auf Grund einer neuen Beweisaufnahme oder einer Wiederholung des in erster Instanz stattgefundenen Beweisverfahrens eine abweichende thatsächliche Feststellung, so ist das unter Nr. 10 Bemerkte zu beachten.

Wenn in dem ersten Urtheil eine zu den wesentlichen Merkmalen der strafbaren Handlung gehörende Thatsache nicht festgestellt und gleichwohl ein Schuldig ausgesprochen ist, so hat nach Art. 102 des Ges. v. 3. Mai 1852 der Appellationsrichter auf Grund eines vor ihm selbst stattfindenden neuen Verfahrens den Thatbestand anderweit festzustellen oder geeigneten Falles unter Aufhebung jenes Urtheils die Sache zur nochmaligen Verhandlung und Entscheidung in erster Instanz zurück zu verweisen.

Wird in der Appellations-Instanz ein neuer Beweis angetreten, oder gar nicht oder nur zum Theil aufgenommen, so ist es wesentlich, daß in dem Appellations-Urtheil die Gründe mit Bestimmtheit angegeben werden, aus denen von der Beweisaufnahme ganz oder zum Theil abgesehen worden ist. Namentlich wird unzweideutig auszusprechen sein, ob und aus welchen Gründen der angetretene Beweis für gesetzlich unzulässig, oder ob er aus Rechtsgründen für unerheblich erachtet, oder endlich, ob er deshalb nicht aufgenommen worden ist, weil er eine von der Feststellung des ersten Richters abweichende Ueberzeugung doch nicht begründet haben würde. Denn der über eine etwaige Nichtigkeits-Beschwerde erkennende Richter muß beurtheilen können, ob in jure gefehlt sei, oder ob der Appellationsrichter von der ihm zustehenden und einer ferneren Kritik nicht unterliegenden Befugniß, die thatsächliche Seite des Falles zu erledigen, Gebrauch gemacht habe.

c.
Instruktion für die Polizeianwalte vom 24. November 1852.
(J. M. Bl. 1853, S. 10—25.)

I. Allgemeine Bestimmungen.

§. 1. Der amtliche Beruf des Polizeianwalts besteht darin, bei Uebertretungen (§. 8) die Ermittelung der Thäter herbeizuführen und dieselben vor Gericht zu verfolgen. V. v. 3. Jan. 1849 §§. 2, 28. G. v. 3. Mai 1852, Art. 120.

§. 2. Der Polizeianwalt ist in seiner Amtsführung der Aufsicht und Leitung des Ober-Staatsanwalts und mit diesem der oberen Aufsicht und Leitung des Justizministers unterworfen. V. v. 3. Jan. 1849, §§. 3, 28. Die Beurlaubung des Polizeianwalts und die Anordnung wegen seiner Stellvertretung erfolgt durch den Regierungspräsidenten, nach vorgängigem Einvernehmen mit dem Ober-Staatsanwalt.

§. 3. Untersuchungs-Verhandlungen, Verhaftungen und Beschlagnahmen hat der Polizeianwalt, wenn nicht Gefahr im Verzuge obwaltet, oder der Fall der Ergreifung auf frischer That vorliegt, nicht selbst vorzunehmen, sondern solche nach Umständen entweder bei der Polizeibehörde oder bei dem betreffenden Gerichte zu beantragen. V. v. 3. Jan. 1849, §. 7.

§. 4. Der Polizeianwalt ist befugt, allen polizeilichen und gerichtlichen Verhandlungen, welche Gegenstände seines Geschäftskreises betreffen, beizuwohnen, mit dem Beamten, welcher die Verhandlung zu führen hat, in unmittelbare Verbindung zu treten, und seine Anträge und Mittheilungen zur Förderung des Zwecks der Untersuchung an diesen Beamten zu richten. V. v. 3. Jan. 1849, §. 7.

§. 5. Dem Polizeianwalte steht die Einsicht aller polizeilichen und gerichtlichen Akten, welche sich auf einen zu seinem Geschäftskreise gehörenden Gegenstand beziehen, jederzeit frei. V. v. 3. Jan. 1849, §. 8.

§. 6. Der Polizeianwalt hat jede Verzögerung und Ordnungswidrigkeit sorgfältig zu vermeiden. Er hat darauf zu achten, daß den Untersuchungen bei den Gerichten die möglichste Beschleunigung zu Theil, und überall den gesetzlichen Vorschriften gemäß verfahren werde. Wenn er Verzögerungen oder sonstige Unregelmäßigkeiten wahrnimmt, so hat er mit dem betreffenden Richter Rücksprache zu nehmen, und wenn dies ohne Erfolg bleibt, hiervon dem Ober-Staatsanwalte Kenntniß zu geben. V. v. 3. Jan. 1849, §. 8.

§. 7. Der Polizeianwalt ist berechtigt, über alle gerichtlichen Verfügungen und Beschlüsse bei dem Appellationsgericht Beschwerde zu führen, insofern dieselbe nicht durch gesetzliche Bestimmungen ausgeschlossen ist (vergl. §§. 20, 21). V. v. 3. Jan. 1849, §§. 12, 13. G. v. 3. Mai 1852, Art. 11—17.

Die Beschwerdeschriften hat derselbe mit den brevi manu zu erbittenden gerichtlichen Akten und seinen Büreauakten dem Ober-Staatsanwalte unter Couvert, oder mittelst kurzen Berichts zur Weiterbeförderung zu überreichen. In Fällen, wo die Beschwerde binnen einer präklusivischen Frist angebracht werden muß (§§. 30, 32, 55), ist die Uebersendung der Beschwerdeschrift nöthigenfalls unter Vorbehalt der Nachsendung der Akten, so zu beschleunigen, daß sie rechtzeitig an das Appellationsgericht gelangen kann.

II. Kompetenz der Polizeianwalte.

§. 8. Zur Kompetenz der Polizeirichter, und in Folge dessen zur Kompetenz der Polizeianwalte gehören:

1) alle Uebertretungen, das heißt diejenigen Handlungen, welche die Gesetze mit Gefängnißstrafe bis zu sechs Wochen oder mit Geldbuße bis zu fünfzig Thalern bedrohen. Dergleichen Strafvorschriften sind enthalten:

a) in den §§. 332 bis 349 des Strafgesetzbuchs.

Die einfachen Beleidigungen (§. 343 daselbst) können jedoch nicht von dem Polizeianwalte, sondern nur von dem Beleidigten, und zwar im Wege des Civilprozesses, verfolgt werden.

Strafgesetzbuch §. 1. Einführ.-Ges. v. 14. April 1851. Art. XIII, XVI.

b) in besonderen Gesetzen, welche neben dem Strafgesetzbuch gelten.

Dies ist in Ansehung der vor Verkündung des Strafgesetzbuchs erlassenen Strafgesetze insoweit der Fall, als sie Materialien betreffen, in Hinsicht deren das Strafgesetzbuch nichts bestimmt. Es gehören hierhin namentlich die Gesetze über die Bestrafung der Post-, Steuer- und Zoll-Kontraventionen, über den Mißbrauch des Vereins- und Versammlungsrechts, über die Presse, über die Feld-, Forst- und Jagdpolizei, über die Gewerbe- und Medizinalpolizei, über das Deichwesen, über die Gesindepolizei, über die Chaussee-, Eisenbahn-, Berg-, Ufer-, Hafen- und Strompolizei, über die Mobiliarversicherungen u. a. m.

c) in den noch gültigen früheren und den auf Grund des Gesetzes über die Polizeiverwaltung v. 11. März 1850 (G. S. S. 265) erlassenen polizeilichen Vorschriften.

In den Fällen zu b. und c. ist die Handlung auch dann eine Uebertretung, wenn die angedrohte Strafe als eine willkürliche bezeichnet ist. Es macht dabei keinen Unterschied, ob neben der eigentlichen Strafe noch auf die Konfiskation einzelner Gegenstände zu erkennen ist, oder nicht.

Einführungsgesetz zum Strafgesetzbuche Art. II, VIII.

In Beziehung auf die Kompetenz und das Verfahren sind den Uebertretungen gleichgestellt:

2) diejenigen strafbaren Handlungen, welche in den neben dem

Strafgesetzbuche gültigen besonderen Gesetzen zwar mit einer höheren Strafe, als Gefängniß bis zu sechs Wochen oder Geldbuße bis zu fünfzig Thalern bedroht sind, jedoch früher zur Kognition der Polizeibehörden (oder Polizeigerichte) gehörten. Dies sind insbesondere die Zuwiderhandlungen gegen die §§. 177—180 der Allgem. Gew.-Ordn. v. 17. Januar 1845 (G. S. S. 75) und die §§. 74, 75 der V. v. 9. Febr. 1849 (G. S. S. 109). Von der Kompetenz der Polizeirichter und der Polizeianwalte sind aber die Fälle ausgeschlossen, in welchen nach den bisherigen besonderen Gesetzen auf den Verlust von Aemtern, oder auf den Verlust des Rechts zum Gewerbebetriebe für immer oder auf Zeit, oder auf Stellung unter Polizei-Aufsicht zu erkennen ist. Einführungsgesetz zum Strafgesetzbuche Art. XX.

3) Die in dem Gesetze, betreffend den Diebstahl an Holz und anderen Waldprodukten, v. 2. Juni 1852 (G. S. S. 305) unter Strafe gestellten Handlungen, mit Ausnahme derjenigen, welche in den §§. 16 und 46 jenes Gesetzes vorgesehen sind. Holzdiebstahlsgesetz v. 2. Juni 1852, §§. 24, 48.

§. 9. Ob bei dem Polizeirichter des Bezirks, für welchen der Polizeianwalt ernannt worden, der Gerichtsstand begründet und daher der Polizeianwalt auch mit Rücksicht auf die örtliche Begrenzung des Gerichtsbezirks kompetent ist, richtet sich nach den nachstehenden Vorschriften (§§. 10—12).

§. 10. Der Gerichtsstand ist gleichmäßig begründet:

1) bei dem Gerichte des Sprengels, in welchem die Uebertretung begangen ist, und wenn sie im Auslande begangen ist, bei demjenigen inländischen Gerichte, welches dem Orte der That zunächst belegen ist. Es werden jedoch im Auslande begangene Uebertretungen in Preußen nur dann bestraft, wenn dies durch besondere Gesetze oder Staatsverträge angeordnet ist.

Gehören mehrere Handlungen zum Thatbestande, und sind dieselben in verschiedenen Sprengeln begangen, so ist das Gericht eines jeden dieser Sprengel kompetent.

2) bei dem Gerichte des Sprengels, in welchem der Beschuldigte wohnt, oder sich gewöhnlich aufhält, und wenn derselbe im Inlande keinen Wohnsitz oder gewöhnlichen Aufenthaltsort hat, bei dem Gerichte, in dessen Sprengel er sich auch nur vorübergehend aufhält.

3) bei dem Gerichte des Sprengels, in welchem der Beschuldigte ergriffen wird. Ges. v. 3. Mai 1852, Art. 2. Str.-G.-B. §. 4.

In Holzdiebstahlssachen ist nur der zu 1 erwähnte Gerichtsstand begründet. Holzdiebstahlsgesetz v. 2. Juni 1852, §. 25.

§. 11. Wenn die nämliche Person verschiedener Uebertretungen beschuldigt wird, oder wenn verschiedene Personen als Urheber oder Theilnehmer einer Uebertretung beschuldigt werden, oder wenn sonstige Fälle der Konnexität vorliegen, so können diese konnexen Uebertretungen zur gleichzeitigen Untersuchung und Entscheidung vor denjenigen Polizeirichter gebracht werden, bei welchem der Gerichtsstand in Ansehung einer derselben begründet ist. Einführungsgesetz zum Strafgesetzbuch Art. XXI, XXII. G. v. 3. Mai 1852, Art, 3.

Der Verfolgung verschiedener, der nämlichen Person zur Last gelegter Uebertretungen in Einem Verfahren steht es nicht entgegen, wenn das wegen derselben zulässige Gesammtstrafmaaß (Strafgesetzbuch §. 338) eine Gefängnißstrafe von sechs Wochen oder eine Geldbuße von fünfzig Thalern übersteigt.

Ist eine der konnexen Handlungen ein Verbrechen oder Vergehen, so hat der Polizeianwalt nur dann einzuschreiten, wenn die abgesonderte Verfolgung der Uebertretungen als angemessen erscheint.

§. 12. Sind mehrere Gerichtsstände begründet, so erfolgt die Untersuchung und Entscheidung durch dasjenige Gericht, bei welchem der Polizeianwalt zu diesem Behufe den ersten Antrag gestellt hat. G. v. 3. Mai 1852, Art. 4.

Es hängt hiernach von dem Ermessen der Polizeianwaltschaft ab, bei welchem der verschiedenen an sich kompetenten Gerichte die Sache anhängig zu machen sei. Dieses Ermessen muß durch Gründe der Zweckmäßigkeit bestimmt werden, und ist insbesondere darauf Rücksicht zu nehmen, bei welchem Gerichte die Vernehmung der Zeugen wegen der geringeren Entfernung ihres Aufenthaltsortes am leichtesten und mit dem geringsten Kostenaufwande erfolgen kann.

III. Verfahren.

§. 13. Beim Eingang einer jeden Denunciation hat der Polizeianwalt zu prüfen, ob eine Uebertretung vorliege (§. 8), und ob er mit Rücksicht auf die örtliche Begrenzung seines Bezirks kompetent sei (§§. 9—11). Findet er, daß die That nicht eine Uebertretung, sondern ein Vergehen oder ein Verbrechen darstellt, so hat er die Sache an den Staatsanwalt — findet er, daß ein anderer Polizeianwalt kompetent sei, so hat er sie an diesen abzugeben.

Sprechen nach Ansicht des Polizeianwalts überwiegende Gründe der Zweckmäßigkeit dafür, daß die Sache nicht von ihm, sondern von einem anderen ebenfalls kompetenten Polizeianwalt verfolgt werde (§. 12), so hat er sich mit diesem wegen Uebernahme der Verfolgung zu verständigen, und nöthigenfalls an den Ober-Staatsanwalt zu berichten.

§. 14. Der Polizeianwalt hat zu erwägen, ob die Thatsachen, welche zum Thatbestande einer durch ihn zu verfolgenden Uebertretung gehören, mit glaubwürdigen Beweismitteln ausreichend unterstützt sind. Ist dies der Fall, so bedarf die gerichtliche Verfolgung einer weiteren Vorbereitung nicht. Insbesondere sind eidliche Zeugenvernehmungen in der Regel dem mündlichen Hauptverfahren vorzubehalten.

§. 15. Erhellet nicht, ob alle Thatsachen, welche zum Thatbestande der Uebertretuug gehören, vorliegen, oder sind genügende Beweismittel nicht angegeben, und kann der Anstand nicht durch mündliche Erkundigungen des Polizeianwalts gehoben werden, so hat er auf dem kürzesten Wege, in der Regel durch Marginal-Ersuchsschreiben an die Polizeibehörden, die Vervollständigung der Angaben, Vernehmung der betreffenden Personen u. s. w. zu veranlassen. Requisitionen an die Gerichte sind möglichst zu vermeiden.

§. 16. Ergiebt sich aus der Denunciation oder aus den stattgehabten Ermittelungen, daß der Thatbestand einer strafbaren Handlung nicht vorliegt, oder daß ein genügender Verdacht nicht vorhanden ist, so verweigert der Polizeianwalt die gerichtliche Verfolgung.

§. 17. Erscheint die Verfolgung als statthaft, so kommt es darauf an, das von dem Gesetze vorgeschriebene fernere Verfahren einzuleiten. Dasselbe ist entweder

A. das Mandatsverfahren

oder

B. das Verfahren mit mündlicher Verhandlung.

A. Mandatsverfahren.

§. 18. Das Mandatsverfahren bildet die Regel. Das Gesetz schließt dasselbe nur aus;

1) wenn der Beschuldigte dem Richter von dem Polizeianwalte vorgeführt wird;
2) wenn die Verhaftung des Beschuldigten erforderlich ist; G. v. 3. Mai 1852, Art. 122.
3) wenn der Polizeiverwalter auf Grund des G. v. 14. Mai 1852 (G. S. S. 245) eine Strafverfügung erlassen, und der Beschuldigte auf gerichtliche Entscheidung angetragen hat; G. v. 14. Mai 1852, §. 6.
4) wenn wegen einer Zuwiderhandlung gegen die Vorschriften über die Erhebung öffentlicher Abgaben und Gefälle, insbesondere der Steuern, Zölle, Postgefälle und Kommunikationsabgaben im administrativen Wege ein Strafbescheid ergangen und von dem Beschuldigten auf gerichtliche Entscheidung angetragen ist; G. v. 3. Mai 1852, Art. 136.
5) wenn es sich um eine durch das Holzdiebstahlsgesetz v. 2. Juni 1852 vorgesehene Uebertretung handelt; G. v. 2. Juni 1852, §. 29.

Außerdem ist

6) von dem Mandatsverfahren in solchen Fällen abzusehen, wo dem Polizeianwalte behufs der erforderlichen Aufklärung des Sachverhältnisses oder aus sonstigen besonderen Gründen eine mündliche Verhandlung als nothwendig erscheint.

§. 19. Liegt keiner der in dem §. 18 erwähnten Ausnahmefälle vor, so hat der Polizeianwalt bei dem Polizeirichter den Antrag zu stellen, daß die verwirkte Strafe ohne vorgängige Hauptverhandlung durch eine Strafverfügung festgesetzt werde.

Dieser Antrag muß enthalten:

a) die möglichst genaue Bezeichnung des Beschuldigten;
b) die Angabe der Thatsachen, durch welche die Uebertretung begangen sein soll, und die bestimmte Bezeichnung der letzteren;
c) die dafür vorhandenen Zeugen und sonstigen Beweise;
d) die Anführung der anzuwendenden Strafvorschrift, und wenn eine Bezirks- oder Lokalpolizei-Verordnung übertreten ist, die Stelle des Amtsblattes oder der sonstigen öffentlichen Sammlung, wo die Verordnung zu finden ist;
e) den Antrag auf eine bestimmte, nach Art und Höhe zu bezeichnende Strafe.

Geht der Antrag auf eine Geldstrafe, so ist zugleich unter Beachtung der Vorschrift des §. 335 des Strafgesetzbuches das Maaß der Freiheitsstrafe zu beantragen, welche für den Fall, daß die Geldbuße nicht beigetrieben werden kann, an deren Stelle treten soll. G. vom 3. Mai 1852, Art. 122, 132, 133.

§. 20. Wenn der Polizeirichter die Erlassung einer Strafverfügung ablehnt, so hat der Polizeianwalt hiergegen keine Beschwerde zu erheben, sondern geeigneten falls die Einleitung des mündlichen

Verfahrens zu beantragen (§§. 26 ff.). G. vom 3. Mai 1852, Art. 128.

§. 21. Wird von dem Polizeirichter zwar eine Strafverfügung erlassen, aber die Strafe geringer oder in anderer Art festgesetzt, als der Polizeianwalt beantragt hatte, so hat dieser, wenn er sich dabei nicht beruhigen zu können glaubt, nicht Beschwerde zu erheben, sondern innerhalb dreier Tage nach der ihm gewordenen Mittheilung der Strafverfügung die Einleitung des mündlichen Verfahrens zu beantragen (§§. 26 ff.). G. vom 3. Mai 1852, Art. 123, 128.

§. 22. Die Strafverfügung erlangt, wenn der Beschuldigte dagegen nicht innerhalb zehn Tagen nach deren Zustellung Einspruch erhebt, die Kraft eines vollstreckbaren Urtheils, wogegen ein weiteres Rechtsmittel nicht stattfindet, sofern nicht in Gemäßheit der Bestimmungen des Art. 130 des G. vom 3. Mai 1852 eine Wiedereinsetzung in den vorigen Stand eintritt. G. vom 3. Mai 1852, Art. 125.

§. 23. Erhebt der Beschuldigte innerhalb zehn Tagen nach Zustellung der Strafverfügung Einspruch dagegen, so wird ein Termin zur mündlichen Verhandlung anberaumt, ohne daß es der Einreichung einer Anklageschrift bedarf, und ohne daß über die Eröffnung der Untersuchung Beschluß gefaßt wird. G. v. 3. Mai 1852, Art. 125.

§. 24. Erscheint der Beschuldigte in dem zur mündlichen Verhandlung angesetzten Termine nicht, so stellt der Polizeianwalt den Antrag, daß der Einspruch ohne weitere Verhandlung durch Urtheil verworfen werde. G. vom 3. Mai 1852, Art. 126.

§. 25. Wenn der Beschuldigte in dem angesetzten Termine persönlich oder durch einen Vertreter erscheint, so wird zur Hauptverhandlung geschritten (§§. 31 ff.). Der Polizeianwalt ist befugt, am Schlusse derselben eine andere Strafe zu beantragen, als in der Strafverfügung festgesetzt war. G. vom 3. Mai 1852, Art. 127.

B. Verfahren mit mündlicher Verhandlung.

§. 26. In den Fällen des §. 18, Nr. 1, 2 u. 6, ferner in solchen, wo der Polizeirichter die Erlassung einer Strafverfügung ablehnt (§. 20), oder wo der Polizeianwalt innerhalb der dreitägigen Frist nach Mittheilung der Strafverfügung die Einleitung des mündlichen Verfahrens beantragt hat (§. 21), kommen die nachstehenden Bestimmungen zur Anwendung. G. vom 3. Mai 1852, Art. 128.

§. 27. Der Polizeianwalt hat in der Regel eine schriftliche Anklage einzureichen.

Wenn jedoch das Sachverhältniß einfach ist, der Beschuldigte sich am Orte befindet und dem Richter sogleich vorgeführt werden kann, so ist auch die mündliche Anbringung der Anklage zulässig. V. vom 3. Januar 1849, §§. 29, 30.

Werden Uebertretungen auf Märkten, von wandernden Handwerksgesellen oder anderen nur auf kurze Zeit anwesenden Personen begangen, so ist die Anklage der Regel nach mündlich anzubringen.

§. 28. Die schriftliche Anklage muß die im §. 19 zu a bis d bezeichneten Angaben, und statt des Antrages zu e den Antrag auf Eröffnung der Untersuchung enthalten.

Alles Unwesentliche ist aus der Anklage wegzulassen; Rechtsausführungen gehören lediglich zur mündlichen Hauptverhandlung.

War bereits ein Antrag auf Erlassung einer Strafverfügung eingereicht, jedoch entweder der Antrag abgelehnt (§. 20), oder der Strafverfügung keine Folge gegeben (§. 21), so kann der Polizeianwalt, statt eine Anklageschrift einzureichen, auf jenen Antrag Bezug nehmen.

§. 29. Uebertretungen derselben Art können, auch wenn sie verschiedenen Personen zur Last gelegt werden, in einer einzigen Anklageschrift zusammengefaßt werden. G. vom 3. Mai 1852, Art. 121.

§. 30. Wird der Antrag auf Eröffnung der Untersuchung zurückgewiesen, so ist die Frist zur Beschwerde, welche dem Polizeianwalt gegen diesen Beschluß zusteht (§. 7), eine zehntägige, welche mit dem Ablaufe des Tages beginnt, an dem die Mittheilung des Bescheides an ihn erfolgt ist. V. vom 3. Januar 1849, §. 12.

§. 31. Wenn die Untersuchung eröffnet wird, so hat der Polizeianwalt bei der alsdann eintretenden Hauptverhandlung, welche bei Strafe der Nichtigkeit nicht ohne seine Zuziehung stattfinden darf, die Anklage, auch wenn sie schriftlich eingereicht ist, mündlich vorzutragen.

Eine Zurücknahme der Anklage ist nach eröffneter Untersuchung nicht mehr zulässig, vielmehr ist jede durch richterliche Verfügung eingeleitete Untersuchung durch Erkenntniß zu beendigen.

§. 32. Der Polizeirichter kann aus dem Grunde, weil die Sache nicht vor ihn, sondern vor den Polizeirichter eines andern Bezirks gehöre (§§. 9—11), seine Inkompetenz nach eröffneter Untersuchung nicht mehr aussprechen; der Polizeianwalt darf also auch hierauf nicht antragen.

Der Angeschuldigte muß die auf jenen Grund gestützte Einrede der Inkompetenz bei Verlust derselben vor dem Beginne des Beweisverfahrens geltend machen. War die Einrede ungegründet oder verspätet, und erläßt der Richter gleichwohl einen Inkompetenzbeschluß, so hat der Polizeianwalt zur Beschwerde über diesen Beschluß eine zehntägige Frist. G. v. 3. Mai 1852, Art. 5.

§. 33. Der nach Anhörung des Beschuldigten, beziehungsweise nach erfolgter Beweisaufnahme, mit Rücksicht auf das Ergebniß der mündlichen Verhandlung von dem Polizeianwalte zu stellende Schluß-Antrag ist dahin zu richten, entweder

a) daß der Angeschuldigte der näher zu bezeichnenden Uebertretung für schuldig, oder für nicht schuldig erklärt, und im ersteren Falle, daß er mit der nach Art und Höhe genau anzugebenden Strafe belegt werde, wobei, wenn es sich um eine Geldbuße handelt, die Bestimmung des §. 19 zu e ebenfalls zur Anwendung kommt, oder

b) wenn die Beweise noch nicht erschöpft sind, daß ein Termin zur Fortsetzung des Verfahrens bestimmt werde. V. vom 3. Jan. 1849, §§. 22, 34.

Sollte die mündliche Verhandlung

c) ergeben, daß nicht eine Uebertretung, sondern ein Vergehen oder ein Verbrechen vorliege, so hat der Polizeianwalt den Antrag zu stellen, daß der Polizeirichter seine Inkompetenz durch Erkenntniß ausspreche. G. v. 3. Mai 1852, Art. 7.

§. 34. Erscheint der Beschuldigte, der gehörig erfolgten Vorladung ungeachtet, in dem zur Verhandlung anberaumten Termine weder in Person, noch durch einen Vertreter, so hat der Polizeianwalt zu beantragen, daß gleichwohl zur Verhandlung und Entscheidung geschritten werde, insofern nicht besondere Gründe den Antrag rechtfertigen, daß das persönliche Erscheinen des Beschuldigten und nöthigenfalls dessen zwangsweise Vorführung angeordnet werde. V. v. 3. Jan. 1849. §. 35. G. v. 3. Mai 1852. Art. 23.

§. 35. Gegen abwesende oder flüchtige Beschuldigte ist zwar die Einleitung des Kontumazialverfahrens mit öffentlicher Vorladung zulässig, wenn aus besonderen Gründen darauf angetragen wird. G. v. 3. Mai 1852. Art. 34—36, 46—50.

Der Polizeianwalt hat jedoch einen solchen Antrag nur mit Genehmigung des Ober-Staatsanwalts zu stellen.

§. 36. Das gegen Erkenntnisse des Polizeirichters zulässige Rechtsmittel ist der Regel nach der **Rekurs** (vergl. §. 49).

Derselbe findet insbesondere statt, wenn der Richter mit Unrecht sich für kompetent oder für inkompetent erklärt, den Beschuldigten freigesprochen oder in eine zu geringe Strafe verurtheilt hat.

Der Polizeianwalt ist befugt, auch im Interesse des Beschuldigten den Rekurs einzulegen. V. v. 3. Jan. 1849. §. 165. G. v. 3. Mai 1852. Art. 1, 7, 8.

§. 37. Die Frist zur Anmeldung und Rechtfertigung des Rekurses ist eine präklusivische von zehn Tagen, welche mit dem Ablaufe des Tages beginnt, an welchem das erste Urtheil verkündet worden ist. V. v. 3. Jan. 1849. §§. 165, 167, 127.

§. 38. Das Rekursgesuch muß enthalten: die Beschwerden des Polizeianwalts, d. h. die bestimmte Angabe, inwiefern nach der Ansicht desselben unrichtig erkannt ist, ferner die Gründe für diese Ansicht, sowie die zur Ueberführung des Beschuldigten etwa ermittelten neuen Thatsachen und Beweismittel, insoweit sie noch zulässig sind, endlich den bestimmten Antrag, wie nach der Meinung des Polizeianwalts in der höheren Instanz zu erkennen sei.

Es ist hierbei zu beachten, daß der Rekurs auf neue Beweismittel über bereits angeführte Thatumstände nicht gegründet werden kann, auf neue Thatumstände aber nur insoweit, als dieselben bei der Anführung zugleich bescheinigt werden. V. vom 3. Jan. 1849. §. 166.

§. 39. Das Rekursgesuch wird bei dem Polizeirichter eingereicht. Der Polizeianwalt hat, es mag der Rekurs von ihm oder von dem Beschuldigten eingelegt sein, die ihm von dem Polizeirichter mitzutheilenden gerichtlichen Akten sofort dem Ober-Staatsanwalte zur weiteren Beförderung an das Appellationsgericht zu übersenden, und denselben seine Bureau-Akten beizufügen.

§. 40. Wenn das gegen Erkenntnisse des Polizeirichters zulässige Rechtsmittel ausnahmsweise (§. 49) nicht der **Rekurs**, sondern die Appellation ist, so kommen die Bestimmungen der §§. 126—131 der V. v. 3. Jan. 1849 und der Art. 101, 102, 104, 105 des G. v. 3. Mai 1852 zur Anwendung.

Zu den Verschiedenheiten des alsdann eintretenden Verfahrens von demjenigen, welches im Falle des Rekurses stattfindet, gehört insbesondere:

1) der Appellant kann dasjenige, was der erste Richter als thatsächlich feststehend angenommen hat, mittelst neuer Thatsachen und neuer Beweismittel anfechten. Die bei dem Rekurse eintretende Beschränkung dieser Befugniß (§. 38) findet nicht statt, und namentlich bedarf es einer Bescheinigung der neuen Thatsachen nicht. V. v. 3. Jan. 1849. §. 126. G. v. 3. Mai 1852. Art. 101.

2) Zur Rechtfertigung der Appellation, namentlich zur Anführung neuer Thatsachen oder Beweismittel, ist eine mit dem Ablaufe des Tages der erfolgten Anmeldung beginnende besondere Frist zugelassen. V. v. 3. Jan. 1849. §. 129. G. v. 3. Mai 1852. Art. 104.
3) Die Appellationsschrift wird dem Appellaten zur Gegenerklärung mitgetheilt, in welcher letzteren ebenfalls neue Thatsachen oder Beweismittel angebracht werden dürfen. V. v. 3. Jan. 1849. §. 130. G. v. 3. Mai 1852. Art. 104.
4) Die Versendung der Akten (§. 39) erfolgt, wenn die Gegenerklärung auf die Appellationsschrift eingegangen, oder die zur Anbringung der Gegenerklärung gestattete Frist verstrichen, oder auf eine Gegenerklärung verzichtet ist. Diesen Verzicht hat der Polizeianwalt in Fällen, wo er sich zu einer Gegenerklärung nicht veranlaßt findet, ohne Verzug zur Kenntniß des Richters zu bringen.

IV. Besondere Arten des Verfahrens.

A. Bei vorläufigen Straffestsetzungen durch die Polizeiverwalter.

G. v. 14. Mai 1852. (G. S. S. 245.) Regl. v. 30. Sept. 1852. (Just. Min. Bl. S. 342.)

§. 41. Nach dem G. v. 14. Mai 1852 ist derjenige, welcher die Polizeiverwaltung in einem bestimmten Bezirke auszuüben hat, befugt, wegen der in diesem Bezirke verübten, sein Ressort betreffenden Uebertretungen die Strafe vorläufig durch Verfügung festzusetzen, welche jedoch fünf Thaler Geldbuße oder dreitägiges Gefängniß nicht überschreiten darf.

Ueber die Ausübung oder Nichtausübung dieser Befugniß steht dem Polizeianwalt eine Kognition nicht zu; er darf daher die Verfolgung nicht aus dem Grunde ablehnen, weil eine vorläufige Straffestsetzung durch den Polizeiverwalter zulässig sei.

§. 42. Gegen eine von dem Polizeiverwalter erlassene Strafverfügung kann derjenige, gegen den sie ergangen ist, innerhalb zehn Tage, vom Tage der Insinuation der Verfügung an, diesen Tag nicht mitgerechnet, nicht bloß bei dem Polizeiverwalter oder dem Polizeirichter, sondern auch bei dem Polizeianwalt auf gerichtliche Entscheidung antragen.

Wird der Antrag bei dem Polizeianwalt angebracht, so hat dieser hierüber eine Registratur aufzunehmen, und dem Antragsteller eine Bescheinigung über die erfolgte Anmeldung zu ertheilen.

§. 43. Demnächst hat der Polizeianwalt nach Empfang des die vorläufige Straffestsetzung enthaltenden Aktenbogens denselben dem Polizeirichter behufs Ansetzung eines Termins zur mündlichen Verhandlung vorzulegen. Der Einreichung einer Anklageschrift bedarf es nicht, indem die Strafverfügung die Anklage vertritt. Die Zurücknahme der Anklage ist nicht zulässig.

Bei der von dem Polizeirichter ohne Weiteres einzuleitenden Hauptverhandlung hat der Polizeianwalt das Sachverhältniß mündlich vorzutragen. In seinen Anträgen ist er durch die vorläufige Strafverfügung in keiner Weise gebunden.

Im Uebrigen findet das in den §§. 31 ff. bezeichnete Verfahren statt. G. v. 14. Mai 1852. §. 6.

§. 44. Wird der Antrag auf gerichtliche Entscheidung von dem

Gericht als zu spät angebracht zurückgewiesen, so ist der Aktenbogen nebst den etwaigen sonstigen Verhandlungen in der Sache durch den Polizeianwalt an den Polizeiverwalter, welcher die Strafverfügung erlassen hat, zurückzusenden.

B. Verfahren bei Zuwiderhandlungen gegen die Vorschriften über die Erhebung öffentlicher Abgaben und Gefälle, insbesonder der Steuern, Zölle, Postgefälle und Kommunikationsabgaben.

§. 45. Das bei Zuwiderhandlungen gegen die Vorschriften über die Erhebung öffentlicher Abgaben und Gefälle, insbesondere der Steuern, Zölle, Postgefälle und Kommunikationsabgaben, nach früheren gesetzlichen Bestimmungen zuläsige administrative Strafverfahren ist durch die V. v. 3. Jan. 1849 nicht aufgehoben. G. vom 3. Mai 1852. Art. 135, 136.

§. 46. Bei Uebertretungen dieser Art (§. 45) schreitet der Polizeianwalt nicht von Amtswegen, sondern erst auf erhaltene Anregung ein, und zwar entweder

1) wenn gegen einen erlassenen administrativen Strafbescheid der Beschuldigte auf rechtliches Gehör anträgt,

oder

2) wenn, ohne daß ein administrativer Strafbescheid ergangen ist, die betreffende Verwaltungsbehörde die gerichtliche Verfolgung beantragt, sei es, weil sie von der Befugniß, einen Strafbescheid zu erlassen, nicht Gebrauch machen will, oder weil der Beschuldigte vor Erlassung des Bescheides auf rechtliches Gehör anträgt.

§. 47. Wenn der Beschuldigte gegen den erlassenen administrativen Strafbescheid auf rechtliches Gehör anträgt, so bedarf es der Einreichung einer Anklageschrift nicht, indem der Strafbescheid die Anklage vertritt. Die Zurücknahme derselben ist nicht zulässig.

Bei der von dem Polizeirichter ohne Weiteres einzuleitenden Hauptverhandlung hat der Polizeianwalt das Sachverhältniß mündlich vorzutragen.

Im Uebrigen findet das in den §§. 31 ff. bezeichnete Verfahren statt. G. v. 3. Mai 1852. Art. 136.

§. 48. Wenn, ohne daß ein administrativer Strafbescheid ergangen ist, der Polizeianwalt von der betreffenden Verwaltungsbehörde um Einleitung der gerichtlichen Verfolgung ersucht wird (§. 46 Nr. 2), so kommen die §§. 13—35 zur Anwendung.

Der Polizeianwalt hat jedoch den Anträgen der Verwaltungsbehörde in der Regel stattzugeben, und insbesondere die gerichtliche Verfolgung nicht um deswillen zu verweigern, weil seine Rechtsansicht von derjenigen abweicht, welche von der Verwaltungsbehörde geltend gemacht wird.

In zweifelhaften Fällen hat er vor Erhebung der Anklage seine Bedenken der Verwaltungsbehörde mitzutheilen.

§. 49. Das gegen die Erkenntnisse des Polizeirichters zulässige Rechtsmittel ist nicht der Rekurs, sondern die Appellation (§. 40). G. v. 3. Mai 1852. Art. 142.

Auf das Ersuchen der Verwaltungsbehörde hat der Polizeianwalt die Appellation auch dann einzulegen, wenn er die rechtliche Begründung derselben für bedenklich erachtet.

§. 50. Nachdem ein Strafverfahren anhängig geworden ist,

kann die betreffende Verwaltungsbehörde sich in jeder Lage der Sache bis zu deren rechtskräftiger Entscheidung der Anklage anschließen.

In den Befugnissen und Obliegenheiten des Polizeianwalts wird dadurch nichts geändert. Wenn in der Hauptverhandlung dem Vertreter der Behörde zu Bemerkungen und Anträgen das Wort gestattet wird, so stellt erst, nachdem dieser gehört worden ist, der Polizeianwalt seine Anträge. G. v. 3. Mai 1852. Art. 145.

§. 51. Die betreffende Verwaltungsbehörde ist in Fällen, wo der Polizeianwalt nicht einschreitet, befugt, die gerichtliche Anklage selbstständig zu erheben. In dem hierauf einzuleitenden Verfahren hat der Polizeianwalt sich über die Anklage schriftlich zu äußern, auch bei der mündlichen Verhandlung nach Vernehmung des Vertreters der Verwaltungsbehörde die geeigneten Anträge zu stellen. Er ist befugt, in jeder Lage der Sache die Verfolgung selbst zu übernehmen, in welchem Falle die Sache ferner so behandelt wird, als wenn eine Anschließung (§. 50) stattgefunden hätte. G. v. 3. Mai 1852. Art. 138—140, 144.

§. 52. In allen Fällen ist der Polizeianwalt verpflichtet, diejenigen thatsächlichen und rechtlichen Momente, welche ihm von der Verwaltungsbehörde als nach deren Ansicht erheblich mitgetheilt werden, zur Kenntniß des Gerichts zu bringen, unbeschadet des Rechts, seine eigene Meinung in angemessener, den Rücksichten für eine Königliche Behörde entsprechender Weise zu entwickeln.

C. Verfahren wegen Diebstahls an Holz und anderen Waldprodukten. G. v. 2. Juni 1852. (G. S. S. 305 ff.)

§. 53. Bei den im §. 8, Nr. 3 dieser Instruktion bezeichneten strafbaren Handlungen kommen in Beziehung auf die Kompetenz und das Verfahren die §§. 24—40 des G. v. 2. Juni 1852 zur Anwendung.

D. Umwandlung einer rechtskräftig festgesetzten Geldbuße in Gefängnißstrafe.

§. 54. Wenn sich bei Vollstreckung eines Urtheils das Unvermögen des Verurtheilten zur Entrichtung einer Geldbuße ergiebt, und in dem Urtheil nicht festgesetzt worden ist, welche Freiheitsstrafe für diesen Fall an die Stelle der Geldbuße treten soll, so ist dieselbe von demjenigen Gerichte, welchem die Strafvollstreckung zusteht, in eine verhältnißmäßige Freiheitsstrafe zu verwandeln, nachdem vorher der Polizeianwalt mit seinem Antrage gehört worden ist.

Ein mündliches Verfahren findet hierbei nicht statt, vielmehr hat der Polizeianwalt seinen Antrag schriftlich zu stellen und dabei die Vorschrift des §. 335 des Strafgesetzbuchs zu beachten. G. v. 3. Mai 1852. Art. 132, 133.

§. 55. Ist der Polizeianwalt der Ansicht, daß bei der Umwandlung der Geldbuße in Gefängnißstrafe ein ungesetzlicher oder ein nicht angemessener Maaßstab zum Grunde gelegt sei, so kann er Beschwerde erheben (§. 7). Die Frist zur Einlegung derselben ist eine zehntägige, welche mit dem Ablaufe des Tages beginnt, an welchem die Bekanntmachung des Beschlusses erfolgt ist. G. v. 3. Mai 1852. Art. 133.

§. 56. Wenn eine im Verwaltungswege festgesetzte Geldbuße wegen Unvermögens des Verurtheilten in eine Gefängnißstrafe umzuwandeln ist, so hat der Polizeianwalt die ihm von der Verwaltungsbehörde zugehenden Verhandlungen mit seinem schriftlichen Antrage dem Polizeirichter zu überreichen, und es kommt im Uebrigen der §. 54 im zweiten Absatze und der §. 55 zur Anwendung. G. v. 3. Mai 1852. Art. 137.

V. Mittheilung der gerichtlichen Erkenntnisse an andere Behörden.

§. 57. Einer Mittheilung der Erkenntnisse des Polizeirichters an andere Behörden bedarf es in der Regel nicht, sie findet jedoch in folgenden Fällen (§§. 58—62) statt.

§. 58. Wenn gegen einen im unmittelbaren oder mittelbaren Staatsdienste stehenden Beamten oder einen Landwehr-Offizier auf Strafe erkannt worden ist, so ist der unmittelbar vorgesetzten Dienstbehörde des Verurtheilten Abschrift des Tenors des rechtskräftigen Erkenntnisses mitzutheilen.

§. 59. Die vorstehende Bestimmung (§. 58) findet auch Anwendung

a) auf die Geistlichen und Kirchenbeamten,
b) auf die nicht zu den Medizinal-Beamten gehörigen Medizinal-Personen aller Kategorien,
c) auf die vereideten Feldmesser, Bauführer und Baumeister,
d) auf die Eisenbahn-Polizeibeamten.

Die Mittheilung ergeht in den Fällen

zu a. an die geistlichen Oberen;
zu b. an die vorgesetzte Regierung, in Berlin an das Polizei-Präsidium;
zu c. an diejenige Regierung, in deren Bezirke der vereidete Feldmesser, Bauführer oder Baumeister seinen Wohnsitz hat, in Berlin an die Ministerial-Bau-Kommission;
zu d. bei Beamten der Staats-Eisenbahnen, sowie der unter Staatsverwaltung stehenden Privat-Eisenbahnen an die Königliche Eisenbahn-Direktion, bei den Beamten der Privat-Eisenbahn-Gesellschaften an das Königliche Eisenbahn-Kommissariat.

§. 60. In allen Zoll- und Steuer-Defraudations- und Kontraventions-Sachen ist der Tenor eines jeden Erkenntnisses sogleich nach dessen Verkündigung in beglaubigter Abschrift der Provinzial-Steuer-Direktion, oder wo eine solche nicht besteht, der Regierung, in Berlin dem betreffenden Haupt-Steueramte mitzutheilen, demnächst auch den genannten Behörden von der Rechtskraft der Entscheidung, sobald dieselbe eingetreten ist, Nachricht zu geben.

§. 61. Von allen rechtskräftigen Entscheidungen, bei welchen Staats-, Gemeinde- oder Korporations-Kassen interessiren, ist der betreffenden Behörde Mittheilung zu machen. Dies gilt namentlich hinsichtlich der Strafurtheile wegen Post-Kontraventionen, und erfolgt in diesem Falle die Mittheilung an die betreffende Ober-Post-Direktion.

Ist zur Justifikation von Rechnungsposten oder aus einem anderen Grunde eine beglaubigte Abschrift von dem Urtheilstenor erforderlich, so ist dieselbe zu ertheilen.

§. 62. Insoweit im öffentlichen Interesse noch sonstige oder ausführlichere Mittheilungen an andere Behörden in einzelnen Fällen als nothwendig oder zweckmäßig erscheinen, sind dieselben von Amtswegen oder auf Ersuchen zu machen.

§. 63. In allen vorbezeichneten Fällen (§§. 58—62) hat der Polizeianwalt die Untersuchungs-Akten aus der Registratur des Gerichts brevi manu abzulangen, die erforderliche Abschrift fertigen zu lassen, dieselbe, soweit es erforderlich ist, zu beglaubigen und der betreffenden Behörde brevi manu zu übersenden.

VI. Registratur-Einrichtung.

§. 64. Jeder Polizeianwalt hat folgende Geschäfts-Kontrolen zu führen:

1) einen Tagezettel,
2) eine Prozeßliste und
3) einen Termins- und Reproduktions-Kalender.

§. 65. Der Tagezettel ist nach dem beigefügten Schema A einzurichten. Jedes eingehende Schriftstück ist sofort nach dessen Eingange zu präsentiren, unter Ausfüllung der Kolonnen 1, 2 u. 3 in den Tagezettel einzutragen und mit der Nummer desselben zu versehen.

Nach der Bearbeitung sind die übrigen Kolonnen des Tagezettels auszufüllen, so daß aus demselben zu jeder Zeit die Erledigung jedes einzelnen Schriftstücks ersehen werden kann.

Schreiben der Gerichte, welche nur eine Benachrichtigung von anstehenden Terminen enthalten, sind in den Tagezettel nicht einzutragen.

§. 66. Die Prozeßliste ist nach dem beigefügten Schema B. einzurichten.

Jede neu eingehende Sache, mag dieselbe vom Polizeianwalt weiter verfolgt, oder zurückgewiesen, oder an andere Behörden abgegeben werden, ist sofort nach dem Eingange unter Ausfüllung der Kolonnen 1 bis 5 in die Prozeßliste einzutragen.

Jede einzelne Sache erhält nur Eine Nummer.

In dem weiteren Verfahren sind die Kolonnen 6 bis 10 in der Art auszufüllen, daß der Tag, an welchem vom Polizeianwalt die Zurückweisung erfolgt, die Abgabe an eine andere Behörde verfügt, Anklage erhoben, oder an welchem das Erkenntniß ergangen ist u. s. w., in die entsprechende Kolonne eingerückt wird.

Diese Nachtragungen müssen geschehen, so oft und sobald sich dazu eine Veranlassung darbietet, damit zu jeder Zeit die Lage jeder einzelnen Sache aus der Prozeßliste ersehen werden kann.

In der Kolonne 6 werden nur diejenigen Sachen vermerkt, deren Verfolgung der Polizeianwalt ablehnt. Wenn durch Beschluß des Richters auf den Strafantrag oder die Anklage des Polizeianwalts ein Strafverfahren nicht eingeleitet wird, so ist dies in der Kolonne 11 zu vermerken.

Die Eintragungen in die Prozeßliste erfolgen nach der Zeitfolge (nicht nach dem Alphabet) unter fortlaufenden Nummern.

Außerdem ist zu der Liste ein alphabetisches Register zu halten, in welchem bei jedem Namen die Nummer der Prozeßliste vermerkt sein muß.

Mit dem Ablaufe des Geschäftsjahres am 30. November ist die Prozeßliste abzuschließen, und eine neue Liste mit einer neuen Zahlenreihe zu beginnen. Die am 30. Novbr. noch nicht vollständig erledigten Sachen, in denen die Reposition noch nicht erfolgen kann, sind in der abgeschlossenen Prozeßliste roth zu unterstreichen und besonders zu kontroliren. Eine Uebertragung dieser noch nicht erledigten Sachen in die neue Prozeßliste findet nicht statt.

§. 67. Der Reproduktions- und Termins-Kalender, zu welchem in der Regel ein gewöhnlicher Termins-Kalender ausreicht, ist zur Aufzeichnung der abzuwartenden Termine und zur Anmerkung der Fristen, innerhalb deren Erinnerungen oder Mittheilungen an Behörden oder Privatpersonen zu machen, oder sonstige Amtsverrichtungen zu besorgen sind, bestimmt.

§. 68. Ueber jede wirklich eingeleitete Untersuchung sind in einfacher Form besondere Büreau-Akten anzulegen. Die auf die Untersuchung bezüglichen Anzeigen, Verhandlungen und sonstigen Schriftstücke sind, soweit sie auf die Untersuchung von Einfluß sind, gleichzeitig mit der Anklage zu den gerichtlichen Akten abzugeben. Zu den Büreau-Akten sind nur Notizen in der Art zurückzubehalten, daß in denselben die Nummer, unter welcher das Schriftstück in den Tagezettel eingetragen ist, angegeben, und dabei der Inhalt, sowie was damit weiter geschehen, kurz vermerkt wird.

In dieser Weise ist überhaupt mit jedem zu einer Sache eingehenden Schriftstücke, welches nicht bei den Büreau-Akten verbleibt, zu verfahren, so daß letztere über den Verbleib sämmtlicher zu einer Sache eingegangenen Schriftstücke vollständige Auskunft geben.

Der Antrag auf Erlassung einer Strafverfügung, sowie die Anklageschrift kann ebenfalls in Urschrift an den Richter gelangen; es genügt auch hier, daß der Inhalt des Antrages oder der Anklage kurz zu den Büreau-Akten vermerkt wird. Dieselben müssen ferner über den weitern Verlauf der Sache, namentlich darüber Notizen enthalten, welchen Antrag der Polizeianwalt im Termine zur mündlichen Verhandlung gestellt hat, wie demnächst erkannt, ob und von wem ein Rechtsmittel eingelegt ist, und in welcher Weise die in den §§. 58—63 dieser Instruktion angeordneten Mittheilungen über den Ausfall der richterlichen Entscheidung geschehen sind.

§. 69. Die Büreau-Akten über vollständig erledigte Untersuchungssachen können zu Kollektan-Akten, entweder nach den einzelnen Ortschaften des Amtsbezirks, oder nach den Gattungen der Uebertretungen, oder nach Geschäftsjahren gesondert, gesammelt werden. Bis zur vollständigen Erledigung anhängiger Untersuchungen sind aber die Büreau-Akten gesondert zu halten.

§. 70. Alle von dem Polizeianwalt oder von dem Polizeirichter zurückgewiesenen Denunciationen und Anklagen, welche nicht zur Einleitung gelangen, die Notizen über die von dem Polizeianwalt an andere Behörden abgegeben Sachen, sowie die Aufträge des Ober-Staatsanwalts und die Requisitionen anderer Behörden, welche nicht zu Spezialsachen gehören, sind der Zeitfolge nach zu Kollektan-Akten zu bringen.

§. 71. Ueber Gegenstände allgemeiner Beschaffenheit, z. B. Einrichtung der Polizeianwaltschaft, allgemeine Verordnungen, Geschäftsübersichten und dergleichen, müssen General-Akten angelegt werden.

General- und Kollektan-Akten (§§. 69, 70) sind mit einem vorzuheftenden Inhaltsverzeichnisse zu versehen.

§. 72. Die Büreau-Akten in allen vollständig beendeten Sachen unterliegen der Kassation nach Ablauf von fünf Jahren, von der rechtskräftigen Entscheidung an gerechnet.

Die Kassation der Geschäfts-Kontrolen kann erfolgen, sobald die Akten in sämmtlichen, in dem betreffenden Jahrgange der Prozeßliste verzeichneten Sachen kassirt worden sind.

Der Polizeianwalt sondert die zur Kassation geeigneten Akten aus, entfernt aus denselben diejenigen Schriftstücke, welche nach seinem Ermessen eine fernere amtliche Aufbewahrung erfordern, und übergiebt die ausgesonderten Akten mit einem Verzeichnisse dem Gerichte seines Wohnortes zur Bewirkung ihres Verkaufs, welcher bei Gelegenheit des Verkaufs gerichtlicher Akten erfolgt. Ueber die Abgabe der Akten ist eine von dem betreffenden Richter mit zu vollziehende Verhandlung aufzunehmen, welche zu den General-Akten genommen wird.

General-Akten dürfen nicht kassirt werden.

VII. Besondere Bestimmungen.

§. 73. Es ist darauf zu achten, daß jede unnöthige Schreiberei vermieden wird. Requisitionen und Korrespondenzen zwischen den Polizeianwalten und den Gerichten oder anderen Behörden sind der Regel nach nicht in Form expedirter Schreiben, sondern durch Marginal-Anschreiben zu erlassen.

Dasselbe gilt für den Geschäftsverkehr zwischen den Ober-Staatsanwalten und den Polizeianwalten.

§. 74. Insofern in einer Sache bei dem Polizeianwalt baare Auslagen entstehen, hat derselbe die Liquidation nebst Belägen sofort dem Gerichte zu überreichen, damit diese Auslagen gleich den bei dem Gericht entstehenden baaren Auslagen behandelt und nöthigenfalls auf den Kriminalfond angewiesen werden.

§. 75. Wenn die Polizeianwalte in dieser Eigenschaft Reisen zu unternehmen haben, so dürfen sie, insofern sie, abgesehen von ihrer Eigenschaft als Polizeianwalte, Beamte sind, diejenigen Reisekosten und Diäten liquidiren, welche ihnen als Beamten nach der Verordnung vom 28. Juni 1825 (G. S. S. 163) und dem Allerhöchsten Erlasse vom 10. Juni 1848 (G. S. S. 151) zustehen. Sofern sie jedoch außer ihrer Stellung als Polizeianwalte keine anderweitige amtliche Funktion bekleiden, ist nach dem Satze C. II, Nr. 13 in §. 1 der Verordnung vom 28. Juni 1825 und dem Allerhöchsten Erlasse vom 10. Juni 1848 ihnen an Diäten 1 Rthlr. 10 Sgr. und an Reisekosten außerhalb der Eisenbahn 15 Sgr. für die Meile zu bewilligen.

Solche Kosten dürfen jedoch nur in sehr seltenen Ausnahmefällen vorkommen, da die Polizeianwalte nur bei den Gerichten ihres Wohnorts als Vertreter der Staatsanwaltschaft zu fungiren, Untersuchungs-Verhandlungen, Verhaftungen und Beschlagnahmen aber nach §. 7 der Verordnung vom 3. Januar 1849 in der Regel nicht selber vorzunehmen, sondern bei den Polizeibehörden oder bei den betreffenden Gerichten zu beantragen haben. Wenn dergleichen Kosten aber vorkommen, so sind sie als ein Bestandtheil der Untersuchungskosten zu betrachten.

Kosten für Reisen, welche der am Sitze des Gerichts nicht ansässige Polizeianwalt zu machen hat, um den Terminen zur mündlichen Verhandlung an der Gerichtsstelle beizuwohnen, gehören nicht zu den Untersuchungskosten, sondern werden aus den polizeilichen Fonds der Regierung gezahlt.

§. 76. Jeder Polizeianwalt hat in der Zeit vom 1. bis 15. Dezember jeden Jahres dem Ober-Staatsanwalt eine Uebersicht seiner Geschäfte nach dem beigefügten Schema C. in Einem Exemplar einzureichen, und in dem Begleitungsberichte seine etwaigen Bemerkungen über die Geschäftsverwaltung oder über Einrichtungen, welche seinem Ermessen nach zu treffen sein möchten, beizufügen.

§. 77. Diese Instruktion tritt mit dem 1. Dezbr. 1852 in Kraft und an die Stelle der Instruktion vom 23. April 1849.

Berlin, den 24. November 1852.

I, 5392, S. 24, Vol. VI. Der Justiz-Minister
Simons.

A. Tagezettel

für das Jahr vom 1. Dezember 185.. bis 30. November 185..

1.	2.	3.	4.	5.	6.	7.
Nr.	Bezeichnung des eingegangenen Schriftstücks	Tag des Eingangs	Kurzer Inhalt der Verfügung darauf.	Tag der Abfertigung	Nr. der Prozeßliste	Bemerkungen

B. Prozeß-Liste

für das Jahr vom 1. Dezember 185.. bis 30. November 185..

1.	2.	3.	4.	5.	6.	7.	8.	9.	10.		11.
Laufende Nummer	Tag des Eingangs.	Namen.	Vornamen, Stand und Wohnort.	Bezeichnung der Uebertretung	Vom Polizeianwalt zurückgewiesen.	An andere Behörden abgegeben.	Anklage oder Antrag auf Strafverfügung.	Strafverfügung.	Erkenntniß 1. Instanz.	Erkenntniß 2. Instanz.	Bemerkungen.
1.	1. Dezember 1852.	Schmidt.	Johann Dienstknecht aus Prenzlau.	Verübung groben Unfugs §. 340. Str.-G.-B.	.	.	5. Dez.	.	20. Dez.	30. Jan.	

C. Uebersicht

der Geschäfte des Polizeianwalts N. zu N. für das Jahr vom 1. Dezember 185 . . bis 30. November 185 . .

1.	2.	3.		4.	5.		6.	7.	8.	9.
Zahl der Nummern des Tagezettels.	Zahl der neu eingegangenen Sachen.	Davon vom Polizeianwalt zurückgewiesen.	Davon vom Polizeianwalt an andere Behörden abgegeben.	Anträge auf Strafverfügungen u. Anklagen.	Durch Erkenntniß 1. Instanz erledigt: freigesprochen.	Durch Erkenntniß 1. Instanz erledigt: verurtheilt.	Es bleiben unerledigt.	Zahl der Audienztermine.	Zahl der Audienztage.	Bemerkungen.

Zusätzliche Bestimmungen zu der Instruktion für die Polizeianwalte v. 24. November 1852 in Beziehung auf das Verfahren bei Verfolgung der Diebstähle an Holz und andern Waldprodukten, vom 1. Juli 1853.

(J. M. Bl. S. 243–244.)

I. Die in der Instr. v. 24. Novbr. 1852 enthaltenen Vorschriften sind, soweit nicht etwas Anderes bestimmt ist, auch von den in Gemäßheit des §. 26 des Ges. v. 2. Juni 1852 zu Polizeianwalten bestellten verwaltenden Forstbeamten*) zu beachten.

II. Hinsichtlich des Verfahrens kommen bei Verfolgung der in dem Ges. v. 2. Juni 1852 mit Strafe bedrohten Handlungen die §§. 13—16, 29–35, 37—39 der Instr. v. 24. Novbr. 1852, nicht aber, da das Mandatsverfahren ausgeschlossen ist, die §§. 17—28 zur Anwendung. An Stelle der letztern und der §§. 36, 40 sind die Bestimmungen des Ges. v. 2. Juni 1852 §§. 27—40 maßgebend. Dabei ist zu bemerken:

a) Einer besondern Anklageschrift bedarf es nicht. Die Stelle derselben kann das im §. 28 des Ges. v. 2. Juni 1852 vorgeschriebene Verzeichniß vertreten. Wenn sich gegen die Vollständigkeit desselben Nichts zu erinnern findet, so überreicht der Polizeianwalt das eine Exemplar dem Gerichte mit dem schriftlichen Antrage,

hinsichtlich derjenigen nach den Nummern zu bezeichnenden Fälle, wegen welcher der Polizeianwalt die Verfolgung für be-

*) Nach der Verf. v. 12. Febr. 1853 (J. M. Bl. S. 167) können diese Forstbeamten für alle in ihrem Amtsbezirke vorkommenden Uebertretungen zu Polizeianwalten bestellt werden.

gründet erachtet, gegen die Beschuldigten die Untersuchung zu eröffnen.

b) In Betreff derjenigen Fälle, welche der Polizeianwalt zur Verfolgung nicht für geeignet erachtet, hat derselbe den Denuncianten sofort von der Ablehnung unter Angabe des Grundes zu benachrichtigen.

c) Wenn nicht alle Denunciationsfälle in der Gerichtssitzung zur Erledigung gelangen, so können die unerledigt gebliebenen Fälle mit Bezeichnung der früheren Nummern in dem nächsten Verzeichnisse vorgetragen werden. Dieselben sind sodann mit den neuen Fällen dieses Verzeichnisses weiter zu verfolgen.

III. In Betreff der Registratur-Einrichtung können von den Ober-Staatsanwalten nachstehende Modifikationen der in den §§. 64—69 der Instr. enthaltenen Vorschriften gestattet werden.

a) Die in Gemäßheit des §. 26 des Ges. v. 2. Juni 1852 bestellten Polizeianwalte können von der Führung des in §§. 65 und 66 der Instr. vorgeschriebenen Tagezettels und einer Prozeßliste unter der Voraussetzung entbunden werden, daß die Polizeianwalte das in ihren Händen verbleibende Exemplar des Verzeichnisses (§. 28 des Ges. v. 2. Juni 1852) dazu benutzen, die Notizen über die jederzeitige Lage der einzelnen Untersuchungen darin übersichtlich einzutragen, so daß dieses Verzeichniß die Prozeßliste und den Tagezettel ersetzt.

Sofern der Polizeianwalt als Forstbeamter ein besonderes Forstjournal zu führen hat, kann dieses Journal als Tagezettel für die polizeianwaltlichen Geschäfte mit benutzt werden.

b) Die zur Verfolgung aller in ihrem Bezirke vorkommenden Uebertretungen bestellten Polizeianwalte sind befugt, die Forstdenunciations-Verzeichnisse als eine Nummer in die von ihnen in Gemäßheit der Instr. v. 24. Novbr. 1852 zu haltenden Tagezettel und Prozeßliste einzutragen. Die Zahl der Denunciationsfälle jedes Verzeichnisses muß aber vermerkt werden.

c) Es bedarf nicht der Anlegung besonderer Büreau-Akten für jede einzelne Untersuchung; es genügt, daß nur über ein oder mehrere Verzeichnisse nebst den dazu gehörigen Schriftstücken ein besonderes Aktenstück angelegt werde, wobei die Sonderung nach Forstbezirken und nach Zeitabschnitten zweckmäßig ist.

IV. Die am Schlusse des Geschäftsjahres an den Ober-Staatsanwalt einzureichende Geschäfts-Uebersicht (§. 76 c. der Instr.) braucht in Betreff der erwähnten Untersuchungen nur zu enthalten: 1) die Zahl der Verzeichnisse aus jedem Forstbezirke; 2) die Zahl der Denunciationsfälle; 3) die Zahl der Audienztage.

V. Die Anklagen wegen der Forstpolizei-Kontraventionen, welche nicht in dem Verfahren des Ges. v. 2. Juni 1852, sondern nach den allgemeinen Vorschriften des Ges. v. 3. Mai 1852 und der Instr. v. 24. Novbr. dess. J. ihre Erledigung erhalten, können in ähnliche tabellarische Anklageverzeichnisse, wie unter Nr. 2 verordnet ist, zusammengefaßt werden. Diese Verzeichnisse müssen aber nach Maaßgabe der gedachten Bestimmungen besonders angelegt und dürfen mit den Verzeichnissen wegen der Holzdiebstähle rc. nicht verbunden werden.

d.

Allgemeine Verfügung des Justiz-Ministers vom 29. Juni 1851, betreffend die von den Beamten der Staatsanwaltschaft in Untersuchungssachen zu machenden Mittheilungen.

(J. M. Bl. S. 230—232)

nebst den späteren Abänderungen und Ergänzungen.

Um die Vorschriften, welche über die Benachrichtigung anderer Behörden von der Einleitung und dem Ausfalle der Untersuchungen bestehen, mit der durch das neue Strafgesetzbuch bestimmten Eintheilung der strafbaren Handlungen in Verbrechen, Vergehen und Uebertretungen in Einklang zu bringen, den neuen strafgesetzlichen Bestimmungen über den Verlust der bürgerlichen Ehre, über die zeitige Untersagung der Ausübung der Ehrenrechte und über die Stellung unter Polizeiaufsicht ihre Wirksamkeit zu sichern, und zugleich die Uebersicht der erforderlichen Mittheilungen zu erleichtern, wird unter Aufhebung der darauf bezüglichen früheren Bestimmungen, namentlich:

des Rescripts vom 12. September 1838 (Jahrbücher Bd. 52 S. 227),
der allgemeinen Verfügung vom 28. April 1850 (Justiz-Ministerial-Blatt S. 147),
der allgemeinen Verfügung vom 29. April 1850 (Justiz-Ministerial-Blatt S. 148),
der allgemeinen Verfügung vom 21. Mai 1850 (Justiz-Ministerial-Blatt S. 168),
der allgemeinen Verfügung vom 17. Juni 1850 (Justiz-Ministerial-Blatt S. 227),
der allgemeinen Verfügung vom 11. November 1850 (Justiz-Ministerial-Blatt S. 387),
der allgemeinen Verfügung vom 13. November 1850 (Justiz-Ministerial-Blatt S. 399) und
der allgemeinen Verfügung vom 15. November 1850 (Justiz-Ministerial-Blatt S. 400)

Folgendes angeordnet:

1) Die in Gemäßheit der nachstehenden Vorschriften zu machenden Mittheilungen erfolgen durch die zuständigen Beamten der Staatsanwaltschaft, mithin in Ansehung der Verbrechen und Vergehen, so wie der Disziplinarsachen durch die Staatsanwalte resp. Ober-Staatsanwalte, in Ansehung der Uebertretungen durch die Polizeianwalte. Unter den Uebertretungen sind diejenigen Handlungen inbegriffen, welche, obgleich sie mit einer höheren Strafe, als Gefängnißstrafe von sechs Wochen oder Geldbuße von funfzig Thalern bedroht sind, doch auch in Zukunft noch zur Kompetenz der Polizeigerichte gehören. (Einführungsgesetz zum Strafgesetzbuche Art. XX.)

Zusatz 1. Nachdem den Polizeirichtern durch Gesetz vom 14. April 1856 (oben S. 59—60) die Entscheidung gewisser Vergehen übertragen worden, liegen den Polizeianwalten die vorgeschriebenen Mittheilungen rücksichtlich dieser Vergehen ob.

Vergl. übrigens über die von den Polizeianwalten zu machenden Mittheilungen die Instruktion für die Polizeianwalte vom 24. Nov. 1852, (§§. 57—62 oben S. 252).

2) Von dem Tenor aller rechtskräftigen Erkenntnisse, welche wegen eines Verbrechens oder Vergehens eine Strafe aussprechen, ist Mittheilung zu machen:

a) der Polizeibehörde des Wohnsitzes und, wenn solcher nicht bekannt ist, des letzten Aufenthaltsortes des Verurtheilten, und zwar mit Ausnahme der Städte, welche einem landräthlichen Kreise nicht angehören, unter der Adresse des Landrathes;

b) dem Hauptgerichte erster Instanz, vor welchem der Verurtheilte seinen persönlichen Gerichtsstand hat, sofern von einem anderen Gerichte die Entscheidung erlassen ist.

Ist auf Zuchthausstrafe, auf Verlust der bürgerlichen Ehre, auf zeitige Untersagung der Ausübung der bürgerlichen Ehrenrechte, auf Verlust des Rechts zum Gewerbebetriebe oder auf Stellung unter Polizei-Aufsicht erkannt, so muß die Mittheilung zugleich den Tag der Rechtskraft des Erkenntnisses enthalten. In den drei letzteren Fällen ist demnächst auch der Tag des Antritts der Freiheitsstrafe mitzutheilen. (Strafgesetzbuch §§. 12, 21, 26, Gesetz vom 12. Februar 1850 §. 1 zu n, § 2 zu f, §. 9, G. S. S. 49).

Einer Mittheilung der wegen Uebertretungen ergehenden Straferkenntnisse bedarf es in der Regel nicht.

3) In Ansehung der Militairpflichtigen ist von der Einleitung einer jeden Untersuchung wegen Verbrechen oder Vergehen und demnächst von dem Tenor des rechtskräftigen Erkenntnisses Nachricht zu geben:

a) wenn der Beschuldigte das militairpflichtige Alter erreicht hat, aber zum Militairdienst noch nicht herangezogen ist, dem betreffenden Landrathe, und in denjenigen Städten, welche einem landräthlichen Kreise nicht angehören, der Behörde, durch welche die Aushebung der Militairpflichtigen bewirkt wird;

b) wenn der Beschuldigte zum Stande der Beurlaubten gehört, dem vorgesetzten Landwehr-Brigade-Commandeur.

In Betreff der zum Beurlaubtenstande gehörenden Officiere kommt die Bestimmung unter Nr. 5 zur Anwendung.

Zusatz 2. In Ansehung derjenigen Mittheilungen, welche die Beamten der Staatsanwaltschaft in Untersuchungssachen mit Rücksicht auf die Militairverhältnisse zu machen haben, sind nachstehende Aenderungen der Verfügung vom 29 Juni 1851 nothwendig geworden: 1) Wenn gegen eine Person des Beurlaubtenstandes auf Zuchthausstrafe, auf Verlust der bürgerlichen Ehre oder auf zeitige Untersagung der Ausübung der Ehrenrechte rechtskräftig erkannt worden ist, so ist eine beglaubigte Abschrift des Urtelstenors mitzutheilen. 2) Lautet das rechtskräftige Urtheil gegen eine Person des Beurlaubtenstandes auf zeitige Untersagung der Ausübung der bürgerlichen Ehrenrechte für eine den Zeitraum von drei Jahren nicht übersteigende Dauer, so ist außerdem von dem Tage des Antritts der Freiheitsstrafe Nachricht zu geben. — Die durch die Nr. 3 b. der allg. Verf. vom 29. Juni 1851 und vorstehend unter Nr. 1 und 2 vorgeschriebenen Mittheilungen sind nicht an die betreffende Brigade, sondern an das Landwehr-Bataillons-Kommando zu richten. Allg. Verf. des Just. Min. v. 24. Aug. 1852 (J. M. Bl. S. 318–319).

4) — —

Zusatz 3. Die unter Nr. 4 der allg. Verf. vom 29. Juni 1851 enthaltene Bestimmung fällt weg. Allg. Verf. v. 24. Aug. 1852, Nr. 3 (J. M. Bl. S. 319).

5) Wenn ein im unmittelbaren oder mittelbaren Staatsdienste

stehender **Beamter** wegen eines **Verbrechens** oder **Vergehens** zur Untersuchung gezogen wird, so ist, sofort nach erfolgter Einleitung, von derselben, unter kurzer Angabe der Veranlassung, oder unter Mittheilung der Anklageschrift, der vorgesetzten Dienstbehörde des Angeschuldigten Nachricht zu geben und derselben demnächst auch der Tenor der ergangenen Entscheidung mitzutheilen.

Hinsichtlich der **Uebertretungen** bedarf es einer Benachrichtigung nur, wenn auf Strafe erkannt worden ist. In diesem Falle wird der Tenor der rechtskräftigen Entscheidung mitgetheilt.

6) Die vorstehende Bestimmung findet auch Anwendung:

a) auf die Geistlichen und Kirchenbeamten,
b) auf die nicht zu den Medizinalbeamten gehörigen Medizinalpersonen aller Kategorieen,
c) auf die vereideten Feldmesser, Bauführer und Baumeister.

Die Mittheilung ergeht in dem Falle zu a. an die geistlichen Oberen; in dem Falle zu b. an die vorgesetzte Regierung, in Berlin an das Polizeipräsidium; in dem Falle zu c. an diejenige Regierung, in deren Bezirk der vereidete Feldmesser, Bauführer oder Baumeister zur Zeit seinen Wohnsitz hat, und in Berlin an die Ministerial-Bau-Commission.

Zusatz 4. In Untersuchungen gegen Eisenbahn-Polizeibeamte sind diejenigen Mittheilungen, welche gemäß Nr. 5 bei Untersuchungen gegen Beamte zu machen sind, hinsichtlich der Bahn-Polizeibeamten der Privat-Eisenbahn-Gesellschaften an die Eisenbahn-Kommissariate, dagegen hinsichtlich der Bahn Polizeibeamten der Staats-Eisenbahnen, sowie der unter Staatsverwaltung stehenden Privat-Eisenbahnen an die betreffenden Königlichen Direktionen zu richten. Die zur Zeit bestehenden Königl. Eisenbahn-Direktionen sind:

1) die Königl. Direktion der Aachen-Düsseldorf-Ruhrorter Eisenbahn zu Aachen für die Aachen-Düsseldorfer und die Ruhrort-Crefeld-Kreis-Gladbacher Eisenbahn, sowie für die Cöln-Crefelder Bahn (G. S. 1853, S. 904—906).
2) Die Königl. Direktion der Bergisch-Märkischen Eisenbahn zu Elberfeld, zugleich für die Prinz-Wilhelms-Bahn — Steele-Vohwinkel — (G. S. 1854, S. 108).
3) Die Königl. Direktion der Westphälischen Eisenbahn zu Münster, zugleich für die Bahn Münster-Hamm (G. S. 1855, S. 476).
4) Die Königl. Direktion der Niederschlesisch-Märkischen Eisenbahn zu Berlin (G. S. 1852, S. 577).
5) Die Königl. Direktion der Ostbahn zu Bromberg für die Stargard-Posener Eisenbahn und die Ostbahn,

Allg. Verf. des Just. Min. v. 12. Juli und 8. August 1852 (J. M. Bl. S. 250, 303). Die in der letztgedachten Verfügung noch aufgeführte Königl. Eisenbahn-Direktion zu Stettin für die Stargard-Posener Eisenbahn u. s. w. ist nach dem Allerh. Erl. v. 24. Sept. 1852 aufgelöst; dagegen sind hinzugetreten:

6) die Königl. Direktion der Saarbrücker Eisenbahn (G. S. 1852, Seite 681).
7) Die Königl. Direktion für die Oberschlesische Eisenbahn (G. S. 1856, S. 864).
8) Die Königl. Direktion der Rhein-Nahe-Eisenbahn in Creuznach (G. S. 1856, S. 804).

7) In Ansehung der gegen Beamte eingeleiteten Disziplinar-Untersuchungen, bei welchen die Staatsanwaltschaft mitzuwirken hat, gilt die Bestimmung Nr. 5 erster Absatz, jedoch werden auch die Entscheidungsgründe in Abschrift mitgetheilt.

8) Wird gegen einen richterlichen Beamten, einen Beamten der

Staatsanwaltschaft, einen Rechtsanwalt oder einen Notar eine Untersuchung (Nr. 5 und 7) eingeleitet, so erfolgt die Mittheilung auch an den Justiz-Minister.

9) Betrifft die Untersuchung (Nr. 5 und 7) einen bei den Auseinandersetzungs-Behörden fungirenden richterlichen Beamten, so wird die Mittheilung auch dem Minister für landwirthschaftliche Angelegenheiten gemacht.

10) In allen Zoll- und Steuer-Defraudations- und Contraventionssachen, welche zur gerichtlichen Untersuchung gelangen, ist der Tenor der ergangenen Entscheidung sogleich nach der Verkündung in beglaubter Abschrift den betreffenden Provinzial-Steuer-Direktoren beziehungsweise den Regierungen, in Berlin dem betreffenden Haupt-Steueramte, mitzutheilen.

11) In Beziehung auf die wegen Einlegung der Rechtsmittel zu machenden Mittheilungen behält es bei den bestehenden Vorschriften sein Bewenden.

12) In den Untersuchungen wegen Münzverbrechen und Münzvergehen sind, sobald rechtskräftig erkannt und die Strafvollstreckung verfügt ist, die gerichtlichen Akten dem Königlichen Ministerium des Innern zu übersenden.

13) Bei Untersuchungen wegen Fälschung, Nachmachung oder Verbreitung der als Geldzeichen umlaufenden Papiere, welche gesetzlich statt baaren Geldes angenommen werden müssen, wozu insbesondere die Darlehnskassen-Scheine und die Noten der preußischen Bank gehören, ferner des ausländischen Papiergeldes, ist der Hauptverwaltung der Staatsschulden von der Einleitung der Untersuchung und dem Tenor des rechtskräftigen Urtheils Mittheilung zu machen.

14) Von allen rechtskräftigen Entscheidungen, bei welchen Staats-, Gemeinde- oder Corporationskassen interessiren, insbesondere von solchen Entscheidungen, aus welchen dieselben einen Anspruch an den Verurtheilten herleiten können, oder in Folge deren Verpflichtungen gegen den Verurtheilten aufhören, ist den betreffenden Behörden Mittheilung zu machen. Dies gilt namentlich hinsichtlich der Strafurtheile, welche den Verlust von Pensionen oder Gnadengehalten zur Folge haben (Strafgesetzbuch §. 23), oder welche auf Grund der §§. 30 bis 32 des Holzdiebstahlsgesetzes vom 7. Juni 1821 ergehen, oder wegen Post-Contraventionen Geldbußen aussprechen. In Ansehung der letzteren erfolgt die Mittheilung an die betreffende Ober-Postdirektion.

Ist zur Justification von Rechnungsposten oder aus einem sonstigen Grunde eine beglaubigte Abschrift von dem Urtheilstenor erforderlich, so ist dieselbe zu ertheilen.

Zusatz 5. Wenn ein im Civildienst angestellter Invalide eines Verbrechens, welches während seines Militairdienstes die Ausstoßung aus dem Soldatenstande zur Folge gehabt haben würde, überführt und dadurch seines Gnadengehaltes verlustig wird, oder wenn er, außer jenem Falle wegen eines gemeinen Dienst-Verbrechens oder -Vergehens neben der Dienstentlassung mit einer Freiheitsstrafe belegt wird und in Folge dessen das Gnadengehalt während der Strafzeit verliert, — gleichviel ob die Freiheitsstrafe eine prinzipale oder nur eventuelle ist — so sind die betreffenden Regierungen hiervon zu benachrichtigen, wenn und sobald die eventuell erkannte Freiheitsstrafe wirklich zur Vollstreckung gelangt. Allg. Verf. des Just. Min. v. 29. Dez. 1851 (J. M. Bl. 1853, S. 2—3).

15) Wenn gegen einen Beschuldigten, welcher sich im Besitze von preußischen oder anderen Orden oder Ehrenzeichen befindet, eine rechtskräftige Verurtheilung ergangen ist, welche den Verlust der Orden und Ehrenzeichen zur Folge hat (Strafgesetzbuch §§. 11, 12, 22), so ist von dem Tenor der Entscheidung der General-Ordens-Commission Nachricht zu geben.

Zusatz 6. Auch hinsichtlich der Hohenzollernschen Denkmünze bedarf es einer Mittheilung der Entscheidung an die Königliche General-Ordens-Kommission nur in denjenigen Fällen, in welchen dies im §. 15 der allg. Verf. v. 29. Juni 1851 angeordnet worden ist. Verf. des Just. Min. v. 1. Dez. 1854. I. 4680.

Zusatz 7. Die früher den Ober-Staatsanwalten nach den allg. Verf. v. 14. April 1853 (J. M. Bl. S. 160) und 6. Aug. 1855 (J. M. Bl. S. 246) obgelegene Verpflichtung zur Einreichung derjenigen Urtel, welche den Adelsverlust zur Folge haben, an den Just. Min., ist jetzt den Gerichten aufgetragen. Allg. Verf. vom 12. Dezember 1856 (J. M. Bl. Seite 374).

16) Insoweit im öffentlichen Interesse noch sonstige oder ausführlichere Mittheilungen an andere Behörden als nothwendig oder zweckmäßig erscheinen, sind dieselben von Amts wegen oder auf Ersuchen zu machen.

Handelt es sich jedoch um fortlaufende Mittheilungen, welche nicht in örtlichen Bedürfnissen ihren Grund haben, sondern in Voraussetzung ihrer Zweckmäßigkeit allgemein anzuordnen sein würden, so haben die Ober-Staatsanwalte deshalb an den Justiz-Minister zu berichten.

Zusatz 8. Beschlüsse über die Fortdauer der Beschlagnahme nicht periodischer Schriften sind von dem betreffenden Staatsanwalte dem Ober-Staatsanwalte anzuzeigen und von diesem den Staatsanwalten seines Bezirks und den übrigen Ober-Staatsanwalten zur Kenntnißnahme mitzutheilen. Verf. des Just. Min. v. 25. Nov. 1851. I. 4174. Die Staatsanwalte haben von diesen Beschlüssen dem betreffenden Landrath, resp. Polizei-Direktor Kenntniß zu geben, damit durch diese Beamten den betr. einzelnen Gewerbebetreibenden die geeignete Benachrichtigung und Verwarnung ertheilt werde. Eine öffentl. Bekanntmachung der Beschlagnahme ist nicht erforderlich. Verf. des Just. Min. v. 22. Nov. 1852. I. 4511.

Bei allen Verurtheilungen gegen einzelne Nummern einer ausländischen Zeitung oder Zeitschrift hat der Ober-Staatsanwalt nach einer Verf. des Just. Min. v. 12. Aug. 1851 die Büreau-Akten der Staatsanwaltschaft dem Min. des Innern einzureichen.

Zusatz 9. Fortlaufende Mittheilungen der auf Zuchthausstrafe lautenden Erkenntnisse können die Gerichte von den Staatsanwaltschaften nicht verlangen. R. des Just. Min. v. 8. Sept. 1851. I. 3611. Vgl. J. M. Bl. 1852, S. 324.

17) Bei den Gerichten sind die erforderlichen Maßregeln zu treffen, um die Beamten der Staatsanwaltschaft zu den ihnen obliegenden Mittheilungen auf dem kürzesten Wege in den Stand zu setzen.

18) Die öffentliche Bekanntmachung der Urtheile erfolgt in den betreffenden Fällen nach wie vor durch die Gerichte.

Berlin, den 29. Juni 1851.

Der Justiz-Minister
Simons.

Sachregister.

Die Bezeichnung „§. V." bezieht sich auf die Paragraphen der Verordnung vom 3. Januar 1849, die Bezeichnung „Art." auf die Artikel des Gesetzes vom 3. Mai 1852.

A.

B.

G.

H.

J.

K.

R.

S.

T.

U.

V.

Druck von J. Draeger in Berlin, Adlerstr. 9.

FSC
www.fsc.org
MIX
Papier | Fördert gute Waldnutzung
FSC® C083411

Kolibri 360 GmbH
Ferdinand-Jühlke-Straße 7
99095 Erfurt, Deutschland
produktsicherheit@kolibri360.de